ULLSTEIN

Das Buch

Um in die Fremdenlegion aufgenommen zu werden, bedarf es einer Voraussetzung: Man muss ein Mann sein. Seit der Gründung der Legion im Jahr 1831 gab es nur eine legendäre Ausnahme von dieser Regel: Susan Travers, Tochter aus feinem englischen Haus. Schon früh rebellierte sie gegen die verstaubten Moralvorstellungen ihrer Umgebung, reiste im Auto kreuz und quer durch Europa und versuchte sich auf wilden Partys und mit zahllosen Affären zu beweisen – bis 1939 der Zweite Weltkrieg ausbrach. Ihr Hunger nach Abenteuer war groß: Sie meldete sich als Krankenschwester beim Roten Kreuz. Doch schon bald schloss Susan Travers sich den Truppen Charles de Gaulles an. Als Fahrerin eines französischen Generals erlebte sie eine atemberaubende Odyssee durch die Kriegsschauplätze Afrikas und des Nahen Ostens. In waghalsigen Manövern rettete sie das Leben des Generals, brach aus Umkesselungen aus, schmuggelte ihn durch Feindesgebiet ... und lernte so ihre größte Liebe kennen. Ein packendes Leben voller Dramatik und Gefühle!

Die Autorin

Susan Travers wurde 1909 in London als zweites Kind von Eleanor Turnbull und Captain Francis Travers, einem Flottenkapitän a. D., geboren. Ihre Kindheit verbrachte sie mit ihren Eltern in London und Devon. 1918 zog die Familie nach Cannes, wo Susan Travers im Glamour der zwanziger Jahre ihre Jugend erlebte. 1940 meldete sie sich freiwillig beim Roten Kreuz, 1941 brach sie unter General de Gaulle zu den französischen Kolonien in Westafrika auf, wurde dort Fahrerin der Fremdenlegion und bereiste Nordafrika und Südostasien. Heute lebt Susan Travers, 91-jährig, in Paris.

Susan Travers

Allein unter Männern

Meine Jahre als Fremdenlegionärin

Aus dem Englischen
von Charlotte Breuer
und Norbert Möllemann

Ullstein

Besuchen Sie uns im Internet:
www.ullstein-taschenbuch.de

Umwelthinweis:
Dieses Buch wurde auf chlor- und säurefreiem Papier gedruckt.

Ullstein Verlag
Ullstein ist ein Verlag des Verlagshauses Ullstein Heyne List GmbH & Co. KG.
1. Auflage Februar 2003

Titel der englischen Originalausgabe: *Tomorrow to be Brave* (Bantam Press, ein Imprint von Transworld Publishers, London)
Umschlaggestaltung: Thomas Jarzina, Köln, unter Verwendung einer Vorlage von Hauptmann und Kampa Werbeagentur, München – Zürich
Titelabbildung: Foto stammt aus dem Privatarchiv der Autorin
Satz: hanseatenSatz-bremen, Bremen
Druck und Bindearbeiten: Ebner & Spiegel, Ulm
Printed in Germany
ISBN 3-548-36381-4

Inhalt

»Es hat tatsächlich eine Frau gegeben, die in der Legion gedient hat, und das ohne jede männliche Verkleidung. Sie ist Engländerin und heißt Susan Travers ... Selbst ein Romanschriftsteller hätte sich die Abenteuer, die Miss Travers bei der 13. Brigade in Europa, Asien und Afrika während des Zweiten Weltkriegs erlebt hat, nicht ausdenken können.«

CHARLES MERCER, ›THE FOREIGN LEGION‹
(Arthur Barker, 1964)

Prolog

In meiner kleinen Pariser Wohnung sitze ich in einem Sessel und schaue aus dem Fenster. Meine geliebte Katze Pinky liegt auf meinem Schoß. Ich habe ihr gesagt, dass sie eines Tages kommen würden, die, die meine Geheimnisse erfahren wollen.

Vor ihnen waren schon andere hier, aber da war ich noch nicht bereit, und ich schickte sie fort oder erzählte ihnen nur ein paar unwichtige Einzelheiten. Erst der Tod des lieben Nicholas im Jahre 1995 gab mir die Freiheit zu sprechen, die Erinnerungen an jene außergewöhnliche Zeit preiszugeben; die Erinnerungen, die nie ausgelöscht wurden, obwohl ich meine Tagebücher vernichtet hatte, damit er sie nicht in die Hände bekam. Die kleinen Leder gebundenen Hefte enthielten handgeschriebene Darstellungen von Begebenheiten, die ihn hätten verletzen können, allzu persönliche Aufzeichnungen aus einer Zeit, als mein Leben – das Leben von uns allen – so anders war. Ich habe sie verbrannt, um ihn zu schützen, so wie er auch mich immer beschützt hat. Erst nachdem sein Leichnam der Erde seines geliebten Frankreich übergeben worden war, konnte ich wieder über alles nachdenken.

Der ganze Wirbel fing Gott sei Dank erst an, nachdem ich Witwe geworden war. Zuerst wurde mir aus heiterem Himmel der Orden verliehen. Ich glaube, in Wirklichkeit waren sie überrascht, dass ich immer noch am Leben war. Während der schlichten Zeremonie, bei der meine Familie und die wenigen Veteranen anwesend waren, die sie hatten auftreiben können, trat ich ziemlich zittrig und auf meinen Stock gestützt auf die Bühne, um meine Auszeichnung entgegenzunehmen. General Hugo Geoffrey beugte sich vor, küsste mich auf beide Wangen und heftete den Orden *Légion d'Honneur* – der so begehrt ist bei allen, die in der Legion gedient haben – an den Kragen meiner braunen Tweedjacke. Neben ihm stand ein weiterer alter Bekannter, Jean Simon, heute ein Fünfsternegeneral.

Während er mit seinem gesunden Auge mein faltiges Gesicht betrachtete und sich an die rotwangige »La Miss« zu erinnern versuchte, der er vor all den Jahren zum ersten Mal begegnet war, lächelte Simon die seltsame alte Engländerin an, die vor ihm stand. Ich gestattete mir ein stolzes Achselzucken und nahm die Auszeichung mit einem Nicken entgegen, auch wenn sie mit sechzig Jahren Verspätung kam. Eine Sammlung von elf Orden besaß ich schon, darunter zwei, die mir besonders viel bedeuteten, die *Croix de Guerre avec palme*, mit der ich in Kairo vor der gesamten Brigade dekoriert wurde, und die *Médaille Militaire*, die mir an jenem bewegenden Tag in Paris verliehen wurde.

Als ich den Orden in den Händen hielt, betrachtete ich das grünweiß gestreifte Seidenband und dachte an den armen Nicholas, der sich diese Auszeichnung so sehr gewünscht und nie bekommen hatte. Ich dachte auch an meinen Vater, den unbeugsamen Captain Francis Travers, dem dieser Orden nach dem Ersten Weltkrieg verliehen worden war. Es ist wahrscheinlich einzigartig in der Geschichte Frankreichs, dass ein Vater und seine Tochter beide mit der *Légion d'Honneur* ausgezeichnet wurden, noch dazu, wo wir beide Engländer waren.

Während des bescheidenen Empfangs, der anschließend im Speisesaal des Seniorenheims, in dem ich wohne, mir zu Ehren gegeben wurde, kamen alte Kameraden – Männer, die ich seit Jahrzehnten nicht gesehen hatte – schüchtern auf den Tisch zugeschlurft, an dem ich mit meiner Familie saß, um mir zu gratulieren. Nie hatte es eine bessere Gelegenheit gegeben, um mit Tränen in den Augen Erinnerungen auszutauschen, doch niemand sprach über die Vergangenheit. Uns fehlten die Worte, um auszudrücken, was wir empfanden. Den neugierigen Blicken meiner Mitbewohnerinnen – der alten französischen Damen, mit denen gemeinsam ich dahinwelke – müssen wir ein seltsames Bild geboten haben. Von Arthritis geplagt und von der Last der Erinnerungen gebeugt, glühten wir alle immer noch vor Stolz, der 13. Halbbrigade der Fremdenlegion angehört zu haben.

Wir waren alle in Bir Hacheim gewesen. Diese Männer wussten, wie es damals gewesen war; halb verhungert und halb verdurstet und dennoch fest entschlossen, nicht zu kapitulieren.

Erst als alle Ehrengäste gegangen waren und mich allein mit meinen Orden zurückgelassen hatten, kamen die anderen – diejenigen, die alles erfahren wollten. Sie sind jetzt hier, haben mich gebeten, ihnen zu erzählen, wie es wirklich gewesen ist. Ihre Gesichter sind jung und frisch, unberührt von Krieg und Tod. Sie wollen aus meinem Brunnen der Erinnerung schöpfen, bevor er austrocknet …

1
Der Brunnen der Erinnerung

»Ich erinnere mich, solange es tagt,
und in der Nacht werde ich nicht vergessen.«

SWINBURNE, ›EROTION‹

Die Stukas waren das Schlimmste. Wenn sie wie ein Schwarm summender Bienen über den endlosen Wüstenhimmel direkt auf uns zuflogen, konnte ich sie aus einigen Kilometern Entfernung hören. Beim ersten Anblick erinnerten sie an einen riesigen Schwarm silbriger Heuschrecken, die nichts davon abhalten konnte, im Sturzflug auf uns herabzustoßen und sich über unsere ausgebleichten Knochen herzumachen. Wenn das Summen näher kam, begann mein Herz jedes Mal wie wild zu pochen. Meine Beine zitterten, als die Angst in mir hochstieg und mir die Kehle immer enger zuschnürte.

Die gefürchteten Stukas oder Sturzkampfbomber, die beim Afrika-Feldzug in Adolf Hitlers Kriegsmaschinerie eine entscheidende Rolle spielten, waren speziell ausgerüstet mit fahrtwindbetriebenen Sirenen, die ein kreischendes Geräusch machten, wenn sie mit hoher Geschwindigkeit im Sturzflug der Erde entgegen rasten. Einzeln brachen sie aus Formationen von bis zu hundert Flugzeugen ohne Vorwarnung aus und schossen senkrecht auf uns zu – heulend, rotierend und pfeifend. In dem Augenblick, wenn sich die Bombenklappen öffneten, hörte das Sirenengeheul auf, und die Flugzeuge stiegen, von ihrer Last befreit, beinahe geräuschlos und elegant wieder in den Himmel auf. Für die nahezu wehrlosen Ziele auf dem Boden war die darauf folgende Stille beinahe ebenso unerträglich wie das Heulen; endlose fünf Sekunden verstrichen, während die Bomben, die sie abgeworfen hatten, lautlos zu Boden trudelten.

Im Stillen zählte ich die Sekunden – eins, zwei, drei, vier, fünf –, wie ein verängstigtes Kind, das auf den nächsten Donnerschlag wartet. Und dann kam es, das grauenhafte Krachen und das blendende weiße Licht, und jedes Mal zuckte ich zusammen, obwohl ich völlig darauf vorbereitet war. Die Erde erbebte, und Trümmer flogen durch die Luft, als die panzerbrechenden Bomben beim Aufprall explodierten und alles um mich herum verbrannten und verwüsteten. Und immer mehr Flugzeuge tauchten auf, fast gemächlich näherten sie sich vom Horizont her und flogen langsam eine Kurve, auf ihren Flanken prangten schwarze Hakenkreuze. Ihr Dröhnen kam immer näher, bis ich das Gefühl hatte, als wäre es in meinem Kopf.

Es war das Heulgeräusch, das mir an diesem gottverlassenen Ort die größte Angst einjagte; das Heulen, das ich hören konnte, lange bevor die Erde erbebte und der graue libysche Staub aufgewirbelt wurde und sich mit den umherfliegenden Trümmern vermischte; das Heulen, das ich noch hörte, nachdem sie längst verschwunden waren. »Bitte, lieber Gott, lass es aufhören, bitte, lass es vorbei sein«, murmelte ich leise vor mich hin, doch dann war aus der Ferne das Dröhnen wieder zu hören, und ich wusste, dass sie zurückkehrten.

Ich hockte allein in meinem Unterstand – einem schmalen, ein Meter zwanzig tiefen Graben in der Libyschen Wüste, der an den Rändern mit Sandsäcken bewehrt und über den ein dünnes, khakifarbenes Segeltuch gespannt war –, setzte meinen Helm auf und wartete. Die Hände im Nacken verschränkt, die Knie bis ans Kinn gezogen, spannte ich alle meine Muskeln und hielt den Atem an. Ich stellte mir vor, ich befände mich in einem unterirdischen Bunker, der mehr Schutz bot als dieses erbärmliche Loch im Sand. Mein Helm wurde zu einem riesigen stählernen Schirm, und ich redete mir ein, dass jede Bombe, die sich in meine Richtung verirrte, wie ein harmloses Hagelkorn davon abprallen würde.

Mein Helm würde mich vor dem schützen, was die Stukas den Männern überall um mich herum antaten. Die Verstümmelten und die Sterbenden riefen alle in ihrer Muttersprache nach ihren Müttern, »Ma mère!«, »Mutter!«, »Madre!«. Und wenn ich mich über sie beugte, spielte ich, die einzige Frau unter fast viertausend Männern, bereitwillig diese Rolle. Nach den Luftangriffen kümmerte ich mich um sie, ich half dabei, die Verwundeten, die noch Lebenszeichen von sich gaben, ins überfüllte Lazarettzelt zu tragen, schloss die Augen derjenigen, für die jede Hilfe zu spät kam. Und dann, nach jedem Luftangriff, kroch ich allein zurück in meinen Unterstand, presste die Augen ganz fest zusammen und versuchte, abzuschalten und nicht mehr an die grässlichen Szenen zu denken, deren Zeugin ich gerade geworden war. So wartete ich darauf, dass die vierzigtausend deutschen und italienischen Soldaten, die unaufhaltsam näher rückten, erneut angriffen.

Seit mehr als drei Monaten befanden wir uns in dieser Hölle auf Erden, auf einem Kriegsschauplatz, der für den Ausgang der Invasion der Achsenmächte in Nordafrika entscheidende Bedeutung gewonnen hatte. Während die Welt mit angehaltenem Atem zuschaute, wurden wir von dem legendären deutschen Feldherrn Erwin Rommel und seinem Afrika-Korps unter Einsatz sämtlichen Kriegsgeräts, das ihnen zur Verfügung stand, zu Staub zermalmt. Jeden Tag heulten erneut Artilleriegeschosse über das verwüstete, von Stacheldrahtrollen und Panzerminen bedeckte Niemandsland hinweg und explodierten im Sand. Großkalibrige Maschinengewehrkugeln regneten fast ununterbrochen auf uns herab. Die sengende Wüstensonne – manchmal herrschten Temperaturen von 38 Grad – stand vierzehn Stunden lang am Himmel und dörrte uns aus. Wir wurden geplagt von Sand und Fliegen, fanden nirgendwo Schatten, es gab wenig Trinkwasser und kaum Nahrung, und wir waren seit über zwei Wochen unter ständigem Beschuss. Manche Männer hatten solchen Durst, dass sie das Wasser aus den Kühlern der wenigen verbliebenen Fahrzeuge tranken.

Selbst die Nacht brachte wenig Erholung von der sengenden Hitze. Kaum war die Sonne am Horizont versunken, wurde es bitterkalt, und die Temperaturen fielen bis weit unter null. Wir zitterten in unseren Gräben, fanden vor Kälte keinen Schlaf zwischen den nächtlichen Luftangriffen.

Trotz größter Anstrengungen gelang es der Royal Air Force lediglich, gegen die in unablässigen Wellen angreifenden Stukas, Messerschmitts, Heinkels und Savoia-Bomber wenig wirksame Störangriffe zu fliegen. Die deutsche Panzerarmee Afrika und die italienische Panzerdivision Ariete rollten unaufhaltsam durch die Wüste auf die Schützengräben zu, in denen wir uns wie die Karnickel eingebuddelt hatten. Sie waren in zehnfacher Überzahl. Die Schlinge zog sich allmählich zu.

Rommel, der selbstbewusst erklärt hatte, er würde nur fünfzehn Minuten brauchen, um uns zu vernichten, war nun schon seit fünfzehn Tagen gegen unsere Stellungen angerannt. Auf diesen unerwarteten Rückschlag in seinem bis dahin siegreichen Feldzug hin hatte er öffentlich geschworen, sich uns persönlich vorzuknöpfen. Er hatte sich vom Rest seiner Streitkräfte getrennt, die sich weiter nördlich heftige Gefechte mit der britischen Achten Armee lieferten, und war gekommen, um unsere Vernichtung selbst in die Hand zu nehmen. Und trotz der heldenhaften Bemühungen unseres Generals und seiner Männer, die dem Feind an der Peripherie unserer belagerten Stellungen pausenlos zusetzten, zahlte sein Einsatz sich aus.

»Hier drüben, Pater!« Ein Offizier namens Simon rief Père Mallec, unseren jugoslawischen Kaplan, an jenem letzten Abend zu einem tödlich verwundeten Soldaten. »Dieser Mann braucht Ihren Segen.« Simon und seine Männer hatten gerade eines der schlimmsten Panzersperrfeuer überlebt und stiegen verdreckt und verschwitzt, aber vor Erleichterung grinsend aus einem zerschossenen gepanzerten Fahrzeug, das mit einem schweren Maschinengewehr bestückt war. Überall um uns herum wüteten Flammen.

Der Kaplan, ein stämmiger Slowene mit ungebrochenem Durchhaltewillen, blickte von seiner traurigen Arbeit auf. »Keine Sorge«, erwiderte er erschöpft, »bis heute Abend sind wir alle im Paradies.« Als seine Hände das Kreuzzeichen über dem Mann schlugen, über dem er gerade kniete, bekreuzigte auch ich mich unwillkürlich, obwohl ich Agnostikerin bin. Der Kaplan sah mich in diesem Augenblick der Schwäche, und ich zog mich hastig in meinen Unterstand zurück.

Seltsamerweise fürchtete ich mich nicht vor dem Tod. Ich hatte es allein mir selbst zuzuschreiben, dass ich mich an diesem bis dahin unbedeutenden Ort befand, diesem Punkt auf der afrikanischen Landkarte, von dem die Zukunft des gesamten Kontinents abzuhängen schien.

Die Sonne färbte sich blutrot und ging allmählich unter an jenem Abend im Juni 1942. Noch immer flatterte die zerfetzte Trikolore stolz mitten in unserer behelfsmäßigen Stellung. Ich wusste, dass es nur noch eine Frage der Zeit war, bis ich die Beretta-Pistole würde benutzen müssen, die ich neuerdings ständig griffbereit hielt. Mit derselben merkwürdigen Ruhe, die mich Tag für Tag überkam, wenn ich in meinem Unterstand unter dem Segeltuchdach hockte, akzeptierte ich nun, dass mein großes Abenteuer schon sehr bald enden konnte. Hier, an einem Ort namens Bir Hacheim …

2
Einsam sind die Tapferen

»Eure Kinder sind nicht eure Kinder.
Sie sind die Söhne und Töchter der Sehnsucht
des Lebens nach sich selbst.«

Kahlil Gibran, ›Der Prophet‹

Wie sehr ich mir wünschte, als Junge auf die Welt gekommen zu sein! Ich fühlte mich einfach nie wie ein Mädchen. Ich war der geborene Wildfang. Statt für Puppen interessierte ich mich für Bücher, ich ging lieber schwimmen, als nähen zu lernen, und ich plauderte lieber mit dem Gärtner, statt Hausaufgaben zu machen. Als Mädchen und jüngstes Kind wurde ich leider gezwungen, alberne Häubchen und Rüschenkleider zu tragen, viel lieber wäre ich in Hosen herumgelaufen.

Meine Ankunft auf der Welt am 23. September 1909 war ein freudiges Ereignis für meinen Vater, der sich immer eine Tochter gewünscht hatte, auch wenn er nicht die geringste Ahnung hatte, was er mit mir anfangen sollte. Für meinen älteren Bruder Laurence, der viel lieber Einzelkind geblieben wäre, war es eine unangenehme Überraschung. Schon sehr früh beschloss er, mich ebenso zu behandeln, wie unser Vater ihn stets behandelt hatte – mit Abscheu und Verachtung. Das sollte sich niemals ändern.

Mein Vater war ein gut aussehender Mann und ein echter Viktorianer. Wenn er wollte, konnte er sehr unterhaltsam sein, doch als er älter wurde, war er häufig gereizt und launisch. Früher hatte er sein Junggesellendasein auf See sehr genossen; auf seinem letzten Schiff, der *Robin Redbreast*, hatte er in den Häfen der Welt seine verschiedenen Freundinnen und amüsierte sich nach Herzenslust. Gegen Ende seiner Dienstzeit wurde er ans Dartmouth College versetzt (wo er meine Mutter auf einer Party kennen lernte) und blieb dort bis zu seinem Ruhestand. Aber ich glaube, er hat den Schneid, die Abenteuer und Abwechslung seines früheren Lebens immer vermisst.

Der Ruhestand und das häusliche Dasein machten ihn unglücklich, häufig auch unleidlich, vor allem meiner Mutter gegenüber. Er war achtzehn Jahre älter als sie und behandelte sie ziemlich schäbig. Ich bin mir fast sicher, dass er sie wegen ihres Geldes geheiratet hatte, denn er selbst besaß fast nichts, und nachdem er einmal seine Zukunft gesichert und zwei Kinder gezeugt hatte, wollte er kaum noch etwas mit seiner Frau zu tun haben.

Sie schliefen in getrennten Zimmern und führten beide ihr eigenes Leben, sahen sich nur zu den Mahlzeiten oder gelegentlich bei gesellschaftlichen Anlässen. Zu meiner Mutter habe ich nie ein inniges Verhältnis gehabt; als kleines Mädchen bekam ich sie nur ein- oder zweimal am Tag zu Gesicht – wenn sie abends ins Kinderzimmer kam, um uns Gute Nacht zu sagen, oder manchmal, wenn wir nach dem Tee hinuntergingen, um mit meiner Tante Hilda Lieder zu singen. Von meinem sechsten Geburtstag an sahen wir uns jedoch täglich, denn von nun an war es mir gestattet, das Mittagessen gemeinsam mit meinen Eltern einzunehmen, allerdings unter der strikten Bedingung, dass ich mucksmäuschenstill war.

Ich erinnere mich, wie sie an den gegenüberliegenden Schmalseiten des Esstischs aus poliertem Mahagoni saßen, ihre Consommé tranken und kaum ein Wort miteinander wechselten. Mein Bruder saß mir gegenüber, ebenso steif und schweigsam wie meine Eltern, während ich auf meinem harten, unbequemen Stuhl herumzappelte und mir vorstellte, wie ich meine Suppe laut schlürfte oder mit meinem silbernen Löffel auf dem Porzellanteller klapperte. Doch nie wagte ich, es zu tun.

Während meiner behüteten und zugleich von strenger Disziplin geprägten Kindheit ahnte noch niemand, welchen ungewöhnlichen Weg ich in meinem späteren Leben einschlagen würde. Meine ersten fünf Jahre habe ich nur noch verschwommen in Erinnerung. Am 4. August 1914, einen Monat vor meinem fünften Geburtstag, war ich bei meiner Großmutter in London zu Besuch, als die Truppen des Kaisers Belgien überfielen, die französischen Verteidigungsstellungen umgingen und der Erste Weltkrieg ausbrach.

Getreu dem Motto der Familie Travers, *Nec temere nec timide* – weder ängstlich noch schüchtern –, ergriff mein Vater die Gelegenheit, meldete sich freiwillig zum Kriegsdienst und wurde bald darauf in den Hafen von Saloniki im Norden Griechenlands beordert, um bei der Koordination der Kriegsschiffflotte zu helfen, die gegen die Türken zusammengezogen wurde. Aus Furcht vor den Zeppelin-Angriffen auf London flohen meine Mutter und meine Großmutter nach Torquay in die Strandvilla meiner Großmutter. Meinen Bruder und mich sowie einen Teil des Dienstpersonals und unsere Haustiere nahmen sie mit.

Torquay, eine Stadt im Herzen der englischen Riviera mit ihren Palmen und den üppig grünen Parks und Gärten, wurde damals in erster Linie von alten Damen bevölkert, die sich allesamt in Schwarz kleideten und in großen Villen wohnten. Einige von ihnen besaßen noch immer eine Kutsche und ein Paar Pferde. Meine Großmutter muss wohl etwas moderner eingestellt gewesen sein, denn sie hatte bereits ein Auto, das uns jedoch nicht lange von Nutzen war, da der Fahrer kurz nach unserer Ankunft an die Westfront einberufen wurde.

Die viktorianische Villa meiner Großmutter, die auf einem von sieben Hügeln oberhalb von Tor Bay lag, war ein herrschaftliches Gebäude, das schon bessere Zeiten gesehen hatte. Vollkommen mit Efeu und wildem Wein bedeckt, sodass es manchmal den Anschein hatte, als würden die Mauern von den Ranken zusammengehalten, war das Haus für Kinder jedoch ein wunderbarer Ort. Meine Großmutter war eine begeisterte Sammlerin, und überall im Haus standen Truhen voller alter Sachen, mit denen man sich verkleiden konnte, riesige Schränke, die voll gestopft waren mit allen möglichen interessanten Dingen, und Regale mit zahllosen Büchern, hauptsächlich Kinderbüchern, die früher einmal meiner Mutter und deren älterer Schwester Hilda gehört hatten. Meine Tante war zur damaligen Zeit eine reiche alte Jungfer, die unweit der Villa meiner Großmutter wohnte.

In der Villa gab es eine riesige, verstaubte Bibliothek, die meinem Urgroßonkel Thomas Turnbull gehörte und die niemand außer uns je betrat. Thomas war ein exzentrischer Pfarrer gewesen, der leidenschaftlich gern gereist war und von überall auf der Welt

Souvenirs mitgebracht hatte, von Büchern bis hin zu Muscheln. Jedes Mal war es ein spannender Augenblick, wenn wir einige seiner kostbaren Besitztümer bestaunen durften. »Das ist sehr wertvoll«, pflegte meine Großmutter zu sagen, wenn ich erwartungsvoll mit großen Augen zusah, wie sie vorsichtig irgendeine versteinerte afrikanische Kostbarkeit aus dem Seidenpapier wickelte. Wenn ich diese uralten Kunstgegenstände aus fernen Ländern betrachtete, stellte ich mir meinen Urgroßonkel als verwegenen Forscher vor und malte mir seine wundersamen Reisen aus. Ich träumte davon, ausgerüstet mit einem Tropenhelm an solchen Expeditionen teilzunehmen, unbekannte Länder zu bereisen und Dinge zu entdecken, die noch kaum ein Mensch zu Gesicht bekommen hatte.

Meine Großmutter war eine reizende, warmherzige alte Dame, die uns Kinder abgöttisch liebte; sie war die Liebenswürdigkeit in Person und ließ uns die Zuwendung zukommen, die meine Eltern offenbar unfähig waren, uns zu geben. Meine Großmutter und meine Tante Hilda wussten sehr wohl, wie schwermütig meine Mutter war und wie sehr sie sich dem Leben verschloss, und taten ihr Bestes, sie zu ersetzen. Meine Großmutter bevorzugte allerdings meinen Bruder, den sie Larry nannte. Im Grunde genommen war es gut so, da niemand anderes ihn zu mögen schien, am wenigsten mein Vater und ich. Ich für meinen Teil liebte vor allen Dingen unseren schwarzen Labrador Duchess. Mein Vater hatte ihn als Jagdhund vorgesehen, doch dann stellte sich heraus, dass er sich vor lauten Geräuschen fürchtete, woraufhin er in Ungnade fiel und ins Kinderzimmer verbannt wurde.

Die Villa meiner Großmutter hatte einen lang gestreckten Garten, der nur aus einem von einer dichten Lorbeerhecke eingefassten Rasen bestand, doch ich wurde nicht müde, in diesem Garten zu spielen, und ruinierte ein Kleid nach dem anderen. Noch heute versetzt mich der Duft von nassem Lorbeerlaub zurück in jene Zeit. Wir hatten einen alten Gärtner namens Vinnicombe, der zweimal pro Woche kam und riesige Feuer entfachte, in denen ich Kartoffeln rösten durfte. Nie wurden sie richtig gar, obwohl sie außen halb verkohlt waren, doch ich aß sie stets voller Stolz. Wenn er meiner überdrüssig wurde und der Meinung war, er hätte genug im Garten gearbeitet, zog Vinnicombe sich in einen alten

Schuppen zurück, zündete sich eine Pfeife an und machte ein Nickerchen. Ich liebte ihn von ganzem Herzen.

Wir verbrachten ganze Tage am Meadfoot Beach, einem versteckten, märchenhaften Strand am Fuß der Klippen, wo ich schwimmen lernte und mich am liebsten allein beschäftigte. Zum Entsetzen unseres Kindermädchens kletterte ich auf Bäume, rutschte über steile Felsen und zerriss mir dabei meine feinen Kleider. Der Strand war ein wunderbarer Ort, mit runden Kieseln übersät und von Prielen durchzogen. Und dann waren da noch die Leute, die zum Baden kamen. Zu jener Zeit gab es noch die viktorianischen Holzkabinen, die von bedauernswerten Dienern auf Karren bis direkt ans Wasser gezogen wurden, sodass die vornehmen Damen ungesehen in die Wellen gleiten und ganz diskret in albernen, mit Rüschen besetzten Badekleidern und mit Hauben auf dem Kopf Schwimmen gehen konnten. Ich beobachtete diese Damen mit einer Mischung aus Faszination und Vergnügen, denn schon damals spürte ich, dass ich etwas miterlebte, was einer dem Untergang geweihten Zeit angehörte.

Meine erste Schulbildung erhielt ich zu Hause von unseren Kindermädchen. An kleinen, hölzernen Schreibpulten im Kinderzimmer lernten Laurence und ich auf Schiefertafeln lesen, schreiben und rechnen. Französisch zu lernen war in meiner Generation eine Selbstverständlichkeit, während meine Mutter als Kind in der Schule noch Deutsch gelernt hatte. Als ich alt genug war, schickte man mich auf eine Grundschule in Babbacombe. Jeden Morgen fuhr ich mit der Straßenbahn dorthin, zusammen mit den drei Payne-Brüdern, die meine besten Freunde wurden. Ich habe als Kind immer nur mit Jungs gespielt, nie mit Mädchen.

Eine Reihe von Kindermädchen badeten und kleideten mich und bereiteten mir mein Essen zu. Am liebsten mochte ich Bessie, die auch mit mir spielte und prächtige Kleider für meinen geliebten Plüschaffen Münch nähte, von dem ich mich nur selten trennte. Münch – er war dunkelgrau und ein Geschenk von meiner Tante Hilda – war einer von sechs Plüschaffen, die ich als »meine kleine Familie« betrachtete. Als Gegenleistung für Bessies Liebenswürdigkeit mir und meinen »Haustieren« gegenüber wollte ich ihr Französisch beibringen, leider ohne Erfolg. So sehr sie sich auch bemühte, ihr breiter, Südlondoner Akzent stand ihr im Weg.

Wenn sie versuchte, die französischen Wörter auszusprechen, gab sie jedes Mal nach einer Weile mit einem resignierten Seufzer auf.

Zusammen mit Duchess und einem anderen Kindermädchen, zwei weiteren Hunden und mehreren kleinen Kindern unternahmen Bessie und ich ausgedehnte Spaziergänge. Unablässig plaudernd stapften wir durch Berg und Tal und schienen niemals müde zu werden. Einige Jahre lang war Bessie die Erste, die ich morgens sah, und die Letzte, die ich sah, bevor ich einschlief. Ich liebte Bessie abgöttisch und war am Boden zerstört, als sie schließlich fortgeschickt wurde. Weder hatte ich die Möglichkeit, mich von ihr zu verabschieden, noch erhielt ich je eine Erklärung für ihr Weggehen. Ich erfuhr erst davon, als das neue Kindermädchen, eine junge *Mademoiselle*, eintraf und an ihre Stelle trat. Sie sollte mein Französisch verbessern, aber ich konnte sie nicht ausstehen. Bessie habe ich nie wieder gesehen.

Die meiste Zeit meiner Kindheit verlebte ich in Devon, doch wir fuhren auch regelmäßig nach London. Meine Großmutter hatte nicht vor, sich von einem unbedeutenden Ereignis wie dem Ersten Weltkrieg in ihrem gesellschaftlichen Leben beeinträchtigen zu lassen, und im Winter mietete sie weiterhin wie gewohnt für die »kalte Jahreszeit« ein Haus in der Hauptstadt. Meine Mutter, mein Bruder und ich begleiteten sie, und meine Erinnerungen an diese Winter in London sind geprägt von dunklen Stadtvillen mit zahllosen Treppen und muffigen Zimmern. Ich erinnere mich auch an gelblichen Nebel, der so dicht war, dass ich die Hand vor den Augen nicht mehr sehen konnte und mich an schmiedeeisernen Zäunen entlang nach Hause tasten musste. An sonnigen Tagen unternahm *Mademoiselle* mit mir Spaziergänge in Kensington Gardens, wohin all die anderen Kindermädchen ihre kleinen Schützlinge ausführten, und sie schalt mich unaufhörlich, weil ich ständig vorauslaufen wollte.

Unser Leben wurde vom Krieg wenig beeinträchtigt. Es gab ein paar Zeppelin-Angriffe, und bei einigen der ersten Luftangriffe durch deutsche Flugzeuge wurden im East End etwa hundert Menschen getötet und ein paar hundert weitere verletzt, doch es schien keine Versorgungsengpässe zu geben, und wir lebten weiterhin, wie wir es gewohnt waren, mit weißem Bettlinnen, feinen Kleidern, Dienern und drei Mahlzeiten pro Tag. Ob meine Großmutter sich absichtlich über die Appelle hinwegsetzte, mit denen die Regierung die Wohlhabenden dazu aufrief, den Gürtel enger zu schnallen und ein bescheideneres Leben zu führen, kann ich nicht sagen. Ich schätze, es war ihr einfach unvorstellbar, dass sie gemeint sein konnte.

Während der vier Kriegsjahre hörte ich so gut wie nichts von meinem Vater. Nur Bessie und Tante Hilda versicherten mir beide, er würde »hervorragende Arbeit« leisten. Nach mehreren Jahren im Nahen Osten wurde er nach Marseille versetzt, wo er stationiert blieb, bis der Krieg im November 1918 endete. Für seine Verdienste für Frankreich wurde er mit der *Légion d'Honneur* ausgezeichnet. Sein Vater war Mitte des neunzehnten Jahrhunderts Britischer Konsul in Marseille gewesen und war der Stadt sehr verbunden. Ich nehme also an, dass auch mein Vater sich dort recht wohl fühlte. Bei seiner Rückkehr nach England hatte mein Großvater zwei Bronzestatuetten von Soldaten der Fremdenlegion mitgebracht, schneidige Figuren mit den typischen »Képis«. Mein Vater hatte sie von ihm geerbt, und ich kannte sie seit meiner frühesten Kindheit.

Als der Krieg endete, war ich neun Jahre alt. Ich erinnere mich, wie man uns in der Schule mit feierlicher Miene erklärte, dass in diesem vier Jahre dauernden Krieg, in dem es die schlimmsten Schlachten der Geschichte gegeben hatte, zehn Millionen Menschen ums Leben gekommen waren. Doch ich begriff nur mit dem Verstand eines Kindes, was das bedeutete – die Väter mehrerer Schulfreunde kamen nicht wieder nach Hause, einer unserer Lehrer wurde vermisst, und der Chauffeur meiner Großmutter kehrte nach einem Senfgas-Angriff blind und halb verrückt zurück.

Mein Vater hatte Glück gehabt. Sein Alter und seine Dienstjahre hatten ihn vor dem Einsatz an der Front bewahrt. Dennoch hatte er seinem Land ehrenhaft und tatkräftig gedient. Als er schließlich mit seinem heiß begehrten Orden zurückkehrte, trat er zum zweiten Mal in den Ruhestand, und wir zogen *en famille* in ein großes viktorianisches Haus namens Little Hill am Rand der kleinen Stadt Chudleigh in Devon. Es war ein nüchternes, schmuckloses Gebäude mit riesigen Fenstern, von denen aus man die Moorlandschaft von Exmoor überblicken konnte. Die Atmosphäre im Innern des Hauses war ähnlich kühl. Laurence wurde auf ein Internat in Norfolk geschickt, und meine Mutter, die, wenn sie nicht bei meiner Großmutter oder bei meiner Tante weilte, die meiste Zeit allein in ihrem Zimmer verbrachte, sah ich von nun an kaum noch.

Mein Vater saß gewöhnlich im Wohnzimmer vor dem Kamin in einem Sessel und las Zeitung. Selbst mit Tieren schien er freundlicher umzugehen als mit meiner Mutter und meinem Bruder. Auf beide reagierte er stets gereizt und wurde wegen der geringsten Kleinigkeit cholerisch. Ich hatte oft Angst vor ihm.

Wie die meisten Töchter bewunderte ich meinen Vater dennoch, und er wurde mein einziges wirkliches Vorbild. Es gab keine Heldinnen in meinem Leben, nur Helden, und für mich war er, der sich freiwillig zum Kriegsdienst gemeldet hatte, der größte unter ihnen. Ich träumte von Ehre und Abenteuer und davon, eines Tages so zu werden wie er. Und ich malte mir aus, wie großartig es wäre, in seine Fußstapfen zu treten und zu erleben, dass er stolz auf mich war.

Am glücklichsten war ich, wenn er mir gelegentlich seine Aufmerksamkeit widmete und mir gestattete, eine Weile in seiner Nähe zu sein.

»Komm, setz dich hierher, Susan«, sagte er dann und deutete auf einen mit Brokat bezogenen Hocker zu seinen Füßen. »Lies mir doch ein bisschen vor.«

Mein Vater holte sich oft ganze Stapel von Büchern aus der Bibliothek, denn er liebte es zu lesen, und er regte auch mich dazu an. In meinem Bemühen, ihm zu gefallen, verschlang ich ein Buch nach dem anderen, vor allem die Klassiker und Geschichten wie *Beau Geste*. Ich erinnere mich sehr gut an die spannende Erzählung über einen Juwelenraub und die Fremdenlegion, und wie ich davon träumte, eines Tages auch so ein Abenteuer zu erleben.

»Was hast du auf deinen weiten Reisen erlebt, Vater?«, fragte ich ihn immer wieder, wenn ich zu seinen Füßen hockte, erpicht darauf, dass er mir eins seiner seltenen Lächeln schenkte.

Dann schweifte sein Blick in die Ferne, und er erzählte mir ein wenig von den wunderbaren Dingen, die er gesehen hatte, von den Meeren und den Ländern, die er bereist hatte, bis er nach einer Weile wieder in die Realität zurückkehrte und so unnahbar wurde wie eh und je. Dann schlug er unwirsch seine Zeitung auf, um etwas über die neueste Krise in Russland oder den Bürgerkrieg in Irland zu lesen, und schickte mich fort. »Jetzt geh und lass mich in Ruhe meine Zeitung lesen«, sagte er dann gereizt und stocherte im Feuer herum. »Und sag dem Dienstmädchen, sie soll frische Kohlen bringen.«

Ich nehme an, dass ich ihn einfach irritierte, denn er hatte schließlich vier Jahre lang keine Kinder um sich gehabt. Also bemühte ich mich, brav und still zu sein und ihm nicht in die Quere zu kommen, doch es geschah häufig, dass er mit zornigem Blick am Fenster stand, wenn ich irgendwo im Garten spielte. Dann klopfte er ungeduldig mit seiner Pfeife gegen die Scheibe, um mich zu ermahnen, ich solle mich damenhafter benehmen.

Die kurze Zeit, die ich mit ihm und meiner Mutter zusammen in Devon verbrachte, wurde schon bald nach seiner Rückkehr aus dem Krieg unterbrochen, als eine Grippeepidemie ausbrach und Tausende dahinraffte. Ich wurde plötzlich in ein Internat geschickt, nach St. Mary's in Wantage in Oxfordshire, einem Gebäude aus rotem Ziegelstein. Es war eine schreckliche Erfahrung.

Schon immer war ich eine Einzelgängerin gewesen, und ich wusste eigentlich gar nicht, wie ich mit anderen Kindern in meinem Alter umgehen sollte. Im Internat kannte ich niemanden, und die anderen Mädchen waren in meinen Augen alle garstig. Die Lehrer waren lieblos, und die Direktorin, Mrs. Buckle, war ein Drachen. Gleich am ersten Tag erklärte sie mir, dass sie nur Mädchen mochte, »die ihre Zöpfe selbst flechten und ihre Sachen in Ordnung halten« konnten. Da ich beides nie hatte tun müssen, wusste ich mir nicht zu helfen, und sie verabscheute mich deswegen. Das Leben im Internat hatte nichts mit dem gemein, was ich in den Büchern von Angela Brazil gelesen hatte, Geschichten, in denen die Mädchen Wildfänge waren und in den Schlafsälen herumtollten. Mein einziger Trost war der Sport, bei dem ich stets sehr erfolgreich war.

Außer auf dem Sportplatz war ich kreuzunglücklich und weinte mich oft in den Schlaf. Es gab niemanden, an den ich mich wenden konnte. Meine Mutter und mein Vater waren weit weg und unerreichbar, und ich wusste, dass sie es mir sehr übel nehmen würden, wenn ich an meine Großmutter schrieb, um mich zu beklagen. Diese und meine Tante Hilda schickten hin und wieder Briefe und Karten, um mich aufzumuntern, doch das war ein schwacher Trost. Ich verschloss mein Herz, drückte meinen geliebten Münch jeden Abend fest an mich und betete, dass irgendwann der Tag kommen möge, an dem ich diesen Ort verlassen und mein Schicksal selbst in die Hand nehmen konnte.

Es dauerte drei Jahre, bis dieser Tag kam, drei lange Jahre, in denen ich nur die Sommerferien und die Weihnachtsfeiertage in Devon verbrachte. Laurence war ebenso unglücklich in Norfolk, aber später erhielt er ein Musikstipendium am Lancing College in Sussex, wo er sich sehr wohl fühlte. Wenn er dann zu Besuch nach Chudleigh kam, war sein Widerwille gegen das Zusammensein mit meinen Eltern und mir ebenso unübersehbar wie meine Verzweiflung über die Aussicht, wieder ins Internat zurückkehren zu müssen. Schließlich überredete er meine Mutter, ihm zu gestatten, die Ferien bei meiner Großmutter in Torquay zu verbringen, eine Vereinbarung, die uns allen entgegenkam.

Im Alter von zwölf Jahren hatte ich mich endlich mit meinem Schicksal abgefunden und fügte mich in das Leben im Internat, sodass ich sogar ein paar Freundschaften schloss. Aber die Jahre als Internatsschülerin, die noch vor mir lagen, kamen mir endlos vor. Doch dann geschah etwas völlig Unerwartetes. Mein Vater erklärte aus heiterem Himmel, ich müsse das Internat verlassen.

»Deine Mutter und ich ziehen nach Frankreich«, verkündete er. »Wir sind der Meinung, dass es deiner Bildung zuträglich wäre, wenn du mit uns kämst.« Laurence wurde mit keinem Wort erwähnt.

Meine Eltern hatten beschlossen, sich in Cannes an der französischen Riviera niederzulassen. Offenbar war der Entschluss über lange Jahre gereift. Nach dem Krieg war das Geld in England knapp; es herrschte Massenarbeitslosigkeit, die Grubenarbeiter streikten, und die allgemeine Stimmung war düster. In Frankreich waren die Lebenshaltungskosten vergleichsweise niedrig, und das Land wirkte insgesamt freundlicher. Mein Vater, der seine glücklichsten Jahre dort verbracht hatte, sehnte sich nach dem warmen südlichen Klima, das seiner Arthritis und seiner Übellaunigkeit wohl tun würde. Über die Gefühle meiner Mutter wurde nicht gesprochen.

So kam es, dass ich im Jahre 1921 ohne große Trauer von England Abschied nahm und mich auf den Weg in das Land machte, das für die nächsten acht Jahrzehnte mein Zuhause und meine geistige Heimat sein würde.

3
Der Traum von Freiheit

»Die Sehnsucht der Motte nach dem Stern,
der Nacht nach dem Morgen,
die Liebe für etwas Fernes,
weit weg von unseren Sorgen.«

SHELLEY, ›ONE WORD IS TOO OFTEN PROFANED‹

Wir reisten per Schiff und per Bahn und kamen spätabends in Cannes an. In Le Suquet, der Altstadt, die fünf Minuten vom alten Hafen und La Croisette, der langen Strandpromenade, entfernt liegt, mieteten wir uns im *Des Orangers* ein. Das Hotel, ein nach Süden ausgerichteter Bau im provençalischen Stil, war von einem üppigen Garten umgeben, in dem Oleander, Olivenbäume und Lavendel wuchsen. Als ich am ersten Morgen die roten Fensterläden meines Zimmers aufstieß, stockte mir regelrecht der Atem. Es war, als würden mir zum ersten Mal die Augen geöffnet; meine Sinne wurden von allen Seiten überschüttet. Die Aussicht war phantastisch – das Mittelmeer leuchtete tiefblau, in der Luft lag der Duft von Pinien, Thymian und Lavendel, und Segelschiffe in allen Größen kreuzten in den Wellen. In der Ferne erhob sich malvenfarben die Estérel-Bergkette im Frühnebel. Das Essen – einfach in Olivenöl gegart, mit viel Knoblauch, Tomaten und Kräutern – war göttlich. Alles war so anders als in Devonshire, frischer und sonniger und so viel üppiger. War das Frankreich? Auf Anhieb fühlte ich mich vollkommen verzaubert und wollte nie wieder fort.

Meine Eltern mieteten eine grün angestrichene Villa namens *Casa Longa* auf dem Chemin Bella Isola, einer Nebenstraße des Boulevard Carnot. Die Villa lag auf einem Hügel, von dem aus man eine gute Aussicht auf den alten Hafen hatte. Es gab sechs Schlafzimmer und mehrere Salons, und zum Inventar gehörte eine liebenswürdige Haushälterin namens Jeanne Martin, die ich schon bald in mein Herz schloss. Kurz nach unserer Ankunft schenkte sie mir ein Kätzchen, das ich Chipmunk taufte. »Das ist für dich, *ma chérie*, damit du immer einen Spielkameraden hast«, sagte Jeanne. Ich war gerührt. Es war das Liebenswürdigste, das mir seit Bessie widerfahren war.

Ich besuchte die Ecole Cours Fénelon (benannt nach François Fénelon, einem Priester und Schriftsteller zur Zeit Ludwigs XIV.), eine Privatschule, wo die Schüler viel freundlicher waren als in meinem Internat in England. Anfangs fiel mir wieder die Rolle der Außenseiterin zu, da ich niemanden kannte und mich ziemlich fehl am Platze fühlte, aber diesmal besaß ich als Engländerin den Reiz des Exotischen, und alle gaben sich die größte Mühe, nett zu mir zu sein. Mein Französisch wurde sehr schnell besser, und schon bald schloss ich Freundschaften und genoss aus ganzem Herzen das Leben einer französischen Schülerin, mit Zöpfen und allem Drum und Dran.

Bis zu meinem sechzehnten Lebensjahr war ich eine vorbildliche Tochter. Ich erbrachte gute Leistungen in der Schule und gewöhnte mich daran, allein mit meinen Eltern zu leben und ihnen so gut wie möglich aus dem Weg zu gehen. Das Klima schien einen positiven Einfluss auf die Gemütsverfassung meines Vaters zu haben. Er verbrachte die meiste Zeit außer Haus und traf sich in verschiedenen Clubs mit Freunden. Aber meine Mutter, die meine Großmutter und meine Tante Hilda schrecklich vermisste, war untröstlich darüber, so weit weg von zu Hause zu sein. Nie war sie ein gesellschaftlicher Schmetterling gewesen, und jetzt, da sie in einem fremden Haus in einem fremden Land eingesperrt war, zog sie sich noch mehr in ihren Kokon zurück.

Ihre Menschenscheu trug auch zu meiner Identitätskrise bei. War ich Französin oder Engländerin? Sicher, ich war in England geboren und hatte dort meine frühe Kindheit verbracht, doch jetzt lebte ich in Frankreich und sprach Französisch, führte das Leben einer Schülerin aus Cannes, während meine Freunde mich ausschließlich als Engländerin betrachteten. Da meine Eltern in meinem täglichen Leben so wenig präsent waren, entwickelte ich ein Bewusstsein von Andersartigkeit, das mich mein Leben lang begleiten sollte. Ich war eine Außenseiterin, dazu verdammt, ein Leben am Rande der Gesellschaft zu führen. Ich hatte keine Vorstellung von »zu Hause«. Von nun an würde mein Zuhause immer dort sein, wo ich es mir einrichtete.

Mein Vater blieb meiner Mutter und mir gegenüber emotional distanziert, und ich sah ihn kaum, bis er zu meiner großen Freude an meinem dreizehnten Geburtstag beschloss, eine Sportlerin aus mir zu machen. Tennis war für ein Mädchen meiner gesellschaftlichen Klasse eine der wenigen akzeptablen Sportarten, und Vater war in seiner Jugend selbst ein begeisterter Tennisspieler gewesen. Es war die Ära von Suzanne Lenglen, der größten Tennisspielerin aller Zeiten, französische Meisterin und Olympiasiegerin und Vorbild für jede aufstrebende Sportlerin (und deren Eltern) auf der ganzen Welt. Drei Jahre zuvor hatte Mademoiselle Lenglen in England großes Aufsehen erregt, als sie das erste Finale der Damen in Wimbledon seit dem Krieg gewann – ein zwanzigjähriges Naturtalent in einem kurzen, locker sitzenden und noch dazu ärmellosen Kleid. Sie war die erste Wimbledon-Siegerin, die aus einem nicht englischsprachigen Land stammte. Allein schon wegen des Ansehens träumte jeder Vater davon, dass seine Tochter ein Tennis-Star würde, und meiner war da keine Ausnahme.

Mademoiselle Lenglen wohnte in Cannes, und ich hatte das Glück, sie häufig spielen zu sehen. Sie war faszinierend, obwohl ihr Gesicht mit der riesigen Hakennase eher hässlich war, aber sie hatte eine makellose Figur. Sie war stets perfekt gekleidet und bewegte sich unglaublich geschmeidig. Wenn sie auf den Rasen kam, war es, als würde eine Tänzerin die Bühne betreten. Allein durch ihr Erscheinen wurde jedes Tennis-Turnier zu einem Ereignis. Die Clubs wetteiferten um ihre Gunst, und ihr Wort war Gesetz. Einzelspiele bestritt sie nur in ihrem eigenen Club, dem Nice Lawn Tennis Club, der ihrem Vater gehörte. Wir spielten im vornehmsten Club der Stadt, dem Cannes Lawn Tennis Club. Er gehörte Henry Atkinson, einem Vetter meiner Mutter, und er hatte zwei Trainer angestellt, die nur mit ihm spielten. Die Betreuerin der Spielerinnen war ziemlich streng. Sie verlangte, dass alle jungen Damen in weißen Wollstrümpfen spielten, bestand jedoch zum Glück nicht auf langen Röcken – dafür hatte Suzanne Lenglen gesorgt. Es war eine wunderbare Zeit.

Tennis machte mir unglaublichen Spaß, vor allem meine täglichen Unterrichtsstunden bei den feschen Lehrern, die mir meine ersten wirklichen Erfahrungen mit dem anderen Geschlecht bescherten und mir sehr dabei halfen, mein Spiel zu verbessern. Was mir weniger gefiel, waren die endlosen Trainingsstunden mit meinem Vater; vor lauter Nervosität spielte ich immer schlecht. Wie sehr ich mich auch bemühte, ihn zu beeindrucken, in seiner Gegenwart hatte ich zwei linke Hände, verpasste Bälle, die mir normalerweise keine Probleme bereitet hätten, und machte einen Doppelfehler nach dem anderen. Immer wieder musste ich mir Vorwürfe anhören: »Du bemühst dich nicht!« oder »Was hast du dir denn dabei gedacht?«, brüllte er vom anderen Ende des Tennisplatzes. Er schlug mich jedes Mal, und dann schimpfte er auf dem ganzen Heimweg über meine schlechten Returns. Seine Kritik war vernichtend, und ich war am Boden zerstört, wenn er mich anschrie. Tennis war die einzige Betätigung in meinem Leben, mit der ich gehofft hatte, ihn beeindrucken zu können, ihn dazu zu bringen, dass er stolz auf mich war. Doch schon bald wurde mir klar, dass das Lob meines Vaters etwas war, das ich niemals bekommen würde.

Die frühen zwanziger Jahre waren die große Zeit der Riviera, die Zeit, als alles, was Rang und Namen hatte, den Winter in Cannes verbrachte. *Tout Paris*, *tout Londres*, reiche Amerikaner, verarmte Grafen, die Vornehmen und die Halbseidenen und der übliche harte Kern der respektablen, pensionierten Engländer wie meine Eltern. Es war die Zeit von Charlie Chaplin und Rudolph Valentino, von Joséphine Baker und Noel Coward. Jazz war der letzte Schrei, obwohl auch der Charleston für einige Aufregung sorgte. Coco Chanel revolutionierte die Damenmode, bescherte den Frauen mit ihren geraden, jungenhaften Schnitten eine ganz neue, nie gekannte Freiheit. Die katholische Kirche warnte davor, dass die »skandalöse« neue Mode einen allgemeinen Sittenverfall einläuten würde.

Ärzte verkündeten, die modernen jungen Frauen würden ihr »Nervensystem überstrapazieren«, wenn sie die Nächte durchtanzten und sich auch tagsüber hemmungslos amüsierten, sich Genussgiften wie Tabak und Alkohol hingaben. Wild entschlossen, ihre Fischbeinkorsetts abzulegen, wurden die Frauen immer schlanker und nahmen die neue Mode begeistert an. Sie stutzten ihre Haare, und auch die Röcke wurden immer kürzer. Ich war keine Ausnahme. Mein langes, dunkles Haar, das meine Großmutter immer so liebevoll gebürstet und mit riesigen Schleifen zusammengebunden hatte und das ich während meiner Schulzeit stets zu ordentlichen Zöpfen geflochten hatte, ließ ich zu einem strengen Bubikopf schneiden. Später legte ich mir eine Dauerwelle zu, die ich mehr oder weniger mein Leben lang beibehielt.

Im Nachhinein betrachtet war Cannes für eine Heranwachsende ein völlig ungeeigneter Ort, vor allem für mich, die ich nur von reichen, gelangweilten Erwachsenen umgeben war. Da mein Bruder im Internat war, hatte ich niemanden, der mir Zerstreuung hätte bieten können. Zwar wohnte meine Kusine Diana in der Nähe, und ich mochte sie sehr, doch sie war zwei oder drei Jahre älter als ich, was mir damals wie ein unglaublicher Altersunterschied erschien. Also blieb ich in unserem Haus gefangen, mit keiner anderen Gesellschaft als der meiner Eltern. Was meine Freiheit anging, waren sie sehr streng: Ein junges Mädchen hatte nichts in der Stadt zu suchen, es sei denn, sie war in der Schule oder spielte Tennis, und abends auszugehen war mir gänzlich untersagt. Meine gesamte Kindheit wurde überschattet von Einsamkeit und dem Gefühl des Alleingelassenseins.

Meine Adoleszenz erlebte ich als eine quälende Zeit. Ich entwickelte mich zu einer attraktiven jungen Frau, schlank und dunkelhaarig, mit klaren blauen Augen und einem fein geschnittenen Gesicht, doch man behandelte mich wie ein Kind. Um der lähmenden Atmosphäre in den Wohnräumen zu entkommen, flüchtete ich mich in mein Zimmer und las.

Einmal mehr wurde die Literatur für mich zu einem fliegenden Teppich, der mich in ferne Länder trug. Bücher, die ich mir von Schulfreunden oder aus der Bibliothek ausgeliehen hatte, zeigten mir, dass es außerhalb der vier Wände meines Zuhauses eine andere Welt gab, eine Welt, wo Drachen getötet, Jungfrauen gerettet und große Abenteuer erlebt wurden. Egal, ob die Bücher in Englisch oder Französisch geschrieben waren, ich verschlang sie gleichermaßen, da ich beide Sprachen fließend beherrschte. Aber die französischen waren in erotischen Dingen wesentlich eindeutiger, und ich las sie heimlich unter der Bettdecke. Ich erinnere mich an einen Roman mit dem Titel *La Garçonne* von einem algerischen Autor namens Victor Magueritte, der von einer jungen Frau handelte, die mehrere Affären hatte und versuchte, wie ein Mann zu leben. Er enthielt sehr anschauliche erotische Szenen, und ich lernte eine Menge daraus. Nachdem meine Phantasie auf diese Weise angestachelt war, konnte ich es kaum erwarten, mein Wissen in die Tat umzusetzen.

Bis auf die wenigen Augenblicke höchster Erregung, wenn einer der Tennislehrer einen Arm um mich legte, um mir zu zeigen, wie ich meinen Aufschlag verbessern konnte, hatte ich einzig bei Max Gelegenheit, mit meiner knospenden Sexualität zu experimentieren. Max war mein Standardtanzpartner, und ich war heftig in ihn verliebt. Er war ein Gigolo und mit seinen dreißig Jahren doppelt so alt wie ich, doch ich fühlte mich zutiefst geschmeichelt, als er mich bei einem unserer ersten Walzer an sich zog und mir sagte, wie hübsch ich sei. Später gestattete ich ihm, mich zu küssen, mehr nicht, und ich staunte darüber, wie es in meinen Lippen kribbelte. »O Su-*zanne*, Su-*zanne*«, stöhnte er, und ich spürte seinen warmen Atem an meinem Hals. Ich fühlte mich wie im siebten Himmel. Er war Grieche, sehr gut aussehend, und neben seiner Beschäftigung, jungen Mädchen den Tango und den Foxtrott beizubringen, schlief er auch gegen Bezahlung mit Frauen. Ich wusste, was er von mir wollte – und irgendwie wollte ich es auch –, doch in dem engen gesellschaftlichen Rahmen, in dem ich lebte, wagte ich nicht, mich ihm hinzugeben. Die Angst vor dem, was mein Vater mir und auch Max antun könnte, falls er jemals davon erführe, hielt mich davon ab, Max' hartnäckigen Annäherungsversuchen nachzugeben.

Überflüssig zu erwähnen, dass ich mich im Alter von sechzehn Jahren, als meine Schulzeit dem Ende zu ging, wie ein gefangenes Tier fühlte und nur auf die Chance wartete, meinem Käfig zu entkommen. Ich wollte Aufregung, Romantik und Abenteuer, wollte die Welt bereisen und meinen Seelenverwandten finden. Es schien mir, als hätte ich meine ganze Kindheit über nur auf den Tag gewartet, an dem ich endlich frei sein würde, an dem ich meine Flügel ausbreiten konnte. Meine Wildfangträume von gefahrvollen Reisen und heldenhaften Abenteuern wurden abgelöst von wilden Vorstellungen von Liebe, Sex und Ehe. Mein Schulmädchenherz sehnte sich danach, einen reichen Industriemagnaten zu heiraten, der meine Abenteuer finanzieren und mich mit Diamantarmbändern überhäufen würde, während ich heimliche Affären mit vollkommen unmoralischen Männern pflegte, deren Küsse meine Leidenschaft entflammen würden.

Vor allem wollte ich verrucht sein. Eine verruchte Frau, die mit der Gefahr und dem Skandal flirtete wie die verwegenen Heldinnen in den Büchern, die ich so gierig verschlungen hatte. Mit der stumpfsinnigen Wirklichkeit meines streng geregelten Lebens mit seinem gnadenlosen Luxus und all seinen Konventionen hatte das alles nicht viel zu tun. Aber inmitten der glamourösen Frauen der Roaring Twenties – elegant gekleidete und mit Juwelen behängte Frauen, mit denen sich alternde Millionäre schmückten – konnte man mir kaum verdenken, dass ich derlei exotische Phantasien entwickelte. Das Einzige, was in Cannes zählte, war Geld und Sex. Niemand schien zu arbeiten, und jeder spielte. Es dauerte Jahre, bis ich schließlich entdeckte (und das war ein ziemlicher Schock), dass nicht alle Menschen so lebten. Es war eine berauschende Umgebung, und ich sehnte mich danach, mich ebenfalls in dieses Leben zu stürzen.

Zu meiner großen Erleichterung brauchte ich nicht lange auf meine Erlösung zu warten. Nach ausgiebigen Diskussionen hinter verschlossenen Türen riefen meine Eltern mich eines Abends in den Salon, um mich über eine einschneidende Änderung meiner Lebenssituation in Kenntnis zu setzen.

»Sobald du die Schule beendet hast, wirst du Cannes verlassen«, erklärte mir mein weißhaariger Vater, der stocksteif neben dem offenen Kamin stand, seine Pfeife rauchte und seine goldene Taschenuhr befingerte.

Während ich verkrampft und kerzengerade vor ihm stand, sank mir der Mut, und ich fürchtete schon, man würde mich zurück nach England und ins Internat schicken. Aber mein Vater hatte größere Pläne mit mir.

»Wir haben beschlossen, dich auf ein Mädchenpensionat in Florenz zu schicken, um dir Gelegenheit zu geben, dich in feineren Umgangsformen zu schulen. Deine Schuldirektorin hat uns ein renommiertes Haus empfohlen, das von einer gewissen Miss Penrose geleitet wird. In einem Monat wirst du abreisen«, verkündete er, sichtlich zufrieden über seinen Entschluss.

Mir blieb fast das Herz stehen. Florenz, die Heimat der Medici, die schönste Stadt Italiens, schien der perfekte Ort zu sein, um mich von der Sterilität meiner Existenz zu erlösen. Ein Mädchenpensionat, eine Schule, an der ich meine Bildung vervollkommnen konnte, bevor ich mich der Ehe und neuen gesellschaftlichen Konventionen unterwerfen würde, schien mir sehr verlockend. »Danke, Vater«, sagte ich mit leuchtenden Augen.

Meine Mutter blickte kaum von ihrer Handarbeit auf.

Nachdem mein Vater mich mit einem förmlichen Nicken entlassen hatte, verließ ich den Raum, schloss die Tür leise hinter mir und lehnte mich atemlos dagegen. Ich konnte mein Glück kaum fassen. Ich hob Chipmunk auf, der gerade um meine Beine strich, und tanzte mit dem verwirrten Kater auf dem Arm durch die Diele.

Während Jeanne mir an den letzten Tagen vor meiner Abreise dabei half, meine Sachen in einem riesigen Koffer zu verstauen, wäre ich am liebsten die Treppe hinunter und aus dem Haus gerannt, vor lauter Angst, meine Eltern könnten es sich noch einmal anders überlegen. Es kam mir plötzlich vor, als hätte sich eine Tür geöffnet, und als würde sich meine Zukunft wie ein bunt gemusterter Teppich vor mir ausbreiten. Jetzt brauchte ich nur noch den ersten behutsamen Schritt auf diesen Teppich zu tun.

4
Die verruchte Lady

»Der Körper sucht, was den Geist durch Liebe verletzt.«

Lucretius, ›Über die Natur der Dinge‹

In Italien fand ich endlich die Freiheit, von der ich geträumt hatte. Florenz – und später auch Rom – erlaubten es mir, ich selbst zu sein und nicht die pflichtbewusste Tochter oder die angehende Debütantin. Ich war regelrecht berauscht von diesem wunderbaren Ort, der nichts gemein hatte mit den sauberen, gepflegten Straßen von Cannes. Ich ließ mich bezaubern von den Ansichten, Geräuschen und Gerüchen der Stadt, die die Italiener Firenze nennen. Es wimmelte nur so von Menschen – zu Fuß, in Autos oder Kutschen, auf Fahrrädern – die aßen, tranken, rauchten, lachten und stritten. Italienische Hausfrauen hängten ihre Wäsche an Leinen auf, die quer über die engen Straßen zwischen den Häusern gespannt waren; die Fensterläden waren fest verschlossen, damit man das Gezeter sich streitender Paare nicht hörte, und verschwitzte Männer prügelten sich auf offener Straße. In allen Winkeln der Stadt duftete es nach Essen. Speisen wurden gierig und lustvoll verschlungen, man aß mit den Fingern und wischte den Teller mit einem Stück Brot aus, und jeder Happen wurde mit reichlich Wein hinuntergespült. Die ganze Stadt war voller Leben. Ganz normale Menschen wohnten, arbeiteten und vergnügten sich in ihrem riesigen, pulsierenden Herzen.

Hinzu kamen die Touristen, die hier zu Tausenden auf halbem Weg ihrer Reise durch Europa Station machten und die engen Straßen der Stadt bevölkerten. Menschen jeder Nationalität, Engländer, Amerikaner, Franzosen, Deutsche. Und wir, die neuen

Mädchen, die Miss Penrose unter ihre Fittiche genommen hatte und ebenfalls fremd in der Stadt, reihten uns zusammen mit den Touristen in die Warteschlange vor den Uffizien, um Botticellis »Primavera« zu bewundern, und erklommen den Hügel zum Forte Belvedere und zu San Miniato al Monte.

Miss Penrose war verantwortlich für unsere Erziehung. Sie war eine eindrucksvolle Erscheinung, unverheiratet, undefinierbaren Alters mit kurzen grauen Haaren und einer Brille auf der langen dünnen Nase, eine erfahrene Zuchtmeisterin, die sich darauf verstand, jungen, nestflüchtigen Vögeln die Flügel zu stutzen. In der Öffentlichkeit durften wir uns nur in Begleitung bewegen – nicht zuletzt aufgrund der Bitten unserer besorgten Eltern, uns von den Aufmärschen der faschistischen Schwarzhemden fern zu halten, die damals in Italien an der Tagesordnung waren.

Miss Penrose führte uns in strenger Marschordnung durch die engen Straßen zu alten Kirchen und anderen historischen Gebäuden. Wir flüsterten im Dom, bestaunten die Paradiestür des Baptisteriums, schauten vom Ponte Vecchio in das braune Wasser des Arno hinab und schlenderten mit unseren geblümten Parasols durch den Boboligarten. Wir sahen Glasbläsern bei der Arbeit zu und Kunsthandwerkern, die kostbare, vergoldete Bilderrahmen herstellten; wir besichtigten Konditoreien und Käsereien; wir tranken Espresso in Trattorien und verschlangen frisch gemachte Nudeln.

»Das ist der berühmte Kampanile, entworfen von Giotto«, erklärte uns unsere Führerin mit leuchtenden Augen, und elf von den jungen Mädchen, die hinter ihr standen, blickten pflichtschuldigst nach oben. »Beachtet die wunderbaren Steinmetzarbeiten.«

Mein Blick jedoch blieb fast immer in Bodennähe. Was mich in erster Linie interessierte, waren die jungen italienischen Männer mit ihren Stoffmützen und Hosenträgern, die sich meistens in unserer Nähe einfanden. Sie pfiffen hinter uns her und schauten uns mit ihren dunklen Augen an, wie ich es noch nie erlebt hatte, und dabei winkten sie uns zu und bedeuteten uns, mit ihnen zu kommen. Während ich mit meinen neuen Freundinnen kicherte, meinen Parasol hin und her drehte und so tat, als sei ich fürchterlich verlegen und empört über das Verhalten der jungen Männer, bekam ich, so fürchte ich, kaum etwas von der ehrwürdigen Geschichte der Stadt Florenz mit.

Erst später, wenn wir uns wieder in den großen, von Fensterläden verschatteten Räumen der Villa mit dem abblätternden Anstrich befanden, die das Hauptgebäude unserer Schule darstellte, kühlte meine Begeisterung über die weniger gepriesenen Attraktionen von Florenz ein wenig ab. Miss Penrose und ihre *signorine* lehrten uns, wie wir zu sitzen, zu gehen und zu sprechen hatten, wie man mit Messer und Gabel isst, wie man aus einem Glas trinkt und wie wir mit unserem Taschengeld umzugehen hatten. Diesen Unterricht fand ich stets unglaublich langweilig, nicht nur, weil ich mit all diesen Dingen bereits bestens vertraut war, sondern vor allem, weil ich viel lieber wieder draußen in den Straßen herumspaziert und unter den feurigen Blicken der italienischen Männer errötet wäre.

Es gab natürlich gelegentliche Höhepunkte wie zum Beispiel den Unterricht im Aktzeichnen unter der Aufsicht eines buckligen alten Franzosen, an dem auch ein junger Italiener namens Eugenio teilnehmen durfte. Trotz der verführerischen Anordnung nackter Männer und Frauen, die wir zeichnen sollten, konnte ich meine Augen nie von Eugenio wenden. Mit seinen langen, dunklen Wimpern und seinem koketten Lächeln zog er mich völlig in seinen Bann. Kein Wunder, dass meine Zeichnungen fast nie fertig wurden. Ein- oder zweimal küsste Eugenio mich sogar heimlich, und ich konnte den Vanilleduft seiner Lippen schmecken.

Einmal gab Miss Penrose eine Party in der Villa und lud einige wohlerzogene junge Italiener ein, mit denen wir tanzen und unser Italienisch üben sollten. Miss Penrose und die *signorine* beobachteten uns den ganzen Abend über mit Argusaugen, um uns gegebenenfalls wegen unserer schlechten Manieren, unserer unvorteilhaften Haltung oder falscher Tanzschritte zu tadeln. Auch Eugenio befand sich unter den eingeladenen Männern. Wir führten uns auf wie Bienen, die einen Honigtopf umschwärmten. Wahrscheinlich wussten die armen Kerle überhaupt nicht, was sie von dieser Schar kichernder und gertenschlanker ausländischer Mädchen halten sollten, die bei jeder Gelegenheit erröteten und nur von heimlichen Stelldicheins träumten.

Das Einzige, was mich tröstete, wenn wir abends in den hallenden Schlafsälen eingesperrt wurden und noch lange wach lagen, war die Art und Weise, wie die Angela-Brazil-Geschichten, die ich während meiner Kindheit gelesen hatte, plötzlich zum Leben erwachten. Meine neuen Freundinnen trugen dazu bei, dass ich in Florenz eine unvergessliche Zeit erlebte, vor allem zwei Mädchen sind mir noch in lebhafter Erinnerung, eine Amerikanerin namens Carol und eine nette Engländerin namens Lois Robinson, die aus Oxfordshire stammte. Es gab Kissenschlachten, mitternächtliche Partys, unheimliche Gespenstergeschichten und das übliche Gekichere unter der Bettdecke, und ich erfuhr zum ersten Mal, dass nicht nur ich sexuell frustriert war. Unser einziges Gesprächsthema waren Jungs, Jungs, Jungs. Auf dem Mädchenpensionat habe ich mehr schmutzige Geschichten gehört als jemals wieder in meinem Leben. Viele von den anderen Mädchen waren ebenso begierig wie ich, sich endlich ins Leben zu stürzen, mehr über Sex zu erfahren und damit zu experimentieren; und wir experimentierten ausgiebig.

Offenbar war ich nicht die Einzige, die verrucht sein wollte, und ich sehnte mich nach einer Gelegenheit, meine Neugier zu stillen. Wir wollten so gern erwachsen sein und erkundeten unsere Körper und die erogenen Zonen mit beinahe medizinischer Faszination. Ich bin sicher, dass viele Mädchen das Pensionat von Miss Penrose als überzeugte Lesben verließen. Nachdem sie einmal die Freuden der Erotik zwischen Frauen kennen gelernt hatten, gab es für sie kein Zurück mehr. Für mich jedoch verstärkte diese Erfahrung mein Gefühl der Frustration. Ich sehnte mich nach männlicher Gesellschaft; die Liebe eines Mannes war für mich zu einer Obsession geworden, nachdem mein Vater und mein Bruder mich regelrecht ignoriert hatten. Mir wurde immer deutlicher bewusst, dass ich nichts dringender wollte, als in den Armen eines Mannes zu liegen und mich von ihm verführen zu lassen. Ich ahnte noch nicht, wie bald meine Chance kommen würde.

»Ihr werdet morgen nach Rom fahren«, verkündete Miss Penrose in ihrem schneidenden Ton eines Morgens nach dem Frühstück. »Dort werdet ihr eine Woche verbringen und diese Zeit nutzen, um euer Wissen über das mächtige Römische Reich zu vertiefen.

Anschließend werdet ihr von dort aus in die Weihnachtsferien zu euren Familien reisen, da die Verbindungen von Rom aus günstiger sind. Ich werde nicht mitkommen, aber ihr werdet unter ständiger Begleitung von Miss Hartley sein.«

Hatte ich ihren Blick missdeutet, oder hatte sie über ihre Brille hinweg ganz besonders mich angesehen, als sie das Wort »Begleitung« aussprach?

Ich würde nach Rom fahren, die Stadt der Cäsaren, in die Heimatstadt von Romulus und Remus, und Miss Penrose würde nicht mitkommen. Während ich meinen Koffer packte, zitterte ich vor Aufregung.

Wir fuhren mit dem Zug nach Süden und kamen am späten Nachmittag auf der von Menschen wimmelnden Stazione Termini an. Unter der strengen Aufsicht unserer ältlichen Begleitung stiegen wir aus und gingen alle zusammen zum Taxistand hinüber. Es dauerte nur Sekunden, und schon war ein erstes Pfeifen zu vernehmen, das mir die Röte in die Wangen steigen ließ.

Als wir an einem Schaufenster vorbeigingen, betrachtete ich mein Spiegelbild und lächelte. Ich war eine zarte junge Frau von jungenhafter Schönheit. Vor meiner Abreise in das Mädchenpensionat waren meine Mutter und meine Tante mit mir nach Paris zu *Eve Valère* gefahren und hatten mich komplett neu eingekleidet. Mit meinen gerade mal siebzehn Jahren wirkte ich ausgesprochen schlank in meinem Lieblingskleid, dem Cape und dem Topfhut. Ich war inzwischen mindestens fünf Zentimeter größer als meine Klassenkameradinnen, und ich kam mir vollkommen erwachsen vor.

Als wir uns in unserem kleinen *albergo* in einer engen Straße hinter dem Forum anmeldeten, begegnete der fesche Angestellte mit dem seltsamen Namen Hannibal und den dunklen Zügen eines Süditalieners meinem Blick. Meine Wangen brannten, als er sein dichtes, schwarzes Haar zurückwarf und mir offen zuzwinkerte.

Ich teilte mir ein Zimmer mit einer Amerikanerin namens Amy, und während der ersten Nacht flüsterten wir bis in den frühen Morgen, tauschten Geheimnisse und unsere Phantasien über italienische Männer aus. Tagsüber zogen wir uns warm an und besuchten einige der vielen Sehenswürdigkeiten – den Vatikan, das

Nationalmuseum, die Piazza Venezia, das Kapitol, den Palatin – und dazwischen kehrten wir zum Essen in Cafés ein, wo unsere Anstandsdame uns sogar gestattete, einen Schluck *vino da tavola* zu trinken. Tag für Tag wanderten wir durch die Straßen und bestaunten mit großen Augen all das, was Rom zu bieten hatte. Jeden Abend nach dem Abendessen kehrten wir erschöpft in unser Hotel zurück, ließen uns von Hannibal unsere Schlüssel geben und begaben uns auf unsere Zimmer.

An einem der letzten Abende in Rom, gegen ein Uhr nachts, änderte sich mein Leben. Ein leises, aber beharrliches Klopfen an der Zimmertür hatte mich geweckt. Ich schlüpfte in meinen seidenen Morgenrock, öffnete die Tür, und vor mir stand Hannibal, grinsend und mit einer Flasche Sekt und zwei Gläsern in den Händen.

»Signorina Travers«, flüsterte er mit verwegen funkelnden Augen, die Jacke über der Schulter und die Krawatte gelockert. »*Suzanna*, das habe ich extra für dich mitgebracht, *bella inglese*. Gefällt dir, ja?«

Ich fühlte mich geschmeichelt und war zugleich beeindruckt von seiner Dreistigkeit. Noch nie hatte ich Sekt getrunken und konnte es nicht abwarten, welchen zu probieren. Ich bedeutete ihm, still zu sein, damit Amy nicht aufwachte, zog ihn ins Zimmer, und wir setzten uns nebeneinander im Halbdunkel auf die Bettkante. Mit einem lauten Knall entkorkte Hannibal die Flasche und goss den Sekt so unvorsichtig in mein Glas, dass er überschäumte. Ich hob es an den Mund und musste kichern, als die Bläschen mich an der Nase kitzelten.

Im fahlen Mondlicht, das durch die halb offenen Fensterläden ins Zimmer fiel, forderte Hannibal mich mit seinen leuchtenden dunklen Augen auf auszutrinken. Zwei Gläser später war der Alkohol mir in den Kopf gestiegen. Ich konnte gar nicht mehr aufhören zu lachen und wäre am liebsten in meinem seidenen Morgenrock durch die Straßen von Rom getanzt. Es war eine berauschende Situation, Hannibals durchdringender Blick ließ mein Herz höher schlagen, und ich sehnte mich danach, dass er mich küsste. Plötzlich schlang er seine Arme um mich, sodass ich meinen Sekt verschüttete, und küsste mich leidenschaftlich. Seine Lippen schmeckten nach Sekt. Bis die Flasche leer war, hatte ich meine Jungfräulichkeit verloren.

Das Erlebnis, zum ersten Mal mit einem Mann zu schlafen, war keineswegs die Offenbarung, die ich mir ausgemalt hatte. Es war nicht besonders beeindruckend, und ich war ziemlich enttäuscht. Auch lagen wir uns nicht verträumt in den Armen, um gemeinsam auf die Morgendämmerung zu warten, so wie ich es in den Romanen gelesen hatte. Eh ich michs versah, stand Hannibal auf, zupfte seine Kleidung zurecht und eilte mit einem beinahe anzüglichen »*buona notte*« und einem hastig zugeworfenen Kuss aus dem Zimmer. Ich fühlte mich betrogen. War das alles, was es brauchte, um verrucht zu sein? Folgte auf Augenblicke der Leidenschaft unweigerlich solch ein Gefühl der Leere? Zum ersten Mal in meinem Leben begann ich, einige der romantischen Vorstellungen, die ich immer als unumstößliche Wahrheit betrachtet hatte, in Zweifel zu ziehen. In der Phantasiewelt, die ich mir mit Hilfe zahlloser Romane zurechtgesponnen hatte, stand für mich fest, dass ein sexuelles Abenteuer, wie ich es mit Hannibal erlebt hatte, zu immer währender Liebe führen würde. Doch jetzt stellte ich mit Entsetzen fest, dass ich mir die ganze Zeit etwas vorgemacht hatte.

Amy war zum Glück nicht aufgewacht. Ich lag noch bis zum Morgengrauen wach, lauschte auf ihren regelmäßigen Atem und wünschte, ich könnte alles ungeschehen machen. Wenn ich Hannibal wieder begegnete, würde vielleicht alles ganz anders aussehen, sagte ich mir. Vielleicht würde er sich für seinen schnellen Rückzug entschuldigen und versprechen, während meiner letzten Tage in Rom ein bisschen Zeit mit mir zu verbringen. Ich malte mir aus, wie wir Hand in Hand am Trevi-Brunnen vorbeischlenderten oder auf dem schönen Campo dei Fiori, wo ich schon so viele andere Liebespaare gesehen hatte.

Aber als ich am Morgen an die Rezeption ging, um ihn zu fragen, wann wir uns sehen könnten, war er äußerst distanziert und gab vor, er sei zu beschäftigt.

»Ich habe jetzt keine Zeit«, zischte er, als fürchtete er, es könnte uns jemand hören. »Vielleicht später.«

Auch später hatte er keine Zeit, und ich drängte ihn nicht. Ich kam mir vor wie eine Idiotin. Wahrscheinlich war er sehr erleichtert, als wir zwei Tage später abreisten und uns von ihm verabschiedeten.

Während der Zugfahrt nach Cannes starrte ich die ganze Zeit aus dem Fenster auf die kahle Winterlandschaft. Ich grübelte nach über das, was geschehen war und wie sehr es mich verändert hatte, und mir wurde bewusst, dass meine Kindheit innerhalb von wenigen Minuten ein jähes Ende genommen hatte. Endlich hatte ich die Last meiner Jungfräulichkeit verloren. Jetzt gab es keinen Weg zurück in mein bisheriges Leben. Auf keinen Fall konnte ich weiterhin bei meinen Eltern in der *Casa Longa* wohnen. Ich hatte von der verbotenen Frucht gekostet, und durch die Erfahrung unterschied ich mich schon jetzt von den anderen Mädchen. In den zwanziger Jahren konnte eine Frau, die nicht anständig verheiratet war, nur Gouvernante, Sekretärin oder Kindermädchen werden. Doch wollte ich weder einen dieser Berufe ergreifen, noch in einer lieblosen Ehe eingesperrt werden wie meine Mutter.

Nein, sagte ich mir, ich hatte mir die Suppe eingebrockt, und ich würde sie auslöffeln. Hatte ich mir nicht vorgenommen, eine verruchte Frau zu werden? Und nun war ich eine geworden – wenn auch etwas unerwartet. Jetzt blieb mir nichts anderes übrig, als diesen Weg weiter zu verfolgen und das Leben beherzt bei den Hörnern zu packen. Wenn ich in jungen Jahren mit der Gefahr liebäugelte, konnte ich mich später zufrieden zurücklehnen in dem Wissen, dass ich mein Leben gelebt hatte, im Gegensatz zu meiner Mutter, die ihre Jugend und Schönheit an meinen Vater vergeudet hatte. Die Männer würden meine Rettung sein, sagte ich mir, sie würden mir Wohlstand und Reisen und Glück bescheren. Ohne eigenes Vermögen und in einer Welt, in der Frauen als zweitklassige Bürger betrachtet wurden, würde ich dem Vorbild der reichen *demoiselles* von Cannes folgen und meine Reize zu meinem größten Nutzen einsetzen. Es war ein Weg in die Selbstzerstörung, vorbestimmt durch eine einsame Kindheit, und er sollte zu Kummer und Tränen führen, doch war ich viel zu jung, um das zu erkennen.

Bereits mit siebzehn hatte ich meine Eltern angefleht, mir zu erlauben, Fahrunterricht zu nehmen. Laurence war nicht am Autofahren interessiert, meine Mutter hatte nie den Wunsch geäußert, es zu lernen, und mein Vater war nicht mehr der Jüngste und kam mit dem zunehmenden Verkehr auf den Straßen nicht zurecht.

Damals fuhren nur junge Männer Auto, für junge Frauen schickte es sich nicht (ich kannte nur eine junge Frau, die ein Auto besaß, und die war sehr reich). Doch an meinem achtzehnten Geburtstag durfte auch ich ein Auto fahren – den alten Cottin-Desgouttes meines Vaters, ein elegantes französisches Auto, das er sehr liebte und an dem er ständig herumbastelte. Er brachte mir einige der wichtigsten Dinge bei, zum Beispiel, wie man die Federung richtete, einen Reifen wechselte und den Ölstand überprüfte – Fertigkeiten, für die ich später sehr dankbar sein sollte – und er ließ mich mit dem Wagen fahren, sooft ich wollte.

Wenn wir alle zusammen zu einem Besuch bei meiner Großmutter und meiner Tante oder bei Freunden meiner Eltern aufbrachen, fuhr ich den ganzen Weg von Südfrankreich bis nach England und zurück. Wir reisten jedes Mal über Le Touquet, um die Bullterrier meines Vaters abzuholen, die dort den Sommer verbrachten, weil es in Cannes für sie zu heiß war.

Das Autofahren bescherte mir eine nie gekannte Freiheit, und ich genoss sie in vollen Zügen. Auch meine Freunde profitierten davon und benutzten mich häufig als Chauffeurin. Eine Engländerin, mit der ich seit einiger Zeit befreundet war, hatte einen schlechten Einfluss auf mich. Hersey Piggott sah aus wie eine kleine englische Bulldogge; sie stammte aus einer wohlhabenden Familie, und wir zogen oft los, trafen uns mit ein paar Amerikanern und tranken viel zu viel. Hersey liebte Whiskey, damals ein Männergetränk, sie trank ihn pur oder in Manhattan-Cocktails. Sie war eine Rebellin, die noch verruchter sein wollte als ich. Wir gingen in Nachtclubs, die ihre Türen nicht vor 23 Uhr öffneten. Dort tanzten wir Charleston und Foxtrott, Walzer und Tango. Taillenlose, kniekurze Hängerkleider waren damals der letzte Schrei, und dazu ein Topfhut.

Die Jahre von 1929 bis 1939 waren für mich ein berauschendes Jahrzehnt mit Partys und Tennis spielen, wo immer in Europa ich mich gerade aufhielt. Wien, Belgrad und Budapest waren Stationen in meinem Leben, wo ich weitgehend auf Kosten anderer lebte. Es war eine andere Ära, eine Zeit der Visitenkarten und schriftlichen Einladungen. Wenn man gut genug spielte, wurde man zu Turnieren in ganz Europa eingeladen, und alle Reise- und Hotelkosten wurden bezahlt. Damals gab es noch keine Profis, nur Amateure, und als Preis winkte selten mehr als der obligatorische Silberpokal. Ich gewann mehrere davon. Meistens reiste ich allein, doch häufig traf ich mich mit meiner Freundin Lily, mit der ich im Doppel spielte. Wenn ich in Budapest war, wohnte ich bei ihrer Mutter. Mit Lily blieb ich bis zu ihrer Hochzeit Ende der dreißiger Jahre befreundet.

Ich hatte Affären mit vollkommen ungeeigneten Männern, die mir einer nach dem anderen das Herz brachen. Zu meinem großen Kummer machte mir keiner der Männer, in die ich mich verliebte, einen Heiratsantrag – wahrscheinlich, weil ich mit ihnen ins Bett gegangen war. Ich hätte einen Heiratsantrag bereitwillig angenommen, allein schon wegen der finanziellen Sicherheit und der Unabhängigkeit, die eine Ehe bedeutete. Vielleicht, weil sie meine innere Not spürten, waren sie alle peinlich darauf bedacht, mich nicht zu schwängern, aus Furcht, mir einen begründeten Anspruch auf eine Ehe an die Hand zu geben.

Damals entwickelte ich eine Vorliebe für Champagner und türkische Zigaretten, die ich mit Zigarettenspitze rauchte. Das Gebot meiner Eltern, um Mitternacht zu Hause zu sein, umging ich, indem ich ihnen erklärte, ihr altes Auto sei unzuverlässig und würde immer wieder streiken. Sie missbilligten meinen Lebensstil zutiefst und taten ihr Bestes, um mich von meinem Weg abzubringen. Vor allem mein Vater versuchte, mich an die Kandare zu nehmen, und erklärte mir mit ernster Miene, ich laufe Gefahr, »*une fille facile*« zu werden, doch war ich jetzt so eigenwillig, wie ich als Kind fügsam gewesen war, und lachte nur über seine Vorhaltungen. In ihrer Verzweiflung beschlossen meine Eltern, mich von Cannes fortzuschicken, in der Hoffnung, dass ich in einer weniger pulsierenden Umgebung zur Besinnung kommen und mich beruhigen würde. Ich glaube, sie waren froh, mich loszuwerden. Sie schickten mich zu meiner Tante Hilda, über deren Gesellschaft ich nach all den Jahren der Einsamkeit sehr froh war.

In London wurden wir von Hildas zahlreichen vornehmen Freunden häufig ausgeführt und verbrachten viele wunderbare Abende. Tante Hilda lebte in großem Stil in ihrer eleganten Wohnung in Kensington. Sie liebte die Musik und spielte Violine in einem kleinen Orchester. Außerdem war sie eine begabte Aquarellmalerin. Einmal nahm sie mich mit in eine Operette mit dem Titel

Bitter Sweet, die ein junger Komponist namens Noel Coward geschrieben hatte, ein Feuerwerk aus Melodien und Farben, das mein Leben veränderte. Die Geschichte drehte sich um eine Frau namens Dolly Chamberlain, deren Liebesleben ungefähr so kompliziert war wie das meine. Inmitten eines rauschenden Wiener Opernballs brannte sie mit einem armen Musiker durch, obwohl sie dadurch ihre gesellschaftliche Stellung verwirkte. Ich freute mich über Dollys Befreiung, war begeistert über ihren Mut und weinte über ihre Verzweiflung. Auch meine Tante war hingerissen von der Operette, und zum Ersten Mal begriff ich, was sie für ein Freigeist war.

»Warum hast du nie geheiratet, Tante Hilda?«, fragte ich sie einmal. Ich erinnerte mich, dass in meiner Kindheit von einem jungen Verehrer die Rede gewesen war, der im Ersten Weltkrieg an der Somme gefallen war.

»Ich habe den Mann verloren, mit dem ich mein Leben verbringen wollte, und nie wieder einen anderen gefunden«, erwiderte sie seufzend. Dann, mit einem verschmitzten Funkeln in den Augen, fügte sie hinzu: »Aber ich bin immer noch auf der Suche.«

Nach einem kurzen und glücklichen Aufenthalt bei Hilda in London beschloss ich, dass es an der Zeit war, wieder aufzubrechen. Nicht zurück nach Cannes, wo meine Eltern garantiert wieder versuchen würden, meine Abenteuerlust zu bremsen, sondern nach Österreich, wo meine Tante Bekannte hatte.

»Meine Freunde aus Wien haben geschrieben«, verkündete sie eines Tages fröhlich beim Frühstück. »Sie würden dich gern bei sich aufnehmen. Du wolltest doch schon immer gern Deutsch lernen. Und wer weiß, vielleicht werden wir es alle demnächst sprechen.«

Adolf Hitler war der neue deutsche Reichskanzler und hatte sich vorgenommen, ein deutsches Weltreich zu schaffen. Und im Hinblick auf Mussolini und die Schwarzhemden, die in Italien zunehmend aktiv wurden, fürchtete Hilda, dass Europa ein gefährliches Pflaster für mich sein könnte.

Als sie mich auf dem Waterloo-Bahnhof zum Zug begleitete, schien es ihr schwer zu fallen, sich von mir zu verabschieden. »*Adieu*, meine Kleine, *adieu*«, sagte sie mit Tränen in den Augen, als ich sie umarmte und ihr für ihre Großzügigkeit dankte. Ein paar Tage zuvor hatte sie mir gesagt, dass sie beschlossen hatte, mir eine monatliche finanzielle Unterstützung zukommen zu lassen, die es mir ermöglichte, von meinen Eltern unabhängig zu sein und mein Leben so zu gestalten, wie es mir passte. Durch den Dampf der Lokomotive hindurch lächelte ich ihr zu und warf ihr mit meiner behandschuhten Hand einen Kuss zu, als der Zug sich in Bewegung setzte.

Während meine Eltern aus den unterschiedlichsten europäischen Städten Briefe von mir erhielten, verloren sie allmählich jede Hoffnung, dass ich jemals ein konventionelles Leben führen würde. Auch auf Laurence, der Konzertpianist war und damals in Wien lebte, hatten sie keinen Einfluss mehr. (Er blieb sein Leben lang Junggeselle und hatte meines Wissens nie eine Freundin; ich vermute jedoch, dass er hin und wieder Liebhaber hatte.) Schließlich sagten meine Eltern sich, was sie über ihre Kinder nicht wussten, konnte ihnen auch keinen Kummer bereiten. Sie wurden älter und waren des Emigrantendaseins überdrüssig. Als meine Großmutter im Alter von achtzig Jahren in Torquay starb (sie war schon seit einiger Zeit bettlägerig gewesen und hatte die Krankenschwester bis zum letzten Tag in ihrem üblichen Befehlston herumgescheucht) und nachdem das zunehmend schwächer werdende Pfund das Leben in Frankreich immer weniger attraktiv machte, verließen sie Cannes und zogen nach Seal in der Nähe von Sevenoaks in der Grafschaft Kent, während Laurence und ich auf dem Kontinent blieben.

Jeden Winter reiste ich pflichtschuldigst nach Kent, um ein weiteres trübsinniges Weihnachtsfest mit meinen Eltern zu begehen. Die Aufenthalte in England nutzte ich dazu, zu schlafen, zu lesen und mich über die neuesten Familienangelegenheiten zu informieren, so wenig Neues es auch gab. Unser Verhältnis hatte sich etwas gebessert – zumindest behandelten meine Eltern mich inzwischen wie eine Erwachsene – und die beiden schienen auf ihre alten Tage eine halbwegs freundschaftliche Beziehung zueinander entwickelt zu haben. Laurence war mittlerweile zurück nach London gezogen und arbeitete als Scheidungsanwalt. Ich sah ihn nur, wenn sich sein jährlicher Besuch bei meinen Eltern zufällig mit meinem überschnitt.

Und dann war ich wieder unterwegs – zum Skilaufen bei schönstem Märzwetter in Hausbrück in Tirol, zum Tennisspielen in Budapest, anschließend vielleicht für ein paar Wochen in St. Moritz, dann in Wien, um meine Freunde im Tennisclub zu treffen und zu erfahren, wo im Laufe des weiteren Jahres Tennisturniere abgehalten wurden. Meistens reiste ich mit der Eisenbahn, doch einmal flog ich von Belgrad nach Budapest, weil ich neugierig auf das Fliegen war. Es war ein Air-France-Flug. Ich war der einzige Passagier, und der Service war daher exquisit. Obwohl es einige heftige Turbulenzen gab, die mich ordentlich durchschüttelten, betrachtete ich das Fliegen als eine sehr angenehme Art zu reisen und vermutete schon damals, dass es bald groß in Mode kommen würde.

Während ich zwischen Schlössern, Villen und teuren Hotels in schicken europäischen Städten hin und her pendelte, muss ich mir wohl einen gewissen Ruf erworben haben. Wäre ich ein Mann gewesen, hätte man mich als weltgewandten und gebildeten Hausgast gefeiert, einen weit gereisten Aristokraten mit einer Neigung zu gehobenem Lebensstil. Als Frau jedoch wurde ich wahrscheinlich eher als eine Schande für meine Familie betrachtet, und, angesichts meines mangelnden Interesses an Besitz und gesellschaftlichem Status, als gefährliche Lebenskünstlerin. Abgesehen von meiner Tante Hilda, die meinen unkonventionellen Lebensstil vermutlich insgeheim bewunderte, waren meine Freundinnen meist reiche, geschiedene Frauen, die sich nicht die Bohne darum scherten, was andere Leute dachten.

Es war die Ära von Frauen wie Mae West, Virginia Woolf, Amelia Earhart, Greta Garbo, Marlene Dietrich und Isadora Duncan. Die Frauen befreiten sich von den Fesseln des vergangenen Jahrhunderts, ganz besonders in Frankreich, dem Geburtsland der Haute Couture, wo gewagte neue Stile wie rückenfreie Kleider und immer kürzere Röcke in Mode kamen. Eine Zeit lang war es sogar en vogue, Männerkleider zu tragen, und unbeeindruckt von der öffentlichen Meinung, gehörte ich zu der großen Zahl junger Frauen, die sich über die noch in ganz Europa geltenden Gesetze hinwegsetzten, nach denen es Frauen verboten war, »öffentliches Ärgernis zu erregen«, indem sie sich in Herrenkleidung auf der Straße zeigten.

Verwöhnt und von der wirklichen Welt abgeschirmt, fand ich allerdings unter den langweiligen Männern meiner Klasse wenig, was mich begeisterte oder stimulierte. In jedem Mann, den ich kennen lernte, hoffte ich den Mann fürs Leben zu finden, den ich bis an mein Lebensende lieben würde. Wie meine Tante Hilda war ich »immer noch auf der Suche«. Mit der Zeit musste ich jedoch erkennen, dass ich nie erfahren hatte, wie es war, nur um meiner selbst willen geliebt zu werden. Seit dem Tag in Rom, als Hannibal mich erobert hatte, hatte ich nie gewagt, einem Mann gegenüber nein zu sagen, aus Angst, er könnte mich ablehnen (obwohl ich am Ende diejenige war, die fast jedes Mal abgelehnt wurde).

Zu meinem eigenen Ärger verliebte ich mich immer wieder Hals über Kopf und hoffte jedes Mal, dass diesmal alles anders werden würde. Doch wenn die ersten Tage der Verliebtheit vorüber waren, folgte unweigerlich die Trennung. Dann war ich erneut allein und schwor mir, nie wieder so leicht nachzugeben. Aber selbstverständlich tat ich es immer wieder.

Also beschloss ich, nach bedeutenderen, verwegeneren Männern Ausschau zu halten, die mir größere Abenteuer bieten konnten und meiner nie überdrüssig werden würden. Einen Offizier vielleicht oder einen Adligen mit einer Vorliebe für große Reisen. Ich sagte mir, ich würde schon wissen, dass er der Richtige war, wenn ich ihm begegnete, doch bis es dazu kam, würde ich einfach abwarten müssen.

Im Sommer 1939 lag Veränderung in der Luft. Überall in Europa wurden Reservisten mobilisiert, Eisenbahnen wurden requiriert, und wir wussten, dass es wahrscheinlich Krieg geben würde. Überall herrschte Aufregung, das Gefühl, dass »etwas Neues« passieren und alles ein bisschen aufrütteln würde. Kaum jemand von uns glaubte wirklich, dass nach der Massenschlächterei des Ersten Weltkriegs ein neuer Konflikt zu mehr als einem kurzen Aufflammen von Feindseligkeiten führen oder dass die Krise uns in Mitleidenschaft ziehen würde. Wie ahnungslos wir doch waren.

Ich wohnte gerade bei einer guten Freundin, einer geschiedenen Amerikanerin namens Gladys Ashe, in ihrem Schloss Beaudiment in Châtellerault, in der Nähe von Poitiers in Westfrankreich. Vor vielen Jahren hatte ich Gladys in Cannes über meine Eltern kennen gelernt, die einen Bullterrier kaufen wollten. Gladys züchtete die fetten, kleinen Hunde und hatte außerdem riesige Gewächshäuser mit allen möglichen exotischen Blumen und Pflanzen. Zuerst hatten es meine Eltern Gladys angetan, später dann auch ich, und seitdem waren wir dicke Freundinnen. Sie war dreimal verheiratet gewesen – die Männer hatten sie alle wegen ihres Geldes geheiratet –, und zu der Zeit ließ sie sich gerade von ihrem letzten Ehemann scheiden. Ihr Geburtsname war Crocker, und wie viele Amerikaner besaß sie einen äußerst trockenen Humor. Obwohl sie wesentlich älter war als ich, schien sie meine Gesellschaft zu schätzen und lud mich immer wieder in ihre diversen Häuser oder in ihre Hotelsuiten ein. Ihre Mutter lebte in großem Stil in Paris, und ihr rothaariger Sohn Gerald, der genauso alt war wie ich, leistete uns häufig Gesellschaft.

Jenen letzten Sommer vor dem Krieg verbrachte ich mit Gladys auf Beaudiment. Es war ein kleines, hübsches Schloss mit vielen Türmchen und einem Burggraben. Während der meisten Zeit des Jahres war es unbewohnt und verschlossen, aber als Gladys und ich im Juli zusammen mit einigen Freunden eintrafen, entwickelte es sich schnell zum Zentrum des gesellschaftlichen Lebens in der Gegend. Tagsüber wurden Tennisspiele und Jagdpartys veranstaltet und abends elegante Dinnerpartys und rauschende Bälle. Aus allen Teilen Europas kamen Freunde zu Besuch. Das Leben auf dem Schloss gefiel mir und passte zu meinem damaligen Lebensstil.

Der bevorstehende Krieg war das vorherrschende Gesprächsthema. Meine Freunde in Wien und Budapest rieten mir, sie in diesem Jahr nicht zu besuchen, und ihre Telegramme und Briefe klangen alle sehr ängstlich und besorgt, vor allem die von meinen Freunden jüdischer Abstammung. Nach langem Zögern ließ ich meine Pläne schließlich fallen und blieb in Frankreich. Meine französischen Freunde versicherten mir, die ganze Aufregung würde so schnell vorüber sein, wie sie begonnen hatte, und in Poitiers würden wir sowieso nichts von all dem Theater mitbekommen. Ich hatte keinen Grund, ihre Meinung anzuzweifeln.

In ihrem lässigen Amerikanisch erklärte mir Gladys: »Also,

Liebes, wenn ich hier bleibe, dann kannst du darauf wetten, dass wir hier in Sicherheit sind, auch wenn ich so ungefähr die letzte Amerikanerin bin, die noch nicht aus Frankreich abgereist ist, seit die Prohibition aufgehoben wurde.« Sie hatte fälschlicherweise angenommen, ich sei ängstlich. Aber weit gefehlt. Wenn überhaupt, war ich aufgeregt.

Ich vertrieb mir den Spätsommer mit einer Affäre mit Gladys' Sohn Gerald, der sehr nett und liebenswert war. Als er schließlich genug von mir hatte und nach Paris zurückkehrte, blieben Gladys und ich allein zurück. Wir spielten Karten, ritten aus oder amüsierten uns auf andere Weise. Sie brachte mir Baccarat bei, und ich ihr im Gegenzug das Schießen. Trotz des drohenden Krieges ging das Leben weiter wie gewohnt. Dann, am 1. September, drei Wochen vor meinem neunzehnten Geburtstag, marschierten die Deutschen und bald darauf die Russen in Polen ein. Während der beiden folgenden Tage weigerte sich Hitler trotz intensivster diplomatischer Bemühungen, auf ein von Frankreich und Großbritannien gestelltes Ultimatum zu reagieren und sich aus Polen zurückzuziehen.

Am frühen Abend des 3. September 1939 lag ich gerade auf meinem Bett, als es leise an der Tür klopfte. Gladys betrat das Zimmer in heller Aufregung.

»Ich habe gerade die Nachrichten im Radio gehört«, sagte sie und setzte sich, umgeben von einer Wolke aus Parfüm und Zigarettenrauch, auf die Bettkante. Sie schaute mir angsterfüllt in die Augen. »Es geht los, Susan. Wir haben Krieg.«

5
Die Lady als Krankenschwester

»Tausende folgen seinem Ruf
und eilen rastlos über Land und See
doch dienen auch die, die harren und bleiben.«

John Milton, Sonett 16,
›When I consider How My Ltright Is Spent‹

In der Abgeschiedenheit des Schlosses saßen Gladys und ich an jenem Sonntagabend vor dem Radio, tranken Manhattan-Cocktails und hörten aufmerksam die Nachrichten, als Edouard Daladier, der französische Premierminister, widerstrebend den Deutschen den Krieg erklärte. Wenige Stunden zuvor hatte sich der britische Premierminister Neville Chamberlain in das Unterhaus begeben und feierlich erklärt: »Unser Land befindet sich jetzt im Krieg mit Deutschland. Wir sind bereit.« Anschließend hatten die beiden Länder eine gemeinsame Erklärung abgegeben, in der sie verkündeten, dass sie nicht die Absicht hätten, Giftgas oder biologische Waffen einzusetzen.

Während der ersten Kriegswochen blieben Gladys und ich in ihrem Schloss, warteten auf Neuigkeiten und bekamen kaum etwas davon mit, was es bedeutete, im Krieg zu sein. Seife und Zigaretten wurden knapp, nachts mussten wir, gemäß den strengen Verdunklungsvorschriften, die Vorhänge geschlossen halten, und die Scheinwerfer an unseren Autos wurden mit speziellen Gittermasken versehen. Aber der Wein floss immer noch reichlich (obwohl die Preise dafür auf dem blühenden Schwarzmarkt bereits in astronomische Höhen gestiegen waren), jeden Abend erschienen weiterhin die üblichen Gäste in ihren Pelzen und Juwelen, und es wurde getafelt wie eh und je – auch wenn es zum Dinner jetzt eher Federwild gab, das auf Gladys' Grundbesitz geschossen worden war, statt des besten Fleischs vom örtlichen *boucher*.

Meine Eltern schrieben mir aus Kent und berichteten über das Leben unter den zahllosen neuen Vorschriften und Verboten – die massenhafte Evakuierung von Kindern aus den großen Städten, die Einführung von Lebensmittelrationierungen und Essensmarken, die Aufrufe, Kriegsanleihen zu kaufen, nicht zu reisen, nichts zu vergeuden und Gerüchten entgegenzuwirken. Die Briten, die in den verdunkelten Straßen ihrer Städte und Dörfer herumstolperten, schienen sich der Konsequenzen des Krieges wesentlich bewusster zu sein als die Franzosen.

Mein Vater hatte sich natürlich unverzüglich bei der örtlichen Heimwehr gemeldet (nachdem die Armee ihn aufgrund seines Alters von fast fünfundsiebzig Jahren abgelehnt hatte). Er organisierte die Registrierung der Kriegsfreiwilligen und ging ganz in dieser Aufgabe auf. Meine Mutter – die Tante Hilda in London besucht hatte – berichtete, die Straßen seien verstopft mit Militärfahrzeugen, und der Himmel über den Städten und Häfen sei übersät mit Fesselballons, die angreifende Flugzeuge aufhalten sollten. Auch sie erübrigte Zeit, um dabei zu helfen, Verbandszeug herzustellen und Essens- und Kleiderpakete für die Männer an der Front zu packen.

Es schien meinen Eltern keine allzu großen Sorgen zu bereiten, dass ich in Frankreich blieb. »Halt uns auf dem Laufenden«, baten sie mich in ihrem Brief, doch ich war mir sicher, dass sie das mehr aus Pflichtgefühl denn aus Liebe wünschten. Wenn es um meine Familie ging, war ich mir selbst mein schlimmster Feind. Ich war vollkommen unabhängig von ihnen, und sie hatten sich so sehr an meine Eigenwilligkeit gewöhnt, dass sie wussten, dass mich nichts von einem einmal gefassten Entschluss abbringen konnte.

Es war achtzehn Jahre her, dass ich in England gelebt hatte, mehr als die Hälfte meines Lebens hatte ich in Frankreich verbracht. Ich fühlte mich mehr wie eine Französin als alles andere, obwohl mein Akzent und meine Erziehung mich immer noch als Engländerin entlarvten. Aus Furcht, meine Unabhängigkeit einzubüßen, wenn ich zu meinen Eltern zurückkehrte, beschloss ich, in dem Land zu bleiben, in dem ich mich zu Hause fühlte, auch wenn ich nicht so recht wusste, was ich anfangen sollte. Das gesellschaftliche Leben war zu Ende gegangen – die Männer waren eingezogen worden, Gladys' Bedienstete liefen davon, um sich freiwillig zum Kriegsdienst zu melden, und von den Leuten in meinem Alter war kaum noch jemand übrig. Auf meine Nachfragen hin erfuhr ich, dass die einzige akzeptable Möglichkeit für eine wohlerzogene junge Frau darin bestand, sich zum Dienst beim *Croix Rouge*, dem französischen Roten Kreuz, zu melden. Alle jungen Frauen aus vornehmen Familien taten genau das.

»Die Uniformen sind so schick«, erklärte mir eine Freundin mit leuchtenden Augen. »Und denk bloß an all die dankbaren jungen Männer.«

Obwohl ich viel lieber eine sinnvolle Aufgabe an der Front übernommen hätte – immerhin konnte ich Auto fahren und mit einem Gewehr umgehen –, wusste ich, dass ich als Frau aus der Upper Class ohne besondere Fähigkeiten und ohne jegliche militärische Ausbildung keine große Wahl hatte. Trotzdem musste das nicht heißen, dass ich Krankenschwester wurde, sagte ich mir; ich konnte einen Krankenwagen fahren. Ich ging zur Rot-Kreuz-Stelle und meldete mich. Zu meiner großen Enttäuschung erfuhr ich, dass ich, um mich als Krankenwagenfahrerin zu qualifizieren, zuerst eine Ausbildung als Krankenschwester brauchte.

»Sie können jederzeit in die Situation kommen, einem verwundeten Soldaten erste Hilfe leisten zu müssen«, beschied mich eine herrische Frau im *hôtel de ville*, dem Rathaus, als ich zu protestieren versuchte. »Sie würden uns kaum von Nutzen sein, wenn Sie nichts anderes könnten als Auto fahren.«

Unter ihrem strengen Blick unterschrieb ich schließlich eine Anmeldung für einen dreimonatigen Ausbildungslehrgang zur Krankenschwester. Ich war die einzige Engländerin unter dreißig Französinnen.

Poitiers, eine mittelalterliche Stadt auf einem Hügel zwischen zwei Flüssen, lag inmitten einer weiten Ebene voller Weizen- und Sonnenblumenfelder. In einer der engen Straßen fand ich ein Quartier bei einer Engländerin, die mit einem französischen Offizier verheiratet war. Sie musste sich allein um sich und ihre Kinder kümmern und mit dem Geld wirtschaften, das er ihr schickte. Ich zahlte für Kost und Logis, und das Arrangement kam uns beiden gelegen. Als ich meine Sachen auspackte, nahm ich meine neue Schwesternuniform genauer in Augenschein. Sie bestand aus einem gestärkten weißen Kleid, einer Schürze und einer Haube. Sie war tatsächlich außerordentlich kleidsam. Doch während ich sie in meinen kleinen Kleiderschrank hängte, kamen mir erneut Zweifel, ob meine Entscheidung richtig gewesen war.

Mit äußerstem Widerwillen begann ich meine Schwesternausbildung im Krankenhaus von Poitiers, wo wir in düsterer, kühler Atmosphäre in den Grundlagen von Krankenpflege und Hygiene unterrichtet wurden. Die Krankenzimmer rochen nach Desinfektionsmitteln und Karbolseife, und die Aufgaben, die mir zugeteilt wurden, waren anstrengend und erniedrigend. An keinerlei körperliche Arbeit gewöhnt, waren meine Hände schon bald rau und wund, und meine perfekt manikürten Fingernägel wurden rissig und brachen schließlich ab. Nachdem ich einen Monat lang Fußböden geschrubbt, Laken gewaschen und kleinere Wunden verbunden hatte, befahl man mir, alles, was ich gelernt hatte, in die Praxis umzusetzen. Ich sollte zwei Wochen auf einer Station arbeiten, wo die Schwerkranken lagen, und zwei Wochen lang auf einer anderen Station die weniger schwer Kranken pflegen.

Die Schwesternausbildung zog sich endlos hin, und am meisten störte mich daran, dass ich diese langweiligen Arbeiten verrichten musste, nur um eines Tages einen Ambulanzwagen fahren zu dürfen. Mir kam das Ganze vor wie eine unglaubliche Verschwendung von Zeit und Geld, vor allem, da ich als Krankenschwester vollkommen untalentiert, aber bereits eine erfahrene Fahrerin war. Ich hatte nicht die geringste Geduld mit den Menschen, denen ich helfen sollte, und es war mir zuwider, mich um sie zu kümmern. Auch in praktischen Dingen war ich ungeschickt. Im Zuge meiner Ausbildung musste ich einmal einem Mann, der an einem Leistenbruch operiert wurde, ein Narkosemittel verabreichen. Die Chirurgen operierten jeden, den sie in die Finger bekamen, und wenn es nichts zu operieren gab, bekamen sie schlechte Laune. Man erzählte sogar von einem Chirurgen, der einen Hund völlig unnötig operierte, bloß um sich zu beschäftigen. Der Kriegswahn hatte alle erfasst.

Während der Leistenbruchoperation war ich verantwortlich für die richtige Mischung aus Chloroform und Äther in der Narkosemaske. Ich musste einen Knopf drücken, um die Dosis zu erhöhen. Die Oberschwester, eine Furcht einflößende Frau vom selben Typus wie die Direktorin, die mich auf dem Internat in Wantage terrorisiert hatte, fauchte: »Seien Sie um Gottes willen vorsichtig, Travers. Geben Sie dem Patienten bloß nicht zu viel, sonst bringen Sie ihn noch um. *Faîtes attention!*«

Vor lauter Angst, am Ende einen Toten auf dem Gewissen zu haben, wagte ich kaum, auf den Knopf zu drücken. Natürlich wachte der Unglückliche während der Operation auf, zerrte an seiner Maske und schnappte fürchterlich nach Luft. Entsetzt wich ich zurück und wäre am liebsten aus dem Operationssaal geflüchtet.

Zum Glück reagierte der Chirurg sofort. Während er mir über seinen grünen Mundschutz hinweg einen wütenden Blick zuwarf, langte er über den Operationstisch und schlug mit seiner blutigen rechten Hand auf den Knopf. Der Patient war augenblicklich wieder bewusstlos. Nach diesem Vorfall ließ die Oberschwester kein gutes Haar an mir und schimpfte mich eine »Gefahr für die Öffentlichkeit«.

Ich war mit Sicherheit keine Florence Nightingale, aber trotz meines groben Fehlers überraschte ich nicht nur mich selbst, sondern auch alle anderen, als ich mein Schwesterndiplom bestand. Wahrscheinlich brauchten sie jede Schwester, die sie bekommen konnten.

Der Februar 1940 war eisig, es war einer der kältesten Winter seit Menschengedenken, und der Krieg nahm an Intensität zu. Ein Passagierschiff mit 152 Menschen an Bord war vor der Südostküste Englands versenkt worden, und Hitler hatte ein Bombenattentat überlebt. Die Briten, die zwei Millionen Männer zwischen neunzehn und siebenundzwanzig Jahren eingezogen hatten, entsendeten 158 000 ihrer Soldaten nach Frankreich, um die französischen Streitkräfte bei der Abwehr einer möglichen deutschen Invasion zu unterstützen. Australien hatte Flugzeuge und dreitausend Mann Besatzung zugesichert. In Finnland kämpfte die kleine, tapfere Armee bei Temperaturen unter null, erwies sich bei jedem Schlagabtausch mit der Roten Armee als überlegener Gegner und zwang sie schließlich in demütigender Weise zu einem unentschiedenen Stellungskampf. Erst als sie sich mit einer überwältigenden Übermacht an Soldaten und Waffen konfrontiert sahen, begannen die Finnen, den Rückzug anzutreten. Im Februar appellierten sie an die freie Welt und baten um Unterstützung, da sie am Ende ihrer Kräfte waren.

Frisch ausgebildet und begierig, endlich etwas tun zu können, sah ich meine große Chance gekommen, an die Front versetzt zu werden. Beim Rettungsdienst des *Croix Rouge* meldete ich mich freiwillig als Fahrerin.

»Sie sind ungefähr die Hundertste heute«, kam die enttäuschende Antwort. »Wir haben mehr freiwillige Fahrerinnen als die finnische Armee Soldaten!«

Man nahm meinen Namen und meine Personalien auf, aber der Mann, mit dem ich gesprochen hatte, machte mir wenig Hoffnung. Offenbar hatten viele vornehme Damen aus Paris ihre Dienste als Schwestern und Fahrerinnen angeboten – sich freiwillig zum Roten Kreuz zu melden war neuerdings schick. Aber als es so weit war, dass sie tatsächlich gebraucht wurden, stellten die meisten plötzlich fest, dass sie anderweitige Verpflichtungen hatten. Paris verlassen? Ihre Männer, Liebhaber, Kinder und Freunde zurücklassen und Tausende von Kilometern weit in ein Land reisen, wo sibirische Kälte herrschte? Diese Aussicht war wenig verlockend. Denjenigen von uns, die es wirklich ernst meinten, eröffnete sich schließlich also doch noch eine Gelegenheit, aber zu meiner großen Enttäuschung war man lediglich an meinen Fähigkeiten als Krankenschwester und nicht an denen als Fahrerin interessiert.

Und so brach ich am 3. März 1940 zusammen mit einem französischen Expeditionskorps, zu dem sechs Ambulanzfahrzeuge, mehrere Fahrer und sechs Schwestern gehörten, von Paris aus nach Finnland auf. Wir waren Teil der *Operation Petsamo*, einer Organisation des Roten-Kreuz-Bündnisses Frankreich/Finnland, und sollten im Krieg gegen Russland eingesetzt werden. Acht Wochen zuvor waren französische Truppen nach Finnland entsandt worden. Wir reisten mit dem Zug nach Amsterdam, übernachteten dort und flogen dann über Kopenhagen nach Stockholm (um den deutschen Luftraum zu umgehen). Ich war dreißig Jahre alt, trug eine Art Uniform und befand mich auf dem Weg an die Front zu einem Zeitpunkt, als die meisten von der Front flüchteten. Das Leben eines Party-Schmetterlings, dessen ich überdrüssig geworden war, hatte ich abgeschüttelt und war auf einer Fahrt ins Ungewisse. Endlich würde ich etwas leisten, das dem Motto der Familie Travers würdig war.

Doch meine Träume vom großen Abenteuer in einem fernen Land wurden schon bald zerschlagen. Als wir in Stockholm landeten, erreichte uns die Nachricht, dass der schreckliche Winterkrieg, der vierzehn Wochen lang gedauert hatte, vorüber war. Anfang März hatten die Finnen unter dem Druck der schieren Übermacht kapituliert und einen Teil ihres Territoriums preisgeben müssen. Zehntausende russische und einige tausend finnische Soldaten waren gefallen. Eine halbe Million Menschen war aus Karelien, dem Schauplatz der schlimmsten Kämpfe, evakuiert worden.

Die Schweden wussten nicht, was sie mit uns anfangen sollten. Während über die Zukunft unserer kleinen enthusiastischen Schar verhandelt wurde, blieben wir tagelang zum Nichtstun verdammt. Ich konnte meinen Ärger darüber, dass ich nicht dort war, wo das Geschehen sich abspielte, kaum verhehlen. Ich war nach Skandinavien gekommen, um etwas zu erleben, und nicht, um Urlaub zu machen. Aber bis eine Entscheidung getroffen wurde, hatten wir keine andere Wahl, als in Stockholm auszuharren.

Die schwedische Hauptstadt mit ihren mittelalterlichen Gassen und den Bürgerhäusern aus dem siebzehnten Jahrhundert, errichtet auf etwa zwanzig Inseln und Halbinseln an der Küste des Baltischen Meeres, war sehr malerisch. Doch ich fand den Aufenthalt dort recht langweilig, nicht zuletzt wegen des seltsamen schwedischen Brauchs, nach dem man auf Partys keinen Schluck trinken durfte, es sei denn, jemand prostete einem zu. Ich wäre beinahe verdurstet.

Ich war bei einer sehr netten Familie namens Lindfors untergebracht. Der Vater war der Bürgermeister von Stockholm, und seine hübsche Tochter Margo, fasziniert von uns Schwestern in Uniform, erklärte voller Leidenschaft, sie wolle mit uns nach Finnland kommen, um die Verwundeten zu pflegen. »Ich muss unbedingt etwas tun, um zu helfen«, beharrte sie mit leuchtenden Augen. Der Blick ihres Vaters sagte mir jedoch, dass er das niemals zulassen würde. Um ihr ein bisschen Unterhaltung zu bieten, nahm ich sie mit, als ich einmal mit dem Ambulanzwagen über die zugefrorenen Kanäle fuhr, um zu üben, wie man die Gewalt über das Fahrzeug behielt, wenn es ins Schleudern geriet. Während wir hilflos in dem großen, schwerfälligen Wagen hin und her schlitterten – ein ziemlich schreckliches Erlebnis –, wurde ich beinahe taub von ihren Angstschreien und begeisterten Jauchzern.

Die skandinavischen Behörden ermöglichten es uns schließlich doch, nach Finnland zu fahren. Die arme Margo war untröstlich, als ihr Vater ihr die Erlaubnis verweigerte, mit uns zu kommen. Als sie sich unter Tränen von mir verabschiedete, erinnerte sie mich an mich selbst als junges Mädchen, als ich mich verzweifelt danach gesehnt hatte, mich von meinen Eltern zu lösen. Ich drückte ihre Hand und sagte: »Keine Sorge, eines Tages wird irgendetwas oder irgendjemand kommen, und dann wirst du frei sein.« In bitterer Kälte brachen wir per Schiff auf nach Turku, dem wichtigsten finnischen Seehafen. Wenige Kilometer vor der Küste blieb unser kleiner Fischkutter im Packeis stecken, und ein Eisbrecher musste uns befreien. Wir waren das erste Schiff, das in jenem Frühjahr das Treibeis des Baltikums durchfuhr; schließlich kamen wir am 3. April an.

Turku, Finnlands drittgrößte Stadt, westlich von Helsinki am Bottnischen Meerbusen gelegen, war die Hauptstadt des Landes gewesen, bis sie 1827 durch einen Brand zerstört wurde. Nach einigen Tagen Aufenthalt im eisigen Turku schickte man uns nach Helsinki, wo wir in spartanischen Unterkünften einquartiert wurden und auf weitere Anweisungen warteten. Helsinki war trostlos und bitterkalt, und es gab kaum etwas, womit wir uns die Zeit vertreiben konnten. Außerdem war Helsinki eine der lautesten Städte, die ich je erlebt habe, mit kreischenden Möwen, die den ganzen Tag über unseren Köpfen kreisten, und Straßenbahnen, die durch mit Kopfstein gepflasterte Straßen rumpelten und quietschten. Und nachts brachte uns das unglaublich laute Schnarchen der Oberschwester namens Docpress um den Schlaf. »Sie müssen einfach zusehen, dass Sie einschlafen, bevor sie anfängt zu schnarchen«, riet mir eine Schwester. »Sonst haben Sie keine Chance.« Ich stellte fest, dass ein guter Schluck Cognac sehr hilfreich war.

Sechs Tage später, am 9. April, fielen die Deutschen in Dänemark und darauf in Norwegen ein, damit sie britische Schiffe im Nordatlantik angreifen konnten. Das »Kriegsgeplänkel« war endgültig vorbei. Die norwegischen Gewässer wurden vermint, und alle Verbindungswege mit England wurden unterbrochen. Es gab Berichte über mehrere große Seegefechte. Bei Narvik versenkte die französische Fremdenlegion gemeinsam mit den Briten zehn deutsche Zerstörer und drängte die Deutschen in die schneebedeckten Berge zurück. Wieder einmal saß ich frustriert und gelangweilt fest, diesmal im Land der Mitternachtssonne, während Sturmwolken über Europa hinwegbrausten.

Schließlich wurden wir in eine kleine Stadt namens Norrmark verlegt, wo wir ein provisorisches Krankenhaus einrichteten und verwundete finnische Soldaten pflegten. Viele von ihnen hatten durch Erfrierungen Zehen und Finger verloren; andere litten an Unterkühlung, Schusswunden oder Verletzungen durch Granatsplitter. Die Männer sprachen gutes Englisch und erzählten schauerliche Geschichten von eisiger Kälte und den Kämpfen gegen die Russen sowie von Kameraden, die erfroren waren. Die grässlichen Dinge, die sie erlebt hatten, lagen jenseits meiner Vorstellungskraft.

Am 10. Mai 1940 nahm der Krieg eine dramatische Wende. Die Deutschen marschierten in Holland und Belgien ein, »um deren Neutralität vor britischen Angriffen zu schützen«. Frankreich befand sich nun in höchster Gefahr, und das änderte unsere Prioritäten. Wenn die Deutschen ungehindert in Holland und Belgien einmarschieren konnten, was sollte sie daran hindern, als Nächstes in Paris einzufallen? Der große Hafen von Rotterdam war bei einem Luftangriff, der achthundert Todesopfer gefordert hatte, weitgehend zerstört worden, und gleichzeitig gab es ausgedehnte Luftangriffe auf Flugplätze, Kommunikationszentren und militärische Einrichtungen. In England trat der diskreditierte Neville Chamberlain zurück, und Winston Churchill, der neue Premierminister, prophezeite »Blut, Mühsal, Tränen und Schweiß«.

Wir konnten es kaum erwarten, nach Frankreich zurückzukehren, erst mussten wir jedoch noch mehrere Wochen ausharren, bis wir nach langen Verhandlungen und vergeblichen Versuchen die Schiffspassage in die Heimat antreten konnten. Die finnischen Soldaten gaben uns zu Ehren eine Party und schenkten jedem von uns einen kleinen Gedichtband. Beim Abschied waren alle sehr gerührt; einige der Verwundeten hatten Tränen in den

Augen, und dann, als wir abfuhren, sangen sie die Marseillaise; ihre tiefen Stimmen hallten durch das Krankenhaus, das unser Zuhause gewesen war.

Angesichts der sich überschlagenden Ereignisse wollte ich so schnell wie möglich zurück an die Front. Italien hatte sich mit Deutschland verbündet und am 10. Juni den Alliierten den Krieg erklärt. Eine Woche später kapitulierte Frankreich unter dem neuen Premierminister Paul Reynaud (der seinen neuen Unterstaatssekretär für nationale Verteidigung, einen jungen Brigadegeneral namens Charles de Gaulle, mit Dokumenten und Geldmitteln nach England geschickt hatte, in der Hoffnung auf das Zustandekommen einer anglo-französischen Allianz). Nach Reynauds Rücktritt wurde Marschall Philippe Pétain, der betagte Oberbefehlshaber der französischen Armee und Held des Ersten Weltkriegs, von den Deutschen aufgefordert, in Vichy eine neue Regierung zu bilden. Anfangs wurde die neue Regierung von vielen Franzosen unterstützt, denn sie verzichteten lieber darauf, den Deutschen Widerstand zu leisten und zogen es vor, sich mit ihnen zu verbünden statt mit ihrem alten Feind Großbritannien. Damit war der Keim gelegt für das, was sich später zu einem Bürgerkrieg entwickeln sollte.

Um ein krächzendes Radio gedrängt, lauschten die anderen Schwestern und ich wie gebannt der eindrucksvollen Stimme von General de Gaulle, der die Unterstützung von Mr. Churchill gewonnen hatte. Er rief alle französischen Soldaten, Techniker, Ingenieure und alle, die für Frankreich kämpfen wollten, dazu auf, das »Freie Frankreich« gegen die Deutschen und das Vichy-Regime zu verteidigen. »Denn Frankreich ist nicht allein! Es hat ein großes Weltreich hinter sich. Es kann einen Block bilden mit dem britischen Empire, das die Meere beherrscht und weiterkämpft. Es kann, wie England, uneingeschränkten Gebrauch machen von der unermesslichen Industrie der Vereinigten Staaten von Nordamerika. Dieser Krieg ist nicht auf unser unglückliches Mutterland beschränkt. Dieser Krieg wird nicht durch die Schlacht der Franzosen entschieden. Dieser Krieg ist ein Weltkrieg«, erklärte er. »Was auch immer geschehen mag, die Flamme des französischen Widerstandes darf nicht erlöschen und wird nicht erlöschen.« Das waren bewegende Worte.

Fast mein ganzes Leben hatte ich in Frankreich verbracht, und jetzt, da meine Wahlheimat in die Hände des Feindes geraten war, fühlte ich mich ebenso gedemütigt wie jeder Franzose. Eine deutsche Hakenkreuz-Fahne flatterte am Eiffelturm, Nazi-Truppen marschierten über die Champs-Elysées, und ich saß immer noch in Skandinavien fest.

Die lange Heimreise führte anfangs durch eine ruhige, stille See, die jadegrün und silbrig schimmerte. Wir fuhren so weit nördlich, dass wir in Treibeisgewässer gerieten und gezwungen waren, den Kurs zu ändern, doch dann befand sich das Schiff in vermintem Gewässer. Jetzt liefen wir ständig Gefahr, auf eine Wassermine zu stoßen oder von den Deutschen torpediert zu werden. Außerdem wurde das Schiff vom stürmischen Wetter nachts so heftig hin und her geworfen, dass versehentlich ein Fliegeralarm ausgelöst wurde. Nur mit Nachthemden bekleidet, rannten wir an Deck und zu den Rettungsbooten. Mit den Mae-West-Schwimmwesten als einzigem Schutz gegen die klirrende Kälte standen wir zitternd an der Reling und dachten mit Schrecken daran, womöglich in das eisige Wasser springen zu müssen. Am 6. Juli 1940 legten wir in dem großen Werfthafen von Greenock on the Clyde an.

Als ich schließlich in meiner zerknitterten Schwesternuniform und mit einem kleinen Koffer in der Hand bei meiner Tante in Abingdon Court, Kensington, vor der Tür stand, war ich völlig erschöpft.

»Hallo Tante«, sagte ich müde, als sie die Tür öffnete. »Hast du ein heißes Bad und ein Glas Gin für mich?«

Ihr blieb vor Staunen der Mund offen stehen. Dann nahm sie mich in die Arme und schob mich ins Haus, begierig zu hören, was ich zu berichten und was in aller Welt ich als Nächstes vorhatte.

London war der letzte Ort auf der Welt, wo ich sein wollte. Mehr denn je war ich entschlossen, mich an die Front durchzuschlagen. Ich wollte unbedingt nach Frankreich, aber meine Hoffnungen wurden enttäuscht, als meine Tante mich über die neuesten Kriegsereignisse ins Bild setzte. Das britische Expeditionskorps und die französischen und belgischen Truppen waren bis Dünkirchen zurückgeschlagen worden. Unablässig aus der Luft angegriffen und von der völligen Vernichtung bedroht, waren sie mit Hilfe einer seltsamen Flottille aus Fischkuttern, Flussdampfern, Fähren und Ausflugsbooten evakuiert worden. Ich musste an die Strände an der Westküste denken, wo ich als Kind gespielt hatte, und konnte den Wahnsinn nicht fassen, der unsere Welt befallen hatte. Die Nachrichten wurden von Tag zu Tag schlimmer. Nachdem Skandinavien, Holland, Belgien und Frankreich in die Hände des Feindes gefallen waren und die Russen und Italiener sich mit Hitler verbündet hatten, war Großbritannien auf sich gestellt. Es schien nur noch eine Frage der Zeit zu sein, bis die Deutschen auf den Britischen Inseln landen würden.

Die Bedrohung spornte mich an. Ich nahm Kontakt zu sämtlichen Leuten auf, die ich in London kannte, in der Hoffnung, dass sich jemand für mich einsetzen würde, aber niemand hatte auch nur das geringste Interesse an den ehrgeizigen Plänen eines kleinen reichen Mädchens. Dann erzählte meine liebe Kusine Diana mir, dass General de Gaulle sein Hauptquartier in ehemaligen Regierungsräumen in Carlton Gardens, St. James, mitten in London, eingerichtet hatte und dass das Freie Frankreich händeringend nach Freiwilligen suchte, die als Sanitäterinnen, Fahrer und Soldaten eingesetzt werden konnten. Sie wollten sogar versuchen, ihre Werbekampagne auf Französisch-Afrika auszudehnen und auch in den Kolonien Freiwillige zu rekrutieren.

»Melde dich doch direkt bei ihnen«, schlug Diana vor. »Das könnte die Chance für dich sein.« Ich hatte gerade noch genug Zeit, um ihr zum Abschied einen Kuss auf die Wange zu drücken, bevor ich auf den nächsten Doppeldeckerbus nach Pall Mall sprang.

Als ich die Stufen zu dem eindrucksvollen Gebäude hinaufstieg, war ich ziemlich optimistisch, dass ich endlich Gelegenheit bekommen würde, mich nützlich zu machen. Drinnen wimmelte es von Menschen: Sekretärinnen, die mit riesigen Dokumenten unter dem Arm über die gebohnerten Linoleumböden eilten, Soldaten in Feldmänteln, Frauen in federgeschmückten Hüten. Die Eingangstüren wurden von Militärpolizisten bewacht, denn nachdem das Vichy-Regime de Gaulle in Abwesenheit wegen Hochverrats zum Tode verurteilt hatte, wollte man kein Risiko eingehen.

Als ich mich erkundigte, an wen ich mich wenden könne, wurde ich an eine Miss Ford verwiesen, eine Frau, die ich flüchtig aus Paris kannte, und die jetzt die Sanitäter-Dienste organisierte. Was folgte, war wahrscheinlich das kürzeste Vorstellungsgespräch aller Zeiten.

»Ja, Miss Travers«, sagte Miss Ford knapp, »man hat General de Gaulle zwanzig Ambulanzfahrzeuge zur Verfügung gestellt, und da wir Sanitäterinnen brauchen, kommen Sie gerade recht. Sie brauchen ein Gesundheitszeugnis, und Sie müssen sich eine Uniform und eine tropentaugliche Ausrüstung besorgen. Hier sind ein paar Formulare, die Sie bitte ausfüllen, und eine Liste der Impfungen, die Sie benötigen. Wenn das Gesundheitszeugnis in Ordnung ist, werden Sie im Rang eines Sergeanten eingestellt und erhalten zwei Drittel des normalen Solds eines Sergeanten. Melden Sie sich am 30. August im Hauptquartier.«

Nachdem ich die Formulare ausgefüllt und die notwendigen Untersuchungen hinter mich gebracht hatte, galt es noch, zwei Wochen Zeit totzuschlagen; also fuhr ich mit der Eisenbahn nach Folkestone, um meine Eltern zu besuchen. Der Krieg hatte meine Familie in keiner Weise beeinträchtigt. Genauso gut hätte ich von einem Tennisturnier in London nach Hause kommen können, anstatt von einer Reise in den Polarkreis. Meine Mutter wirkte noch mehr in sich gekehrt, und ich verstand mich überhaupt nicht mit ihr. Noch ahnte ich nicht, dass es fünf Jahre dauern sollte, bis ich wieder nach England zurückkehren würde. Sie interessierte sich nicht im Geringsten für das, was ich in Skandinavien erlebt hatte, wollte nur wissen, wie es Tante Hilda ging und wann ich sie zuletzt gesehen hatte.

Bei Laurence war das etwas ganz anderes. Meine Mutter berichtete mir voller Stolz, dass er in London für den britischen Geheimdienst arbeitete. »Er darf uns natürlich nicht erzählen, womit er zu tun hat«, flüsterte sie verschwörerisch. »Das ist alles streng geheim.«

Mein Vater war weniger beeindruckt. Für ihn war Laurence »nicht mehr als ein besserer Sekretär«, und er betrachtete die Entscheidung seines Sohnes, nicht an die Front zu gehen, als »eine Art Kriegsdienstverweigerung«. Mein Vater war natürlich zum leitenden Offizier der örtlichen Heimwehr befördert worden, und er nahm seine Aufgabe sehr ernst. Er führte mir stolz seine khakifarbene Uniform vor und berichtete mir ausführlich, wie er den Freiwilligen militärische Disziplin beibrachte, damit sie alle Invasoren vertreiben und lebenswichtige Anlagen schützen konnten. Aus landwirtschaftlichen Geräten, Küchenmessern und Gartenwerkzeugen hatten sie behelfsmäßige Waffen gebastelt. Einige besaßen alte Lee-Enfield-Gewehre, und mein Vater hatte immer noch seine Pistole aus dem Ersten Weltkrieg. »Kein Hunne wird meine Verteidigungslinien durchbrechen«, prahlte er. »Dafür habe ich gesorgt.« Ich hatte ihn noch nie so aufgeregt erlebt.

In dem kleinen Garten hinter dem Haus beobachteten mein Vater und ich in den ersten Tagen der Schlacht um England die Luftkämpfe am Himmel über dem Hafen. Ich war fasziniert von den kleinen Flugzeugen, die über unseren Köpfen kurvten und kreisten. Während der folgenden Wochen erschienen täglich schätzungsweise tausend deutsche Flugzeuge über England, und fast siebenhundert davon wurden abgeschossen. Churchill erklärte seine Hochachtung für die RAF (Royal Air Force) in seiner berühmten Radio-Ansprache: »Niemals in einem menschlichen Konflikt hatten so viele dem Einsatz von so wenigen zu verdanken«, erklärte er. Auch während ich bei meinen Eltern war, gab es mehrere Luftangriffe, und die Familie Travers musste samt Hunden und Bediensteten im Garten in einem winzigen, mit Wellblech gedeckten so genannten Anderson-Schutzbunker Zuflucht suchen.

Ich fuhr mit dem Zug zurück nach London und kam während des ersten großen Bombardements dort an. Gebäude standen in Flammen, Männer, Frauen und Kinder rannten in alle Richtungen, und es stank nach Holzfeuer und brennendem Gummi. Die Straßen waren mit Schutt übersät, sämtliche Fenster verhängt, Hunderte von Menschen obdachlos, und die meisten verbrachten die Nächte in den U-Bahnschächten, um sich vor den Bomben in Schutz zu bringen. Dennoch ging das Leben irgendwie weiter. Die roten Doppeldeckerbusse bahnten sich ihren Weg durch das Chaos, um Menschen an ihre Arbeitsplätze zu bringen, die Milchmänner lieferten immer noch die Milch, und die Briefträger trugen noch immer die Post aus. Taxis warteten geduldig an ihren Taxiständen, selbst während der Luftangriffe.

Nachdem ich mir in Victoria in einem »Army and Navy«-Shop eine Faltbadewanne aus Segeltuch, ein Feldbett und tropentaugliche Kleidung gekauft hatte, meldete ich mich im Hauptquartier und gab mein Gepäck auf. Dann fuhr ich mit dem Bus nach Euston und anschließend mit dem Zug nach Liverpool. Während an jenem Abend im August die Vorstädte an mir vorüberglitten, die kleinen, dicht an dicht stehenden Häuser mit ihren Gärten voller Blumen, staunte ich über den unbezwingbaren Widerstandsgeist der Briten und fragte mich, ob ich ihn wohl auch besaß.

Trotz meiner geschliffenen Aussprache – die ich meinem Elternhaus und dem Internat zu verdanken hatte – war ich mir nie besonders britisch vorgekommen. Nach fast zwanzig Jahren im Ausland besaß ich hier keine Wurzeln mehr. Als Kind hatte ich in Cannes in der Schule von den Abenteuern der Fremdenlegion gehört, die in Mexiko und überall auf der Welt im Einsatz war. Das Motto der Legion lautete: *Legio Patria Nostra*. Die Legion ist unser Vaterland. Während meiner Zeit als heimatloser Teenager hatte mich dieses Motto immer begleitet.

Als ich mein Spiegelbild im Zugfenster wahrnahm, sah ich eine schlanke junge Frau mit kurzen, braunen Haaren und leuchtenden blauen Augen in einer schlichten, grauen Jacke und mit einem einfachen, schwarzen Filzhut. Vorüber war der Glamour meines bisherigen Lebens, vorüber waren die eleganten Hüte, die feine Seide, die schicken französischen Kostüme, zurückgelassen in einem Europa, das nicht mehr existierte, mit Freunden, die ich womöglich nie wieder sehen würde. Meine neue Kleidung war, wie ich mit seltsamer Genugtuung feststellte, wesentlich passender für die Frau, zu der ich mich entwickelt hatte und die ich vielleicht schon immer gewesen war.

6
Der afrikanische Traum

»Hinter dem Kap tat sich plötzlich die offene See auf,
und die Sonne ergoss sich über den Berg,
und vor mir ein Teppich aus Gold
und die Welt wartete auf mich.«

ROBERT BROWNING, ›PARTING AT MORNING‹

Nie werde ich diese mondlose Sommernacht vergessen, als wir den riesigen Hafen von Liverpool auf dem unbeleuchteten Schiff verließen, während deutsche Flugzeuge im Tiefflug über uns hinweg fegten und uns mit Maschinengewehrfeuer bestrichen. Wir durften unsere Kabinen unter Deck nicht verlassen, und die Bullaugen waren aus Sicherheitsgründen verdunkelt. Ich fuhr auf einem unbewaffneten holländischen Liniendampfer, der *SS Westernland*, dem Schwesterschiff der *SS Pennland*, auf dem etwa tausend Mann der neu aufgestellten 13. Demi-Brigade (DBLE) der französischen Fremdenlegion, der *Légion Etrangère*, eingeschifft waren. Dies waren die Männer, denen ich für den Rest meines Lebens in tiefer Kameradschaft verbunden sein sollte.

Wir fuhren unter der Flagge des Freien Frankreichs, dem Lothringer Kreuz, und der Flagge der Niederlande. An Bord befand sich auch General de Gaulle mit seinen Beratern, Stabschefs und mehreren britischen Verbindungsoffizieren unter Major General Sir Edward Spears, Churchills persönlichem Vertreter. Wir wurden begleitet von einer Flotte aus fast dreißig Schiffen, darunter drei französische Kanonenboote, zwei bewaffnete Trawler und vier französische Frachtdampfer mit den Piloten zweier Flugzeugstaffeln.

Zum britischen Kontingent, das uns sicher bis Afrika geleiten und dann zurückkehren sollte, gehörten zwei Schlachtschiffe, die *Barham* und die *Resolution*, vier Kreuzer, der frisch vom Stapel gelaufene Flugzeugträger *Ark Royal*, mehrere Zerstörer und ein Tanker, die unter dem Kommando von Admiral Sir John Cunningham standen. Die vereinten Streitkräfte umfassten mehr als fünfzehnhundert Mann. Mit Winston Churchills Segen und unter dem Schutz der Royal Air Force brachen wir zu unserer Mission auf, jene, die unter der Kontrolle des Vichy-Regimes standen, auf unsere Seite zu ziehen.

Wir alle waren uns der Verantwortung bewusst, die auf uns lastete. Als wir am 31. August 1940 in See stachen, ließen wir eine Inselnation zurück, die sich buchstäblich im Belagerungszustand befand, und trugen die Geschicke Frankreichs zu fernen Gestaden. Am Tag unserer Abreise erfuhren wir, dass die französischen Kolonien Tschad, Kamerun, Äquatorial-Afrika und Tahiti sich offiziell auf unsere Seite gestellt hatten. Das waren in der Tat gute Nachrichten.

Ich war eine von zehn Schwestern, von denen sechs Engländerinnen waren und der Rest Belgierinnen und Französinnen. Wir standen unter der strengen Aufsicht von Miss Ford, die erklärte: »Uniformen und Hauben müssen *jederzeit* getragen werden. Sie werden in einem getrennten Speisesaal essen, und es ist Ihnen streng verboten, mit den Männern an Bord zu fraternisieren.« Keine von uns ging davon aus, dass dieses Verbot länger als ein, zwei Tage beachtet werden würde.

Die drei Schwestern, mit denen ich mich am besten verstand, waren May Kelsey, die englische Oberschwester, Nadine Cane, eine hübsche junge Französin, und deren belgische Freundin Simone. Dann waren da noch Rosie Curtis und Elizabeth Burchall, mit denen ich eine Kabine teilte. May Kelsey war die unangefochtene Chefin: sie war eine eindrucksvolle Frau, schlank und dunkelhaarig, eine dominante Persönlichkeit mit einem weichen Kern, den man entdeckte, wenn man sie näher kannte. Nadine war hübsch und mollig, eine attraktive Blondine. Simone war groß, älter als ich und kräftig gebaut.

Der von de Gaulle aufgestellte, bunt zusammengewürfelte Haufen von Streitkräften, die uns begleiteten, setzte sich zusammen aus britischen Soldaten, die bei Dünkirchen verwundet worden waren, Franzosen, die ins Ausland geflüchtet waren, und anderen, darunter Deutschen, die sich von ihrem Land losgesagt und sich lieber zu einem Einsatz verpflichtet hatten, als den Krieg in englischen Kriegsgefangenenlagern zu verbringen. Außerdem gab es noch einige Offiziere der Royal Navy und die beiden Bataillone der 13. Brigade der Fremdenlegion. Wir wussten nicht genau, wohin die Reise ging, man hatte uns lediglich aufgefordert, uns für die Tropen auszurüsten, und wir vermuteten, dass wir unterwegs in die französischen Kolonien in Westafrika waren. Als die Sonne jeden Abend an der Steuerbordseite unterging, wurden unsere Vermutungen bestätigt.

Die Reise dauerte mehrere Wochen, denn wir mussten einen großen Umweg fahren, um nicht in den Operationsbereich deutscher U-Boote oder Jagdbomber zu geraten, außerdem musste die Geschwindigkeit den kleineren Frachtdampfern angepasst werden, die uns begleiteten. Am zweiten Tag wurde es uns zum ersten Mal gestattet, an Deck zu gehen. Das Meer war regelrecht übersät mit Schiffen, die jeweils zu dritt nebeneinander her fuhren und denen Zerstörer als Begleitschutz zugeteilt waren.

Der Kommandant des Schiffes, der freundliche holländische Kapitän Plagaay, ließ uns in Reih und Glied antreten, um uns General de Gaulle vorzustellen. De Gaulle reichte jeder Einzelnen von uns die Hand. Er war ein hünenhafter Mann, eine eindrucksvolle Erscheinung mit perfektem Auftreten. Mit seiner riesigen Hakennase war er von Kopf bis Fuß ein General.

»*Bonjour, merci de votre assistance*«, sagte er trocken bei jedem Händeschütteln mit einem steifen, aber höflichen Lächeln. Sein Händedruck war fest, sein Blick durchdringend. Es war allgemein bekannt, dass de Gaulle die Briten nicht mochte. Er brauchte Schwestern, und es interessierte ihn nicht, welcher Nationalität sie angehörten, aber er gab sich auch keine besondere Mühe, freundlich zu sein. Einer seiner Adjutanten dagegen bemühte sich sehr wohl darum, uns freundlich zu begegnen.

Sein Name war Tony Drake, und er war ein junger Lieutenant, der als Verbindungsoffizier für das Militärkontingent Spears' fungierte. Er war dunkelhaarig, mindestens vier Jahre jünger als ich und stammte von der Kanalinsel Jersey. Er war stets makellos gekleidet, hatte ein charmantes Lächeln und freundliche Augen. Ich kann mich noch nicht einmal erinnern, wie unsere Affäre begann, doch weiß ich noch, dass er den ersten Schritt tat, und zwar am ersten Tag unserer Überfahrt. Meine Devise Männern gegenüber war immer gewesen: abwarten und beobachten. Ich redete nur, wenn ich etwas Interessantes zu sagen hatte, und vermied es, mich ins Zentrum der Aufmerksamkeit zu rücken. Dafür ließ ich meine Augen sprechen. Sie waren sehr blau, als ich jung war, und meine Hauptattraktion. Erst, wenn der Kontakt hergestellt, die ersten Signale ausgetauscht waren, reagierte ich. Das gefiel den Männern, und Tony nicht minder. Er sagte, ich sei die ernsthafteste Frau, der er je begegnet war, obwohl er mich sein »Irrlicht« nannte.

Unsere Beziehung war so leidenschaftlich, wie es unter den gegebenen Umständen – wir hatten beide keine Einzelkabine – möglich war. Sie lebte von spärlichen günstigen Gelegenheiten, heimlichen Küssen und Umarmungen und viel sagenden Blicken. Solange wir nicht an Land waren, konnten wir unsere Beziehung nicht voll ausleben. Dennoch gelang es uns für wenige glückliche Wochen zu vergessen, dass wir uns in einem Krieg befanden und jeden Moment damit rechnen mussten, vom Feind angegriffen zu werden. Für jemanden, der die damalige Zeit nicht miterlebt hat, ist es wohl kaum begreiflich, aber unter jenen außergewöhnlichen Umständen griffen wir begierig nach jeder noch so kleinen Gelegenheit, ein bisschen Glück zu erleben. Alles, was uns vertraut war, jede Sicherheit und Geborgenheit war verschwunden. Wir besaßen nur die Freiheit, für den Augenblick zu leben.

Es war Tony, der mich über unseren geheimen Auftrag aufklärte. »Wir steuern Dakar auf der senegalesischen Halbinsel Kap Verde an, wo Streitkräfte des Vichy-Regimes eine Marinebasis unterhalten«, sagte er. »Sie liegt strategisch günstig, um die atlantischen Schiffsrouten unter Beschuss zu nehmen, und die Deutschen werden alles in ihrer Macht Stehende tun, damit sie in den Händen ihrer neuen Verbündeten bleibt.« Er drückte meine Hand. »Keine Angst, Susan, ich werde auf dich aufpassen.«

Aber er hatte meinen Blick missverstanden. Weit entfernt davon, in Panik zu geraten, war ich völlig begeistert von der Aussicht: West-Afrika und ein gefahrvoller Kampf in den Straßen der senegalesischen Hauptstadt entsprachen ganz meinen Vorstellungen von Abenteuer.

Nach einem einwöchigen Zwischenstopp in der britischen Marinebasis Freetown in Sierra Leone brach unser Geschwader am 21. September nach Dakar auf. Zwei Tage später gingen wir am frühen Morgen in undurchdringlichem Nebel eine Viertelmeile vor unserem Zielort vor Anker.

Die Ereignisse der folgenden drei Tage gehören zu den Kuriositäten der Geschichte. Nachdem man uns den Befehl erteilt hatte, jederzeit zum Ausschiffen bereit zu sein, jedoch zu unserer eigenen Sicherheit unter Deck zu bleiben, spähte ich durch die Bullaugen in den wallenden Nebel. Es war nichts zu sehen. Das einzige Geräusch, das wir hörten, war das unheimliche Dröhnen der Nebelhörner, die in der Bucht ertönten. Tony hatte mir erzählt, Churchill sei davon ausgegangen, dass die Vichy-Franzosen in Dakar beim bloßen Anblick der französisch-alliierten Flotte kapitulieren und uns aus Furcht vor der Vernichtung freien Zugang zum Hafen gewähren würden. In Wirklichkeit war unsere kleine Flottille – die wesentlich kleiner war als ursprünglich geplant – in dem dichten Nebel von der Garnison aus gar nicht zu sehen. Außerdem hatten die Streitkräfte des Vichy-Regimes kürzlich Verstärkung bekommen. Diese Männer dürsteten nach Vergeltung für die Zerstörung ihrer Schiffe durch die Engländer in Mers el Kébir, und das Auftauchen der *Ark Royal* und der *Resolution* steigerte nur ihren Kampfgeist.

Entschlossen, seinen Plan durchzuführen, richtete de Gaulle von der Brücke der *Westernland* aus über Radio einen Appell an die französischsprachigen Menschen in Dakar, während britische und französische Flugzeuge über der Stadt kreisten und Flugblätter abwarfen. Dann sandte er eine Delegation von drei Offizieren in zwei kleinen, unbewaffneten Flugzeugen nach Dakar. Vergeblich warteten wir auf Nachrichten. Plötzlich hallte die Bucht vor Geschützlärm wider, als die Geschütze des Schlachtschiffs *Richelieu* und die Kanonen der Festung uns ihre Antwort gaben. Später erfuhren wir, dass die beiden Flugzeuge sofort nach der Landung beschlagnahmt und die Offiziere und Piloten verhaftet worden waren.

Unbeirrt befahl de Gaulle, dass unser Schiff sich zusammen mit der *Pennland* und den Kanonenbooten des Freien Frankreichs durch den Nebel hindurch weiter dem Hafen nähern sollten. Eine zweite Delegation von fünf Offizieren wurde auf den Weg geschickt, diesmal in einem Motorboot mit einer weißen Fahne und dem Auftrag, dem neuen General-Gouverneur von Dakar, einem Mann namens Boisson, eine persönliche Botschaft von de Gaulle zu überbringen. Aber Boisson – der von der Vichy-Regierung eingesetzt worden war und den eindeutigen Befehl hatte, auf keinen Fall zu kapitulieren – hatte nicht vor, zum Freien Frankreich überzulaufen, und machte seine Absichten unmissverständlich deutlich. Im Hafen angekommen, drohte man den fünf Offizieren, sie wegen Verrats gegen die Vichy-Regierung zu verhaften, ein Verbrechen, das mit der Todesstrafe geahndet werden konnte. Als sie mit Maschinengewehren beschossen wurden, ergriffen sie die Flucht.

Zwei der Offiziere, Commandant D'Argenlieu und Capitaine Perrin, kehrten schwer verletzt auf die *Westernland* zurück und wurden stöhnend in den Speisesaal gebracht, der als provisorische Krankenstation diente. Während sich das Wasser um das Schiff herum zu weißem Schaum aufbauschte, machten wir uns zum ersten Mal an die Arbeit und versorgten die Wunden der Verletzten.

»Wie heißen Sie?«, fragte mich Capitaine Perrin mit bleichem Gesicht und drückte meine Hand.

»Susan«, erwiderte ich, während ich ihm den Schweiß von der Stirn tupfte und immer wieder durch das Bullauge lugte.

»Haben Sie keine Angst, Susan«, sagte er. »Die bluffen nur.«

Der Bluff schien sich sehr lange hinzuziehen. Mehrere Stunden lang war immer wieder Geschützlärm zu hören, doch unsere Kanonen schwiegen. Der Kreuzer *Cumberland*, der einige hundert Meter vor uns lag und mehrere schwere Treffer abbekommen hatte, schickte einen Teil seiner Besatzung von Bord. Der Kapitän sandte einen Funkspruch an die Behörden in Dakar und verlangte eine Erklärung für den Angriff.

»Ziehen Sie sich auf zwanzig Meilen Entfernung zurück!«, kam die knappe Antwort, begleitet von weiterem Beschuss. Der Bluff war beendet.

Gegen fünf Uhr an jenem Nachmittag erwiderten die französischen Kanonen zum ersten Mal das Feuer, und das auch erst nach erheblichem Druck. Es hieß, einige der Männer auf dem Kanonendeck hätten ihre Waffen mit Tränen in den Augen geladen.

De Gaulle und Admiral Cunningham waren beide davon überzeugt, dass der Gouverneur von Dakar noch für unsere Seite gewonnen werden könnte, wenn man nur die überzeugenden Worte fände. Sie schickten das französische Kanonenboot *Commandant Duboc* mit einer Abordnung von Marineinfanteristen an Bord zu dem kleinen Hafen von Rufisque, der außerhalb der Reichweite der Kanonen von Dakar lag, um zu versuchen, dort an Land zu gehen und wenigstens die Einheimischen dazu zu bewegen, sich mit uns zu verbünden. Wir lichteten die Anker und fuhren als Geleitschutz mit. Als das Schiff sich in Bewegung setzte und sich der Küste – und den Kanonen – näherte, berichtete ich Hauptmann Perrin von dem Vorhaben.

»Was ist los?«, fragte er und versuchte, sich von seinem Krankenbett aufzurichten.

»Die Lage spitzt sich zu«, erwiderte ich, während mir das Herz bis zum Halse schlug.

Das Nächste, was wir hörten, waren Schüsse, diesmal von oben. Vichy-Flugzeuge belegten das Kanonenboot mit Maschinengewehrfeuer, wobei mehrere Männer getötet und zahlreiche verletzt wurden. Wir mussten von unserem Schiff aus hilflos zusehen.

»Was passiert jetzt?«, wollte Hauptmann Perrin wissen.

»Sieht so aus, als würden Sie bald Gesellschaft bekommen«, antwortete ich bedrückt. »Am besten stellen wir gleich noch ein paar Betten auf.«

Das Kanonenboot schlingerte auf uns zu, und wir bekamen wieder Arbeit. Die überlebenden Männer hatten vor allem Fleischwunden erlitten und fühlten sich in ihrer Ehre gekränkt. Angesichts der Verwundeten blieb General de Gaulle keine andere Wahl, als die Schiffe ins offene Meer in Sicherheit zu bringen. Die ganze Nacht über saßen wir wie auf heißen Kohlen und harrten der Dinge, die da kommen sollten.

Am folgenden Tag gerieten die Kämpfe in eine Sackgasse, da jede Seite ihr Ultimatum verkündete. Dabei wurde weiterhin geschossen, und zwar blind in den Nebel hinein. Während der Nacht kam die *Barham* längsseits, und de Gaulle und Spears ruderten in einem kleinen Boot hinüber, um sich mit Admiral Cunningham zu treffen. Wir anderen sahen zu und warteten ab. Ich war weniger ängstlich als verwirrt. Von meiner anglo-französischen Perspektive aus gesehen schien es absolut widersinnig, dass die Franzosen so versessen darauf waren, sich gegenseitig zu vernichten, anstatt die Deutschen und die Italiener zu bekämpfen.

Von Churchill unter Druck gesetzt, taten de Gaulle und Cunningham alles, um den ursprünglichen Plan zu verfolgen, aus Furcht, die Sache des Freien Frankreichs verloren geben zu müssen. Während der nächsten beiden Tage schlingerten wir entlang der Schusslinie und sahen zu, wie die Schiffe in Küstennähe nacheinander unter Beschuss genommen wurden. Es war wie ein riesiges Schachspiel, bei dem ein Bauer nach dem anderen von den Läufern geschlagen wurde. Nur waren diese Bauern aus Fleisch und Blut, und die Läufer hätten eigentlich auf ihrer Seite kämpfen müssen. Tod und Zerstörung folgten, als die *Resolution* torpediert und beinahe versenkt wurde. Vier Flugzeuge wurden abgeschossen, ein Zerstörer und zwei U-Boote wurden vernichtet. Es war ein sinnloses Gemetzel.

Schweren Herzens gaben de Gaulle und seine britischen Berater schließlich Befehl, Dakar aufzugeben, und wir machten uns auf den Weg nach Freetown. Tony erzählte mir, dass der General sich in seiner kleinen Kabine eingeschlossen habe. »Er ist außer sich«, sagte er betrübt. Das war kein Wunder. Die Medien der ganzen Welt hatten ihn wegen seines »absurden Abenteuers« attackiert und machten ihn für den Fehlschlag verantwortlich. Sie beschuldigten Churchill, er hätte sich zu leicht verleiten lassen. Es gingen sogar Gerüchte um, de Gaulle sollte abgesetzt und durch jemand wie den alterfahrenen General Catroux ersetzt werden.

Aber die Reaktion der Männer unserer Flotte war bemerkenswert. Sie schimpften über die Presseberichte und versicherten de Gaulle weiterhin ihrer bedingungslosen Unterstützung. In Freetown sagte mir einer der Legionäre: »Er ist unsere einzige Hoffnung. Wir müssen ihm die Treue halten, vor allem, nachdem wir gesehen haben, zu welchen Handlungen die Vichy-Schweine im Namen der Deutschen bereit sind.«

Freetown ist eine kleine Stadt auf einer Halbinsel am Fuß eines bewaldeten Gebirges, das die Form eines Löwen hat und nach dem das Land Sierra Leone benannt ist. Unsere Mahlzeiten nahmen wir im einzigen Hotel des Ortes ein, das ziemlich schmuddelig war. Auch die Küche war eher bescheiden und wenig abwechslungsreich, denn als Beilage gab es immerzu Reis. Das Klima war unerträglich heiß und feucht, und die einzige Möglichkeit, uns zu erfrischen, bestand darin, hin und wieder an einem der palmenbewachsenen Strände der Bucht von Freetown schwimmen zu gehen.

Für mich sind die Erfahrungen jener ersten Kriegstage vor allem mit Einschränkung und Gefahr verknüpft. In der gnadenlosen Hitze hauste ich in einer winzigen Kabine zusammen mit zwei Frauen, musste stets meine schlichte Uniform tragen und auf sämtlichen Luxus verzichten, den ich gewohnt gewesen war. Noch nie hatte ich mich so unwohl gefühlt. Die Stadt bot wenig Abwechslung, und jedes Mal, wenn ich an Land ging, fühlte ich mich erdrückt von der Hitze und den Fliegen und den vielen Menschen, die sich auf den Straßen drängten. Für jemand, der in Cannes aufgewachsen war und das privilegierte Leben der High Society gewohnt war, war das in der Tat eine harte Prüfung.

Das drückende Klima passte zu der gedrückten Stimmung, die allgemein vorherrschte. Legionäre mit ihren typischen weißen Képis standen in Gruppen zusammen und diskutierten endlos darüber, was mit de Gaulle geschehen mochte und was das für Frankreich bedeuten würde. Ich konnte nicht umhin zu bemerken, wie gut unsere Sodaten aussahen. Sie wirkten so selbstsicher und anziehend, und jeder besaß einen starken Charakter. Legionäre, so lernte ich mit der Zeit, waren zielstrebige Glücksritter, die einander in Treue verbunden waren. Gerne hielt ich mich unter ihnen auf, bot ihnen Mangos an, lauschte ihren ernsten Gesprächen, erlebte ihre Entschlossenheit und bewunderte sie mehr und mehr. Dies waren keine Männer, die sich durch einen Fehlschlag von ihrem Weg abbringen lassen würden. Die Zukunft Frankreichs und der freien Welt stand auf dem Spiel, und der unerschütterliche Patriotismus, den die Legionäre angesichts der Niederlage an den Tag legten, war ansteckend. Zum ersten Mal in meinem Leben fühlte ich mich durch und durch lebendig und Teil von etwas, das viel größer war als mein begrenzter Horizont. Plötzlich kam mir mein bisheriges Leben vergleichsweise fad vor.

Zum Glück wurde de Gaulle weiterhin von Churchill unterstützt. Es wurde beschlossen, dass unser Geschwader weiterziehen sollte, um an einem anderen Ort in Afrika seine Aufgabe zu erfüllen und Unterstützung für die Sache des Freien Frankreichs zu gewinnen. Marschall Pétain leistete uns unabsichtlich Schützenhilfe, als er es Juden und Frauen verbot, im öffentlichen Dienst, den Medien oder der Industrie zu arbeiten. Viele Menschen waren zutiefst schockiert, als ihnen klar wurde, dass das Vichy-Regime sich nicht nur aus Gründen der eigenen Sicherheit mit Nazi-Deutschland verbündete, sondern sich dessen arische Politik zu Eigen machte.

Unser nächster Zielort war der Hafen von Douala in Französisch-Kamerun, wo die britische Flotte sich von uns trennen würde. Nie wieder wollte Churchill die Hälfte der Schelte hinnehmen, wenn die Streitkräfte des Freien Frankreichs eine Niederlage hinnehmen mussten. Er hätte sich keine Sorgen zu machen brauchen. Als wir am 8. Oktober einliefen, bereiteten uns die französischen Siedler, die Eingeborenen sowie die Truppen einen begeisterten Empfang. De Gaulle, erfreut und ermutigt durch ihren Enthusiasmus, machte sich sofort auf den Weg in den Tschad und die anderen befreundeten französischen Territorien.

In Douala, dem wichtigsten Hafen von Kamerun und bedeutenden Handelszentrum an der Mündung des Wauri, wurden neue Befehle für diejenigen unter uns ausgegeben, die sich freiwillig zum Einsatz gemeldet hatten. Ich hoffte inständig, dass man mich an denselben Ort schicken würde wie die Legionäre. Zu meinem Bedauern wurden sie jedoch nach Yaoundé in Kamerun sowie nach Libreville in Gabun abkommandiert, um die Vichy-Streitkräfte zu bekämpfen, die dort immer noch ihre Stellungen hielten. Es war ein Auftrag zum Brudermord, den die Männer nur schweren Herzens annahmen. Beide Seiten zögerten, ihre Landsleute zu töten. Doch nach wenigen vorsichtigen Schusswechseln kam es zu einem ernsthaften Gefecht. Zwanzig Legionäre fielen, und zahlreiche mehr wurden verwundet. Ein viel versprechender junger französischer Offizier namens Marie-Pierre Koenig führte die Truppen in den Kautschuk-Umschlaghafen Libreville, nahm ihn innerhalb weniger Stunden ein und erntete damit die Bewunderung seiner Männer und das Lob seiner Vorgesetzten.

Jene Herbstmonate des Jahres 1940 waren eine ungewisse Zeit für die Franzosen. Einige, die so weit mit uns gereist waren, kehrten desillusioniert nach England zurück. Wir anderen blieben und harrten der Dinge. De Gaulle würde noch einige Zeit in Douala verbringen, bevor er zu einer Unterredung mit Churchill nach England zurückkehrte. Auch Kelsey sollte in Douala bleiben, um dort mit Hilfe einiger Schwestern ein Krankenhaus einzurichten, während der Rest der Truppe nach Pointe Noire, dem wichtigsten Hafen des Kongo, aufbrach. Mein Bestimmungsort, so wurde mir erklärt, war Brazzaville in der Republik Kongo, wohin ich zusammen mit fünf weiteren Schwestern sowie General Spears und dem britischen Verbindungskontingent, dem auch Tony angehörte, geschickt wurde.

Keiner von uns freute sich darüber, nach Brazzaville abkommandiert zu werden. Das galt vor allem für mich; ich wusste, dass dieses Gebiet nicht umkämpft wurde, dort gab es nichts zu erleben, und ich würde wahrscheinlich mitten im Niemandsland festsitzen. Als wir auf der *Westernland* in Richtung Kongo aufbrachen, beschloss ich, uns alle ein bisschen aufzumuntern, indem ich in der Kapitänskabine eine Cocktailparty gab. General Spears und alle Verbindungsoffiziere kamen, und die Party war ein voller Erfolg. Während ich an meinem Champagner nippte und Canapés knabberte, vergaß ich für einen Moment lang, dass ich mich auf dem Weg ans Ende der Welt befand. Wenige Tage später überquerten wir den Äquator.

Brazzaville war eine deprimierende Stadt auf einem Hochplateau. Die weiß getünchten Bungalows und die Gärten wirkten heruntergekommen und verlassen. Anscheinend konnten die *colons*, die französischen Kolonialisten, die im alten französischen Viertel lebten, einander nicht ausstehen; sie gehörten festen gesellschaftlichen Cliquen an und waren größtenteils pro-Vichy und anti-britisch eingestellt. Es gab drei Restaurants und keine Geschäfte. Auf dem Markt verkauften portugiesische und syrische Händler an kleinen, hölzernen Ständen geräucherten Fisch, Zitronen, Apfelsinen, Kokosnüsse, Bananen und Hunderte seltsamer und exotischer Waren an die Eingeborenen, Angehörige der Stämme Kongo und Vili.

Nirgendwo gab es Straßen. Wenn man das Land erkunden

wollte, musste man entweder mit dem Zug reisen oder auf einem kleinen Motorboot über einen der unzähligen Flüsse fahren, deren Ufer von Mangrovensümpfen und riesigen Affenbrotbäumen gesäumt wurden. Den Booten ging regelmäßig das Benzin aus, sodass man hilflos den Strudeln und Stromschnellen ausgeliefert war, bis jemand einem zu Hilfe eilte oder bis die Strömung einen auf eine der breiten, flachen, mit Schilf bewachsenen Sandbänke trieb.

Zu meiner großen Enttäuschung gab es keine andere Aufgabe für mich als die Arbeit in einer primitiven Krankenstation für Mütter und Kleinkinder in Poto-Poto, dem Armenviertel der Hauptstadt. Die Krankenstation war wesentlich schlechter als die für Weiße, und ich war schockiert, als ich feststellte, dass die französischen Kolonialisten das völlig normal fanden. Meine Freundinnen Nadine und Rosie teilten sich mit mir einen Bungalow, und wir hatten einen eigenen Hausboy namens John. Unser Zusammensein war das Einzige, was uns aufrecht hielt.

Als wir am ersten Abend in unseren Zimmern lagen und vor Hitze nicht schlafen konnten, obwohl wir in einem vergeblichen Versuch, kühle Luft hereinzulassen, sämtliche Türen und Fenster aufgerissen hatten, rief Rosie: »Ich hätte mir nie träumen lassen, dass ich mal mitten in Afrika Florence Nightingale spielen würde.«

Sie hatte uns aus der Seele gesprochen. Wir alle waren in England aufgebrochen mit der hochfliegenden Hoffnung, verwundete Soldaten an der Front zu pflegen. Stattdessen waren wir in einer heruntergekommenen Kolonialstadt gelandet, weit weg vom Geschehen. Da wir keine wirklichen, ausgebildeten Krankenschwestern waren, konnten wir noch nicht einmal der einheimischen Bevölkerung von großem Nutzen sein.

Nadine und ich arbeiteten gerade erst zwei Tage in der Krankenstation, als eine vom Alter und von Arthritis gebeugte Frau kam und ihren bunten Baumwollumhang ablegte, um uns zu zeigen, dass sie über und über mit weißen Flecken übersät war. Mit ihren wässrigen Augen schaute sie uns ängstlich fragend an. Nadine und ich wussten nicht, was wir tun sollten.

Madame Pichaud, die leitende Ärztin, kam uns zu Hilfe. Sie nahm eine Nadel, stach in die weißen Stellen und fragte auf Bantu: »Können Sie das fühlen?« Die alte Frau erklärte, sie könne nichts spüren. Nadine und ich überlegten, ob es sich vielleicht um eine für die Gegend typische Erbkrankheit handelte, und beugten uns vor, um besser sehen zu können. Doch Madame Pichaud klärte uns bald auf.

»Tja, meine Damen, das ist wahrscheinlich der erste Fall von Lepra, den Sie zu Gesicht bekommen«, sagte sie mit traurigem Lächeln. »Prägen Sie sich die Symptome ein, Sie werden sie sicherlich noch häufiger sehen.«

Wir wandten uns entsetzt ab.

Im Kongo herrschte die schlimmste Hitze, die ich je erlebt hatte. Tag und Nacht war ich nass geschwitzt. Wir waren zu Beginn der Regenzeit angekommen, und während die Temperaturen unablässig stiegen, zogen sich dunkle Wolken am Himmel zusammen, und am Horizont kündigte sich ein Sturm an. Ich schaute flehend in den Himmel und betete um Regen, um irgendetwas, was die schreckliche Hitze mildern würde. Währenddessen riefen die Medizinmänner die afrikanischen Geister mit derselben Bitte an. Doch die Erlösung kam nicht. Unter lautem Donnergrollen verzogen sich die Wolken wieder, und Blitze zuckten über den dunklen Himmel.

Ab und zu gingen Nadine, Rosie und ich in der Abenddämmerung ans Ufer des Kongo, um zwischen den Wasserhyazinthen zu schwimmen. Dabei achteten wir darauf, den Flusspferden nicht zu nahe zu kommen, die uns von einer gegenüberliegenden Sandbank aus oder halb untergetaucht aus dem Wasser zublinzelten. Der Fluss war breit, das Wasser hatte die Farbe von Bier. Ein ungewöhnlicher Gezeitenwechsel ließ das Wasser alle fünf Minuten ansteigen und wieder zurückfließen. Das Schwimmen tat gut und kühlte uns ein wenig ab, aber es gab ein Problem – jedes Mal, wenn wir auch nur einen Zentimeter Haut entblößten, wurden wir beinahe bei lebendigem Leib von den zahllosen Moskitos gefressen, die in dichten Wolken über dem Wasser schwärmten. Nachts mussten wir uns dann nicht nur mit der Hitze, sondern auch noch mit dem infernalischen Juckreiz herumplagen. Schließlich kamen wir zu dem Schluss, dass das Schwimmen die Mühe nicht lohnte.

Als der Regen endlich kam, prasselte das Wasser Tag und

Nacht auf die Wellblechdächer unserer Bungalows. Und es war immer noch heiß. Es war unmöglich zu schlafen, zu arbeiten, zu denken. Ziegen und Hühner suchten Zuflucht unter unserem Dach oder unter den Mango- und Bananenstauden. Die Geckos, ebenfalls auf der Flucht vor dem Regen, bildeten im Lampenlicht geometrische Muster auf unseren Wänden; Schlangen und alle Arten von Krabbeltieren wurden zu Hausgenossen. In der Krankenstation wimmelte es nur so von Kindern, deren Insektenstiche sich entzündet hatten und eiterten.

Nach zwei Wochen hatten Nadine und Rosie genug. Sie waren über unsere Arbeit so frustriert, dass sie, als ein Beamter des britischen Konsulats auftauchte und Frauen suchte, die tippen konnten, die Gelegenheit beim Schopf ergriffen. Sie zogen es vor, in einem Büro mit Deckenventilator Schreibarbeiten zu erledigen, anstatt weiterhin mitten im Dschungel Kindermädchen zu spielen. Ich konnte nicht tippen – noch nie in meinem ganzen Leben hatte ich eine Schreibmaschine benutzt – und blieb allein zurück.

Meine einzige Gesellschaft waren mein grauer Papagei – den ich liebevoll »General Spears« nannte – und Tony Drake, in den ich noch immer sehr verliebt war. Anfangs war ich sehr froh über unsere Beziehung, hatten doch alle Frauen einen Freund im Verbindungskontingent, und auch ich hatte keine Lust, allein zu sein. Doch das gnadenlose tropische Klima und die miserablen Arbeitsbedingungen waren einer Beziehung nicht gerade förderlich. Wir sahen uns immer seltener, und nach einer Weile erklärte mir Tony, dass er sich in eine andere verliebt hatte. Eigentlich hätte es mich weder wundern noch verletzen dürfen, und dennoch war es so.

Ich ärgerte mich noch mehr über mich selbst als über ihn, und kam zu dem Schluss, dass ich von Brazzaville fort musste. Also suchte ich den General-Inspekteur von Brazzaville auf, einen Franzosen namens Sisse, und erkundigte mich bei ihm, ob es eine Möglichkeit für mich gäbe, mich wieder den Truppen des Freien Frankreichs anzuschließen.

»Ich weiß nicht, wo sie hingehen, und ich weiß nicht, was sie vorhaben, aber ich möchte bei ihnen sein, egal, wo der Krieg stattfindet«, erklärte ich mit Nachdruck.

Schließlich einigten wir uns darauf, dass ich mich auf einem

Schiff mit Nachschub für die Brigade melden sollte, das in wenigen Tagen in Pointe Noire einlaufen würde. »Ich kann Ihnen nicht garantieren, dass man Sie nimmt, und ich weiß nicht, was Sie erwartet«, sagte er ernst. »Aber ich sehe, dass Sie eine entschlossene Frau sind, und ich werde Ihnen nicht im Weg stehen.«

Er unterzeichnete die nötigen Papiere und verabschiedete mich mit einem Lächeln. Ich glaube, er war froh, mich von hinten zu sehen. Gegen den Rat von Tony und zum Entsetzen der anderen Schwestern war es mir gelungen, einen Platz unter den Streitkräften des Freien Frankreichs zu ergattern, die auf ihrem Weg nach Nordafrika waren.

Nach einer einmonatigen unsicheren Reise auf einem dreckigen Frachtdampfer mit gefährlicher Ladung sah ich zu, wie der angeforderte Truppentransporter *Neuralia* in den Hafen von Durban einlief. Der größte Teil der Legion befand sich auf dem Schiff, sie kamen gerade aus Gabun und Kamerun. Ich erhielt die Erlaubnis, an Bord zu gehen und mit den Männern zu fahren, die ich in Dakar und anderswo kennen gelernt hatte. Am meisten freute ich mich darüber, dass auch Kelsey an Bord war, die sich bereits im Operationssaal an die Arbeit gemacht hatte.

»Ich bringe hier gerade alles auf Vordermann«, rief sie, die Ärmel aufgekrempelt und ein breites Grinsen im Gesicht. »Sie werden hier bei mir arbeiten, Travers, und sich als Blitzableiter und Dolmetscherin nützlich machen.«

Erinnerungen an meine katastrophale Vorstellung im Operationssaal in Poitiers drängten sich mir auf, und ich starrte beklommen auf das Narkosegerät.

Zu meiner Freude war Simone, die belgische Schwester von der *Westernland*, ebenfalls an Bord sowie ein britischer Verbindungsoffizier namens Henry Enriques, ein Kamerad von Tony Drake, den ich von der *Westernland* und aus Brazzaville kannte. Außerdem traf ich Madame Mescier an, eine charmante und hübsche Frau, deren Mann Pflanzer in Kamerun war und die sich als Fahrerin gemeldet hatte, als de Gaulle Freiwillige zum Dienst aufgerufen hatte. Marie-Pierre Koenig – der Mann, der die Streitkräfte in Narvik und in Gabun so geschickt geführt hatte und mittlerweile zum Oberst befördert worden war – befand sich nicht an Bord. Er war an der Afrikanischen Grippe erkrankt und über Land nach Kairo gebracht worden, um dort zu genesen.

Am 29. Januar 1941 stach die *Neuralia* in See. Es war eine entscheidende Zeit. Tobruk war gerade in einem heldenmütigen Kampf von australischen und britischen Streitkräften aus den Händen der Italiener befreit worden, sodass General Wavells Nil-Armee jetzt in Libyen stand. Mussolinis eingeschlossene Soldaten, denen die Briten mehrere demütigende Niederlagen zugefügt hatten, ergaben sich in Scharen. Alle fragten sich gespannt, ob Wavell bis nach Bengasi vorstoßen würde.

Doch es kamen Gerüchte auf, dass die Deutschen dabei waren, eine beachtliche Streitmacht aufzustellen, um den Italienern zu Hilfe zu kommen. Die Vorhut des deutschen Afrika-Korps war bereits auf dem Weg nach Tripolis. Speziell für den Wüstenkrieg ausgebildet und mit einer Panzerdivision unter dem Kommando des legendären Generalmajors Erwin Rommel, sollten die Elite-Truppen von Luftwaffengeschwadern unterstützt werden. Es war eine dramatische Entwicklung, die den Verlauf des Krieges verändern sollte.

7
Unter Fremden

Als ich Lieutenant Colonel Dimitri Amilakvari zum ersten Mal erblickte, wie er in voller Uniform an Deck der *Neuralia* auf und ab schritt, war es auch schon um mich geschehen. Er war ein armenischer Prinz, groß, muskulös und unglaublich gut aussehend mit seinem kantigen Kinn und seinem ausdrucksstarken Gesicht. Seine Männer bewunderten ihn, und die Frauen fanden ihn unwiderstehlich. Amilakvari war ein hoch geachteter Angehöriger der Fremdenlegion, lebte, seit er im Alter von vierzehn Jahren vor der Bolschewistischen Revolution geflohen war, im Exil und war mit einer der drei Prinzessinnen Dadiani verheiratet, die als die schönsten Schwestern Europas bekannt waren.

Nachdem er die Militärakademie von Saint-Cyr bravourös abgeschlossen hatte, tat er sich in Marokko und Norwegen im Einsatz hervor. 1940 hatte er sich zusammen mit einer großen Anzahl Männer, die ihm treu ergeben waren, de Gaulle angeschlossen. Nie ohne seinen grünen Umhang, einem von Schrapnells durchlöcherten Beutestück aus Norwegen, das zu seinem Markenzeichen geworden war, weckte er bei allen Mut, Sympathie und Loyalität. Der fünfunddreißigjährige Bataillonskommandeur der 13. Halbbrigade bereitete seine Männer jetzt auf einen Einsatz in einem voraussichtlich lange andauernden Krieg gegen die Achsenmächte auf nordafrikanischem Boden vor.

Noch nie war ich jemandem begegnet mit einer so großen Anziehungskraft wie Amilakvari, der von seinen Freunden liebevoll

»Amilak« genannt wurde. Er war durch und durch charismatisch. Seine kristallblauen Augen funkelten, und wenn er mich ansah, war mir, als würde sein Blick bis ins Innerste meiner Seele dringen. Die Kunst der Verführung beherrschte er bis zur Perfektion, und sein leichter russischer Akzent machte ihn noch unwiderstehlicher. Als er mich zum ersten Mal ansprach, stand ich gerade an der Reling und schaute auf das Meer hinaus, während der Wind mir das Haar aus dem Gesicht blies. Er berührte meinen Arm mit den Fingern, und mir stockte fast der Atem. »Man sagt, wenn man lange genug auf das Meer hinausschaut, stiehlt sein Geist einem ein Stück der Seele«, sagte er.

Amilakvari gehörte zu den Männern, die glauben, dass Frauen allein zum Zweck ihres Vergnügens auf der Welt sind. Außer mir gab es noch fünf weitere Frauen an Bord, vier Schwestern und die Ehefrau eines Offiziers – aber ich war diejenige, die er für sich erkor. Wahrscheinlich war ich für ihn nicht mehr als eine weitere Eroberung, eine willkommene Ablenkung auf der sechswöchigen Schiffsreise. Mit Anfang dreißig war ich nicht gerade eine *jeune fille*, kein junges Mädchen mehr, und ich war auch keine außergewöhnliche Schönheit. Seit meiner Ankunft in Afrika hatte ich jeden Versuch aufgegeben, meine Weiblichkeit zu unterstreichen; ich legte kein Make-up auf und trug eine Khaki-Uniform, die mich kaum von den Männern unterschied.

Aber Amilakvari spürte die Anwesenheit einer Frau aus mehreren hundert Metern Entfernung. Zwar verbot ich es mir, mich in ihn zu verlieben, doch wusste ich, dass er der Typ Mann war, nach dem ich mich mein Leben lang gesehnt hatte, und genoss seine Gesellschaft. Auf dem Weg nach Kap Hoorn wurde er mein galanter Begleiter. Seine unwiderstehlichen Verführungskünste bescherten mir auf der traditionellen Schiffsroute eine Reihe heimlicher Stelldicheins und leidenschaftlicher Begegnungen. Ich war von seinen Berührungen wie elektrisiert, und wenn er nicht bei mir war, verzehrte ich mich nach ihm. Noch nie hatte ein Mann mich so erregt. Er war verheiratet und hatte zwei Kinder und war mir in jeder Hinsicht überlegen, doch all das schien keine Rolle zu spielen. Aufgrund meiner einsamen Kindheit und der emotionalen Kränkungen, die mir über die Jahre von diversen Liebhabern zugefügt worden waren, hatte ich eine tiefe Angst vor Ablehnung entwickelt. Diese Angst habe ich nie wieder so deutlich gespürt wie Amilakvari gegenüber. Ich wollte ihn, dürstete danach, dass auch er mich wollte und war überglücklich, dass seine Wahl auf mich fiel.

Unsere Reise führte uns durch die Straße von Mosambik in den Indischen Ozean, um das Horn von Afrika und in den Golf von Aden bis ins Rote Meer. Die einzigen Patienten, derer wir uns annehmen mussten, litten lediglich am *mal de mer*. Anfangs teilte ich mir eine Kabine mit Madame Mescier. Es war unerträglich heiß, weil wir wegen der Verdunklungsvorschrift die Bullaugen fest geschlossen halten mussten. Nachdem ich zwei Wochen lang ähnlich unerträgliche Schlafbedingungen auf dem Frachter nach Durban erlebt hatte, war mir die Vorstellung, schon wieder in meinem eigenen Schweiß gebadet zu werden, ein Graus, und so gewöhnte ich es mir an, an Deck zu schlafen, wo es angenehm kühl war, und wo ich mich heimlich mit meinem Geliebten treffen konnte. Leider wurden die Decks jeden Morgen um 6 Uhr 30 abgespritzt. Das Klappern von Eimern auf den hölzernen Planken riss mich regelmäßig aus dem Schlaf; dann raffte ich mich auf, packte mein Bettzeug und ging nach unten, um zu duschen und zu frühstücken.

Zu den Passagieren des Schiffs zählten die 13. Halbbrigade, die Angehörigen des vorgeschobenen Feldlazaretts, zu denen wir gehörten, marokkanische Soldaten, sowie Henry Enriques (der Verbindungsoffizier und Freund von Tony Drake) und einige weitere Offiziere, die ich kannte, darunter Capitaine Paul Arnault, ein hagerer, väterlicher Mann, der fesche Capitaine Gabriel de Sairigné mit seinem jovialen Humor, Capitaine Jacques de Bollardière, ein Weißrusse namens Boris Nazaroff und ein charmanter Funkoffizier namens Renard.

Capitaine de Sairigné hatte ein offenes, liebenswürdiges Gesicht und freundliche Augen. Gabriel war mit Leib und Seele Legionär, voller Bewunderung für Amilakvari und ein geselliger Kamerad. »Ich finde, Sie und Amilak haben einander verdient«, sagte er mir einmal mit spitzbübisch funkelnden Augen. »Sie sind beide gleich dickköpfig.« Ich mochte ihn von Anfang an und spürte, dass wir immer Freunde bleiben würden.

Auch Capitaine de Bollardière war ein französischer Offizier durch und durch – gut aussehend, höflich, liebenswürdig und stets makellos gekleidet. Ich hatte ihn auf der *Westernland* kennen gelernt, wo er mir dadurch aufgefallen war, dass er immer Handschuhe trug. Im Vergleich zu ihm waren wir anderen geradezu schlampig.

Auch Boris war stets makellos gekleidet, selbst bei heißesten Temperaturen. Er rasierte sich täglich den Schädel. Er konnte die ganze Nacht trinken und am nächsten Morgen frisch und topfit an Deck erscheinen, was man von uns anderen keineswegs behaupten konnte. Renard war ein ganz anderer Typ und vor allem für seine hanebüchenen Geschichten bekannt. Simone hatte sich auf der *Westernland* unsterblich in Renard verliebt und sich seitdem unaufhörlich um ihn gesorgt und sich gefragt, wo er sein und was er gerade tun mochte. Jetzt waren sie wieder zusammen und beide sehr glücklich. Ihre Beziehung überdauerte viele Jahre, und später heirateten sie sogar.

Kelsey war eine bemerkenswerte Frau, eine hervorragende Krankenschwester, die Stütze des Operationssaals. Der Himmel weiß, was wir ohne sie angefangen hätten. Sie wusste immer, was zu tun war, und ließ sich nie aus der Ruhe bringen. Unter ihrer strengen Aufsicht arbeitete ich täglich von morgens bis abends auf der Krankenstation. Mittags gab es eine Pause. Vor dem Mittagessen (das wir Schwestern in einem separaten Speisesaal zu uns nahmen), genehmigte ich mir meistens zusammen mit Henry und dem Purser einen Drink. Nach dem Dinner trafen wir uns dann wieder auf ein oder zwei Drinks im Salon, wo die Männer Karten spielten.

Amilakvari war ein hervorragender Bridge-Spieler. Es war ein Vergnügen zuzusehen, wie er seine Gegenspieler mit Charme und Geschick austrickste. Ich hatte mich früher einmal im Bridge-Spielen versucht, aber erst jetzt wurde mir klar, was für eine Dilettantin ich war. In meinen Kreisen war Baccarat beliebter gewesen als Bridge. »Es tut mir furchtbar Leid«, entschuldigte ich mich eines Abends bei Amilakvari, nachdem ich mich so dumm angestellt hatte wie noch nie. »Mir liegt das Glücksspiel wesentlich mehr.« Von da an gab er mir Geld, um Baccarat zu spielen, und er freute sich, wenn ich gewann.

Einer meiner Mitspieler am Kartentisch war ein junger Amerikaner namens John Hasey. Gerade erst zwanzig Jahre alt, hatte er sich bereits seinen Lebenstraum erfüllt und war als Lieutenant in die Fremdenlegion eingetreten. Er war ein lustiger, gutherziger Kerl, ein ehemaliger Angestellter von Cartier in Paris, und alle mochten ihn. Nach der Kapitulation war er aus Frankreich geflohen und hatte sich, genau wie ich, in London de Gaulles Freien Französischen Verbänden angeschlossen. Eines Abends spielten wir zusammen mit ein paar Offizieren Baccarat, und John hatte gerade eine Glückssträhne. Er freute sich wie ein Kind. Zu meinem Entsetzen spielten die Offiziere immer weiter und verloren dabei große Summen, und ich fürchtete, das würde John nicht gut bekommen. So diskret wie möglich beugte ich mich zu ihm hinüber und flüsterte: »John, du musst jetzt verlieren.«

Er sah mich verwirrt an.

»Du musst verlieren!«, zischte ich, bevor ich meine Karten ausspielte. Schließlich verstand John meinen Wink, und er verlor die letzte Runde, sodass die Offiziere einen Teil ihres Geldes zurückgewinnen konnten. Kurz darauf wurde Baccarat auf dem Schiff verboten.

Amilakvari war der Stellvertreter von Lieutenant Colonel Magrin-Vernerey, dessen *nom de guerre* »Monclar« lautete. Monclar war ein untersetzter, grauhaariger Mann mit zurückgekämmtem Haar und einem verwegenen Auftreten, ein Franzose vom Scheitel bis zur Sohle. Seine Aufgabe war es, den Männern die hoch geachteten Traditionen der Legion zu vermitteln und sie zu lehren, die Ehre der Legion und des Freien Frankreichs zu verteidigen, selbst wenn das bedeutete, dass sie ihre eigenen Landsleute bekämpfen und töten mussten. Diese Aussicht bereitete allen Männern Unbehagen, aber ein Mann wie Amilakvari, der sie in die Schlacht führen sollte, würde es ihnen leichter machen, ihre Aufgabe zu erfüllen.

Monclar war eine Furcht erregende Erscheinung, ein Mann, dem die Leute (vor allem die Frauen) möglichst aus dem Weg gingen, nicht zuletzt, weil er zu lang anhaltenden Schluckauf-Anfällen neigte, die es einem fast unmöglich machten, ein ernstes Gesicht zu bewahren, wenn man mit ihm sprach. An unserem letzten Tag auf See gab er eine Cocktailparty für alle Offiziere, und ich hatte das Pech, dass mir der Platz zu seiner Rechten zugewiesen wurde, damit ich zwischen ihm und dem Kapitän dolmetschen konnte, während alle anderen sich amüsierten. Meine Stimmung wurde nicht besser, als der Oberst mir sagte, nach seiner Information werde es mir möglicherweise nicht gestattet sein, die Legionäre weiterhin auf ihrer Fahrt zu begleiten. In der Nacht machte ich kein Auge zu und zerbrach mir stundenlang den Kopf darüber, wie ich es anstellen könnte, mich an Land zu stehlen.

Am 14. Februar 1941 liefen wir in Port Sudan im Roten Meer ein, und zu meiner großen Erleichterung gab es im Hafen keine Probleme wegen der Frauen an Bord. Von einer der Schwestern erfuhr ich, dass Tony Drake bereits dort war. Wir trafen uns im Hafen zum Mittagessen, doch unsere leidenschaftlichen Gefühle waren durch die Erfahrungen, die wir während der vergangenen Wochen gemacht hatten, ziemlich abgekühlt.

»Bis bald«, sagte er, als er sich nach dem Essen mit einem Wangenkuss von mir verabschiedete.

Ich nickte, obwohl ich mich fragte, ob wir uns wohl so bald wieder sehen würden.

Nachdem wir mit unserem gesamten Gepäck an Land gegangen waren, fuhren wir mit dem Zug nach Suakin, einem typischen arabischen Dorf südlich des Hafens, wo es ein einziges griechisches Restaurant gab. Unser Camp lag auf einem Plateau oberhalb des Dorfes. In der Nähe des Hafens lag eine verlassene Stadt, die bis auf eine Engländerin, die in einem Haus in der Nähe der Küste lebte, vollkommen menschenleer war. Die restlichen Häuser mit den vergitterten Fenstern, die dazu gedient hatten, dass die muslimischen Frauen hinausschauen konnten, ohne gesehen zu werden, waren halb verfallen, die Fensterläden klapperten im Wind.

Die Tage vergingen mit schlafwandlerischer Langsamkeit. Es gab keine Arbeit, niemand war krank. Die einzige Abwechslung für mich bestand darin, mit Henry Enriques, der ein kleines Motorrad besaß, zu dem griechischen Restaurant zum Essen zu fahren. Eine Zeit lang war Tony Drake als Verbindungsoffizier für General le Gentilhomme noch in der Gegend, doch dann brach er zusammen mit dem General in die italienische Kolonie Eritrea auf. Wir lebten unter primitiven Bedingungen in Zelten, unsere Toiletten waren nicht mehr als ein Loch im Boden, und unsere

Badewanne war das Meer (Haie inklusive). Bedingt durch die eingeschränkten Verhältnisse, konnten Amilakvari und ich uns nur selten allein sehen. Aber wenn wir uns über den Weg liefen, brauchte er mich nur anzulächeln oder mir zuzuzwinkern, und sogleich fühlte ich mich nicht länger einsam.

Im Sudan wurde mir zum ersten Mal klar, dass die Fremdenlegion unter den Befehlshabern der Alliierten einen zweifelhaften Ruf genoss. Der Empfang, den uns die Briten in Port Sudan bereiteten, war bestenfalls wenig begeistert, um nicht zu sagen, unverhohlen feindselig. Anscheinend war der Mythos der Legionäre der einer Söldnertruppe, zusammengesetzt aus Männern der unterschiedlichsten Nationen, die sich unter falschem Namen für mindestens fünf Jahre verpflichtet hatten, um einer zwielichtigen Vergangenheit zu entfliehen. Obwohl die Legion eine französische Truppe unter dem Befehl von Offizieren war, die Frankreich treu ergeben waren, nahmen die Söldner – von denen die meisten Ausländer waren – ihren Wahlspruch wörtlich: ihre Loyalität galt einzig ihrem Korps.

Des öfteren hatte ich gehört, dass die Legionäre als ein wild zusammengewürfelter Haufen aus »hitzköpfigen Kosaken, deutschen Offizieren, ungebildeten Türken, russischen Grafen und ungarischen Wüstlingen« beschrieben wurden. Mit Sicherheit waren sie Männer, die mit strenger Disziplin geführt werden mussten und bereit waren, unbedingten Gehorsam zu leisten. Aber ich hatte sie als äußerst liebenswürdig und rührend altmodisch in ihren Auffassungen von Ehre und Tapferkeit kennen gelernt. *Honneur et fidélité* lautet ihr Schlachtruf, und wenn diese Loyalität sich auch nur auf die Angehörigen der jeweiligen Einheit bezogen haben mag, schloss sie auch uns ein, die wir am Rande dazugehörten. Ich war erst kurze Zeit mit ihnen zusammen, aber jedes Mal, wenn der berühmte Marsch *Le Boudin* gespielt wurde, begannen meine Füße wie auf Kommando im Takt der Musik zu wippen.

Nicht dass die Vorurteile der Briten gegenüber der Fremdenlegion vollkommen unbegründet gewesen wären. Die Legionäre waren zweifellos meisterhafte Diebe und Spezialisten im »Akquirieren« von Fahrzeugen, Munition und militärischer Ausrüstung. Plündern und Stehlen waren an der Tagesordnung – oft genug hatte das Überleben der Männer davon abgehangen. Die Briten hielten ihr Material unter strenger Bewachung und blickten auf die schwarzen Schafe in ihrer Mitte hochnäsig herab. Als Mitglied der französischen Truppe wurde ich nicht anders behandelt. Schließlich sah ich aus wie die Legionäre, kleidete mich wie sie und sprach selten Englisch. Insgeheim allerdings belustigte mich der Gedanke, dass diese aufgeblasenen britischen Offiziere, die mich unverhohlen mit Verachtung straften, unter anderen Umständen und zu anderen Zeiten gern mit mir geflirtet hätten, wenn wir uns etwa in Gladys' vornehmem Schloss in der Nähe von Poitiers bei Kerzenlicht am Dinnertisch gegenübergesessen hätten.

Das Leben im Lager wurde bald langweilig, und wir warteten ungeduldig auf unseren Marschbefehl. Doch aufgrund der Feindseligkeit der Briten bekamen die Legionäre und die Angehörigen der Freien Französischen Verbände kaum etwas zu tun. Die Briten waren unter General O'Connor, der den Italienern eine schwere Niederlage beschert hatte, in der Region sehr erfolgreich gewesen; das war ihre Show, und sie wollten sich das Heft nicht aus der Hand nehmen lassen. Außerdem bereitete es ihnen verständlicherweise ein gewisses Unbehagen, sich der Dienste von Streitkräften zu bedienen, deren Landsleute mit den Achsenmächten einen Waffenstillstand geschlossen hatten.

Als die Briten Suakin verließen und nach Eritrea aufbrachen, erhielten wir Befehl, auf ein Bataillon des Freien Frankreich zu warten, das streckenweise zu Fuß vom Tschad her unterwegs war. Die Männer aus dem Tschad trafen pünktlich ein, eine bemerkenswerte Truppe aus Angehörigen des Oubangui-Chari-Stamms, die ihre eigenen Marketender und sogar ihre Medizinmänner mitbrachten. Bei ihrer Ankunft machten sie so viel Krach und wirbelten so viel Staub auf wie eine Horde Indianerkrieger bei einem Angriff auf ein Fort. Der Truppe gehörte der Stabsarzt Dr. André Lotte, der *commandant médecin*, an. Commandant Lotte stammte aus den französischen Kolonien, er war ein kleiner, dicker Mann mit einem pausbäckigen Gesicht und einer runden Nickelbrille, ein heiterer Mensch, der an allem Vergnügen fand. Er hatte blonde Haare, leuchtende Augen und strahlte eine unglaubliche Unverwüstlichkeit aus, und das war auch gut so, denn er hatte die undankbare Aufgabe, dafür zu sorgen, dass die am schlimmsten Verwundeten von der Front abtransportiert und in die vorgeschobenen Lazarette geschafft wurden.

Lotte war in Begleitung seines Burschen, eines eingeborenen »Boy« namens Assab, der in Wirklichkeit ein beleibter, älterer Schwarzer war. Assab war sehr mürrisch und ziemlich hässlich, aber seinem Boss treu ergeben. Wie die meisten eingeborenen »Boys« trug er stets seine *casserolles* und Bratpfannen mit sich herum, die an seinem Gürtel hingen und einen fürchterlichen Lärm machten. Lotte erzählte, die Zugreise vom Tschad sei beschwerlich gewesen und Assab mit seinen Töpfen um den Bauch hätte kaum durch die Waggontür gepasst.

Lottes Ankunft war ein Glück für mich. Er konnte nicht Auto fahren, und da sämtliche männlichen Fahrer für die Lastwagen und andere schwere Fahrzeuge gebraucht wurden, wurde ich zu seinem Chauffeur bestimmt. Ich war begeistert. Es bedeutete, dass ich dem Schrecken des Lazaretts entkommen und endlich tun konnte, was ich immer gewollt hatte. Endlich befand ich mich mitten im Geschehen. Ich war dankbar, sinnvolle Arbeit in einem wichtigen Kriegsgebiet leisten zu dürfen, und war voller Freude und Stolz. Endlich, sagte ich mir, tat ich etwas, worauf auch mein Vater stolz gewesen wäre.

Anfangs machten die Männer ihre Witze darüber, dass wir beide allein im Auto fahren sollten, doch ich beachtete sie nicht, und der gute *commandant* schien sich auch nichts daraus zu machen. Als ich jedoch zum ersten Mal den zerbeulten alten Humber sah, den ich fahren sollte, war ich enttäuscht. Es war das klapprigste Vehikel, das ich je erblickt hatte, aber das einzige Fahrzeug, das zur Verfügung stand, da die Briten sämtliche anderen für sich beansprucht hatten. Der Anlasser war kaputt, also musste ich den Motor per Hand ankurbeln, was extrem harte Arbeit war, und ich schaffte es nicht immer allein. Ich hatte gehofft, dass Assab auch als mein Bursche fungieren würde – allen anderen Chauffeuren standen die Burschen ihrer Chefs zur Verfügung –, doch Assab war nicht dazu zu bewegen. Er hegte eine tiefe Abneigung gegen Frauen und weigerte sich rundheraus, mir zu Diensten zu stehen. Er betrachtete es als unter seiner Würde. Hin und wieder brachte er mir morgens eine Tasse Kaffee, aber es war nicht zu übersehen, dass ihm selbst diese kleine Handreichung gegen den

Strich ging. Meistens folgte Assab uns in einem Lastwagen, wo er auf der Ladefläche auf dem Gepäck hockte, aber hin und wieder quetschten wir ihn auch zusammen mit all seinen Bratpfannen in den Humber.

Ende Februar machten sich die Streitkräfte des Freien Frankreichs auf den Weg nach Eritrea, und das Sanitäts-Personal sollte ein paar Tage später folgen. Wir standen um vier Uhr früh auf, weil wir um sechs aufbrechen sollten. Da mein Humber an die Spitze des Konvois gesetzt wurde, war ich ziemlich nervös. Aber der Tag verlief gut, und wir schafften es, die Hälfte der holprigen, zweihundertvierzig Kilometer langen Strecke nach Südosten bis zur Grenze ohne größeren Zwischenfall hinter uns zu bringen. Zwar befanden sich einige Straßen in überraschend gutem Zustand, die meisten jedoch waren sehr schlecht, als wenn plötzlich das Geld ausgegangen wäre und es nur noch für eine Lehmpiste gereicht hätte.

Den Konvoi anzuführen hatte den großen Vorteil, dass ich nicht von den Staubwolken vorausfahrender Fahrzeuge eingehüllt wurde. Hinter mir versuchten die Fahrer, die Breite der Piste so gut wie möglich auszunutzen, um unserer Staubwolke auszuweichen. Unterwegs ließ der Motor des Humber mich zweimal im Stich, und ich musste jemanden bitten, ihn wieder für mich anzukurbeln. Endlich, nach acht Stunden am Steuer, erreichten wir unser Etappenziel. Ich war so erschöpft, dass ich es gerade noch schaffte, mein kleines Zelt aufzubauen, um dann sofort hineinzukriechen und zu schlafen.

Am nächsten Morgen standen wir um halb fünf auf, und um sechs waren wir schon wieder unterwegs. Man hatte uns allen angedroht, uns den Sold für vier Tage zu streichen, falls wir uns verspäteten. Die Straßen wurden immer schlimmer, sie waren übersät mit Geröll und Schlaglöchern, und ich kämpfte unablässig mit der Schaltung, um vorwärts zu kommen. Dann kam der Sand, und ich blieb prompt stecken und musste mich herausziehen lassen. Hundert Meter weiter das gleiche Debakel. Ich hätte buchstäblich im Erdboden versinken können, doch Lotte blieb gelassen. »Das hier sind nicht gerade ideale Straßenbedingungen, meine Liebe«, beschwichtigte er mich, während ich mich mit dem Abschleppseil abmühte. Von da an geriet ich jedes Mal beim Anblick von Sand in Panik und fuhr große Umwege, um ihn zu umgehen.

Schließlich erreichten wir die Grenze zu Eritrea, und die Straßen wurden wieder besser. Um sieben Uhr abends waren wir am Ziel – einem Hüttendorf am Ende der Welt – und ich war so müde, dass ich kaum noch stehen konnte. »Wo ist der Brunnen?«, erkundigte ich mich erschöpft, während ich den Staub von meinen Kleidern klopfte. Ich brauchte frisches Wasser für meine Feldflasche und für den Kühler. »Sechs Kilometer weiter«, kam die lapidare Antwort. Zögernd stieg ich wieder in den Wagen, fuhr zum Brunnen, füllte Feldflasche und Kühler, kehrte zurück, schlang mein Abendessen hinunter und fiel ins Bett.

Am nächsten Tag begleitete ich Lotte und einige Männer zur örtlichen Krankenstation, die von Englisch sprechendem Personal geführt wurde, und dolmetschte für sie. Jemand zeigte mir die gewundene Straße, die nach Kub-Kub führte, unserem nächsten Etappenziel. Kelsey fuhr zusammen mit Simone und einem Arzt namens Fruchaud mit zwei Krankenwagen voraus. Ich fuhr noch einmal zum Brunnen, wo Eingeborene auf einem Fuß balancierend herumstanden und ihr mageres Vieh anstarrten. Sie boten mir einen Schluck Kamelmilch aus einem Ziegenfellbeutel an, aber die Milch schmeckte so warm und ranzig, dass ich sie am liebsten ausgespuckt hätte.

Am Morgen darauf ging es weiter über ein Hochplateau. Unter ständiger Beobachtung von schnatternden Paviantrupps fuhren wir sechs Stunden lang über gefährliche Bergstraßen, bis wir Kub-Kub erreichten. Kub-Kub war für viele der Männer die Feuertaufe. Zum ersten Mal wurden sie in Kampfhandlungen verwickelt und mit den Schrecken des Krieges konfrontiert. Es folgten mehrere Tage mörderischen Schusswechsels. Halb verdurstet und von den Italienern unter Beschuss genommen, konnten sie wegen Wassermangels ihre Position nicht länger als ein paar Tage halten. Einige Männer töteten sogar Bergziegen und schlitzten ihnen den Hals auf, um die wässrige grüne Flüssigkeit aus ihren Kehlen zu trinken. Als wir ankamen, wurden die ersten Verwundeten in Lastkraftfahrzeugen mit Tarnanstrich auf Booten über den schlammigen, braunen Fluss in unsere Lazaretthütte gebracht. Weiter oben in den Bergen kämpften die Truppen des

Freien Frankreichs zusammen mit dem Tschad-Bataillon an der Seite der Briten, Sikhs, Pandschabi und Senegalesen gegen die Italiener, die das Flussbett kontrollierten. Bei meinem Wagen wartend, war ich ziemlich nervös. Ich hörte den Geschützlärm und roch den Schießpulverrauch in der Luft, und es hieß, es seien sogar Panzer im Einsatz.

Bei jeder Gefechtspause eilten Lotte und seine Helfer auf Maultieren oder Kamelen in die Berge, um sich um die Verletzten und die Sterbenden zu kümmern. Diejenigen, denen noch geholfen werden konnte, brachten sie ins Feldlazarett, wo die meisten Ärzte und Sanitäter Englisch sprachen. Mich rief man zum Dolmetschen hinzu. Alles in allem war es eine gefährliche Angelegenheit. Viele der Männer hatten durch Handgranaten schlimme Fleischwunden erlitten, und es regneten weiterhin welche vom Himmel, als Lotte und seine Helfer unverdrossen ihre Arbeit verrichteten. Die meisten Kampfplätze konnten nur zu Fuß oder per Lasttier erreicht werden, und die Sanitäter bahnten sich im Zickzackkurs ihren Weg durch die 1300 Meter hohen Berge, auf deren Spitzen die schlimmsten Gefechte tobten.

Um die Männer mit zusätzlicher Nahrung und Munition zu versorgen, wurde einer der ersten Fallschirmabwürfe des Zweiten Weltkriegs erprobt: Zwei uralte Flugzeuge der Alliierten warfen Sandsäcke mit Schiffszwieback und kleinen Munitionskisten ab. Ich sah, wie sie am Himmel schwerfällig ihre Kreise zogen, und fragte mich, was da vor sich ging. Die Versuche waren nicht immer erfolgreich, denn viele der Sandsäcke landeten im Feindgebiet. Diese Methode der Versorgung aus der Luft wurde jedoch später sehr erfolgreich in anderen Kriegsgebieten durchgeführt.

Einige Tage nach unserer Ankunft wurden wir zu einem Lunch im Hauptquartier der Brigade eingeladen, wo ich Henry Enriques wieder begegnete.

»Mein Gott«, sagte er, als er mich in einer riesigen Staubwolke aus dem Wagen steigen sah, »du siehst aus, als könntest du ein Bad gebrauchen.«

Mit seiner freundlichen Art sorgte er dafür, dass ich die nur durch einen Vorhang abgeschirmte Segeltuchbadewanne des Obersten benutzen und mich auf seinem – einem richtigen – Bett ausruhen konnte.

Normalerweise musste ich schlafen, wo immer wir uns gerade aufhielten, aber mein regulärer Schlafplatz in Kub-Kub war eine Laubhütte, in der ein Feldbett stand. Anfangs waren die Eingeborenen uns gegenüber zutiefst misstrauisch und verfolgten jede unserer Bewegungen mit neugierigen Blicken. Eines Morgens ging ich auf eine Rinderherde zu und wollte um etwas Milch bitten. Der entsetzte Hirtenjunge flüchtete mitsamt seiner Herde in den Busch, aus Angst, ich könnte ihm eins seiner wertvollen Tiere stehlen. Nach einer Weile gewöhnten die Eingeborenen sich an unsere Anwesenheit und begriffen, dass sie an uns verdienen konnten. Sie wurden sichtlich entspannter und erzählten uns – durch einen Dolmetscher, der ihren Tigre-Dialekt beherrschte – von ihrem einfachen Leben. Es stellte sich heraus, dass sie sich längst nicht so sehr vor dem Krieg wie vor den Heuschreckenschwärmen fürchteten, die ihre Felder viel schneller und gründlicher verwüsten konnten als jede Schlacht.

Mein Problem waren nicht die Heuschrecken, mein Problem war der klapprige alte Humber. Ich verbrachte eine Menge Zeit damit, bei der mobilen Autowerkstatt Ersatzteile aufzutreiben. Der Wagen war wirklich eine regelrechte Schrottkiste, die immer wieder den Geist aufgab. Die Zündung war falsch eingestellt, die Handbremse funktionierte nicht, sodass ich jedes Mal Steine unter die Räder klemmen musste, wenn wir an einer abschüssigen Stelle hielten, die Reifen waren abgefahren und die Sitze die unbequemsten, auf denen ich je gesessen hatte. Im Vergleich dazu erschien mir der alte Cottin-Desgouttes meines Vaters wie ein Rolls-Royce.

Wenn der Wagen einmal lief, war es meine Aufgabe, Commandant Lotte kreuz und quer durch Eritrea, über gefährliche Bergpässe, über steinige Wege und durch weite Ebenen zu den verschiedenen Militärlagern zu chauffieren. Auf unseren Fahrten begegnete ich alten Bekannten wie Tony Drake und Amilakvari oder auch Kelsey und Nadine, die alle Hände voll zu tun hatten, um Männer zu behandeln, die an der Ruhr erkrankt waren. Welch ein Glück, dass ich nicht länger als Krankenschwester arbeiten musste! Nur Fruchaud, unser Krankenpfleger, bekam etwas vom Kriegsgeschehen mit, denn er war zusammen mit den Soldaten abkommandiert worden, um in der Nähe der Front ein

Feldlazarett einzurichten. Das war eine ziemlich anstrengende Aufgabe für ihn, denn er war nicht mehr der Jüngste und nicht gerade ein sportlicher Typ.

Lotte mochte die Männer aus dem Tschad, und wir statteten ihnen häufig Besuche ab, obwohl ihr Befehlshaber, ein Mann namens Garbay, etwas gegen Frauen hatte und mich nicht in seinem Speisezelt duldete. Das bedeutete, dass ich beim Essen allein in einer Ecke hocken musste. Ich wagte nicht zu sprechen und fühlte mich ziemlich unbehaglich. Und was ich von den Gesprächen der Männer mitbekam, flößte mir Entsetzen ein. Die sanften Tschader berichteten von der schrecklichen Schlacht um Kub-Kub, wo es kein Trinkwasser gab und die Luft vom Gestank der toten Kamele verpestet war, die bei dem Gefecht getötet worden waren.

Die Italiener hatten mehr als hundertsechzig Kilometer Gelände preisgeben müssen, als die Truppen der Briten und des Commonwealth vorrückten, gefolgt von den Verbänden des Freien Frankreichs. Unsere Streitkräfte unterstützten die Briten in der blutigen Schlacht um Keren, einem Stützpunkt am Fuß des 2100 Meter hohen Bergs Engiahat, der die Straße zum Hochplateau kontrollierte. Keren war umgeben von einem italienischen Festungsgürtel und einem dichten Stacheldrahtzaun, der mehrere Wochen lang unüberwindbar blieb, bis die Truppen des Freien Frankreichs und weitere Verstärkung eintrafen. Es war eine Art Bewährungsprobe für die Legionäre, und die Männer schlugen sich tapfer. Obwohl die Italiener zahlenmäßig weit überlegen waren, halfen sie dabei, diese in die Flucht zu schlagen. Auf jeden Fall verbesserten die Legionäre ihr Ansehen in den Augen der Alliierten.

Im Gefolge unserer Truppen müssen Lotte und ich weit über tausend Kilometer durch unwegsames Gelände, quer durch die Wüste und über gefährliche Steilhänge zurückgelegt haben. Das Fahren war extrem anstrengend. Selbst auf den wenigen befestigten Straßen ließ sich der Wagen nur schwer steuern, und auf rauem Gelände konnte ich nichts anderes tun, als das riesige Lenkrad mit aller Kraft umklammert halten und hoffen, dass ich das Fahrzeug unter Kontrolle behielt. Das Fahren im Sand war noch schlimmer. Nicht nur die Wanderdünen waren gefährlich, auch die Form des Geländes änderte sich ständig. Von anderen Fahrzeugen hinterlassene Fahrrinnen, Bombenkrater von früheren Luftangriffen, die einem jeden Augenblick die Ölwanne aufreißen konnten, und die ständige Bedrohung durch Landminen sorgten dafür, dass ich äußerst vorsichtig fahren musste, wenn ich nicht Gefahr laufen wollte, dass das Fahrzeug umkippte, stecken blieb oder in die Luft flog. Immer wieder musste ich aussteigen und Steine und Zweige unter die Reifen schieben, damit die Räder wieder griffen.

Es lag in meiner Verantwortung, dass der Wagen fahrtauglich blieb, damit der Arzt an die Front gelangen und die Verwundeten versorgen konnte. Dabei musste ich das Fahrzeug nicht nur in Schuss halten, damit es die langen Fahrten überstand, sondern auch dafür sorgen, dass es bei Luftangriffen und Bombardements keinen Schaden nahm, indem ich es mit Tarnnetzen bedeckte, unter Bäumen oder einem Felsüberhang versteckte. Hin und wieder musste ich den Wagen sogar eingraben. Aber es gab auch tröstliche Augenblicke. In den Augen der Männer waren der Arzt und die Köche die wichtigsten Mitglieder der Brigade, und als Chauffeur des Stabsarztes hatte ich einen ähnlichen Status erlangt.

Der Humber war mein Zuhause, und mit der Zeit wurde er zu meiner Zuflucht. Manchmal schlief ich nachts in dem Wagen, und oft ruhte ich mich tagsüber darin aus. Lotte verstand nicht das Geringste von Autos und erwartete von mir, dass ich mich um alles kümmerte. Zum Glück besaß ich viel Erfahrung als Fahrerin und hatte über die Jahre bei zahlreichen Autoreparaturen zugesehen. Auf diese Weise hatte ich eine Menge an Wissen angesammelt, und wenn ich nicht weiter wusste, verlegte ich mich aufs Improvisieren. Ich wechselte die Reifen und lernte, wie man einen lecken Kühler oder einen Benzintank repariert, einen Keilriemen ersetzt und die Zündung einstellt. Ich besorgte mir einfach das nötige Werkzeug und machte mich an die Arbeit. Lotte hatte zwei linke Hände und half mir nie, bis zu jenem Tag, als wir einen Platten hatten und ich den Reifen wechseln musste.

Während ich mich mit ein paar Felsbrocken abmühte, die als Wagenheber dienten, sah der kleine, dicke Doktor mir vom Beifahrersitz aus zu. »Brauchen Sie ein bisschen Hilfe?«, fragte er schließlich.

Keuchend richtete ich mich auf und blinzelte ihn durch den Schweiß hindurch an, der mir in die Augen lief. »Ein bisschen mehr wäre besser.«

Lotte stieg lächelnd aus und schleppte Steine, damit ich den Wagen aufbocken konnte.

Wir waren ein gutes Gespann. Unbeirrt fuhren wir mit dem treuen alten Humber dem Bataillon voraus, oft tief in den Busch hinein, auf der Suche nach einem kleinen Dorf, in dem wir alles Nötige für die Verwundeten vorbereiteten. Eritrea gefiel mir ausgezeichnet, es war ein wunderbares Land. Das Klima war angenehm, viel trockener als im Kongo, und das Land war voller Kontraste. Man konnte stundenlang durch staubtrockene Wüste fahren, um dann ganz unerwartet hohe Berge vor sich aufragen zu sehen, bedeckt mit sattem Grün und prächtigen Blumen, bevölkert mit Vögeln und Tieren.

Die Bewohner – Araber mit elfenbeinfarbener Haut – waren stets freundlich und begegneten einem mit strahlendem Lächeln. Sie wohnten in dicht zusammengedrängten Lehmhütten, in ärmlichen Dörfern, wie ich sie mir in meinem früheren Leben nie hätte ausmalen können, und dennoch war alles sauber, und die Menschen wirkten gesund. Ich habe mich oft gefragt, was in ihnen vorgegangen sein mag, als fremde Armeen mitsamt ihrer massiven Kriegsmaschinerie in ihr biblisches Land einmarschierten.

An einem sehr heißen Tag, nachdem wir Stunden unterwegs gewesen waren, machten wir einmal in einem Dorf mit traditionellen, strohgedeckten Hütten Halt. Wie immer kamen die Menschen angelaufen, um uns zu begrüßen, und reichten uns ihre knochigen Hände. Wolken aus Staub und Fliegen hüllten uns ein, wir waren seit Stunden unterwegs, und es war sehr heiß. Der schwere, süßliche Geruch von Dungfeuern lag in der Luft, und Rinder standen träge zwischen den halb nackten Kindern des Dorfes herum. Lotte sprach ein bisschen Arabisch, und er bat die Dörfler um etwas zu essen und zu trinken. Sie waren sehr freundlich und reichten uns Milch und Fladenbrot, als wir uns mit ihnen in den Staub hockten.

Schüchtern erkundigten sich die Frauen – die bunt gemusterte Tücher um Kopf und Körper trugen –, was ich mir am meisten wünschen würde. Ohne zu zögern antwortete ich: »Ein Bad.«

Wochenlang war ich im Busch gewesen, hatte Löcher im Boden als Toilette benutzt, nur das Wasser aus meiner Feldflasche zum Waschen gehabt und sehnte mich danach, noch einmal richtig sauber zu sein. Das war der Teil meines früheren Lebens, den ich am schmerzlichsten vermisste: den Luxus, ein- oder zweimal täglich ein Schaumbad nehmen zu können, den Duft nach Seife und Eau de Cologne.

Verdreckt und verschwitzt wie ich war, in meiner Uniform, die mir am Leib klebte, wurde ich in die Hütte einer Frau geführt, wo eine Art riesige Waschschüssel für mich bereitstand, die aus tönernen Gefäßen mit Wasser gefüllt wurde. »Danke, *merci beaucoup, shukran, yekanyelah*«, stammelte ich wieder und wieder und wartete, bis die Frauen sich zurückzogen. Glücklich über die Aussicht auf ein Bad, zog ich mich aus, stieg nackt in die Waschschüssel und verteilte das Wasser mit den Händen auf meinem Körper. Ich begann, mich zu waschen, und als meine Augen sich an die Dunkelheit gewöhnt hatten, bemerkte ich, dass um mich herum lauter Dorffrauen hockten. Sie flüsterten miteinander und bemühten sich, nicht zu kichern, als würden sie bei einem Theaterstück zusehen. Zuerst war ich peinlich berührt, doch dann sagte ich mir, dass sie wahrscheinlich noch nie eine Weiße gesehen hatten. Also machte ich ungeniert weiter, obwohl ich mich etwas hastiger wusch, als ich es vorgehabt hatte. Als ich fertig war, zog ich mich wieder an und trat in die glühende Hitze hinaus, wo ich innerhalb von Sekunden wieder von Schweiß bedeckt war. Und dennoch munterte mich diese kurze Erfrischung auf ungeahnte Weise auf.

Jeden Abend machten wir in einem anderen Lager Halt, wo ich entweder nach einem von den vorrückenden Soldaten hinterlassenen Schützenloch suchte, in dem ich schlafen konnte, oder – wenn die Zeit reichte – mein kleines Zelt aufbaute, um wenigstens etwas Privatsphäre zu haben. Einmal schlief ich im Graben einer aufgegebenen Maschinengewehrstellung.

Da es nachts sehr kalt wurde, behielt ich meine Kleider an, um nicht zu frieren. Inmitten des unablässigen Geschützlärms aus der Ferne und des aus der Nähe ertönenden – und daher viel störenderen – Klimperns der Kamelgeschirre, versuchte ich zu schlafen. Morgens machte ich mich als Erstes auf die Suche nach einem Gebüsch und betete, dass man mich nicht für eine Gazelle oder den Feind hielt, während ich hastig mein Geschäft verrichtete. Manchmal musste ich meilenweit laufen, um ein ungestörtes Plätzchen zu finden, aber bei dem schrecklichen Durchfall, der alle im Lager plagte, war es nicht immer möglich, so lange zu warten. Mehrmals wurde ich sterbenskrank, sodass ich vollkommen bekleidet, zitternd und fiebernd dalag und mich vor Schmerzen wand.

Wieder einmal musste ich auf diese Weise das »Bett hüten«, als *Père* Deon, der Leiter der Ambulanz, meinen Humber nahm, um mit einigen Unteroffizieren auf die Jagd zu gehen. Ich war wütend, als ich davon erfuhr.

»Das ist mein Fahrzeug, ich trage die Verantwortung dafür und habe auch so schon genug Probleme damit, die alte Kiste in Schuss zu halten!«, schrie ich ihn an, als er mit zwei erlegten Hirschantilopen und einem großen Vogel zurückkehrte.

»Ich bin Ihr Vorgesetzter, und es steht Ihnen nicht zu, in diesem Ton mit mir zu reden!«, schrie er zurück. Bevor er davonstampfte, fügte er entnervt hinzu: »Mein Gott, was sind Sie für eine Nervensäge.«

Natürlich war er im Recht, aber nie wieder hat er es gewagt, sich den Humber auszuleihen.

Die Nachrichten von der Front waren ermutigend. Es hatte zwar mehrere Verwundete und einige Tote gegeben, aber die Italiener befanden sich auf dem Rückzug. Commandant Lotte richtete an der Front Verbandsplätze ein, und sobald die Männer transportfähig waren, wurden sie ins Feldlazarett gebracht. Während Lotte seiner Arbeit nachging, versorgte ich die Tschader mit Bier aus dem *Naafi* oder versuchte mich im Kamelreiten, was ohne Sattel eine ziemlich ungemütliche Angelegenheit war. Manchmal, wenn ich mich allzu sehr langweilte, ging ich ins Lazarett, sprach mit den Verwundeten und versuchte, mich bei den Schwestern nützlich zu machen, hatte jedoch den Eindruck, dass ich keine große Hilfe war.

Wenn Lotte im Hauptquartier der Brigade zu tun hatte, fuhr ich ihn bereitwillig hin, denn dort gab es ein hervorragendes Frühstück – ich bekam sogar ein gekochtes Ei. Wenn Colonel Monclar uns zum Essen einlud, freuten wir uns besonders, denn das bedeutete, dass es frisches Gemüse und frische Tomaten gab und bei einer denkwürdigen Gelegenheit sogar Kaninchenragout – eine Delikatesse, die ich seit meiner Zeit im Schloss nicht mehr genossen hatte.

Der Humber war weiterhin mein größtes Problem. Mittlerweile fuhr ich ohne Licht, weil die Lichtmaschine keinen Strom mehr lieferte, die Bremsen funktionierten so gut wie gar nicht mehr, was das Fahren über die kurvenreichen Bergpässe zu einem abenteuerlichen Unterfangen machte. Ein Rad war lose. Die Mechaniker bauten mir neue Stoßdämpfer ein – ein Segen – und einen Anlasser, doch sie klauten mir alles andere aus meinem Auto, und mit den kaputten Bremsen musste ich mich eine Ewigkeit herumplagen.

Aber die zähe alte Kiste war nicht kleinzukriegen. Während die Truppen gegen die Italiener an dem in der Nähe gelegenen Berg Engiahat kämpften, den sie schließlich einnahmen, fuhr ich die Schwestern eines Tages über einen halsbrecherischen Pass zu einem kleinen Dorf namens Nacfa, wo die Bewohner Gemüse und Blumen anbauten. Ein andermal waren wir in einem Wildgehege von einem englischen Wildhüter namens Maxwell Darling zum Tee eingeladen. Plötzlich tauchten drei Wildschweine und eine Gazelle auf, die so zutraulich waren, dass sie einfach stehen blieben und uns anstarrten. Ich pflückte sogar einen Strauß Bergblumen, und während ich meine Nase in die Blüten steckte, deren intensiver Duft mich an meine blumenreiche Vergangenheit erinnerte, fragte ich mich, wie lange diese Oase des Friedens wohl noch bestehen würde.

Im April waren wir nur noch fünfzehn Kilometer von der Front entfernt, und Lotte und ich hatten verabredet, uns auf einem vorgelagerten Verbandsplatz zu treffen. Nachdem ich eine Behelfsbrücke überquert hatte, die über ein ausgetrocknetes Wadi führte, entdeckte ich schließlich den Verbandsplatz unter einer kleinen Brücke direkt vor den Geschützstellungen. Der Lärm war so ohrenbetäubend, dass wir schreien mussten, um uns miteinander zu verständigen. Während Lotte sich an die Arbeit machte, parkte ich den Wagen unter einem Busch neben zwei Kanonen und einem weiteren Humber.

Erschöpft und verschwitzt ließ ich mich auf einen Felsen im Schatten eines kleinen Zeltes fallen. Sekunden später kam ein französischer Koch auf mich zugerannt und schrie mich an: »Nicht dahin setzen! Die Stelle wird immer beschossen!«

Ich sprang auf und klopfte mir den Staub von den Kleidern. Noch ehe ich zehn Schritte weit gegangen war, hörte ich das unverwechselbare Pfeifen einer Granate.

»Hierher! Hierher!«, schrie ein Legionär, und ich rannte wie ein Kaninchen auf ihn zu. Er packte mich am Arm, und wir duckten uns beide unter die Kanone. Kaum hatten wir die Arme schützend über dem Kopf erhoben, erfolgte eine riesige Explosion, Rauch, Dreck und Steine flogen uns um die Ohren. Gleich darauf schlugen fünf weitere Granaten in noch größerer Nähe ein.

Als der Staub sich endlich gelegt hatte, stand ich zitternd auf. Meine nackten Beine brannten. Ich schaute mich nach der Stelle um, wo ich eben noch gesessen hatte. Mein Felsbrocken war vollkommen in Stücke geschossen worden. Wo das frisch aufgebaute Küchenzelt gestanden hatte, waren nur noch riesige Krater zu sehen. Plötzlich entdeckte ich eine tiefe Fleischwunde an meinem linken Bein. Ich riss einen Streifen von einem ölverschmierten Lappen ab, um die Blutung zu stoppen, während der Koch vor lauter Wut mit den Füßen stampfte.

Von da an gehörte Artilleriefeuer für mich zu den normalen Begleiterscheinungen des Krieges. Immer wieder mussten Lotte und ich hastig in Deckung gehen, während die Granaten um unsere Köpfe pfiffen. Einige Zeit später entzündete sich die Wunde an meinem Bein, und ich bekam Fieber. Als ich Dr. Thébault im Lazarettzelt aufsuchte, holte er einen Granatsplitter aus meinem Bein, den ich noch nicht einmal bemerkt hatte.

Im Hafen von Massawa am Roten Meer – dem größten Hafen an der Ostküste Afrikas, der den zweifelhaften Ruf genoss, das heißeste Klima der Welt zu haben – fand eine weitere große Schlacht statt. Lotte und ich befanden uns auf einer nahe gelegenen Anhöhe und sahen aus sicherer Entfernung zu, hörten den Geschützlärm der Maschinengewehre und der Artillerie, beobachteten, wie die Männer mit ihren Geschützen vorrückten, beobachteten, warteten ab und beteten, dass die Schlacht ein schnelles Ende nehmen würde.

Am 9. April wurde Massawa nach heftigem Bombardement eingenommen, und die Italiener ergaben sich. Fast fünfhundert italienische Offiziere wurden gefangen genommen und in den letzten intakten Zimmern in der zerstörten Stadt untergebracht, während wir im Freien schlafen mussten. Doch allmählich hielt eine gewisse Ordnung Einzug, und das Leben gestaltete sich langsam wieder erträglicher. Lotte wurde in einem Hotel einquartiert, und den Soldaten des Freien Frankreichs wies man ein Lehmhüttendorf in einer Oase namens Ghinda am Rand der Stadt zu, mit Blick auf die riesigen Rümpfe der zerstörten Kriegsschiffe, die im Hafen lagen.

Ich genoss den seltenen Luxus eines Zimmers für mich allein, in einem Haus, in dem englische und französische Offiziere untergebracht waren, unter ihnen Amilakvari und Henry. Henry hatte sich einen struppigen Hund zugelegt, der nachts vor dem Haus angekettet wurde und mir mit seinem Geheul den Schlaf raubte. Mein Zimmer war mit einer Gummimatratze ausgestattet, die in einem Klima, wo die Tages- und Nachttemperaturen sich kaum voneinander unterschieden, denkbar ungeeignet war, und die Gemeinschaftsduschen waren völlig verdreckt – aber immerhin gab es fließendes Wasser. Ein größeres Problem waren die aggressiven Moskitos, die Küchenschaben und die riesigen Spinnen, mit denen ich mein Zimmer teilte.

Während ich auf neue Befehle von der Transportdivision wartete, vertrieb ich mir die Zeit zusammen mit den Offizieren. Wir tranken reichlich Marsala und gingen mit Handgranaten auf Fischfang. Im Norden der Stadt gab es wunderbare Strände, wo man baden und schwimmen konnte. Es gab Schildkröten und Delfine und ganze Schwärme von Sardinen und Sardellen. Pelikane, Störche und Reiher leisteten uns Gesellschaft, und hin und wieder tauchten ein paar von allen gefürchtete Haie auf. Weder die Seevögel noch die Fische schienen die Kriegstrümmer, die sich im Hafen und an den Stränden türmten, zu bemerken.

Wenn es mir gelang, ein paar Flaschen Gin oder Wein aufzutreiben, gab ich abends manchmal eine kleine Party, auf der auch Poker gespielt wurde. Außerdem verbrachte ich in Massawa unter einem Moskitonetz meine letzten heimlichen Nächte mit Amilakvari. Wegen der Hitze kahl rasiert, aber so gut aussehend und leidenschaftlich wie immer, erinnerte er mich an angenehmere Zeiten. Wir hatten eine tiefe Zuneigung zueinander entwickelt, und während des ganzen Feldzugs in Eritrea hatte er mir gelegentlich Extra-Rationen oder eine Flasche Whisky zukommen lassen, um mich aufzumuntern. Ein liebevoller Blick von ihm während eines langen, anstrengenden Tages reichte aus, um mir neuen Mut zu geben. Und wenn ich in seinen Armen lag, spürte ich wieder, dass ich eine Frau war. Aus einer Laune heraus ging ich eines Tages in die Stadt und kaufte mir mit Hilfe der wenigen Brocken Italienisch, die ich mir im Laufe der Zeit angeeignet hatte, eine völlig nutzlose pinkfarbene Hose und einen weißen Seidenschlafanzug. Ich hatte einfach das Bedürfnis nach etwas Femininem.

Bis zu diesem Zeitpunkt hatte ich kein Make-up mehr getragen, und ich besaß kaum mehr als einen Rock, mein Feldbett, eine Segeltuchbadewanne aus dem »Army and Navy«-Shop, meinen Helm und eine Zahnbürste. Schon sehr früh war mir klar geworden, dass man als Frau unter zahlreichen Männern am besten Ärger vermeiden kann, indem man möglichst wenig Aufsehen erregt. In meinem Bemühen, nicht aufzufallen, hatte ich mich fast zu einer Art ehrenamtlichem Mann entwickelt. Und auf seltsame Weise genoss ich das sogar. »Einer von den Jungs« zu sein, machte das Leben so viel leichter; so konnte ich mein Herz verschließen und so tun, als würden Liebe und Beziehungen und Vertrautheit keine Rolle spielen. Dadurch war ich vor den emotionalen Tiefs vergangener Zeiten geschützt. Doch in letzter Zeit hatte ich mit meinem unfrisierten Haar und meiner männlichen Kleidung reichlich seltsame Blicke geerntet, sodass ich es an der Zeit fand, mich ein bisschen herzurichten. Ich versuchte sogar, einen Spiegel aufzutreiben.

Wenn jemand einen solchen Gegenstand besaß, konnte es nur ein Italiener sein, sagte ich mir. Selbst unter primitivsten Bedingungen umgaben sie sich mit kleinen Luxusgegenständen von zu Hause, ohne die sie anscheinend nicht leben konnten. Jedes Mal, wenn eine italienische Stellung erobert wurde, vor allem in einer Stadt wie Massawa, rissen sich alle darum nachzusehen, was die

Italiener hinterlassen hatten. Während wir uns mit Corned Beef und billigem Wein zufrieden geben mussten, gab es bei den Italienern Wurst, Käse, Pasta, Brot und Dosen mit Delikatessen wie Sardinen und Bohnen. Manchmal fanden wir sogar Champagner, Benediktiner und alle möglichen Sorten Spirituosen.

Wann immer ich nicht damit beschäftigt war, Lotte zu chauffieren, verlegte ich mich aufs Organisieren. Entweder durchsuchte ich selbst ausgebombte Häuser oder wandte mich an diejenigen, die die besten Sachen ergattert hatten, um ihnen etwas abzukaufen. Nachdem ich meine Suche nach einem Spiegel aufgegeben hatte, kam ich – weiß der Teufel, warum – zu dem Schluss, dass eine Nähmaschine sehr nützlich sein würde. Und natürlich stand jede Art von Nahrung immer hoch im Kurs, und ich hätte jederzeit bereitwillig meinen hart verdienten Sold für eine Dose Spargel oder saftige italienische Salami ausgegeben. Während meiner Freizeit ging ich schwimmen und freute mich über die bunten Zebrafische. Die Abende verbrachten wir mit Tischtennis, im Kino, wo wir unverständliche italienische Filme ansahen, oder wir trafen uns bei reichlich Alkohol in der Bar Torino mit den Offizieren und den Marinesoldaten, die gerade Landurlaub hatten.

Während der ganzen Zeit wurde ich niemals von den Männern belästigt. Oberst Monclar hatte ein *bordel mobile de campagne* eröffnen lassen, in dem vorwiegend eingeborene, aber auch zwei weiße Frauen den Soldaten ihr Geld abknöpften. Die Briten waren darüber höchst empört, sie lehnten das Bordell ab und taten ihr Bestes, um es abzuschaffen. Doch der Oberst ließ sich nicht beirren. Er erklärte, wenn es das Bordell nicht gäbe, würden seine Männer das Viertel der Einheimischen stürmen, dessen Zutritt ihnen streng verboten war, und es würde einen Aufstand geben.

Allerdings ließen die Männer sich nicht davon abhalten, das verbotene Viertel aufzusuchen, vor allem wenn sie getrunken hatten. Eines Abends gab es einen Riesenkrach, als der Bürgermeister ein paar Legionäre im Viertel erwischte und sie verhaften wollte. In ihrem betrunkenen Zustand schlugen drei von den Männern den Bürgermeister nieder, einer trat ihm ins Gesicht, woraufhin dieser seine Waffe zog und einen Mann anschoss. Am nächsten Tag bestand er auf einer Inspektion der Legion, um wenigstens den verwundeten Mann zu identifizieren. Doch die beteiligten Soldaten wurden diskret in Sicherheit gebracht, und der arme Bürgermeister bekam den, der ihn niedergeschlagen hatte, nie zu fassen.

In Massawa lernte ich einen jungen Legionär kennen, einen Lieutenant namens Pierre Messmer. Jeden Abend aßen wir gemeinsam in der Offiziersmesse, die wunderschön gelegen war mit Blick auf das Meer. Er war mir sehr sympathisch, und wir wurden enge Freunde, obwohl er sieben Jahre jünger war als ich. 1939 war er als Unteroffizier in die Legion eingetreten. Ein Jahr später, als das Vichy-Regime sich unter Marschall Pétain gebildet hatte, war er so erbost darüber, dass er sich einen Coup ausgedacht hatte. Zusammen mit einem jungen Hauptmann namens Jean Simon war er nach Marseille gegangen. Mit einem italienischen Schiff, einem 82 000-Tonner samt seiner wertvollen Ladung, das sie gekapert hatten, waren sie irgendwie unter der Flagge des Freien Frankreichs bis nach Liverpool gefahren. Dort hatten sie sich de Gaulles Streitkräften unter Amilakvari angeschlossen und mit dem Geld, das sie mit dem Verkauf der Schiffsladung eingenommen hatten, weitere Kampfwillige angeheuert. Pierre Messmer war mit demselben Konvoi wie ich nach Dakar gelangt und hatte in Gabun und in Kamerun gekämpft. Er war nachdenklich, intelligent und *très gentil*; schon damals spürte man, dass ihm einmal eine herausragende Rolle zuteil werden würde. Daher überraschte es mich nicht, als er schließlich französischer Premierminister wurde.

Gegen Ende des Frühjahrs änderte sich das Wetter drastisch. Gewitter kühlten die Luft ab. Sandstürme fegten über die Wüste. Ständig fiel der Strom aus, und der Regen trieb die Ratten ins Haus, die dort Zuflucht suchten. Als wir uns auf den nächsten Teil unserer Reise nach Norden über das Rote Meer nach Kairo vorbereiteten, herrschte extreme Luftfeuchtigkeit.

Ich hatte gehofft, zusammen mit Amilakvari, Gabriel, Henry, Messmer, Nazaroff, de Bollardière, Arnault, Jean Simon und all den Freunden in der Fremdenlegion auf dem Dampfer *Président Doumerge* eingeschifft zu werden. Aber das Schiff lief aus und ließ Commandant Lotte und mich zurück. Der kleine schwarze Junge, den die Burschen der Offiziere angeheuert hatten, um für sie die niedrigen Arbeiten zu erledigen, war den Tränen nahe, als sie abfuhren, ohne ihn zu bezahlen. Doch ich versprach, ihm seinen ausstehenden Lohn zu zahlen, wenn er bis zu meiner Abreise blieb.

Nachdem ich meinen Wagen aufgetankt und eine neue Batterie aufgetrieben hatte, sah ich zu, wie der Humber und die Ambulanzfahrzeuge auf das nächste Schiff verladen wurden, und sicherte mir eine geräumige Kabine. Am 7. Mai stachen wir schließlich in See und fuhren durch das ruhige, blaue Meer, das von Generationen von Gewürzhändlern und Mekka-Pilgern durchkreuzt worden war, nach Norden in Richtung Suez. Wieder erkrankte ich an der Ruhr und verbrachte den größten Teil der Reise im Bett. Fünf Tage später liefen wir im Hafen von Suez ein und mussten weitere zwei Tage warten, bis wir von Bord gehen durften. Während der Wartezeit durfte wegen drohender Luftangriffe niemand unter Deck, was dazu führte, dass ich mich noch elender fühlte. Es herrschte ein scharfer Wüstenwind, und es war so heiß, dass man nichts anfassen konnte. Als endlich der Befehl kam, von Bord zu gehen, brach das übliche Chaos aus – Kisten stapelten sich auf den Kais und dazwischen liefen aufgeregt schreiende Leute herum, die einen Heidenlärm veranstalteten. Ich sah zu, wie mein alter Humber über die Reling gehievt und sicher an Land abgesetzt wurde, dann packte ich meine Habseligkeiten zusammen und fuhr in die mittelalterliche, von einer Mauer umgebene Stadt.

Suez mit seinen von Palmen gesäumten Straßen und seinen Häusern und Kirchen aus der Kolonialzeit war eine wunderschöne Stadt. Riesige Adler kreisten in den heißen Aufwinden über unseren Köpfen, und die Stadt war in ein ganz besonderes Licht getaucht. Die folgenden Tage gehören zu den glücklichsten, die ich in Afrika erlebt habe. Während ich meine Zeit mit Schwimmen, Partys und Tanzbällen verbrachte, fühlte ich mich, als würde ich – wenn auch nur kurz – in die Vergangenheit zurückkehren, in die sorglosesten Jahre meines Lebens. Ich tanzte, bis ich das Gefühl hatte, mir würden die Beine abfallen.

Aber unweigerlich sickerten immer wieder Nachrichten vom Krieg durch. In Norwegen hatten die Briten elf deutsche Schiffe versenkt; im Mittelmeer hatten britische Kriegsschiffe einen

Großteil der italienischen Flotte zerstört; aus Furcht vor deutschen Angriffen auf alliierte Verbände hatten die USA im Auftrag Dänemarks Grönland besetzt. Jugoslawien und Athen waren in die Hände der Deutschen gefallen, und am 13. April 1941 hatte das in Nordafrika frisch eingetroffene Afrikakorps unter der Führung Rommels die Oberhand gewonnen und befand sich nach der Eroberung der libyschen Stadt Bardia auf dem Vormarsch nach Bengasi und zur ägyptischen Grenze. Zwei Wochen später marschierten drei Kolonnen des Afrika-Korps in Ägypten ein.

Am 17. Mai, weitere drei Wochen später und weniger als fünfhundert Kilometer entfernt, stieg ich mit Dr. Lotte in den Humber und machte mich auf den Weg nach Norden. Als zweites Fahrzeug eines riesigen Konvois fuhren wir durch die Wüste Sinai in Richtung Palästina und Levante – mitten ins Kampfgeschehen hinein.

8
Ein Wink des Schicksals

»Liebe nur, was dir eingeflochten in das Gewebe des Schicksals widerfährt …«

MARCUS AURELIUS (121–80)

Als wir in Gaza an der Mittelmeerküste eintrafen, hätte ich mich am liebsten nach Hause abgesetzt. Das Camp schien endlos, die weißen Zelte der Australier reihten sich kilometerlang aneinander. Erschöpft, durstig und hungrig wusste ich wieder einmal nicht, wo ich schlafen sollte. Ein freundlicher englischer Offizier gab mir eine Flasche Zitronensaft und wies mir den Weg zum Lazarett. Zu meiner großen Erleichterung stieß ich dort auf Kelsey, die wie gewohnt mit aufgekrempelten Ärmeln bis spät in die Nacht alle Instrumente reinigte.

»Kommen Sie rein, Travers«, sagte sie, als hätten wir uns vor fünf Minuten zuletzt gesehen, »kommen Sie rein und packen Sie mit an.« Zu zweit schoben wir den unglaublich schweren Operationstisch in die Mitte des OP. »Sie sehen aus, als könnten Sie einen Drink gebrauchen.«

Darauf langte sie in die geräumige Tasche ihrer Schürze, brachte einen Flachmann zum Vorschein und reichte ihn mir grinsend. Da es keinen anderen Schlafplatz gab, benutzte ich den OP-Tisch als Bett, und dank einiger kräftiger Schlucke von Kelseys Whisky schlief ich auf der Stelle ein.

Während der folgenden Tage, als immer mehr Zelte aufgebaut wurden, wurde ich von Pontius zu Pilatus geschickt. Manchmal musste ich zu meinem Leidwesen mit mehreren Frauen in einem Zelt übernachten. Ich hatte mich seit Kriegsbeginn an eine Menge Widrigkeiten und Unannehmlichkeiten gewöhnt, aber gut zu essen, allein zu schlafen und meine wenigen Habseligkeiten zusammenzuhalten waren für mich zu essenziellen Bedingungen geworden.

Meine Hauptaufgabe bestand darin, Lotte und seine Leute zwischem dem Camp und dem Spears-Lazarett hin- und herzuchauffieren. Das Spears-Lazarett war von Lady Spears und einem Team von »Spears-Schwestern«, liebevoll »Spearettes« genannt, errichtet worden. Hin und wieder wurde ich auch dem britischen Verbindungsstab zugewiesen, dem ein eindrucksvoller Major namens Sneyd-Cox angehörte, ein sehr gut aussehender und charmanter Mann. Eines denkwürdigen Tages hatte ich sogar die Ehre, General Paul-Louis Le Gentilhomme (den ehemaligen Befehlshaber der französischen Truppen in Somalia) von Camp zu Camp zu fahren, wo er die medizinischen Einrichtungen inspizierte. Der Tag war insofern denkwürdig, weil der Anlasser just in dem Moment seinen Geist aufgab, als der General im Wagen Platz nahm. Ich stieg wieder aus und bat ein paar senegalesische Soldaten, die zufällig vorübergingen, uns ohne großes Aufsehen anzuschieben. Der General blieb kerzengerade sitzen und verzog während der ganzen Prozedur keine Miene.

Als er seine Inspektion beendet hatte, ließ er uns alle antreten und erklärte uns, dass wir eine neue Oberschwester und acht englische Fahrerinnen bekommen würden. Eine Frau namens Fisher war als Aufseherin vorgesehen. Die Neuigkeit versetzte uns in Rage, denn obwohl es hin und wieder zu Streitigkeiten zwischen uns kam, waren wir alle schon seit langer Zeit gemeinsam im Einsatz und hielten gegen jeden Eindringling zusammen wie Pech und Schwefel. Ich sprach mit Henry und Sneyd-Cox über das Problem; sie hatten Verständnis, konnten jedoch nichts für uns tun. Ich hoffte inständig, dass Mrs. Fisher mir nicht das Leben schwer machen würde.

Da ich mich erschöpft und gesundheitlich angeschlagen fühlte, nahm ich acht Tage Urlaub. Mit dem Bus fuhr ich zunächst nach Tel Aviv und dann weiter nach Haifa an der Mittelmeerküste. Nachdem ich mich in einem Hotel einquartiert hatte, wurde mir klar, warum ich mich in letzter Zeit so elend gefühlt hatte: Ich hatte mir eine Enteritis (eine Dünndarmentzündung) zugezogen. Man verordnete mir eine Diät aus Haferschleim und Tee. Nach einigen Tagen Ruhe und medizinischer Behandlung fühlte ich mich schon wieder so gut, dass ich aufstehen und einen ausgiebigen Spaziergang machen konnte. Haifa war auf den Ausläufern des Berges Carmel errichtet worden, die weißen Häuser mit den flachen Dächern standen dicht gedrängt an den Hängen. Es gab malerische Basare und wundervolle arabische Cafés, und ich bummelte genüsslich über die Märkte und trank süßen Tee. So oft und ausgiebig ich wollte, konnte ich mich in meinem Hotel auf dem Berg Carmel ausruhen.

Als ich nach meinem Urlaub wieder nach Gaza zurückkehrte, stellte ich fest, dass während meiner Abwesenheit jemand in meinem Zelt genächtigt hatte. Meine Laune war am nächsten Morgen denkbar schlecht und besserte sich auch nicht, als ich Mrs. Fisher begegnete, unserer neuen Oberschwester. Kurz nachdem ich Mrs. Fisher vorgestellt worden war, kam Commandant Lotte in großer Aufregung herbeigeeilt und nahm mich zur Seite. »Sie haben eine Menge verpasst«, sagte er strahlend. »*Quelle agitation!* Der General wollte mir Mrs. Fisher als Fahrerin zuteilen, aber ich habe mich für Sie eingesetzt und mich geweigert, die Entscheidung zu akzeptieren. Der General war ziemlich sauer. Anscheinend ist Mrs. Fisher mit ihm befreundet.«

Als ich das Gesicht des dicken, kleinen Franzosen sah und mir klar wurde, dass ich während meiner Abwesenheit um ein Haar ins Lazarett versetzt worden wäre, hätte ich Lotte am liebsten umarmt. Aber ich wusste, dass so ein öffentlicher Gefühlsausbruch ihn nur in Verlegenheit gebracht hätte, und drückte ihm stattdessen den Arm. Ich bedankte mich so herzlich ich konnte und beschloss, ihn irgendwann einmal in einem Restaurant zu einem opulenten Mahl einzuladen.

Meine Laune stieg noch, als plötzlich Boris Nazaroff in mein Zelt lugte und mich zum Abendessen mit den Legionären einlud. »Wir haben gehört, dass Sie krank waren und sich wieder erholt haben«, sagte er in gebrochenem Englisch. »Wir erwarten Sie heute Abend.«

Es war eine ganze Weile her, seit ich meine Freunde von der *Neuralia* zuletzt gesehen hatte, und ich nahm die Einladung freudig an. Ich zog meinen schicksten Khaki-Rock und eine saubere Bluse an und frisierte mein Haar, so gut es ohne Spiegel ging. Im letzten Augenblick legte ich noch einen Hauch Lippenstift auf und ging dann zur Offiziersmesse der Legion hinüber, wo ich Amilakvari, Boris, den guten John Hasey (den jungen Amerikaner, der beim Baccarat beinahe zu hoch gewonnen hätte), mehrere andere vertraute Gesichter sowie fünf australische Offiziere antraf. Alle schienen in guter Stimmung und erfreut darüber zu sein, mich zu sehen. Wir aßen gut und tranken noch besser.

Später am Abend verkündete Amilakvari, ich würde einen Legionärsspitznamen erhalten, eine große Ehre für jemanden, der nicht in ihre geheiligten Reihen gehörte. »Wir werden Adjudant Travers von nun an ›La Miss‹ nennen«, erklärte er nicht mehr ganz nüchtern. »Schließlich ist sie die einzige Mademoiselle unter uns.«

Es ertönte ein riesiger Applaus, die Männer trommelten mit Händen und Ellbogen auf die Tische, ein Trinkspruch wurde ausgebracht, und alle stießen mit mir an. Ich strahlte in die Runde, trank einen mannhaften Schluck aus meinem Glas und bedankte mich für meinen neuen Namen, der mich für den Rest des Krieges und darüber hinaus begleiten sollte. Unnötig zu erwähnen, dass wir alle an jenem Abend viel zu viel tranken. Die Australier übertrafen selbst die Legionäre; am Ende zerschlugen sie alle Gläser und wurden singend auf Tragen in ihre Zelte geschafft. John Hasey war so freundlich, mich mitten in der Nacht nach Hause zu begleiten.

Als ich am nächsten Morgen um halb sechs aufstehen musste, hatte ich einen fürchterlichen Kater. Es war der 7. Mai, ein kalter, regnerischer Tag, an dem wir in einem riesigen Konvoi nach Syrien aufbrachen. Inmitten des fürchterlichen Chaos gelang es mir, mich hinter den Fahrzeugen des Hauptquartiers einzureihen und mich dicht hinter ihnen zu halten. Das Fahren war verteufelt anstrengend, und nach der durchzechten Nacht hatte ich die größte Mühe, wach zu bleiben. Wir erreichten unseren Zielort bei Dunkelheit, nachdem wir kurz zuvor an einer Kompanie berittener Soldaten vorbeigefahren waren.

Am nächsten Tag brachen wir vor Morgengrauen auf und fuhren an der Küste entlang in Richtung Tel Aviv. Es ging unendlich langsam voran, und wir mussten alle halbe Stunde anhalten, um auf Nachzügler zu warten. Während wir die steile, gewundene Straße hinauffuhren, ohne die Möglichkeit zu überholen und ein höheres Tempo vorzulegen, begann der Motor des alten Humber zu kochen, und ich fürchtete schon, der Wagen würde den Geist aufgeben. Er hielt durch, doch als wir den höchsten Punkt erreichten, drangen dichte Dampfwolken unter der Motorhaube hervor, und ich beschloss, an der nächsten geeigneten Stelle anzuhalten, den Kühler aufzufüllen und der armen alten Kiste eine Ruhepause zu gönnen. Wir waren gerade dabei, nach einem Platz Ausschau zu halten, als wir das unverwechselbare Geräusch von Flugzeugen hörten. Hoch über uns näherten sich von Westen her deutsche Flugzeuge mit den Hakenkreuzen der Luftwaffe und flogen direkt auf unseren ungeschützten Konvoi zu.

»*Vite! Vite!*«, schrie jemand, als wir alle aus unseren Fahrzeugen sprangen und in Deckung gingen. Wir rannten in alle Richtungen und schafften es gerade noch, uns zu Boden zu werfen, als kaum hundert Meter vor uns eine Bombe einschlug und ein Geröllregen auf uns niederging. Ich raffte mich auf, rannte auf eine Felswand zu und fand einen Felsbrocken, an den ich mich schmiegte, um ein wenig Schutz zu finden. Andere taten es mir nach oder blieben einfach auf dem Boden liegen, die Arme schützend über dem Kopf verschränkt.

Durch das Motorengeräusch der Flugzeuge drang das Knattern von Maschinengewehren, das *Rat-tat-tat-tat-tat*, das nur bedeuten konnte, dass die Bordschützen uns im Visier hatten. Die Kugeln schlugen auf dem harten Straßenbelag auf und prallten in alle Richtungen ab. Ich spürte, wie etwas an meinem linken Ohr vorbeizischte. Die Verwundeten schrien, die Fahrzeuge wackelten, als die Kugeln in sie einschlugen, und das *Rat-tat-tat-tat-tat* hörte immer noch nicht auf. Nach einer Weile trat Stille ein, doch sie war nicht von Dauer. Zehn Minuten später kehrten die Flugzeuge zurück, aber diesmal schlugen die Bomben weiter entfernt ein. Als der Luftangriff endlich vorüber war, waren vier Männer tot, drei schwer verwundet, und fünf unserer Fahrzeuge standen in Flammen.

Unser Ziel war der Norden des von Vichy-Frankreich kontrollierten Syrien, nahe der türkischen Grenze. Die Briten und die Australier hatten den Süden bereits eingenommen. Als wir schließlich in Dar'a die Grenze zu Syrien überquerten und zum ersten Mal gegen französische Truppen kämpfen mussten, quittierte der Oberbefehlshaber, Oberst Monclar, den Dienst. De Gaulle ersetzte ihn durch seinen nächsten Untergebenen.

Der neue Oberst war ein großer, hagerer, bleichgesichtiger Offizier aus dem Elsass; er war dreiundvierzig Jahre alt und hieß Marie-Pierre Koenig. Nachdem er sich uns in Kairo angeschlossen hatte, führte er seine Männer bereits bei einem kleinen Vorposten namens Dayr'Ali erfolgreich in die Schlacht gegen das 6. Regiment von Vichy-Frankreich. Oberst Koenig wurde von den Männern sehr bewundert, und viele hielten seine Ernennung für eine weise und diplomatische Entscheidung. Mit Unterstützung der alliierten Truppen gelang es Koenig und den Soldaten des Freien Frankreichs allmählich, die französischen Streitkräfte bis nach Damaskus zurückzudrängen, wo sie sich eingruben und auf eine lange Zeit der Belagerung gefasst machten.

Ein großer Teil Syriens ist bergiges Gebiet. Jenseits des schmalen, fruchtbaren Küstenstreifens erhebt sich eine von tiefen Tälern zerfurchte Bergkette, auf deren östlicher Seite der Ostafrikanische Graben verläuft, der sich durch das Rote Meer bis nach Afrika erstreckt. Auf unserer Fahrt über zerfurchte Straßen und durch verlassene Dörfer fiel mir die traurige Atmosphäre auf, die über dem Land lag. Als wichtiges Durchgangsland für Handelswege zahlte dieses Land einen hohen Preis für seine bevorzugte Lage, und seine Einwohner ertrugen die erneute Invasion mit dem leidgeprüften Gesichtsausdruck, der uns allerorten begegnete. Erschöpft vom Krieg, hatten sie es satt, dass ihre Dörfer und ihre Felder aus Gier und um der Ehre willen immer wieder geplündert und verwüstet wurden. Aus ihren Augen sprach eine an Verzweiflung grenzende Resignation.

Wir fuhren durch heftig umkämpftes Gebiet, und die folgenden Tage jenes glühend heißen Juni 1941 waren geprägt von ununterbrochenen Kämpfen, während wir uns Meter um Meter durch Dörfer und kleine Städte in Richtung Damaskus vorkämpften. Die Straße von Beirut nach Ras el Naquora, dem Grenzposten, war von Gräbern gesäumt. An einem einzigen Tag gab es dreizehn Tote und zahlreiche Verwundete. Luftangriffe gehörten inzwischen zu unserem Alltag, die Fliegen und die Hitze machten alles noch schlimmer, und ich war unablässig damit beschäftigt, Lotte und seine Helfer zwischen hastig eingerichteten Lazaretten in Derur, Dayr'Ali, Salemaine, Racaoub und Tcherkmesskine hin- und herzufahren. Unterwegs las ich verwundete Soldaten oder umherirrende Dorfbewohner auf und war ständig dabei, nach besseren, mit weniger Felsbrocken übersäten Routen durch die Schlachtfelder Ausschau zu halten.

Wir fuhren durch verschlafene Dörfer, an Olivenhainen und Weinbergen vorbei und über von der Sonne versengte Hügel. Wenn die Einheimischen sahen, wie ich mühsam versuchte, ein holpriges Feld zu überqueren oder in einem Granatenkrater stecken blieb, kamen sie aus ihren armseligen Häusern gelaufen, schwenkten eine weiße Fahne, riefen »*marhaba*« (hallo) und halfen mir, Hindernisse aus dem Weg zu räumen, damit ich weiterfahren konnte. In ihren langen, staubigen Gewändern, mit kleinen Kindern im Schlepptau, die sich an ihre Mütter klammerten, wirkten die Dorfbewohner ärmlich und unglücklich. Ich konnte nichts anderes tun, als lächelnd »*Shukran, shukran*« zu sagen, und wenn ich zufällig eine Tafel Schokolade bei mir hatte, brach ich sie in kleine Stücke und verteilte sie unter den Leuten.

Wenn ich spätabends in mein Zelt zurückkehrte, war ich fast zu erschöpft, um zu essen. Am nächsten Morgen war ich wieder vor dem Morgengrauen auf den Beinen und unterwegs über unwegsames Gelände, ständig bemüht, deutschen Flugzeugen, Felsbrocken und anderen Gefahren zu entgehen. Manchmal war Commandant Lotte mein Beifahrer, manchmal sein griesgrämiger Vertreter Vialard Godou, und wenn ich keinen Passagier hatte, nahm ich hin und wieder Araber mit, die zu Fuß unterwegs waren. Ich fühlte mich irgendwie sicherer, wenn ich nicht allein im Wagen saß. Im Hintergrund, wo Bergkuppen und strategisch günstige Stellungen umkämpft wurden, war unablässig Maschinengewehr- und Granatfeuer zu hören.

In jedem Lager, in das ich kam, herrschte reges Treiben. Entweder hatte es gerade einen Luftangriff gegeben, oder es wurde einer erwartet und man war gerade dabei, das Lager abzubrechen. Es war ein Wunder, dass ich die jeweiligen Leute überhaupt dort antraf, wo sie angeblich sein sollten. Nachdem ich in Dayr'Ali gerade einem Luftangriff entkommen war, kehrte ich nach Racaoub zurück, wo einer bevorstand. Ich hatte mich nach dem Mittagessen in meiner kleinen Behausung niedergelassen, um ein Buch zu lesen, als sechs Flugzeuge über uns hinwegflogen und uns bombardierten. Das letzte kehrte viermal zurück und nahm uns unter Maschinengewehrbeschuss, bevor es eine riesige Bombe abwarf, die knapp fünfzig Meter von mir entfernt einschlug. Als alles vorbei war, wagte ich mich nach draußen. Zwei Menschen waren schwer verwundet, ein Ambulanzwagen und ein Motorrad waren zerstört worden, aber mein alter Humber war Gott sei Dank unversehrt geblieben.

Inzwischen befanden wir uns in einer gefährlichen Gegend, die unter dem Namen »Garten von Damaskus« bekannt war. Lotte war mit einem anderen Fahrer in einem Ambulanzfahrzeug der Legion und einem Kradbegleiter aufgebrochen, um einen Weg ausfindig zu machen, über den die Verwundeten evakuiert werden konnten. Er hatte sich mit einem Lächeln von mir verabschiedet. »Sie bleiben hier. Diese Straßen sind vermint und viel zu gefährlich, meine Liebe.« Ausnahmsweise hatte ich der Versuchung widerstanden, mich mit ihm zu streiten.

Tatsächlich waren es nicht feindliche, sondern unsere eigenen Minen, die uns die größten Probleme bereiteten. Die Pioniere der Vorhut hatten Anweisung, sie zu markieren und mit Draht einzugrenzen, damit wir sie erkennen konnten, und die Pioniere der Nachhut sollten die Markierungen entfernen, damit der Feind die Minen nicht entdeckte. Aber darauf konnten wir uns nicht verlassen. Manchmal wurden die Pioniere bombardiert, während sie die Minen legten, und hatten keine Zeit, sie zu markieren, und häufig vergaßen sie einfach, dass wir ihnen unmittelbar folgten. Jedenfalls war es überaus gefährlich, über diese verminten Straßen zu fahren. Die Passagiere konnten aussteigen und gefahrlos zu Fuß weitergehen – es gab keine Tretminen –, aber die Fahrzeuge mussten durch das Gebiet gelangen.

Unglücklicherweise sollte Lotte Recht behalten. Erst bekam ich nur mit, dass sein Fahrer auf einem Motorrad ins Lager gerast kam und schrie: »Mein Ambulanzwagen ist zwanzig Kilometer von hier entfernt auf eine Mine geraten. Ein Mann ist tot, und Dr. Lotte ist schwer verwundet.« Ich wollte Lotte zu Hilfe eilen, aber Mrs. Fisher untersagte es mir. Sie befahl mir, Dr. Thébault zu suchen und ihn zusammen mit ein paar Soldaten an den Unfallort zu schicken. Ich war so durcheinander und so besorgt um Dr. Lotte, dass ich, als ich mit dem Humber losfuhr, um Dr. Thébault zu holen, gegen eine Mauer stieß.

Schließlich wurde Dr. Lotte ins Lager gebracht. Er war kaum bei Bewusstsein, sein Gesicht war kreidebleich, und er litt fürchterliche Schmerzen. Die Landmine hatte ihm die Beine fast abgerissen, und sein Fahrer war nur mit viel Glück mit dem Leben davongekommen. Der Kradbegleiter war auf der Stelle tot gewesen. Ich half dabei, Lottes zerfetztes Bein zu verbinden und war mir fast sicher, dass er sterben würde, denn er hatte eine Menge Blut verloren. Wie durch ein Wunder überlebte er, doch er wurde zur Genesung in ein Basiskrankenhaus gebracht. In jener Nacht tat ich vor Sorge kein Auge zu.

Am nächsten Morgen erfuhr ich, dass der große, Furcht einflößende Dr. Vialard Godou mein neuer Chef war. Er war empört darüber, dass ihm eine Frau als Fahrerin zugeteilt wurde. Doch als er feststellte, dass niemand anders zur Verfügung stand, entschloss er sich, den Humber selbst zu fahren, und verbannte mich zu meinem Entsetzen auf den Beifahrersitz. Er fuhr viel zu schnell, scherte sich nicht darum, dass die Reifen überhaupt kein Profil mehr hatten, und quälte die alte Kiste bis an ihre Grenzen. Er malträtierte die Gangschaltung und ließ keinen Felsbrocken und kein Schlagloch aus. Zwei Tage lang ertrug ich seinen grauenhaften Fahrstil, bis er mit einer Panzersperre kollidierte, was uns beide beinahe das Leben gekostet hätte und die Lenkung des Wagens schwer beschädigte.

»Sie sind ein miserabler Fahrer«, fuhr ich ihn wütend an, als ich ein paar Mechaniker der Reparaturabteilung des Panzerregiments herbeirief, um den zerbeulten Wagen aufzubocken und abzuschleppen. »Ich bin für dieses Fahrzeug verantwortlich, vergessen Sie das nicht.«

Am nächsten Tag verbrachte ich den ganzen Vormittag damit, den Humber zu säubern und auf die Mechaniker zu warten. Godou konnte seine Ungeduld kaum zügeln. Alle fünf Minuten sprang er auf und fluchte. »Wieso sind die noch nicht da? Wo bleiben die denn?«

Ich schwieg. Wir zählten zu den Letzten im Lager. Alle anderen waren nach Dayr'Ali aufgebrochen.

Nach einer Stunde traf der Mechaniker ein, das Gesicht aschfahl, den Wagen voll beladen mit Verwundeten. »Wir sind unterwegs bombardiert worden, ich bin einfach nicht durchgekommen«, sagte er. »Da draußen liegen noch immer viele Verwundete.«

Ohne ein Wort an mich zu verschwenden, beschlagnahmte Godou den Wagen des Mechanikers, fuhr mit ihm zusammen los und ließ mich mit sieben Verwundeten stehen. Ich lagerte sie so gut ich konnte unter den Bäumen. Zum Glück hatten die meisten nur leichte Fleischwunden, die von Granatsplittern verursacht waren, oder litten an Gehirnerschütterung oder Schock. Nur ein Soldat war schwer verwundet, ein junger Mann mit flachsblondem Haar und blauen Augen. Seine inneren Verletzungen waren so schlimm, dass ich fürchtete, er würde nicht überleben. Ich zog meinen Mantel aus und deckte ihn damit zu, denn er bebte am ganzen Leib.

Es dauerte mehrere Stunden, bis der Mechaniker zurückkehrte. Sein Kittel war blutverschmiert, und seine Hände zitterten, als er die Lenkung des Humber reparierte.

Godou war extrem missmutig und raunzte mich an: »Los, bewegen Sie sich, wir müssen die Verwundeten zum vorgeschobenen Verbandsplatz schaffen, bevor es dunkel wird!«

Gerade als er in den Wagen steigen wollte, schlüpfte ich schnell an ihm vorbei und auf den Fahrersitz und sah ihm direkt in die Augen. »Von jetzt an fahre ich. Zumindest bis Damaskus, denn sonst wird dieser Wagen die Fahrt nicht überleben.« Wutschnaubend nahm er auf dem Beifahrersitz Platz.

In jenem trockenen, heißen Sommer wurden mehr als viertausend Männer getötet oder verwundet, von denen ich einige gut kannte. Jean Simon, den ich auf der *Neuralia* kennen gelernt hatte, erlitt im Garten von Damaskus einen Kopfschuss, wodurch er sein rechtes Auge verlor. Als ich ihn zur Behandlung ins Basiskrankenhaus fuhr, fragte er: »Sagen Sie mal ehrlich, La Miss, sehe ich sehr Furcht erregend aus?«

Ich lächelte. »Überhaupt nicht. Die Augenklappe steht Ihnen ausgezeichnet.«

John Hasey traf es noch schlimmer. Er wurde von vier Maschinengewehrsalven im Gesicht und am Oberkörper getroffen, die Kugeln rissen ihm den Unterkiefer samt Kehlkopf ab. Er war der erste Amerikaner, der im Kampf für Frankreich eine Kriegsverletzung davontrug, und General de Gaulle ernannte ihn zum Ehrenmitglied der Legion. Für ihn war der Krieg zu Ende, und sobald er transportfähig war, wurde er für eine Gesichtsoperation in die USA zurückgebracht.

Meine Träume von Abenteuer und Heldentaten wurden durch die ernüchternde Erkenntnis zerstört, dass ich ebenso wie meine Freunde jederzeit ums Leben kommen konnte. Die Bilder von Lotte, Simon und all den anderen Verwundeten und Verstümmelten, die ich gesehen hatte, gingen mir nicht mehr aus dem Kopf. In der syrischen Wüste wurde ich endlich erwachsen. Dort lernte ich, dass nichts so wertvoll ist wie das Leben selbst.

Die größte Angst hatte ich, wenn ich allein unterwegs war. Wenn ich mit dem alten Humber über die unwegsamen syrischen Straßen rumpelte, war es fast unmöglich, rechtzeitig zu hören, wenn die Bomber im Anflug waren. Meistens musste ich gleichzeitig die Straße und den Himmel im Auge behalten. Tag für Tag waren wir Bombardements ausgesetzt, und schon bald konnte ich die verschiedenen Flugzeugtypen an ihrem Motorengeräusch unterscheiden. Bei den schweren Vichy-Bombern und den großen deutschen Junkers war es ein tiefes Dröhnen, während die Stukas und die Messerschmitts sich durch ein schrilles Heulen ankündigten. Die Jagdbomber waren wegen ihrer Geschwindigkeit und ihrer Beweglichkeit eine viel größere Gefahr, aber alle Flugzeuge jagten einem Angst ein. Im Konvoi war es leichter, weil es dann genug Leute gab, die während der Fahrt den Himmel beobachten konnten.

Aber darauf konnte man sich nicht verlassen. Einmal, an einem sonnigen Tag im Frühjahr 1941, fuhr ich mit Dr. Godou und einer Abordnung der Streitkräfte des Freien Frankreichs durch das südliche Syrien. Ich merkte erst, dass wir uns mitten in einem Luftangriff befanden, als knapp fünfzig Meter vor mir, direkt neben einem Lastwagen, eine Bombe einschlug und einen Sandregen niedergehen ließ. Einen Augenblick zuvor war alles noch ganz normal gewesen, dann änderte sich der Anblick vor mir völlig, als unser Wagen zurückgeschleudert wurde. Die Explosion riss den Lastwagen an der Seite auf und kippte ihn in eine Düne. Soldaten und Ausrüstungsgegenstände purzelten aus dem zerstörten Fahrzeug, und viele der Männer bluteten. Aber wir hatten alle nur einen Gedanken.

Wo eine Bombe fiel, waren mindestens ein Dutzend weitere zu erwarten, und keiner von uns wollte noch einmal unverhofft erwischt werden. »Luftangriff!«, schrie jemand, wenn auch etwas spät, und sein Ruf riss uns aus unserem Schockzustand. Während wir aus unseren Fahrzeugen sprangen und so gut wir konnten in Deckung gingen, hörten wir zum ersten Mal das Dröhnen über unseren Köpfen und wussten sofort, dass es sich bei den tief fliegenden Angreifern um Messerschmitts handelte.

Der Humber war nicht hoch genug, um darunter zu kriechen, und als ich sah, wie ein zweiter Lastwagen weiter vorne im Konvoi getroffen wurde, entschied ich mich für einen Nachschubwagen, der ein Stück hinter mir von der Straße abgekommen und in die Dünen geraten war. Hastig kroch ich in den weichen Sand unter dem Fahrzeug, wo schon mehrere andere Schutz gesucht hatten, unter ihnen ein britischer Soldat. Atemlos drückte ich mich auf den Boden, die Arme schützend über dem Kopf, während um uns herum die Bomben einschlugen. Vor meiner Nase stoben kleine Sandwolken hoch, als die Bordschützen begannen, die Straße mit Maschinengewehrfeuer zu belegen. Dann fielen wieder Bomben, eine, zwei, drei, und dann eine neue Welle, eine, zwei. Eine dritte fiel diesmal nicht, und ich hob meinen Kopf, um zu lauschen.

Das Geräusch der Flugzeugmotoren wurde leiser. Die Flugzeuge entfernten sich, offenbar waren die Piloten zufrieden mit dem Schaden, den sie angerichtet hatten. Ich robbte unter dem Wagen hervor, rappelte mich auf, klopfte mir den Sand aus den Kleidern und sah mich hastig nach dem Humber um. Er wirkte unversehrt. Es standen jedoch mehrere Fahrzeuge in Flammen, und die Straße war übersät mit Toten und Verwundeten.

Während ich überlegte, wem ich zuerst zu Hilfe eilen sollte, entdeckte ich den Einzigen, der außer mir auf den Beinen war – ein großer, blonder Mann, der gleichzeitig mit mir unter einem Lastwagen hervorgekrochen war. Er stand nur wenige Meter von mir entfernt und war ebenso zerzaust wie ich, aber ich konnte trotzdem die gestickten Streifen an den Epauletten seines khakifarbenen Hemds erkennen.

Das konnte nur *le colonel* sein, Marie-Pierre Koenig, der neue Befehlshaber. Ich war ihm noch nie begegnet, aber selbst mit seiner schief sitzenden Mütze hatte er die Ausstrahlung eines Mannes, der es gewohnt ist, Befehle zu erteilen. Unsere Blicke trafen sich – er hatte graublaue Augen –, und wir sahen einander die Erleichterung über unsere Rettung an. Verblüfft über mich selbst, spürte ich, wie ich bei seinem Lächeln errötete.

Ich klopfte mir den restlichen Sand aus den Kleidern, schob mir eine Haarsträhne aus der Stirn und eilte auf einen der zerstörten Lastwagen zu, um zu sehen, was ich tun konnte. Der Oberst schaute mir einige Sekunden nach, dann ging er entschlossen zurück zu seinem Wagen, holte seinen Fahrer unter dem Wagen hervor und setzte seine Fahrt fort.

Die nächsten Tage gehörten zu den härtesten meines Lebens. Dr. Godou war der unerträglichste Mensch, der mir je begegnet war. Immer noch wütend, weil ich mich weigerte, ihm das Steuer zu überlassen, trieb er mich gnadenlos an. Da ich standhaft bleiben wollte, ließ ich es über mich ergehen. Wenn ich ihn nicht gerade über unwegsame Straßen hin und her kutschierte, musste ich Transportfahrten durchführen, wobei er mir völlig unsinnige Zeiten vorgab, in denen ich die Fahrten hätte erledigen müssen, und wenn ich zurückkehrte, verlangte er von mir, dass ich ihn sofort an irgendeinen weit entfernten Ort chauffierte.

Ich war vollkommen erschöpft. Selbst den Soldaten wurden längere Ruhepausen zugestanden als mir! Das Einzige, was mich aufrecht hielt, war meine Wut. Ich wusste, was Dr. Godou vorhatte. Er wollte mich solange antreiben, bis ich vor Erschöpfung aufgab, um dann sagen zu können: »Was hatten Sie denn erwartet? Das passiert halt, wenn eine Frau glaubt, sie könne Männerarbeit leisten.« Aber diese Genugtuung wollte ich ihm nicht gönnen.

Bei Morgengrauen ließ er mich antreten, scheuchte mich dann den ganzen Tag lang herum und sorgte dafür, dass wir erst nach Einbruch der Dunkelheit ins Lager zurückkehrten, denn er wusste, dass ich im Dunkeln ohne Licht im Schritttempo und mit vor Müdigkeit brennenden Augen über schwierige Straßen fahren musste, die mit Bombenkratern, Panzersperren und liegen gebliebenen Fahrzeugen übersät waren. Ich mochte zwar erschöpft sein, aber ich war auch ebenso stur wie er. Und ich beschwerte mich nicht ein einziges Mal, was ihn natürlich noch mehr erboste.

Gegen Ende des Sommers platzte ihm schließlich der Kragen. Eines frühen Morgens befahl er mir, auf dem Beifahrersitz Platz zu nehmen, dann fuhr er schweigend zum Hauptlager, das zwölf Kilometer von unserem Lager entfernt lag. Ich hatte keine Ahnung, was vor sich ging, und war so müde, dass es mich auch nicht kümmerte. Erschöpft wischte ich mir mit dem Handrücken den Schweiß von der Stirn und schlief schließlich ein.

Zwanzig Minuten später hielten wir abrupt vor dem Kommandozelt.

»Warten Sie hier!«, befahl er mir.

Ich tat, wie mir geheißen. Während ich bei offener Tür, ein Bein draußen, halb im Wagen saß, überlegte ich, wie lange der alte Humber noch durchhalten würde. Ich fühlte mich extrem unwohl.

Dr. Godou ließ nicht lange auf sich warten. Nach zehn Minuten kam er aus dem Zelt gestürmt wie ein Bär aus seiner Höhle. Er sah mich wütend an.

»Sie haben einen neuen Job«, sagte er. »Packen Sie Ihre Sachen und melden Sie sich im Hauptquartier.«

Ich sprang auf und fragte ihn, was er damit meinte.

»Nehmen Sie einfach Ihren Kram aus dem Wagen«, raunzte er. »Von jetzt an fahre ich selbst. *Adieu.*«

Damit stieg er ein, ließ den Motor an und ließ mir kaum Zeit, mein Werkzeug, meinen Koffer, meine Waffen und sonstigen Habseligkeiten aus dem Kofferraum zu holen. Dann verschwanden Dr. Godou und der gute alte Humber in einer riesigen Staubwolke.

Als ich mich, meine gesamten irdischen Besitztümer unter den Armen und gegen das Sonnenlicht blinzelnd, dem Kommandozelt näherte, trat ein großer Mann heraus und kam auf mich zu. »*Bonjour*«, sagte er höflich und reichte mir die Hand. »Colonel Marie-Pierre Koenig.« Ich erkannte ihn sofort. »Adjudant Travers, Sie sind meine neue Fahrerin.«

Ich ließ meine Habseligkeiten fallen und wischte mir die verschwitzten Hände an meinen Shorts ab, bevor ich ihm verdattert die Hand schüttelte. Es war der 17. Juni 1941.

Erst mehrere Tage später erfuhr ich, was vorgefallen war. Dr. Godou hatte sich direkt an den Oberst gewandt, um sich über mich zu beschweren, in der Hoffnung, dass ich gefeuert würde. »Sie ist der Aufgabe in keiner Weise gewachsen«, hatte er getobt. »Ich meine, sie ist schließlich nur eine Frau.«

Der Oberst hatte ihm schweigend zugehört, dann hatte er sich erhoben, um Godou zu bedeuten, dass seine außerplanmäßige Audienz beendet war. »Nun gut, wenn Sie das so sehen«, hatte er dem Doktor beschieden, »dann wird sie nicht länger für Sie arbeiten. Ich brauche einen Fahrer. Meiner ist gestern gefallen. Ich werde Sie von Ihrer Last befreien.«

Ich hatte noch nie einen Oberst gefahren und fühlte mich zutiefst geehrt. Alle Chauffeure der Offiziere waren Männer, und sie wurden äußerst respektvoll behandelt, weil sie die besten Jobs hatten. Stets mitten im Geschehen, waren sie für die Sicherheit ihrer Vorgesetzten verantwortlich. Sie mussten um jeden Preis dafür sorgen, dass ihre Passagiere am Leben und beweglich blieben. Ich war in den Nahen Osten gekommen, um Abenteuer zu erleben, und als neue Fahrerin des Obersten würde ich endlich bekommen, was ich mir gewünscht hatte. Er hatte den Ruf eines Mannes, der immer an vorderster Front dabei war, eines Offiziers, der seine Soldaten persönlich in die Schlacht führte. Ich war begeistert. Ich wünschte bloß, mir würde der Schädel nicht so dröhnen.

Die ersten Tage als Fahrerin des Obersten verbrachte ich damit, mich an seinen Wagen zu gewöhnen, einen schwerfälligen alten Humber 38 mit kaum funktionierenden Bremsen, aber mit einer Trikolore, die stolz auf der Kühlerhaube flatterte. Der ehemalige Fahrer des Obersten war von einer Granate getötet worden, als er leichtsinnigerweise im Garten von Damaskus Gemüse erntete – die Wagenschlüssel in der Hosentasche. Zusammen mit einem Mechaniker brachte ich eine Drahtvorrichtung an, um die Zündung meines Fahrzeugs kurzzuschließen – zwei Drähte, die unterhalb der Lenksäule aneinander gehalten werden mussten, um den Motor anzulassen. Solange ich dieses Fahrzeug fuhr, startete ich auf diese Weise den Motor.

Nachdem ich den Wagen wieder in Schuss gebracht hatte, fuhr ich den Oberst und seine Männer häufig nach Nazareth, wo das neue Hauptquartier eingerichtet worden war. Sneyd-Cox, der neue Verbindungsoffizier des Obersten, war mein häufigster Passagier. Die Fahrt nach Nazareth war lang, und die Straßen waren sehr staubig. Unablässig hörte ich meinen eigenen Puls in den Ohren und litt fürchterlichen Durst. Dabei lockte der See Genezareth mit einem wunderbar blauen und kühlen Wasser, und ich wäre am liebsten hineingesprungen. Von Nazareth selbst war ich enttäuscht. Schmutzig und staubig, mit Menschen und Fahrzeugen überfüllt, kam die Stadt mir vor wie eine einzige Ansammlung von windschiefen Häusern und Kirchen. An einigen Gebäuden im maurischen Stil war der türkische Einfluss noch erkennbar, und es gab mehrere beeindruckende britische Gebäude, doch im Großen und Ganzen sah man der Stadt an, dass sie über die Zeiten häufig den »Besitzer« gewechselt hatte.

Auf dem geschäftigen Basar kaufte ich ein paar Sachen für mich und Trauben und Melonen für den Oberst. Auf dem Rückweg gelangten wir an eine Brücke, die von australischen Soldaten bewacht wurde.

»Die Brücke wurde gerade erst vermint«, erklärte mir einer der Offiziere in seinem typischen Akzent. »Sie müssen sich sehr vorsehen. Oder wäre es Ihnen lieber, einen meiner Männer den Wagen über die Brücke fahren zu lassen?«

Ich schüttelte den Kopf. »Nein, danke«, erwiderte ich mit Nachdruck. »Ich habe Befehl, diesen Wagen von niemand anderem fahren zu lassen. Ich schaffe das schon.«

Wie von der Tarantel gestochen sprang Sneyd-Cox aus dem Humber und verkündete, er würde mich auf der anderen Seite erwarten. Ein australischer Unteroffizier ging vor mir her, während ich langsam über die Brücke fuhr, wo zwischen den Sandsäcken kaum genug Platz für meine Räder war. Mir brach der kalte Schweiß aus, und mein Herzrasen sagte mir, dass ich weit davon entfernt war, die Heldin zu sein, für die die Männer mich hielten.

Das Hauptquartier war nach den Bombardierungen verlegt worden, und als wir zurückkehrten, zeugten nur noch einige brennende Panzerwagen von dem einstigen Standort. Schließlich fanden wir das neue Hauptquartier in einer der Kreuzritterburgen. Wir erreichten es erst spätabends, weil wir im Dunkeln ohne Licht nur langsam vorankamen. Ich war todmüde und konnte nichts essen. Der Oberst sah mich an und bot mir sein Bett für die Nacht an.

Man hatte mir gesagt, dass der Oberst um fünf Uhr aufzustehen pflegte. Also war ich am nächsten Morgen um halb fünf auf den Beinen. Ich fühlte mich wie gerädert, doch ich machte den Wagen bereit und füllte den Tank mit Benzin. Ein Vorderreifen war platt, und ein paar englische Gentlemen halfen mir beim Reifenwechsel. Schließlich schlief ich im Auto ein. Um neun Uhr weckte man mich und befahl mir, zwei Stabsangehörige des Obersten nach Kissoue zu fahren. Dort angekommen, war ich wieder hundemüde, und beim Mittagessen brachte ich keinen Bissen herunter. Ich hoffte inständig, dass ich mir nicht irgendeine Krankheit eingefangen hatte.

Ich sagte mir, dass ich mich nach einem Bad sicherlich besser fühlen würde, und holte meine Segeltuchkonstruktion aus meinem Gepäck. Diese Notbadewanne und das Feldbett aus dem »Army and Navy«-Laden hatten mir während der letzten anderthalb Jahre regelrecht das Leben gerettet. Sie waren meine kostbarsten Besitztümer.

Die Badewanne wurde an einem simplen Gestell aufgehängt, dann konnte ich sie mit Hilfe eines Blechkanisters mit Wasser füllen, hineinsteigen und ein Bad nehmen. Alles, was ich brauchte, waren ein Stück Seife und ein wenig Privatsphäre. Auf der Suche nach einem stillen Plätzchen in der Burg öffnete ich eine Tür, die zu einem halb in Trümmern liegenden Stalltrakt führte. Etwa ein Dutzend dunkelhäutige Männer lagen auf dem Stroh bedeckten Boden und blinzelten mir entgegen, als ich durch die Tür lugte. Ich hielt sie für arabische Scouts oder Dolmetscher im Dienst der Legion und klatschte in die Hände, um sie auf den Hof zu vertreiben. Dann verriegelte ich die Tür, besorgte mir Wasser und nahm ein ausgiebiges Bad.

Frisch und sauber und in wesentlich besserer Verfassung schloss ich die Tür wieder auf und schlenderte in den Hof hinaus, die Haare immer noch nass, ein Handtuch um den Hals.

»Was zum Teufel ist in Sie gefahren?«, schrie ein Offizier mich an und kam wütend auf mich zu gestürmt. Hinter ihm saßen die Männer, die ich aus dem Stall vertrieben hatte, im Schneidersitz auf dem Boden.

»Ich habe ein Bad genommen«, erwiderte ich knapp und ging an ihm vorbei auf meinen Wagen zu.

»Sie hatten keine Befugnis, diese Männer freizulassen«, bellte der Offizier, während er, die Hände in die Hüften gestemmt, neben mir herlief.

Als ich die Männer betrachtete, wurde mir plötzlich klar, wer sie waren: italienische, französische und arabische Kriegsgefangene, für die der Stall als behelfsmäßiges Gefängnis gedient hatte. Zu meinem großen Glück waren sie viel zu erschöpft und hungrig gewesen, um davonzulaufen.

Als am 21. Juni Damaskus eingenommen wurde, bestand meine Aufgabe darin, den Oberst durch das Bekaa-Tal in die Stadt zu fahren, damit er an der Siegesparade teilnehmen konnte. Es war das erste Mal, dass ich ihn chauffieren musste, und angesichts der großen Verantwortung war ich schrecklich nervös.

Damaskus, die größte Stadt Syriens, wo sich die Grabstätten von Johannes dem Täufer und Saladin befinden, wurde seinem Ruf, eine der schönsten Städte zu sein, vollkommen gerecht: eine grüne Oase mitten in der Wüste. Obwohl ich mich nach wie vor angeschlagen fühlte, war die Fahrt durch die staubigen Straßen ein unvergessliches Erlebnis. Wir waren das dritte Fahrzeug in der Parade, gleich hinter General Catroux und seinen Männern, und wurden begleitet von der Kavallerie der Tscherkessen. Unsere Nachhut wurde von gepanzerten Fahrzeugen geschützt, und die Truppen marschierten durch die Straßen und riefen: »Wir sind gekommen, um die Schande der Kapitulation des Vichy-Regimes zu tilgen.«

Doch als wir in der Innenstadt ankamen, wurden wir mit eisigem Schweigen begrüßt. Die Leute hatten sich überall am Straßenrand versammelt, um uns zu sehen, doch sie standen da mit verschränkten Armen und langen Gesichtern. Für jene, die sich mit Vichy-Frankreich verbündet hatten, war die Parade alles andere als ein Triumphzug. Im Gegenteil, viele betrachteten uns immer noch als Verräter. Der Oberst sagte nichts, doch ich sah, wie sich seine Kiefermuskeln anspannten, als ihm klar wurde, dass man ihn und den General um ihren Triumphzug gebracht hatte.

Damaskus wurde für mehrere Wochen mein Zuhause, während der Oberst seine neue Rolle übernahm. Er organisierte die Truppen, die immer noch die Reste der Vichy-Streitkräfte bekämpften, und setzte sich mit deren Offizieren in Verbindung, um sie für unsere Seite zu gewinnen. Ich hatte nicht viel zu tun, außer die Offiziere herumzufahren und mich um den Wagen zu kümmern, und das war auch gut so, denn ich fühlte mich von Tag zu Tag schlechter. Ich hatte schreckliche Schmerzen, und ich wurde von einer Lethargie erfasst, die mich vollkommen überwältigte. Wann immer die Gelegenheit sich bot, legte ich mich hin, um zu schlafen, manchmal auf den Boden der Garage, in der ich den Wagen geparkt hatte. Das Essen fiel mir schwer, und wach zu bleiben noch mehr. Ich besorgte mir ein Mittel aus der Apotheke, aber es half nichts. Schließlich war ich so schwach, dass ich kaum noch in der Lage war zu fahren.

Am Ende, nachdem ich mich eine Nacht lang mit Bauchkrämpfen, Fieber und Kopfschmerzen geplagt hatte, gab ich mich geschlagen und fuhr ins Krankenhaus, um mir ein stärkeres Mittel zu besorgen.

»Ich brauche ein Medikament gegen Magenschmerzen«, erklärte ich ziemlich ungeduldig dem Arzt, nachdem ich eine Stunde hatte warten müssen.

Der Arzt sah mich an, schüttelte den Kopf und lachte. »Das wird Ihnen nicht viel nützen. Sehen Sie sich bloß mal an!« Er hielt mir einen Spiegel vor die Nase, der erste, den ich seit Monaten zu Gesicht bekam, und zeigte mir mein gelbes Gesicht. »Sie leiden an Gelbsucht, meine Liebe. Sie müssen sofort ins Krankenhaus.«

Nachdem ich auf eine Station in einem ehemaligen Vichy-Krankenhaus eingewiesen worden war, ließ ich mich auf das Bett fallen und wollte nie wieder aufstehen. Später wurde ich ins Spears-Hospital verlegt – ein wunderbares Gebäude mit weißen Wänden und blauen Decken –, wo die Ärzte eine schwere Hepatitis diagnostizierten. Es war meine erste schwere Erkrankung, seit ich nach Afrika gekommen war, obwohl Hunderte andere um mich herum aufgrund der mangelhaften sanitären Bedingungen und der schlechten Ernährung an Malaria, Ruhr oder Hepatitis erkrankt waren.

Man verordnete mir strenge Bettruhe, der ich mich aus Angst um meinen neuen Job zu widersetzen versuchte. Meine gelbe Haut und meine leuchtend gelben Augäpfel sagten mir, dass ich zweifellos schwer krank war, doch meine größte Sorge galt meiner Funktion beim Oberst. Ich rechnete jeden Augenblick damit, dass er einen anderen Fahrer einstellen würde, jemanden, der verlässlicher war, wahrscheinlich einen Mann. Jedes Mal, wenn mich jemand besuchen kam, erkundigte ich mich, ob der Oberst irgendetwas hätte für mich ausrichten lassen. Boris Nazaroff, mein erster Besucher, kam von einer anderen Station im selben Krankenhaus und hatte einen Riesenverband um den Kopf. Er war von Granatsplittern getroffen worden. Ich freute mich sehr, ihn zu sehen, aber die Neuigkeiten, die er mitbrachte, waren weniger ermutigend.

Er berichtete mir, dass die Streitkräfte des Freien Frankreichs unter dem Befehl von Amilakvari in schwere Gefechte verwickelt worden waren. Es hatte auf beiden Seiten enorme Verluste gegeben, und obwohl Damaskus gefallen war, machten die Italiener und die Vichy-Franzosen keine Anstalten, sich zu ergeben. Amilakvari hatte versucht, mit ihnen zu verhandeln, hatte mehrmals einen Waffenstillstand angeordnet und ohne Begleitung den Befehlshaber der feindlichen Streitkräfte aufgesucht, um ihn zur Vernunft zu bringen. Einmal hatten sich ein paar Vichy-Soldaten auf die Seite des Freien Frankreichs verirrt und, in der Annahme, sie befänden sich auf der richtigen Seite, nach dem Weg gefragt. Amilakvari hatte sie scharf zurechtgewiesen und sie gewarnt: »Sie werden in große Schwierigkeiten geraten, wenn Sie weitergehen.« Verblüfft darüber, dass sie einem legendären Befehlshaber des Freien Frankreichs gegenüberstanden, hatten sie sich auf der Stelle ergeben und die Seite gewechselt.

Bei einer Geschützstellung hatte Amilakvari einen schüchternen französischen Feldwebel angetroffen, der ihm erklärte, er habe Befehl, bis ein Uhr auszuharren. »Also gut«, erwiderte Amilakvari lächelnd. »Dann werden wir um zwei zurückkommen.«

Der Feldwebel, erleichtert darüber, dass er seinem Befehl nicht zuwiderhandeln musste und dass er genug Zeit haben würde, um mit seinen Männern den Rückzug anzutreten, bedankte sich bei dem galanten armenischen Prinzen.

Ich erfuhr auch, dass General de Gaulle sich in der Stadt aufhielt und einige Verwundete auf einer anderen Station im Krankenhaus besucht hatte. Oberst Koenig musste ihn begleitet haben, und dennoch hatte er sich nicht die Mühe gemacht, mich aufzusuchen. Ich fürchtete, dass er über meine Erkrankung so kurz nach Antritt meines neuen Jobs erbost war.

Der Arzt kam zweimal täglich zu mir und war sehr aufmerksam. Andere Freunde schauten vorbei, brachten Blumen, Schokolade (die ich nicht essen durfte) und die letzten Neuigkeiten. Während ich niedergeschlagen und schwach im Bett lag, fürchtete ich, dass meine Zeit an der Front vorüber war. Wenn die Streitkräfte des Freien Frankreichs und mit ihnen der Oberst nach Russland weiterrücken würden, so wie Boris es angedeutet hatte, würde ich wahrscheinlich wieder zum Sanitätsstab versetzt werden und den Rest des Krieges damit verbringen, schwere Ambulanzfahrzeuge durch Sanddünen zu manövrieren.

Ich warf mich verzweifelt im Bett herum, vergrub mein Gesicht im Kopfkissen und stöhnte.

9
Wein und Rosen

»Wer die Rose will, muss die Dornen achten.«

Persisches Sprichwort

Es war ein sonniger Morgen Ende Juni, und ich war seit einer Woche im Krankenhaus. Ich schaute gerade durch das kleine Fenster meines Zimmers zu den blauen Bergen in der Ferne hinüber und war ziemlich schläfrig, als es ganz leise an die Tür klopfte.

Als ich mich umdrehte, sah ich mit Erstaunen, dass Oberst Koenig die Tür öffnete. Er sah hinreißend aus in seiner Khaki-Uniform und wirkte alles andere als wütend.

»Darf ich eintreten?« Er sprach Englisch mit starkem französischem Akzent.

»Ja, ja, bitte, *entrez*«, sagte ich und setzte mich mühsam auf. Als er sah, wie schwach ich war, eilte er an mein Bett und schüttelte meine Kissen auf. Verlegen zog ich meine blaue Decke bis unters Kinn und bedankte mich.

»Wie geht es Ihnen?«, fragte er und setzte sich auf einen Stuhl vor dem Fenster. Auf seinem Schoß lag eine riesige Schachtel Pralinen mit einer roten Samtschleife.

»Es geht mir von Tag zu Tag besser«, versicherte ich ihm, doch mein hohlwangiges Gesicht strafte meine Worte Lügen. »Ich bin bestimmt bald wieder auf den Beinen. Ich brauche nur noch ein paar Tage Ruhe.«

»Machen Sie sich mal keine Sorgen«, sagte er. »Lassen Sie sich ruhig Zeit. Wir werden noch eine ganze Weile in Damaskus bleiben, und ich habe inzwischen, bis Sie wieder gesund sind, einen

Zivilisten als Fahrer eingestellt. Wir wollen doch nicht, dass Sie wieder krank werden, oder?«

Seine Worte munterten mich auf, doch ich konnte nur in meine Kissen zurücksinken, während ich bemerkte, dass sich die gelbe Farbe meiner Haut fahl auf dem weißen Kissen abzeichnete. Es folgte ein unbeholfenes Gespräch. Wir kannten einander kaum, und ich hatte ihn nur ein- oder zweimal gefahren. Außerdem war mir nicht nach Smalltalk, und als er merkte, wie sehr mich das Sprechen ermüdete, stand er auf und wollte sich verabschieden, doch dann fielen ihm die Pralinen wieder ein.

»Oh, die sind für Sie«, sagte er und reichte mir zögernd die Schachtel.

Nachdem er gegangen war, duftete es noch minutenlang im Zimmer nach seinem Rasierwasser und nach dem Leder seiner blank polierten Schuhe.

Ich lag da und überlegte, was sein Besuch zu bedeuten hatte. War es nur eine nette Geste? Jetzt, nachdem er gesehen hatte, wie krank und schwach ich war, war ihm vielleicht klar, dass ich nicht so schnell wieder gesund sein würde. Vielleicht würde er mich durch einen anderen Fahrer ersetzen.

Doch ich hätte mir keine Sorgen zu machen brauchen. Am selben Abend wurde ein riesiger Blumenstrauß an mein Bett gebracht. Auf der Karte stand nur: »Koenig«. Ich war sehr gerührt und wusste, dass mein Job nicht gefährdet war.

Während der nächsten beiden Wochen schickte der Oberst mir eine Reihe von Büchern, die er offenbar sorgfältig ausgewählt hatte, darunter Gedichtbände von Soldaten des Ersten Weltkriegs wie Wilfred Owen und Siegfried Sassoon. Ich weiß nicht, ob es daran lag, dass ich mich so elend fühlte, oder daran, dass mir die Grausamkeit des Krieges immer bewusster wurde, aber ihre traurigen Verse waren so ergreifend, dass mir oft die Tränen kamen. Ich fand es bemerkenswert, dass ein so kampferprobter Mann wie der Oberst so sensibel sein konnte.

Als mein Appetit wiederkehrte, wusste ich, dass ich auf dem Weg der Besserung war. Ständig hatte ich Hunger und konnte an nichts anderes denken als an Essen. Schließlich erlaubte man mir pro Tag ein kleines Stück Fleisch, und das stillte meinen Hunger ein wenig, aber nicht ausreichend. Ich konnte es kaum erwarten, endlich entlassen zu werden und ins nächste Restaurant zu gehen, um mich nach Herzenslust satt zu essen. Als er davon hörte, schickte der Oberst einen riesigen Korb mit frischem Obst. Der Korb wurde von seinem Burschen gebracht, der mir außerdem mitteilte, der Oberst würde mich später am Nachmittag besuchen.

Ich wusch mich, zog mir für die besondere Gelegenheit ein sauberes Nachthemd an und wartete den ganzen Tag. Als es endlich an der Tür klopfte, hatte ich die Hoffnung schon fast aufgegeben. Es war nicht der Oberst, sondern Rosie Curtis, die ich auf der *Westernland* kennen gelernt hatte, und die zusammen mit Nadine und mir in Brazzaville gewesen war. Sie war jetzt eine von den »Spearettes« und arbeitete auf einer anderen Station.

»Ich muss schon sagen, ich beneide Koenigs Fahrerin.« Mit großen Augen setzte sie sich auf das Fußende meines Betts und aß von den Trauben, die der Oberst mir geschickt hatte. »Das ist viel aufregender als im Krankenhaus Bettpfannen zu leeren.«

Dann klopfte es noch einmal. Es war Simpson, ein britischer Offizier, den ich in Brazzaville kennen gelernt hatte. Er brachte mir einen Blumenstrauß. »Rosen für eine Rose«, gurrte er, und Rosie und ich mussten laut lachen. Ich hoffte inständig, dass die beiden gehen würden, bevor der Oberst kam. Ich wollte nicht, dass Koenig den Engländer für meinen Liebhaber hielt oder dass er den Eindruck bekäme, dass ich zu viel Besuch hätte. Aber Simpson wirkte deprimiert. Er erzählte mir, ein guter Freund von ihm sei kürzlich während eines Gefechts gefallen, und ich brachte es nicht übers Herz, ihn fortzuschicken.

Der Oberst kam um acht, lange, nachdem Simpson gegangen war. Wieder brachte er mir Bücher und nochmals Blumen, und diesmal war unser Gespräch überhaupt nicht mehr unbeholfen. Wahrscheinlich war er ziemlich einsam und froh darüber, mit jemandem plaudern zu können, der nicht zum Militär und auch nicht zum selben Geschlecht gehörte. Je länger er blieb, umso entspannter wurde er. Hin und wieder lächelte er, und dann funkelten seine Augen. Er war aufmerksam und liebenswürdig, und wenn er wollte, konnte er der Charme in Person sein. Er erinnerte mich sehr an meinen Vater.

Plötzlich wurde mir bewusst, dass ich seit langer Zeit keinen Kontakt mehr zu meinen Eltern gehabt hatte, und ich schrieb meinem Vater einen Brief. »Ich war sehr krank, aber ich bin auf dem Weg der Besserung«, schrieb ich. »Ich habe einen neuen Job als Fahrerin des Obersten, und wenn ich aus dem Krankenhaus komme, hoffe ich, den Männern an der Front von größerem Nutzen sein zu können.« Dann erkundigte ich mich noch nach dem Wohlbefinden meiner Eltern, unterschrieb und klebte den Umschlag zu. Jetzt brauchte ich nur noch eine Briefmarke.

Während der folgenden Woche durfte ich immer häufiger das Bett verlassen, erst eine Stunde lang, dann zwei, und schließlich erlaubte man mir, den halben Tag lang aufzubleiben. Meine Ausgangserlaubnis nutzte ich um mit einem Taxi zum Hauptquartier zu fahren und in Erfahrung zu bringen, wann ich bezahlt werden würde (während meiner Krankenhauszeit war mein Sold aus irgendeinem Grund ausgeblieben). Mit Henry und Sneyd-Cox traf ich mich in der Krankenhauskantine zum Mittagessen, meiner ersten anständigen Mahlzeit seit Wochen. Aber meine Augen waren viel größer gewesen als mein Magen; von dem üppigen Essen wurde ich prompt wieder krank, sodass ich zwei Tage lang das Bett hüten musste.

Wieder schickte der Oberst mir einen wunderschönen Blumenstrauß, diesmal mit einer Karte: »Ich wünsche Ihnen gute Besserung und hoffe, dass Sie Ihre Arbeit als Fahrerin bald wieder aufnehmen können. Koenig.« Später an jenem Nachmittag kam er mich besuchen. Er war äußerst charmant und setzte sich auf meine Bettkante wie ein alter Freund.

»Sie sehen schon viel besser aus«, sagte er lächelnd. »Ihren Augen steht die weiße Umrandung viel besser als die gelbe.«

Ich musste über sein zweifelhaftes Kompliment lachen und errötete leicht. Es kam mir fast vor, als würde er um mich werben, und ich genoss seine Aufmerksamkeit in vollen Zügen.

»Wenn Sie wieder mehr bei Kräften sind«, fragte er leise, »würden Sie mir gestatten, Sie zum Dinner auszuführen?« Gerührt und mehr als nur ein wenig geschmeichelt, sagte ich sofort zu.

Nach drei weiteren Wochen durfte ich das Krankenhaus während einer Rekonvaleszenzzeit von acht Tagen fast täglich verlassen. Danach, so wurde mir erklärt, sei es mir gestattet, wieder leichte Arbeit zu verrichten. Ich konnte es kaum erwarten, meinen Job endlich wieder aufzunehmen. Der Oberst war mir so sympathisch – mehr als ich es mir je hätte träumen lassen –, und ich freute mich darauf, für ihn zu arbeiten.

Als Erstes vergewisserte ich mich, dass der Wagen noch aus einem Stück bestand. Zu meinem Entsetzen musste ich allerdings feststellen, dass der Humber zwar noch in Ordnung, aber mein Werkzeug – über die Jahre erbettelt, geliehen und gestohlen – verschwunden war. Völlig aufgebracht marschierte ich schnurstracks zum Hauptquartier, um mich beim Oberst zu beschweren, erhielt jedoch die Auskunft, er sei beschäftigt. Also lief ich zur Werkstatt, wandte mich an den Dienst habenden Unteroffizier und verlangte, dass man mir mein Werkzeug auf der Stelle wiedergab.

»Selbstverständlich, *Madame*«, erwiderte er höflich und langte in einen mit einem Vorhängeschloss versehenen Schrank. »Ich habe es für Sie in Sicherheit gebracht, damit es nicht gestohlen würde.« Ich errötete vor Scham, bedankte mich bei dem Mann und schlich zurück in mein Krankenhausbett.

Am nächsten Tag ging ich auf den Basar, suchte einen Schneider auf und bestellte eine neue Uniform, zwei Röcke und drei Blusen in Khaki. Die neue Ausstattung kostete mich etwas mehr als vier Pfund, was mir wie ein Vermögen vorkam (ich verdiente knapp fünf Schilling pro Tag). Eine Baskenmütze konnte ich nirgendwo auftreiben. Aber ich ging zum Frisör und ließ mir mein inzwischen ziemlich struppiges Haar wie üblich zu einem Pagenkopf schneiden. Jetzt fühlte ich mich schon wesentlich wohler und ordentlich genug, um dem Oberst unter die Augen zu treten, und kehrte ins Krankenhaus zurück, um mich auszuruhen. Dort erwartete mich ein Brief von meinen Eltern, der vier Monate zuvor abgeschickt worden war.

Die Nachrichten aus England machten mir bewusst, wie sehr sich alles änderte. Mein Vater schrieb mir, dass Ernest Bevin, der Arbeitsminister, über 100 000 Frauen zur Arbeit in den Fabriken gerufen hatte, während die Männer im Kriegsdienst waren. In einer riesigen Mobilmachungskampagne wurden alle Frauen zwischen zwanzig und dreißig verpflichtet, sich registrieren zu lassen. In den Fabriken der Rüstungsindustrie wurde rund um die Uhr gearbeitet, und Frauen wurden an den Fließbändern gebraucht, wo sie die Männer ersetzten, die früher dort beschäftigt gewesen waren.

»Sie lassen mich nach wie vor nicht an die Front«, beschwerte sich mein Vater. »Das wehrpflichtige Alter wurde auf zweiundvierzig heraufgesetzt, aber bei meinem Alter werde ich wohl nie eine Chance haben.« Meine Mutter hatte ein paar Zeilen in ihrer zittrigen, winzigen Handschrift hinzugefügt: Laurence sei sehr beschäftigt, und sie hoffe, ich bekäme genug zu essen. Manche Dinge ändern sich nie.

Am 7. Juli wurde ich endlich aus dem Krankenhaus entlassen. Während ich meinen Koffer packte, wurde ein riesiger Strauß weißer Rosen gebracht. Auch diesmal stand auf der beigefügten Karte nur »Koenig«.

Lady Spears war gekommen, um sich zu verabschieden, und war noch in meinem Zimmer, als die Blumen geliefert wurden. Sie staunte nicht schlecht.

»Meine Güte«, sagte sie mit ihrem weichen amerikanischen Akzent und konnte sich ein Lächeln kaum verkneifen. »Ich würde sagen, diese Blumen sehen eher aus wie ein Strauß, den ein Mann seiner Frau zum Hochzeitstag überreicht, als wie das Geschenk eines Arbeitgebers an seine Chauffeurin.«

Ich mochte Lady Spears außerordentlich gern.

Dann traf der Oberst selbst in einem riesigen schwarzen Taxi ein. Nachdem ich meine Sachen in meiner neuen Unterkunft, dem Orient Palace Hotel, abgestellt hatte, fuhr er mit mir zum Mittagessen im örtlichen Club. Das Essen war vorzüglich; Koenig war überaus charmant und, wie ich wieder einmal feststellen musste, äußerst attraktiv.

»Vielen Dank für die Rosen«, sagte ich. »Sie sind wunderschön. Ich liebe Blumen.«

»Dann sollten Sie immer von Blumen umgeben sein, meine Liebe«, erwiderte er und drückte meine Hand. Nach dem Essen machten wir einen kleinen Spaziergang, plauderten über das Wetter, gemeinsame Vorlieben und Abneigungen. Als ich schließlich ins Bett ging, war ich völlig erschöpft von meinem ersten Tag auf den Beinen, aber in meinem Kopf drehte sich alles, und mein Herz klopfte wie das eines Schulmädchens. So hatte ich mich noch nie in meinem Leben gefühlt.

Die nächsten Tage verbrachte ich damit, den Wagen in Ordnung zu bringen, und hin und wieder abends mit Freunden auszugehen. Simpson legte sich schwer ins Zeug und warb beharrlich um mich, obwohl ich ihn immer wieder abblitzen ließ. Ich fühlte mich immer noch geschwächt und konnte nicht viel trinken, und es war mir viel wichtiger, mich auszuruhen.

Als ich auf den Basar ging, um meine neue Uniform abzuholen, musste ich feststellen, dass der Markt nach einem Tumult, in den ein paar betrunkene Australier verwickelt gewesen waren, geschlossen worden war. Also fuhr ich stattdessen mit einem Taxi zur Moschee und war beeindruckt von dem wunderschönen Gebäude, von den kunstvollen Steinmetzarbeiten und den türkisfarbenen Fliesen. Ich brachte meine Schrotflinte (sie war mir während einer Krokodiljagd in der Nähe von Brazzaville geschenkt worden) zu einem Waffenschmied, bat ihn, sie zu reinigen und mir Munition zu besorgen. Er versprach mir außerdem, mir einen Lederkoffer für die Flinte anzufertigen. Als ich zum Basar zurückkehrte, hatte er wieder geöffnet, und ich verbrachte einen angenehmen Nachmittag dort, vor allem bewunderte ich die schönen Seidenstoffe. Für ein Pfund erstand ich eine dunkelrote Baskenmütze, ließ mich beinahe dazu hinreißen, mir ein Stück teuren, grünen Brokat zu kaufen, doch dann entschloss ich mich, zwei seidene Schlafanzüge zu bestellen. Meine Uniform war fertig. Sie stand mir gut, trotz der blassen Farbe. Auch dass ich während der Krankheit sehr abgenommen hatte, bekam mir gut.

Einige Tage später erhielt der Oberst neue Befehle. Das Hauptquartier wurde nach Beirut verlegt, und das bedeutete, dass auch er abrücken musste. Es bestand Hoffnung auf einen Waffenstillstand mit den Vichy-Franzosen, und er sollte als Delegierter des Freien Frankreichs einer der Chef-Unterhändler sein. Um die guten Neuigkeiten zu feiern, lud er mich zusammen mit Henry und Sneyd-Cox zum Mittagessen bei der Legion ein. Es tat gut, die Legionäre wieder zu sehen, auch wenn Amilakvari fürchterlich schlecht gelaunt war. Ich fragte mich, ob es etwas damit zu tun haben mochte, dass der Oberst mir gegenüber so aufmerksam war.

Auf dem Heimweg ging ich noch einmal über den Basar, kaufte, einer spontanen Eingebung folgend, den grünen Brokat und beauftragte einen Schneider, mir eine Dschellaba, ein langes Kleid im arabischen Stil, zu nähen. Später schalt ich mich innerlich für meine Extravaganz und fragte mich, wann ich wohl je Gelegenheit haben würde, die Dschellaba zu tragen.

Mitte Juli wurde zwischen den Krieg führenden Franzosen ein Waffenstillstand ausgerufen. Oberst Koenig war in das Waffenstillstandskommitee in Akko berufen worden, als Verbindungsoffizier für General Georges Catroux, den Oberbefehlshaber. Ihn in Damaskus herumzufahren, war bereits eine große Ehre für mich gewesen, aber ihn auf einer solchen historischen Mission zu begleiten, war wirklich aufregend. Außerdem freute ich mich über die Gelegenheit, meine Fähigkeiten als Fahrerin unter Beweis stellen zu können. Ich hatte mich inzwischen mit dem Wagen vertraut gemacht und kam sogar mit dem schwergängigen Gaspedal und den schlechten Bremsen zurecht. Aber der Oberst war viel zu sehr mit seinen Papieren beschäftigt, um meinen Fahrkünsten Beachtung zu schenken. Es sollte eine ganze Weile dauern, ehe ich begriff, dass ich es nicht nötig hatte, ihn zu beeindrucken.

Während jener ersten Tage beobachtete ich ihn oft aus den Augenwinkeln und versuchte einzuschätzen, was er für ein Mensch war. Groß und aufrecht, mit blaugrauen Augen und einem Schnurrbart wirkte er eher beeindruckend als gut aussehend. Er war Anfang vierzig, elf Jahre älter als ich, und aus der Nähe sah man, dass sich in seinem Haar die ersten Spuren von Grau bemerkbar machten. Jetzt, da ich nicht mehr in meinem Krankenhausbett lag, war sein Verhalten mir gegenüber eher dienstlich, ja manchmal geradezu steif und förmlich. Andererseits, sagte ich mir wehmütig, war er von seinen diplomatischen Aufgaben voll in Anspruch genommen, und eine hohe Verantwortung lastete auf ihm. Außerdem hatte er, selbst als er mir Blumen geschickt hatte, mit nichts weiter als »Koenig« unterzeichnet. Ich kam zu dem Schluss, dass der Oberst ein Mann war, der nicht viel von sich preisgab.

Eine knappe Woche nach meiner Entlassung aus dem Krankenhaus holte ich ihn an seinem Hotel ab. Wie üblich nahm er fast ohne ein Wort neben mir Platz und war sogleich in seine Papiere vertieft. Schweigend fuhren wir über die Bergstraße nach Beirut. Während ich die spektakuläre Landschaft bewunderte, die sich auf unserer Fahrt darbot, beglückwünschte ich mich insgeheim dazu, dass ich so einen einmaligen Job ergattert hatte.

Schließlich brach der Oberst das Schweigen. »Wie werden Sie von den Leuten genannt?«, fragte er, ohne von seinen Papieren aufzublicken. »Ich meine, von denjenigen, die Sie gut kennen.«

Den Blick auf die Straße geheftet, erwiderte ich: »Diejenigen, die mich nicht gut kennen, Sir, nennen mich Adjudant Travers.« Dann fügte ich lächelnd hinzu: »Aber die, die mich besser kennen, nennen mich La Miss.«

Der Oberst hob den Kopf und sah mich ernst an. Ich fürchtete schon, ich hätte zu viel gesagt.

»Also gut, Adjudant Travers«, sagte er dann. »Da ich Sie zweifellos in den vor uns liegenden langen Monaten besser kennen lernen werde, werde ich Sie La Miss nennen.«

Und schon war er wieder in die Dokumente auf seinem Schoß vertieft.

Später an jenem Abend quartierten wir uns in einem Hotel in Akko ein, und ich ging früh zu Bett. Obwohl ich von der langen Fahrt erschöpft war, fand ich dennoch keinen Schlaf. Nicht zum ersten Mal dachte ich darüber nach, wie dünn der Faden ist, an dem das Schicksal hängt. Wenn Dr. Lotte nicht verwundet worden wäre, wenn Dr. Godou mich nicht abgelehnt hätte und Koenig nicht befördert worden wäre, dann wäre mir diese Aufgabe nie zuteil geworden, und ich würde mich nicht in der Gesellschaft eines Mannes befinden, der mich ungemein inspirierte. Schließlich schlief ich lächelnd ein.

Am folgenden Morgen fuhr ich den Oberst zu der Waffenstillstandskommission und verbrachte den ganzen Tag mit Warten. Ich ergriff die Gelegenheit, um die Zündkerzen zu reinigen und den Anlasser zu überprüfen. Am Abend, während der Rückfahrt nach Beirut, war Koenig sehr still und nachdenklich. Ich fragte mich, ob die Verhandlungen vielleicht schlecht gelaufen waren. Nach einigen Minuten des Schweigens bemerkte ich jedoch, dass er mich beobachtete. Sein Blick machte mich schrecklich befangen, ich richtete mich auf und konzentrierte mich darauf, sanft zu schalten und Schlaglöcher möglichst zu vermeiden.

»Würden Sie heute Abend mit mir essen gehen, La Miss?«, fragte er plötzlich. Seine Stimme klang so sanft wie noch nie. »Nur wir beide?«

Ich sah ihn an, um mich zu vergewissern, dass er es ernst meinte. »Ja, Sir«, erwiderte ich ohne zu zögern. »*Merci, Monsieur.*«

Mehr wurde nicht gesprochen. Schon lange hatte ich gehofft, mehr von der weicheren Seite dieses Mannes kennen zu lernen, der auf meiner Bettkante gesessen und mir Gedichte vorgelesen hatte; die andere Seite des Staatsmannes und Soldaten, der meistens mit seinem Kriegshandwerk beschäftigt war. Ich wünschte mir, seine Freundin zu sein, seine Vertraute. Von Anfang an hatte ich gespürt, dass er ein Befehlshaber war, der einen Verbündeten brauchte, und hoffte, diejenige zu sein, an die er sich wenden würde.

Nachdem wir uns ein kleines Hotel am Strand von Beirut gesucht hatten, beeilte ich mich, auf mein Zimmer zu kommen. Nach einem ausgiebigen heißen Bad zog ich statt der üblichen Shorts einen meiner neuen Röcke an, frisierte mich und ging in den Speisesaal, wo der Oberst mich bereits erwartete. Als ich ankam, erhob er sich und reichte mir die Hand. Bei gutem Wein und vorzüglich zubereiteten Krabben erkundigte er sich nach meinem Leben vor dem Krieg und ließ sich von mir über meine Zeit in Finnland und im Kongo berichten. Er hörte sich Geschichten aus meiner Kindheit an, über die militärische Karriere meines Vaters, unseren Umzug nach Frankreich und meine von Tennis, Dinnerpartys und Reisen geprägte Jugend.

Als ich es jedoch wagte, selbst einige Fragen zu stellen, war er sehr zögerlich mit seiner Auskunft. Er war sechzehn gewesen, als der Erste Weltkrieg ausbrach, erzählte er mir. Da hatte er das College verlassen und bei der Infanterie gedient, wo er einen militärischen Orden verliehen bekam. Anstatt sein Studium wieder aufzunehmen, war er nach dem Krieg bei der Armee geblieben und hatte einen Teil seiner Dienstzeit in den Alpen und in Marokko verbracht. Als der Zweite Weltkrieg ausbrach, hatte er die 13. Halbbrigade der Fremdenlegion in Norwegen in die Schlacht von Narvik geführt, nicht weit von der Gegend entfernt, wo ich mich während der ersten Kriegsmonate aufgehalten hatte. Aufgrund seines Erfolgs in Norwegen war er befördert worden, worüber seine Frau sehr erfreut war. Doch nachdem Frankreich kapituliert hatte, war er zusammen mit sechs Freunden auf einem Fischkutter von Jersey aus nach England geflohen, um sich de Gaulles Streitkräften anzuschließen. Auf der *Pennland*, dem Schwesterschiff der *Westernland*, war er am selben Tag wie ich zusammen mit der 13. Halbbrigade nach Französisch Afrika aufgebrochen. Seine »Desertion« zu den Streitkräften des Freien Frankreichs hatte Madame Koenig ihm sehr übel genommen, nicht zuletzt, weil das bedeutete, dass ihr Mann offiziell als Verräter gebrandmarkt war.

»Haben Sie Kinder?«, erkundigte ich mich höflich, als er seine Frau erwähnte.

»Nein«, erwiderte er nach kurzem Zögern. »Jedenfalls keine eigenen; meine Frau hat Kinder aus erster Ehe.«

»Erzählen Sie mir von Ihrer Frau?«, fragte ich, erkannte jedoch sogleich an seinem Stirnrunzeln, dass ich womöglich zu weit gegangen war. Ich spielte mit meinem Glas, während ich auf seine Antwort wartete.

Eine Zeit lang herrschte verlegenes Schweigen. Als er schließlich zu sprechen begann, klang er reserviert. »Wohlhabend, gute Beziehungen. Eine Aristokratin«, sagte er, während sein Blick in die Ferne ging. »Manchmal übertrieben besorgt und übertrieben ehrgeizig, was meine Karriere betrifft.«

Jedes Mal, wenn er von seiner Frau sprach, verdüsterte sich sein Gesicht. Aber er war zu sehr Soldat, um mehr preiszugeben. Ganz der Politiker, wählte er seine Worte sehr bedächtig und lenkte das Gespräch stets auf ein anderes Thema, wenn ich allzu persönliche Dinge ansprach. Im Bewusstsein, dass er mein Arbeitgeber und nicht mein Freund war, drängte ich ihn nicht.

Nachdem wir unseren Nachtisch eingenommen und Wein und Kaffee ausgetrunken hatten, schüttelten wir uns zum Abschied in der Hotelhalle die Hände und gingen in unsere Zimmer. Als ich die Tür hinter mir schloss, fühlte ich mich so wohl und zufrieden wie lange nicht mehr. Je mehr ich Koenig kennen lernte, umso mehr mochte ich ihn. Unter seiner wohlerzogenen, hochgebildeten und etwas unnahbaren äußeren Schale verbarg sich ein Mann, der wohl etwas traurig und einsam war und der es nicht gewohnt war, über seine Gefühle zu sprechen.

Ein- oder zweimal hatte ich miterlebt, wie er seinen Untergebenen gegenüber die Geduld verlor, und ich wusste, dass er manchmal schroff und sogar hartherzig sein konnte, aber ich glaubte nicht, dass eine Absicht dahinter steckte. Ich hatte das Gefühl, dass solche Ausbrüche eher das Ergebnis von Frustration und innerer Unzufriedenheit waren. Zweifellos lastete das ganze Kriegsgeschehen mit der Verantwortung schwer auf ihm. Aber er hatte noch eine andere, eine weichere Seite, die mich auf eine ganz besondere Weise anzog.

Gerade wollte ich mich ausziehen, als ich ein leises Klopfen an der Tür hörte. Ich öffnete, und zu meiner großen Überraschung stand der Oberst vor mir, mit einem Gesichtsausdruck, den ich nur zu gut kannte. Unwillkürlich musste ich an mein Hotelzimmer in Rom denken, wo Hannibal eines Nachts mit einer Flasche Champagner und zwei Gläsern vor meiner Tür erschienen war. Der Oberst kam mit leeren Händen, doch er hegte eindeutig dieselben Absichten.

Er trat ein, zog mich an sich, während er gleichzeitig die Tür schloss, und küsste mich leidenschaftlich. Ich war mehr als verdattert und schob ihn von mir weg.

»Ich fürchte, d-damit habe ich nicht gerechnet«, stotterte ich. »Sie-Sie haben mich ziemlich überrumpelt, Sir.«

Die Enttäuschung muss mir ins Gesicht geschrieben gewesen sein. Ich hatte wohl etwas anderes von ihm erwartet. Ich wünschte mir so sehr, dass er anders war die anderen vor ihm.

Als er meine Reaktion bemerkte, nahm der Oberst meine Hand und entschuldigte sich. »Es tut mir so Leid, meine Liebe«, sagte er. »Ich dachte, wir würden einander verstehen. Ich dachte, Sie hätten das auch gewollt.« Wieder trat er auf mich zu und begann, mich zärtlich zu küssen und zu streicheln.

Ich überlegte krampfhaft, was das für meinen Job bedeuten würde, holte tief Luft und schob ihn sanft von mir weg. »I-ich weiß nicht, ob das recht ist. I-ich meine, wenn es Ihnen nichts ausmacht, Sir, würde ich gerne noch ein wenig darüber nachdenken.«

Koenig sah mich an. Sein Gesicht war voller Verwirrung, und ich schalt mich innerlich für meine unbeabsichtigte Direktheit. Ja, ich fand ihn attraktiv, und ich hatte gewiss davon geträumt, dass unser Arbeitsverhältnis sich zu einer tieferen Beziehung entwickeln könnte. Aber alles würde fürchterlich kompliziert werden, wenn wir ein Liebespaar würden. Außerdem wollte ich, dass der Oberst mich in erster Linie wegen meiner Kameradschaft und meiner Fahrkünste schätzte und dachte, deswegen hätte er mich überhaupt eingestellt. Jetzt fragte ich mich, ob ich vielleicht einfach naiv gewesen war.

Nochmals unternahm er einen Versuch, mich zu verführen, doch ich blieb standhaft. Nicht, dass ich etwas dagegen gehabt hätte, mich von ihm verführen zu lassen, und dennoch spürte ich, dass es besser war, nichts zu überstürzen, so wie ich es bisher immer getan hatte, meistens mit katastrophalen Folgen.

Endlich gab er auf, nahm seufzend seine Mütze, verabschiedete sich und schloss leise die Tür. Da stand ich zerzaust und zitternd mitten in meinem Zimmer. Was in aller Welt sollte ich jetzt tun?

Die nächsten Tage zählten zu den längsten meines Lebens. Der Oberst erwähnte die Ereignisse jenes schicksalhaften Abends mit keinem Wort, und auch ich sagte nichts dazu. Unsere Gespräche drehten sich nur um dienstliche Dinge, stets in höflichem Ton, aber es gab keine weiteren freundlichen Gesten. Während er an den Verhandlungen teilnahm, erfüllte ich meine Pflichten als Fahrerin so gewissenhaft und professionell wie möglich, wenn ich auch nicht umhin konnte, mir die ganze Zeit darüber Gedanken zu machen, wann er den nächsten Schritt tun würde.

Ich befand mich in einer sehr schwierigen Situation. Es konnte keine Rede davon sein, dass ich mich nicht zu ihm hingezogen fühlte – das Gegenteil war der Fall –, es war einfach nicht das, was ich erwartet hatte, als man mir den Job anbot. Obwohl ich derselben gesellschaftlichen Klasse angehörte und in ähnlichen Kreisen wie er gelebt hatte, so war er doch mein Vorgesetzter und ich nur seine Chauffeurin. Meine Zeit bei der Armee war mir gut bekommen. Ich wusste, wo ich hingehörte, und nach all den oberflächlichen Jahren meiner Jugend, als ich mich nirgendwo wirklich zu Hause gefühlt hatte, tat es mir gut, meinen Platz gefunden zu haben. Und jetzt kam der Oberst und drohte, alles durcheinander zu bringen.

Irgendwie fühlte ich mich zu einer Beziehung genötigt, die eigentlich nur im Liebeskummer enden konnte. Er war nicht nur mein Vorgesetzter, sondern außerdem verheiratet. Zum ersten Mal in meinem Leben als Erwachsene hatte ich mich daran gewöhnt, allein zu leben, und war nicht mehr bereit, mit jedem Mann ins Bett zu hüpfen. Wenn ich das nächste Mal mit einem Mann schlief, dann sollte es etwas Ernstes sein. Ich wollte lieben und geliebt werden. Irgendetwas sagte mir, dass der Oberst ein ganz besonderer Mensch war; dass er ein Mann war, der meine Träume wahr werden lassen konnte. Aber wenn er derjenige sein sollte, dann wollte ich mich für ihn entscheiden, wenn ich so weit war und auf meine Weise, und mich nicht zwischen Tür und Angel bedrängen zu lassen.

Mit der Zeit stellte ich fest, dass Koenigs Reaktion auf Enttäuschung darin bestand, introvertiert und schroff zu werden. Wohl war er auch zuvor schon sehr direkt gewesen, und ich hatte mich daran gewöhnt, dass er manchmal ziemlich rau und egozentrisch sein konnte. Doch nun kehrte er in der Öffentlichkeit deutlich den Offizier heraus und behandelte mich wie seine Chauffeurin. Privat war er zwar weniger hart, doch auch dann ließ er mich spüren, dass ich seine Untergebene war. Wir wussten beide, dass ich, wenn ich ihn abwies, nicht nur ihn, sondern auch den Job verlieren würde, den ich so sehr liebte.

Am fünften Tag nach jenem peinlichen Erlebnis befahl er mir, ihn nach Beirut zu fahren, wo er an weiteren Verhandlungen teilnehmen musste. Während der Fahrt herrschte eisiges Schweigen. Er tat so, als würde er seine Papiere studieren, doch schaute er immer wieder zu mir herüber, was mich fürchterlich nervös machte. Als wir unser Ziel erreichten, stieg er seufzend aus und schlug die Tür hinter sich zu.

Ich wartete wie immer draußen und bewaffnete mich mit einem Stock, um die verdreckten Straßenkinder zu vertreiben, die versuchten, Teile von meinem Wagen abzureißen. Als der Oberst mehrere Stunden später aus dem Gebäude trat, wirkte er müde und frustriert.

»Zum Hotel«, raunzte er und stieg ein.

Ich ließ den Motor an, fuhr jedoch noch nicht los, sondern schluckte schwer und fragte ängstlich: »Welches Hotel, Sir?« Er hatte vergessen, es mir zu sagen.

Sein Blick wurde weicher, als er mein furchtsames Gesicht sah.

»Wir übernachten heute im Sash d'Orange.« Er ließ einen Augenblick verstreichen. »Es ist ein sehr schönes Hotel mit Blick auf das Meer. Es wird Ihnen gefallen.«

Ich schaute ihn seufzend an und hoffte, dass dies das Ende der Verlegenheit zwischen uns bedeutete. Ich wünschte mir so sehr, gut mit ihm auszukommen. »Vielen Dank, Sir«, sagte ich lächelnd. »Es wird mir bestimmt gefallen.«

Er hatte Recht – das Hotel war wunderschön. Auf der Veranda bewunderte ich den rotgoldenen Sonnenuntergang über dem Meer, während er die Zimmer für uns buchte. Ich drehte mich um und betrachtete ihn, wie er in seiner Khaki-Uniform an der Rezeption stand und die Anmeldeformulare ausfüllte. Er war eine eindrucksvolle Erscheinung, sagte ich mir. Ein Oberst war zweifellos eine gute Partie – vielleicht hatte ich ihn zu voreilig abgewiesen.

Nachdem er mir in der Hotelhalle eine gute Nacht gewünscht hatte, ging er zu seinem Zimmer hinauf. Ich sah ihm sehnsüchtig nach. Wie schön es wäre, heute Nacht in seinen Armen zu liegen. Seit Amilakvari hatte ich mich nie wieder so sehr zu einem Mann hingezogen gefühlt. Schweren Herzens holte ich meinen Zimmerschlüssel und ging allein auf mein Zimmer.

Auf dem kleinen Tisch in der Mitte des Zimmers stand ein riesiger Strauß weißer Rosen. Der Gruß auf der Begleitkarte lautete: »Koenig«.

Eine Stunde später erschien er an meiner Tür.

»Das geht jetzt lange genug«, war alles, was er sagte, als er ins Zimmer trat und die Tür hinter sich verriegelte. Mit leuchtenden Augen schaute er mich an und strich mir mit einer Hand durch das Haar. Als ich seine Berührung spürte und seinen Duft einatmete, wusste ich, dass ich ihm nicht länger widerstehen konnte. Als unsere Lippen sich berührten, tat es mir fast Leid, dass ich es nicht früher zugelassen hatte.

Als hätte er meine Gedanken gelesen, küsste er mich auf die Stirn und nahm mein Gesicht in beide Hände. »Du hast nichts zu befürchten«, sagte er leise.

Schweigend strich ich ihm mit einem Finger über die Lippen.

An jenem Abend schliefen wir zum ersten Mal miteinander. Er war sanft und zärtlich, beinahe schüchtern. Er schien wohl meine

Zurückhaltung zu spüren und schaute mir immer wieder in die Augen, um sich zu vergewissern, dass ich mich wohl fühlte. Auf seltsame Weise war ich gerührt. Während ich meine Tränen fortblinzelte, gab ich mich seinen Liebkosungen hin und entspannte mich. Nach mehreren Stunden schliefen wir eng umschlungen ein. Im Morgengrauen spürte ich, dass er aufwachte. Er küsste sanft meine nackte Schulter, schlüpfte aus dem Bett, zog sich an und schlich aus meinem Zimmer, ohne ein Wort zu sagen. Ich lag da, starrte an die Decke und bemühte mich, nicht zu weinen.

Später an jenem Tag wurde zwischen Vichy-Frankreich und dem Freien Frankreich in Syrien ein Waffenstillstandsabkommen unterzeichnet. Nach den Bedingungen des Vertrags hatten die Vichy-Legionäre der Syrischen Garnison – diejenigen, die nicht verwundet waren oder bereits aus den Kriegsgefangenenlagern zu den Streitkräften des Freien Frankreichs übergelaufen waren – die Wahl, entweder nach Frankreich zurückzukehren oder sich der 13. Halbbrigade anzuschließen.

Diese *séance d'option*, bei der die Vichy-Soldaten offziell ihre Entscheidung bekannt geben mussten, wurde einen Monat später auf einem großen Platz außerhalb von Beirut mitten im Lager des Freien Frankreichs abgehalten. In brütender Hitze und in Gegenwart de Sairignés und anderer Offiziere forderte Oberst Koenig die Vichy-Soldaten auf, einer nach dem anderen durch eine Tür zu gehen und rechts abzubiegen, wenn sie sich der 13. Halbbrigade anschließen, und links, wenn sie nach Frankreich zurückkehren und dort das Ende des Krieges abwarten wollten. Die Aversionen gegen das Freie Frankreich waren so groß, dass sich alle bis auf einen entschlossen, nach Hause zu fahren. Diese hartnäckigen Anhänger des Vichy-Regimes erklärten, sich der 13. Halbbrigade anzuschließen, würde bedeuten, »die Leichname ihrer Kriegskameraden mit Füßen zu treten«. Der Oberst war zutiefst enttäuscht.

In meiner Beziehung zu ihm, die über die nächsten Monate hinweg immer tiefer wurde, gab es jedoch keinerlei Enttäuschungen. Es war wunderbar, jede Nacht ein Bett zu teilen, als wir durch Syrien, Palästina und Libanon reisten. Gegen meinen Willen verliebte ich mich immer mehr in ihn und er sich in mich. Irgendwie wunderten wir uns beide darüber, wie gut wir zusammenpassten. Seine Schroffheit und seine Übellaunigkeit waren vollkommen verschwunden. Stattdessen war er liebenswürdig und überraschend romantisch. In jenen ersten Tagen fühlte ich mich begehrt und geliebt, obwohl wir unsere Affäre absolut geheim halten mussten.

»Ich bin ein sehr eifersüchtiger Mann, La Miss«, erklärte er mir gleich zu Anfang, als wir eines Nachts in Beirut zusammen im Bett lagen. »Und ich lege großen Wert darauf, dass meine Privatsphäre respektiert wird. Aber ich weiß, dass ich dir sowohl in der einen als auch in der anderen Hinsicht vertrauen kann.«

Nie werde ich seinen ernsten Blick vergessen.

»Selbstverständlich, *mon colonel*«, versicherte ich ihm, indem ich meine Worte sorgfältig wählte. »Ich verspreche, dass ich dich nicht enttäuschen werde.«

Er war ein passabler Autofahrer und übernahm hin und wieder das Steuer, um mir eine Pause zu gönnen, während wir die libanesische Küste hinauf und hinunter fuhren. Es gefiel mir, wenn er mich chauffierte, und ich hätte ihm endlos vom Beifahrersitz aus zusehen können. Überhaupt konnte ich mich kaum an ihm satt sehen. Manchmal ließ er es zu, dass ich während der Fahrt seine Hand hielt, eine simple Geste und dennoch voller Erotik.

Einmal, als wir in Haifa ankamen, riss er mich aus meinem Nachmittagsschläfchen auf dem Beifahrersitz, als er mitten auf einer verkehrsreichen Kreuzung mit quietschenden Reifen hielt. Ich schaute mich verblüfft um. Er sprang wortlos aus dem Wagen, lief zu einem Blumenstand hinüber und kaufte sämtliche Blumen auf. Strahlend drückte er mir die Blumensträuße in die Arme und freute sich über mein verdattertes Gesicht.

»Warum die vielen Blumen?«, fragte ich ungläubig.

»Weil du so süß aussiehst, wenn du schläfst«, erwiderte er und stieg wieder ein.

Der ganze Wagen duftete wie ein englischer Garten. Er fuhr mich zu unserem Hotel, und wir liebten uns den ganzen Nachmittag lang. So glücklich war ich seit Jahren nicht mehr gewesen.

Im Jahre 1941 war Beirut, die Hauptstadt des Libanon, bekannt als das Paris des Nahen Ostens. Mit ihrem pulsierenden Leben besaß die Stadt einen kosmopolitischen Charme, und die Strände waren atemberaubend. Während des Krieges jedoch nahm man nichts anderes wahr als verstopfte Straßen und Lärm. Die Straßen waren überfüllt mit Offizieren und Soldaten (überwiegend australischen) und Fahrzeugen. Ständig waren irgendwelche Konvois auf der Durchfahrt. Die Australier benahmen sich oft rüpelhaft, doch sie waren furchtlose Soldaten und wurden von ihren Verbündeten hoch geachtet.

In der Stadt begegnete ich vielen vertrauten Gesichtern: Kelsey, wie eh und je emsig und über den neuesten Klatsch im Bilde; Nadine, die in der Hoffnung hergekommen war, einen Job als Fahrerin zu finden, und sich statt dessen mit einem dubiosen reichen Zivilisten eingelassen hatte; Sneyd-Cox, an Hepatitis erkrankt und gelb wie eine Zitrone; Lady Spears sowie zahlreiche Offiziere des britischen Verbindungsstabs, nur Tony Drake vermisste ich, der an Diabetes erkrankt und zurück nach England geschickt worden war. Ich wurde häufig von Freunden zum Dinner eingeladen, doch lehnte ich meistens ab, weil ich mich an mein Versprechen dem Oberst gegenüber gebunden fühlte und fürchtete, ihn eifersüchtig zu machen. »Vielen Dank, aber ich habe morgen einen anstrengenden Tag vor mir«, sagte ich dann und eilte in mein Hotel.

Gewöhnlich verbrachten wir unsere Tage abwechselnd in den Luxushotels der Stadt – dem St. George, dem Hotel Normandie oder dem Hammama mit seinen Wasserkaskaden – und auf zahlreichen Konferenzen und Versammlungen der Waffenstillstandskommission, die Tag und Nacht meist in den Räumen des Grand Sérail, stattfanden. Die Männer, die sich bemühten, innerhalb dieser vier Wände zu einer Einigung zu gelangen, hatten eine schwere Aufgabe – die Meinungen und Absichten gingen weit auseinander, und jeder wollte ein Stück vom Kuchen abbekommen. Die Araber verlangten Unabhängigkeit, die Türken forderten Aleppo, die Vertreter des Freien Frankreichs wollten die Kontrolle behalten, und die Vichy-Franzosen ein Mandat. Der Oberst war noch nie so in Anspruch genommen worden.

Währenddessen war ich mit kleineren Arbeiten beschäftigt, hauptsächlich damit, den Humber in die Werkstatt zu bringen, wo ich versuchte, die Probleme mit den Bremsen, den Reifen, der Lenkung und der Beleuchtung in den Griff zu bekommen. Der Wagen verlor ständig Öl und Benzin, und das Getriebe krachte und quietschte fürchterlich. Als er endgültig den Geist aufgab, wurden mir ein alter Lincoln und ein Hotchkiss mit offenem Verdeck zur Verfügung gestellt, aber die waren auch nicht viel besser in Schuss und wesentlich schwerer zu steuern. Immer wieder bemühte ich mich bei der Transportabteilung um einen besseren Wagen.

»Es gibt nur noch alte Ambulanzwagen«, knurrte der missmutige alte Feldwebel. »Die Briten haben sich mal wieder sämtliche guten Fahrzeuge unter den Nagel gerissen.« Dann spuckte er wütend aus und fügte hinzu: »Sogar die Vichy-Leute haben bessere Wagen als wir.«

Ich zog mich hastig zurück und entschuldigte mich, dass ich gefragt hatte.

Die Legionäre liebten Hunde, und auch der Oberst legte sich einen zu, einen mageren, weißen Saluki (der aussah wie ein Greyhound mit langem Fell). Er bekam ihn von seinem Freund Germain, der ihn einem Araber abgekauft hatte. Der Oberst liebte Salukis, oder *sloughis persans*, wie er sie nannte; er und seine Frau hatten diese Rasse in Marokko gezüchtet. Ihm war nicht entgangen, dass ich jeden Hund und jede Katze streichelte, die mir über den Weg liefen, und amüsiert über meine Tierliebe war er zu dem Schluss gekommen, dass ich mich über ein Haustier freuen würde. Er hatte Recht. Jetzt war unsere »Familie« komplett.

Germain hatte dem Hund den völlig unpassenden Namen Georges gegeben, aber der Oberst taufte ihn in Arad (Donner) um, weil er ihn an einen Hund gleichen Namens erinnerte, den er in Marrakesch besessen hatte. Arad hatte langes, weißes Fell, das fast bis zum Boden reichte, seine auffällige Erscheinung kündigte überall unsere Ankunft an. Ich liebte Arad, und ich wünschte mir so sehr, dass er meine Zuneigung erwiderte, aber er war durch und durch ein arabisches Tier: unabhängig, unnahbar und launisch. Obwohl ich ihm einen bequemen Korb kaufte, schlief er lieber im Schatten unter dem Auto. Jedes Mal, wenn er unter dem Wagen hervorkroch, war sein weiches, weißes Fell natürlich mit schwarzem Öl verschmiert, und mir fiel die anstrengende Aufgabe zu, es wieder zu säubern. Arab mochte Männer lieber als Frauen, er lief immer zuerst auf den Oberst zu und während dessen Abwesenheit war er quengelig. Aber mit der Zeit wurde er auch mir gegenüber zutraulicher und ließ sich hin und wieder von mir die weichen, seidigen Ohren kraulen, wobei er wie eine Katze die Augen schloss. Jetzt musste ich mich um zwei anspruchsvolle Männer kümmern.

Wenn der Oberst und ich Zeit hatten, gingen wir am frühen Abend mit Arad am Strand spazieren und kehrten manchmal in einem der kleineren Hotels ein, wo wir unter freiem Himmel zu Abend aßen. Nur bei diesen Gelegenheiten konnten wir wirklich entspannt sein und unser Zusammensein genießen. Außer Sichtweite neugieriger Augen waren wir bisweilen regelrecht ausgelassen, kicherten miteinander, hielten Händchen und knutschten wie ein junges Pärchen. Ich hatte ganz vergessen, wie schön die Liebe sein konnte.

Hin und wieder fuhren wir nach Damaskus, wo ich Gelegenheit hatte, einige meiner alten Freunde aus der Legion wieder zu sehen. Amilakvari (immer noch kahl rasiert), Gabriel de Sairigné, Simon (der inzwischen ein Glasauge hatte), Bollardière mit seinen weißen Handschuhen und Messmer waren alle dort stationiert und froh über jeden Anlass, ein Fest zu feiern. Meistens gingen wir auf einen Drink oder zum Essen ins Lido, und ich liebte diese Zusammenkünfte, auch wenn der Oberst manchmal kein Hehl aus seinem Missmut darüber machte, wie gut ich mich mit den Männern verstand.

»Musst du dich in ihrer Gesellschaft so aufgekratzt aufführen?«, schalt er mich einmal. »Das ist nicht besonders damenhaft.«

Er begriff einfach nicht, dass ich mich in ihrem Kreis wie zu Hause fühlte.

Eines Abends ging ich mit ein paar Legionären in ein Restaurant mit traditioneller ungarischer Küche und Musik und Kellnerinnen in ungarischer Tracht. Es war wunderbar. Die Trachten und das Bier und der Duft nach Kerzenwachs erinnerten mich an meine Zeit in Budapest. Mag sein, dass ich etwas zu viel getrunken hatte, als ich mich zu de Sairigné hinüberbeugte, der zu meiner Linken saß. Ich drückte seinen Arm und sagte: »Ungarische

Männer sind die besten Liebhaber. Das kommt von all dem Stierblut und dem Rote-Beete-Saft.«

Lachend legte er einen Arm um meine Schultern und begann, im Rhythmus der Musik zu schunkeln.

Koenigs Laune änderte sich abrupt. Er stand auf. »Fahren Sie mich nach Hause«, befahl er schroff. Ich ließ mein halb volles Glas Bier stehen, schnappte meine Tasche und Jacke und folgte ihm zur Tür.

»Was ist los? Hast du dich nicht amüsiert?« Es war so ein netter Abend gewesen. Gabriel war ein alter Freund, mit dem mich eine tiefe platonische Liebe verband, und ich wusste, dass der Oberst ihn bewunderte. Keineswegs hatte ich das Gefühl, irgendeine Grenze überschritten zu haben.

Der Oberst sah mich wütend an. »Ich möchte nicht an das Leben erinnert werden, das du vor unserer Zeit geführt hast«, sagte er. »Ich will nie wieder etwas von deiner ungarischen Vergangenheit hören.«

Er setzte sich hinter das Steuer und fuhr uns mit rasender Geschwindigkeit nach Hause. Während ich mich an meinem Sitz festklammerte, fragte ich mich, ob seine Eifersucht ein Zeichen dafür war, dass er tiefere Gefühle für mich hegte. Seine Wut erregte mich, ich konnte mich nicht erinnern, wann ein Mann zuletzt so besitzergreifend gewesen war.

Seine schlechte Laune war immer noch nicht verflogen, als wir im Hotel eintrafen. In seinem Zimmer bekam er einen regelrechten Wutanfall, sodass ich mir ausmalte, was noch auf mich zukommen mochte. Doch nach zehn Minuten war alles vorbei. Er war wieder liebenswürdig wie immer und schlug sogar vor, noch auf einen letzten Drink ins Hotel Normandie zu gehen.

Am nächsten Tag jagte er mir einen tiefen Schrecken ein. »Ich bekomme am Stadtrand von Beirut ein Haus zugeteilt«, sagte er. »Die Hotels sind zu teuer. Würdest du mir bei der Suche helfen?«, fragte er und sah mich liebevoll an.

»Natürlich«, erwiderte ich, doch insgeheim fürchtete ich, dass dies unseren mitternächtlichen Stelldicheins ein jähes Ende bereiten würde. Mich nachts aus dem Hotel zu stehlen, würde wesentlich schwieriger werden, und für ihn wäre es ebenso kompliziert, sich nachts ins Hotel hineinzuschleichen.

»Und wenn du das richtige Haus gefunden hast, sehe ich keinen Grund, warum du nicht auch dort wohnen solltest. Die anderen Chauffeure wohnen auch bei ihren Chefs«, fügte der Oberst nonchalant hinzu.

Überglücklich küsste ich seine Hand. »Ja, Pierre«, sagte ich. Er hatte mir erst kürzlich gestattet, ihn bei seinem Vornamen zu nennen, wenn wir unter uns waren. »Das wäre wunderbar.« Ich konnte es kaum fassen; wir würden zusammenleben wie ein richtiges Paar. Wenn die Gäste das Haus verlassen hätten und die Türen geschlossen wären, würden wir allein in unserem ersten gemeinsamen Heim sein. Ich war so glücklich. Ich hegte nicht den geringsten Zweifel daran, dass ich mir das mehr als alles andere in der Welt wünschte, und das hatte ich noch selten in meinem Leben von irgendetwas behaupten können. Es war, als wäre ich zum ersten Mal verliebt.

Bis wir ein solches Haus gefunden hatten, wohnten Pierre und ich in einem wunderschönen Hotel in Sofar an der Straße nach Damaskus. Es lag in der Nähe eines Wasserfalls, und ich hatte das schönste Zimmer, das ich mir vorstellen konnte. Noch dazu füllte Pierre es täglich mit Nelken, Rosen und anderen stark duftenden Blumen. Das Zimmer war eigentlich für General Sir Henry Maitland Wilson reserviert worden, allgemein bekannt unter dem Namen »Jumbo«, der die britischen Truppen in der Gegend befehligte. Aber Pierre bestand darauf, dass man es mir überließ, bis der General eintraf. Ich hatte ein eigenes Badezimmer und eine phantastische Aussicht. Pierre bewohnte ein kleineres Zimmer auf demselben Flur, und nachts schlich er sich immer zu mir herüber. Welch eine glückliche Zeit wir hatten!

Unsere abendlichen Spaziergänge mit dem Hund, die wir meist bei Sonnenuntergang unternahmen, führten uns am Wasserfall vorbei, durch Weinberge und Olivenhaine. Das Abendessen nahmen wir entweder auf dem Balkon oder im Garten ein. Wir redeten und lachten viel und kamen uns vor, als wären wir allein auf der Welt. In unserer Abgeschiedenheit von den Kampfhandlungen und der Politik bekamen wir kaum noch mit, dass um uns herum Krieg herrschte. Pierre wirkte jung und verliebt. Wir wussten beide, dass unsere Liebe nicht von Dauer sein konnte, aber wir blendeten die Zukunft aus, wurden immer leichtsinniger und verbrachten jede verfügbare Minute zusammen. Wenn der Oberst nicht gerade mit Besprechungen oder Verwaltungsangelegenheiten beschäftigt war, gingen wir heimlich in kleinen Läden Süßigkeiten, Blumen oder Bücher einkaufen oder trafen uns zum Tee in einem unserer Lieblingscafés. Es war himmlisch. Wenn wir jemandem begegneten, taten wir so, als würden wir gerade eine ganz normale Pause machen. Aber unter denjenigen, die uns während jener goldenen Zeit in Beirut sahen, kann kaum jemandem verborgen geblieben sein, was wir füreinander empfanden.

Als General Wilson eintraf, mussten wir in kleinere Zimmer umziehen, die einen Stock höher lagen. (Immer wieder wunderte ich mich – und fast war es mir ein bisschen peinlich – zu sehen, wie die Briten stets das Beste von allem bekamen – die besten Zimmer, die besten Fahrzeuge, die besten Waffen. Damit verglichen waren die Freien Franzosen die arme Verwandtschaft.) Die Ankunft des Generals und unsere schmachvolle Umquartierung spornten unsere Suche nach einem kleinen Haus für uns allein an, wo wir vor neugierigen Blicken geschützt wären.

Der Oberst erhielt eine Liste mit konfiszierten Villen, von denen er sich eine als vorübergehendes Domizil aussuchen sollte. Die Eigentümer, denen keine andere Wahl blieb als auszuziehen und ihre Häuser der Armee zu überlassen, verlangten allerdings exorbitant hohe Mieten. Dass man die Leute auf so unfeine Art aus ihren Häusern vertrieben hatte, scherte mich damals nicht im Geringsten, wie ich gestehen muss. Ich war einfach nur aufgeregt wie eine junge Braut, die ihre erste eigene Wohnung bezieht. Sehnlichst wünschte ich mir, wir könnten so eine prachtvolle alte Villa bekommen, wie die, in der General Catroux wohnte, mit phantastischen Räumen für Empfänge und Dinnerpartys (nicht zu vergessen seine Armee von Siamkatzen), aber offenbar war sie bereits für General Spears reserviert worden. Der arme alte Catroux. Er und seine schöne, beeindruckende Frau, allgemein bekannt als »Mad Cat«, würden sich ebenfalls nach einem anderen Quartier umsehen müssen.

Da der Oberst von Tag zu Tag mehr in Anspruch genommen wurde von Beratungen mit den Generälen de Gaulle, Crystal, Wilson, de Larminat und Catroux, überließ er es mir, eine Villa für uns auszusuchen. Wie immer, hatte er natürlich ganz konkrete Vorstellungen.

»Ich habe gehört, es stehen ein paar kleinere Villen zur Auswahl, und ich möchte, dass du dir diese als Erstes ansiehst, Prinzessin«, sagte er mit leuchtenden Augen. »Falls sich irgendwelche Vichy-Generäle darin eingenistet haben, lass es mich wissen, dann werde ich sie auf der Stelle hinauswerfen lassen.«

Zehn Tage lang fuhr ich in Beirut herum, stieß auf Makler ohne Büro und Villen, für die es weder Schlüssel noch eine offizielle Adresse gab. Es war eine undankbare Aufgabe, aber schließlich fand ich das perfekte Haus, ein romantisches, über und über mit wildem Wein zugewuchertes Bauernhaus in dem kleinen Bergdorf Aley. Es hatte einen Balkon, einen kleinen Garten und im Erdgeschoss Räume für Bedienstete, darüber befanden sich ein riesiges, sonniges Wohnzimmer, ein hübsches Badezimmer, eine Küche und zwei Schlafzimmer. Voller Aufregung eilte ich los, um dem Oberst davon zu berichten, und war ziemlich frustriert, als ich feststellte, dass er den ganzen Tag an Verhandlungen teilnahm und mit den Generälen (und daher nicht mit mir) zu Abend essen würde. Die Briten waren alle nach Libyen abgezogen und hatten es den Franzosen überlassen, ihre tiefen Meinungsverschiedenheiten zu überwinden und sich zu einem unsicheren Frieden zu finden. Nur in Momenten wie diesen wurde mir wieder bewusst, dass wir uns im Krieg befanden.

Als ich den Oberst endlich antraf und ihm von dem Haus erzählte, das ich gefunden hatte, wirkte er abwesend und war gar nicht bei der Sache. »Na gut, wenn es dich nicht interessiert«, schmollte ich, »dann überlasse ich es einem von den Vichy-Offizieren.«

Er legte seine Papiere weg, zog mich an sich und küsste mich auf die Stirn. »Tut mir Leid. Das Haus ist bestimmt das Richtige. Es wäre nett, wenn du alles für mich arrangieren würdest. Ich weiß, du bist enttäuscht darüber, dass wir uns in letzter Zeit so wenig sehen«, fügte er hinzu. »Aber ich habe so viel um die Ohren, dass ich kaum Zeit zum Denken finde, ganz zu schweigen davon, den galanten Liebhaber zu spielen.« Als er sah, dass ich noch immer traurig war, wurde er sehr nachdenklich. Er nahm mein Gesicht in beide Hände und kam auf ein Thema zu sprechen, das ihn neuerdings immer wieder beschäftigte – seine Angst, dass wir uns zu eng aneinander binden würden. »Was auch immer zwischen uns geschehen mag, La Miss«, sagte er mit einem bedeutungsvollen Unterton, »ich hoffe von Herzen, dass du immer glücklich sein wirst.«

Ich schluckte und fragte ihn, was er damit meinte.

»Was ich meine, ist, dass es uns vielleicht nicht immer möglich sein wird, zusammen zu sein«, sagte er langsam. »Wenn ich wieder an die Front versetzt werde und ein Regiment befehligen muss, dann wird es vielleicht nicht möglich sein, dass du mitkommst, das weißt du doch, nicht wahr? Es kann sein, dass die Briten keine weiblichen Fahrer an der Front dulden, und ich bin mir selbst auch nicht sicher, ob ich dich ins Kriegsgetümmel mitnehmen möchte.«

Er sagte die Wahrheit, das wusste ich, sprach Ängste aus, die auch mich insgeheim plagten. Aber seine Worte trafen mich. Ich sprang auf, schnappte mir die Wagenschlüssel und fuhr in die Hügel außerhalb von Beirut. Ich saß im Auto, starrte auf die Lichter der Stadt unten im Tal und weinte, bis keine Tränen mehr kamen. Kurz vor Morgengrauen kehrte ich ins Hotel zurück und schlüpfte in mein Bett. Ich lag noch lange wach und dachte über alles nach. Es hatte keinen Zweck, es zu leugnen – ich liebte ihn. Meine Gefühle für ihn waren anders als alles, was ich je empfunden hatte. Mein Leben lang hatte ich mich nach einer solchen Beziehung gesehnt, nach einem Mann seines Kalibers, und jetzt, da ich beides endlich gefunden hatte, musste ich akzeptieren, dass mir all das jederzeit genommen werden konnte.

Es war später Vormittag, als ich zu einem Entschluss kam. Hör auf, dich selbst zu bemitleiden, sagte ich mir ärgerlich. Es war dumm, mich im Unglück zu suhlen. In der Zukunft würde ich reichlich Gelegenheit haben, Tränen zu vergießen. Ich beschloss, das Beste aus meiner Zeit mit Pierre zu machen, für den Augenblick zu leben – ebenso wie es auch alle anderen mitten im Krieg zu tun gezwungen waren – und abzuwarten, was auf uns zukam.

Als würden ihn dieselben Ängste plagen, wurde der Oberst in der Öffentlichkeit mir gegenüber immer launischer, und manchmal hatte ich das Gefühl, er versuchte, mich zu meinem eigenen Besten von sich wegzustoßen. Es hatte ihn sehr geärgert, dass ich an jenem Abend einfach weggefahren war; er fürchtete, ich könnte eine Szene machen, und war besorgt um mich.

»Wenn du für jemand anderen arbeiten würdest, müsste ich jeden Kontakt zu dir abbrechen«, sagte er mir. »Nur solange du meine Fahrerin bist, haben wir die Möglichkeit, uns zu sehen.«

Inzwischen war mir klar geworden, dass meine verschiedenen Rollen als seine Geliebte und seine Fahrerin mir eine ziemliche Gratwanderung abverlangten. Manchmal vergaß ich die eine Rolle, und dann konnte er sehr schwierig und empfindlich werden und noch tagelang mürrisch sein. Die schlimmste Situation erlebte ich, als ich eines Morgens wie üblich vor dem Hotel vorfuhr, um ihn abzuholen, und sah, dass er Arad bei sich hatte. Ich ärgerte mich darüber, dass er den Hund mitnehmen wollte, der mich wegen einer Magenverstimmung die ganze Nacht lang auf Trab gehalten hatte. »Was soll das?«, fragte ich ungehalten. »Er kotzt mir bestimmt bloß den Wagen voll. Bring ihn zurück in sein Zimmer.« Im selben Augenblick wusste ich, dass ich einen schrecklichen Fehler gemacht hatte. Mit versteinertem Gesicht marschierte der Oberst mit dem Hund los, kehrte wenige Minuten später zurück und stieg wutschnaubend ein.

»Wie kannst du es wagen, in der Öffentlichkeit so mit mir zu reden!«, schrie er mich mit vor Zorn funkelnden Augen an. »Das muss ja für jeden so aussehen, als würdest du hier die Befehle erteilen. Wag es nie wieder, in diesem Ton mit mir zu reden!«

Zwei Tage lang weigerte er sich, mit mir zu Abend zu essen, und nahm jede Gelegenheit wahr, mich in meine Schranken zu weisen. Ich lernte meine Lektion auf die harte Tour und verhielt mich so unterwürfig wie möglich. Als sein Ärger schließlich verraucht war, entschuldigte er sich und lud mich zu einem Abendspaziergang am Strand ein. Erleichtert ging ich neben ihm und Arad her.

Im Juli 1941 wurde mein Oberst – dem man die Last der Kommandogewalt bisher nie gänzlich genommen hatte – zum Brigadegeneral befördert. Obwohl ich mächtig stolz war und die Sterne eigenhändig an seine Uniform nähte, befürchtete ich, dass diese Beförderung einen Wendepunkt in unserer Beziehung herbeiführen würde. Jetzt wo er eine so hohe Position innehatte, er-

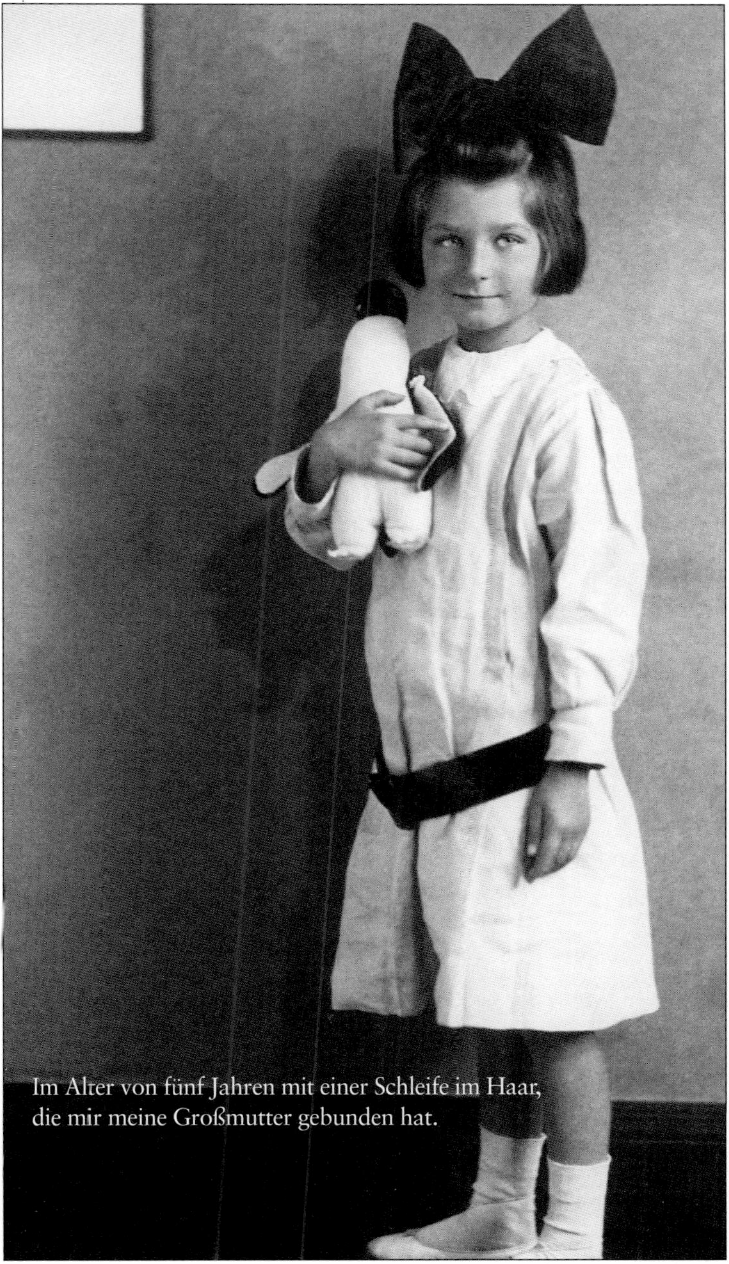

Im Alter von fünf Jahren mit einer Schleife im Haar,
die mir meine Großmutter gebunden hat.

Im Alter von sieben Jahren mit meiner Mutter, meinem Bruder Laurence und Duchess, unserem Labrador

Mein Vater, Mitte siebzig, in seiner Heimwehruniform

Endlich erwachsen: auf den Stufen vor dem Haus
meiner Eltern in Frankreich

In den dreißiger Jahren nahm ich überall in Europa an gesellschaftlichen Ereignissen teil, ich fuhr Langlauf-Ski in Österreich und spielte Tennis. Die weißen Strümpfe konnte ich nie leiden und war froh, als sie – dank Suzanne Lenglen – aus der Mode kamen.

Army Form B.2606A.

ALLIED MILITARY IDENTITY CARD No. A 07921

Allied Land Contingent FRENCH.

Surname TRAVERS

Christian Names (and rank or designation at time of issue) SUSAN. MARY. G. S/LT.

Sex F.

Personal No. –

Height 5' 9"

Colour of Eyes BLUE

Colour of Hair BROWN

Other Distinguishing Marks (if any) NONE

Date of Birth 23. 9. 09

Signature of Issuing Officer

Date

Signature of Bearer Susan Travers

(S.8154) Wt.54294/654 500 Bks. 3/44 Hw. G.9999 105

Mein Militärausweis

Als stolzes Mitglied des Frankreich/ Finnland-Korps mit meinem Ambulanzwagen in Norrmark

Porträt einer abenteuerhungrigen Dame

Neben meinem Wagen im El-Taag-Lager in Ägypten

Bir Hacheim: Lieutenant General Willoughby Norrie
beim Plaudern mit zwei Spears-Schwestern
Foto: Imperial War Museum (E13320)

Dimitri Amilakvarki (links) mit Offizieren der Fremdenlegion
Foto: Imperial War Museum (E 13274)

Kampferprobte Bir-Hacheim-Veteranen bei einer wohlverdienten Pause
Foto: Imperial War Museum (E13314)

Hurrageschrei unter der Wüstensonne. Einige Legionäre der Freien Französischen Verbände mit ihren Hunden
Foto: Imperial War Museum (E13273)

Blutgetränkt, aber ungebrochen: Das Banner der Fremdenlegion
weht stolz über Bir Hacheim.
Foto: Imperial War Museum (E13300)

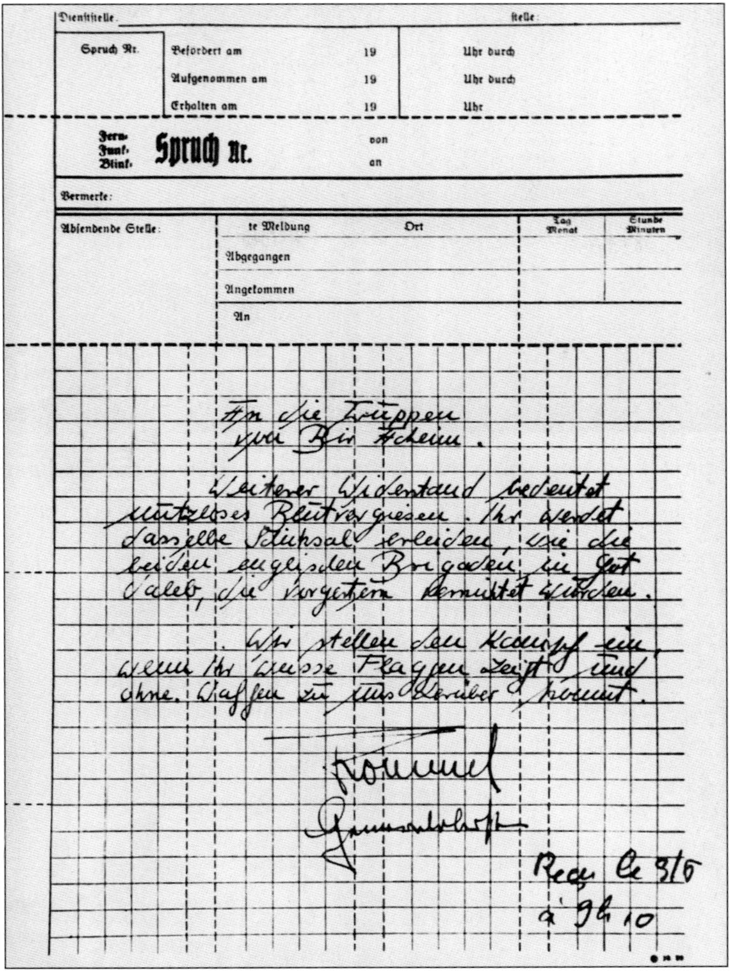

Dienststelle: stelle:

Spruch Nr. | Befördert am 19 Uhr durch
Aufgenommen am 19 Uhr durch
Erhalten am 19 Uhr

Fern- Funk- Blink- Spruch Nr. von an

Vermerke:

Absendende Stelle: | te Meldung | Ort | Tag Monat | Stunde Minuten
Abgegangen
Angekommen
An

An die Truppen
von Bir Hacheim.

Weiterer Widerstand bedeutet nutzloses Blutvergiessen. Ihr werdet dasselbe Schicksal erleiden, wie die beiden englischen Brigaden in Got Ualeb, die vorgestern vernichtet wurden.

Wir stellen den Kampf ein, wenn Ihr weisse Flaggen zeigt und ohne Waffen zu uns herüber kommt.

Rommel
Generaloberst

Reçu le 3/6
à 9h 10

Rommels Ultimatum: »An die Truppen von Bir Hacheim. Weiterer Widerstand bedeutet nutzloses Blutvergießen. Ihr werdet dasselbe Schicksal erleiden wie die beiden englischen Brigaden in Got Ualeb, die vorgestern vernichtet wurden. Wir stellen den Kampf ein, wenn ihr weiße Flaggen zeigt und ohne Waffen zu uns herüber kommt. Rommel, Generaloberst

Foto: Roger-Viollet

In einem Bren-Maschinengewehrfahrzeug bei einer Spähtruppunternehmung

Foto: SIRPA/ECPA, Frankreich

Tag für Tag verteidigten wir uns mit unserer ganzen Feuerkraft gegen Rommels Panzer.

Foto: Imperial War Museum (E13306)

Fußpatrouille. Pfeifen und Zigaretten waren äußerst begehrt.
Imperial War Museum (E3310)

Hinter der Stacheldrahtbarriere an der Peripherie von Bir Hacheim
Foto: SIRPA/ECPA, Frankreich

Unsere Soldaten im Granatfeuer. Die Männer in den hinteren Reihen konnten wenigstens Palmwedel als Tarnung benutzen; für diejenigen an der vordersten Front gab es nichts als Sand.

Foto: SIRPA/ECPA, Frankreich

Ein grobes Holzkreuz ziert das Grab des lieben Amiklavari.
El Himeimat, Libyen
Foto: Imperial War Museum (E13290)

General Koenig (links) mit Lieutenant Willoughby Norrie
Foto: Imperial War Museum (E13290)

General de Gaulle (links) und General Koenig (rechts) begleiten Field Marshal Montgomery und M. Diethelm, den französischen Kriegsminister, über den Hof des Hôtel des Invalides im Mai 1945.

Foto: Imperial War Museum (BV6766)

Dort heftete mir mein General zehn Jahre später den Verdienstorden an den Mantel. Es war das letzte Mal, dass ich ihn lebend sah.

Foto: Aus der Sammlung der Autorin

In einer weißen Legionärsuniform, die ich mir extra hatte anfertigen lassen, und einen Strauß exotischer roter und grüner Blumen im Arm (in den Farben der Legion) heiratete ich Nicholas Schlegelmilch. Indochina, April 1947

Glückliche Tage. Nicholas und ich auf der Veranda mit dem kleinen François und meinem Hund Rebecca

wartete man womöglich von ihm, dass er sich, wie alle anderen Generäle, einen männlichen Chauffeur nahm.

»Da ich jetzt General bin, musst du deine Feldwebel-Streifen an der Bluse tragen, Adjudant Travers«, erklärte er mir amüsiert. »Besorg dir welche, ich möchte sie gern an dir sehen.«

Ich tat, wie mir geheißen, und nähte die Streifen stolz an meine Bluse. Nachdem mein militärischer Rang einmal zur Sprache gekommen war, wagte ich es, ihn auf ein Thema anzusprechen, das mir seit der Überfahrt auf der *Westernland* auf den Nägeln brannte.

»Pierre«, begann ich vorsichtig. »Wo du doch jetzt General bist, könntest du nicht dafür sorgen, dass man mir ein bisschen mehr Sold bezahlt? Du weißt doch, dass ich nur zwei Drittel von dem bekomme, was die männlichen Feldwebel erhalten. Darauf kannst du doch sicherlich Einfluss nehmen. Ich finde es einfach unfair.«

Er runzelte die Stirn, und ich fürchtete schon, dass ich mal wieder zu viel gesagt hatte. Doch nach einer Weile nickte er. »Warum eigentlich nicht? Ich werde mich darum kümmern.«

Und das tat er tatsächlich. Nicht nur mein Sold, sondern auch der der beiden weiblichen Feldwebel im Krankenhaus wurde erhöht. Es war nicht viel, aber ich hatte das Gefühl, dass ich zumindest einen kleinen Sieg für die Frauen errungen hatte. Später bemerkte der General, er könne nur hoffen, dass er bei der Ausübung seiner anderen neuen Pflichten auf ebenso große Begeisterung stoßen würde. Ich jedenfalls lief stolz mit meinen neuen Streifen herum – bis ich einige Tage später zufällig Amilakvari über den Weg lief, der mich gnadenlos aufzog.

»Was soll das denn darstellen?«, fragte er mit schadenfroh funkelnden Augen und deutete auf die Streifen an meiner Bluse.

Es stellte sich heraus, dass ich die falschen Streifen gekauft hatte – und zwar welche, die an eine Polizeiuniform gehörten und nichts mit der Legion zu tun hatten. Ich errötete vor Scham und riss sie auf der Stelle ab.

Im August war unser Haus bereit, und nachdem wir die Schlüssel bei den maltesischen Besitzern abgeholt hatten, zogen wir überglücklich ein. Es bereitete mir die größte Freude, über die Märkte zu bummeln und Einrichtungsgegenstände und anderen Krimskrams für unser neues Heim zu kaufen. Ich wünschte mir nichts sehnlicher als ein paar ruhige Wochen ohne Empfänge und Dinnerpartys, nur wir beide allein in unserem kleinen Haus. Aber es sollte nicht sein. Am Abend unseres Einzugs wurde für General Lyttleton, den neuen Minister für den Nahen Osten, in dessen offizieller Residenz eine große Party veranstaltet. Mein einziger Trost war, dass die anderen Chauffeure, mit denen ich unter der Freitreppe speiste und Champagner trank, meinen Chef um seine neue Position und sein Haus in Aley sehr beneideten.

»Werden Sie auch dort wohnen?«, erkundigte sich einer von ihnen, während er an einer Hähnchenkeule knabberte. »Ich meine bei Ihrem General?«

Ich sah ihm direkt in die Augen. »Selbstverständlich«, erwiderte ich ernst. »In einem Zimmer im Bedienstetentrakt. Wie soll der General sonst in die Stadt kommen, wenn er draußen in der Pampa wohnt?«

Die Männer sahen einander an, machten jedoch keine weiteren Kommentare.

Als ich den General spät in der Nacht nach Hause fuhr, war er in bester Stimmung. Er sagte, der Empfang sei ein voller Erfolg gewesen, und er sei insgesamt mit der Entwicklung der Dinge zufrieden. »Hast du dafür gesorgt, dass du was zu essen bekommen hast?«, fragte er schläfrig, den Kopf an meine Schulter gelehnt.

»Ja, ja, ein paar Krümel habe ich abbekommen«, sagte ich und musste an das vorzügliche Essen und den guten Champagner denken, den ich getrunken hatte.

Als wir spätabends zu Hause eintrafen, stellten wir fest, dass Arad, der uns ziemlich knurrig empfing, die Türglocke und eine Lampe zerkaut hatte.

Für unser neues Heim stellte ich einen Gärtner, zwei libanesische Soldaten als Burschen, ein Hausmädchen und einen *marmiton*, einen Küchenjungen ein. Es dauerte jedoch mehrere Tage, bis ich einen Koch gefunden hatte. Ich wollte einen richtig guten haben, jemanden, der die köstlichsten Gerichte für den General und seine Gäste zubereitete und dafür sorgte, dass die Leute in der Gegend von Dinnerpartys in unserem Haus schwärmen würden. Ich wünschte mir so sehr, dass der General mit meiner Wahl zufrieden sein würde. Ich fragte sogar den Chefkoch im Grand Sérail, ob er mir jemanden empfehlen könnte. Schließlich fand ich in einem Dorf namens Dfun oberhalb von Beirut, wo anscheinend sämtliche Köche wohnten, den Mann, den ich suchte. Er hieß Selim, und ich musste ihm wesentlich mehr Geld bieten, als der General zu bezahlen bereit gewesen war, um ihn von dem Hotel wegzulocken, in dem er arbeitete. Am Ende wurden wir uns einig, und er versprach, in der folgenden Woche bei uns anzufangen.

Stolz und glücklich über meinen guten Fang fuhr ich zurück nach Beirut, um dem General die guten Neuigkeiten zu überbringen. Wir aßen in der Offiziersmesse der Legion zu Mittag – die Vichy-Leute auf der einen und wir auf der anderen Seite des Raums. Als ich den General nach dem Mittagessen zu seinem nächsten Termin fahren wollte, liefen wir zufällig Gabriel de Sairigné über den Weg und plauderten kurz mit ihm. Wir hatten ihn seit dem Abend in dem ungarischen Restaurant nicht mehr gesehen, und ich war froh, dass zwischen den beiden Männern keine Missstimmung mehr herrschte. Doch dann, als er sich verabschiedete, legte Gabriel eine Hand auf meinen Arm und sagte: »*Au revoir*, Susan.« Er hatte mich noch nie auf diese Weise beim Vornamen genannt. In dem Augenblick, als ich das Gesicht des Generals sah, wusste ich, dass er außer sich war. Während der ganzen Fahrt sprach er kein Wort mit mir. Die Freude über meinen Erfolg mit Selim war restlos verflogen.

Die Situation erinnerte mich einmal mehr an die unzumutbare Launenhaftigkeit meines Vaters und daran, wie sehr ich als Kind unter seiner Unberechenbarkeit gelitten hatte. Kein Wunder, dass ich in meinem Kummer mit einer Straßenbahn zusammenstieß, was zur Folge hatte, dass unser Wagen bis zu unserem Haus abgeschleppt werden musste. Der General, der immer noch wütend war, musste sich nach einem anderen Transportmittel umsehen. Während ich ihm nachschaute, wurde mir klar, dass seine Eifersucht meine Liebe zu ihm nur verstärkte, denn sie zeigte mir, wie viel ihm an mir lag.

Trotz unserer gelegentlichen Streitereien waren wir sehr glücklich in unserem kleinen Haus am Stadtrand von Beirut. Dort oben in den Bergen, umgeben von Obstwiesen und Olivenhainen, lebten wir wie Mann und Frau, und niemand außer den Bediensteten wusste von unserer heimlichen Beziehung. Ich schlief bei Pierre im Bett und wachte jeden Morgen neben ihm auf. Mit jedem Tag, der verging, wuchs meine Liebe zu ihm.

In einem Antiquitätenladen kauften wir Tische, Betten, eine mit Intarsien verzierte Truhe, einen Diwan und mehrere persische Teppiche. Mein Lieblingsmöbelstück war ein Geschenk von Pierre, eine wunderschöne Kommode mit Perlmuttintarsien und Griffen aus Porzellan. Außerdem erstand ich verschiedene Lampen, ließ aus hübschem, mit Rosen gemustertem Chintz Bettüberwürfe nähen und richtete das Haus so gemütlich ein wie ich konnte. Natürlich standen stets mit Blumen gefüllte Vasen in jedem Zimmer. Die libanesischen Burschen waren mehr als ungeschickt, der Gärtner hatte keine Ahnung vom Gärtnern und ließ die Hälfte der Goldfische eingehen, die ich in den kleinen Springbrunnen gesetzt hatte, aber dank Selims Kochkunst fühlten wir uns wohl, und wir aßen vorzüglich und viel zu viel.

In dieser idyllischen Umgebung, die ich mein Leben lang in liebevoller Erinnerung behalten sollte, weckte Pierre Gefühle in mir, wie noch kein Mann zuvor es getan hatte. Er war intelligent und gebildet; seine Führungsqualität und seine staatsmännischen Fähigkeiten zogen mich stärker an, als gutes Aussehen oder Jugend es je vermocht hätten. Es war eine Beziehung, die es mir gestattete, eine Region zu erkunden, die mir völlig unbekannt war – das tiefe Innere meines Herzens. Ich gab mich ihm vollkommen hin – physisch, emotional, moralisch und intellektuell.

Meine Liebe zu ihm war anders als alles, was ich bisher erlebt hatte. Meinen früheren Liebhabern gegenüber war ich stets distanziert und kühl geblieben, aus Furcht vor Ablehnung und Verrat innerlich verletzlich, aber äußerlich unverbindlich. Aber aufgrund der besonderen Natur unserer Beziehung – Pierre war mein Herr und ich seine Dienerin – war ich bereit, alles für ihn zu tun, ohne große Gegenleistungen zu erwarten.

Hin und wieder machte meine untergeordnete Stellung mir zu schaffen. Nach einem besonders anstrengenden Tag, an dem ich Pierre von morgens bis abends herumgefahren, seine Papiere hinter ihm hergetragen und seine Befehle ausgeführt hatte, verlangte er am Abend von mir, mit ihm zusammen eine Dinnerparty für die Offiziere der Legion auszurichten. Ich war wie vor den Kopf geschlagen. Als wir uns für das Dinner umzogen, sagte ich scherzhaft zu ihm: »Manchmal komme ich mir vor wie ein treues Hündchen, das dir auf Schritt und Tritt folgt und auf ein nettes Wort von dir wartet.«

Er hörte abrupt auf, seine Krawatte zu knoten, und sah mich an. »Ja, ich weiß, *chérie*«, sagte er. »Und kleine Hündchen sollte man nicht zu sehr ins Herz schließen, nicht wahr?«

Niemand durfte von unserem Verhältnis wissen, da war Pierre unerbittlich. Es konnte uns nicht nur beide um unsere Stellung und ihn um seinen Ruf bringen, sondern wahrscheinlich auch seine Ehe ruinieren. Jedem, der nachfragte, sollte ich dasselbe erklären wie den anderen Fahrern, nämlich dass ich im Bedienstetentrakt wohnte, um ihn jederzeit zu seinen Besprechungen fahren zu können. Einmal, als er mitbekam, wie unmöglich die Leute in der Stadt es fanden, dass ein General sein Haus mit einer Frau teilen musste, geriet er in Panik.

»Ich frage mich allmählich, ob wir nicht zu leichtsinnig sind«, sagte er zu mir. »Wenn wir ins Gerede kommen, wirst du ausziehen müssen.«

Ich war sehr verärgert über seine Worte und wünschte mir, die Leute würden sich um ihre eigenen Angelegenheiten kümmern.

Zu einer unserer Dinnerpartys luden wir de Sairigné und Amilakvari ein. Amilakvari war einer der besten Freunde des Generals geworden, und er gehörte zu den Offizieren, die er am höchsten schätzte. Natürlich musste ich wieder die treue Dienerin des Generals spielen und saß ihm gegenüber am anderen Ende des Tisches, während Amilakvari, der wichtigste Gast, den Platz zu seiner Rechten einnahm. Der lange geplante Abend geriet beinahe zu einer Katastrophe. An meinen neuen Stühlen, die am Morgen geliefert worden waren, war die blaue Farbe noch feucht, sodass wir die Sitze mit Zeitungen belegen mussten, Arads Futternapf musste als zusätzliche Blumenvase herhalten, der Hund steckte ständig seine neugierige Nase in die Nelken und hätte sie mehrmals beinahe vom Tisch gestoßen, und außerdem hatte ich praktisch bis zur allerletzten Minute an den neuen Vorhängen genäht. Dann, als endlich alles bereit war und die Gäste eintrafen, gab es einen Kurzschluss, und das Licht ging aus. Zum Glück hatte ich acht Kerzen gekauft, die wir kurzerhand in leere Weinflaschen steckten.

Selim tat sein Bestes bei Kerzenlicht, und das Essen war vorzüglich. Es gab *Mezze*, eine traditionelle orientalische Vorspeise, danach gebackenen Fisch, Lamm und Kalbsbries. Aber der General war verärgert wegen der schlechten Beleuchtung, und Amilakvari neckte mich in einem fort, was mir auf die Nerven ging.

»Haben Sie in letzter Zeit hier in der Gegend irgendwelche Polizisten gesehen?«, fragte er und grinste mich an. »Nur La Miss hält sich für eine Polizistin.«

Ich errötete und wechselte das Thema in der Hoffnung, dass der General sich nicht aufregen würde.

Glücklicherweise sorgte de Sairigné wie immer für gute Laune und bedeutete Amilak, er solle mich in Ruhe lassen. »Eine Polizistin mit den falschen Streifen ist immer noch besser als ein Prinz ohne Königreich«, frotzelte er.

Danach verlief der Abend entspannter, und die Männer verabschiedeten sich fröhlich singend gegen Mitternacht. Ihr Fahrer erwartete sie betrunken, aber würdevoll.

Nur wenn die engsten Freunde des Generals zu Besuch waren, oder Leute, die mich bereits kannten, durfte ich, anstatt allein in der Küche, zusammen mit dem General speisen. Doch selbst bei diesen Gelegenheiten war es mir strengstens untersagt, auch nur die geringste Andeutung von Zuneigung zu ihm zu zeigen. Er machte mir unmissverständlich klar, dass er mir allein die Schuld dafür geben würde, falls jemals an die Öffentlichkeit dringen sollte, welcher Art unsere Beziehung war. Das funktionierte. Es funktionierte so gut, dass ich eines Nachts, als Amilakvari zu Besuch gekommen und über Nacht geblieben war – der General hatte ihm sein Bett zur Verfügung gestellt und auf dem Sofa im Wohnzimmer geschlafen – dadurch geweckt wurde, dass ein Mann zu mir unter die Decke schlüpfte. Überrascht, dass der General es riskierte, von seinem Gast *in flagranti* erwischt zu werden, nahm ich ihn in die Arme, und wir begannen, uns zu lieben.

Erst als ich mit den Fingern durch sein vertrautes blondes Haar streichen wollte, erkannte ich meinen Irrtum. Mein nächtlicher Besucher hatte einen kahl rasierten Schädel. Es war Amilakvari, der angenommen hatte, dass er, wie in der Vergangenheit, in meinem Bett willkommen sein würde. Ich war schockiert.

»Amilak, ich kann nicht«, flüsterte ich mit vor Angst zitternder Stimme. »Ich bin die Geliebte des Generals. Du darfst keiner Menschenseele davon erzählen – ich habe dich für ihn gehalten.«

Amilakvari, entsetzt über die Vorstellung, er könnte mit der Geliebten seines Vorgesetzten ertappt werden, flüchtete ins Badezimmer, durch das er gekommen war. Beim Frühstück sagte keiner von uns ein Wort, und wir waren beide zutiefst erleichtert darüber, dass der General offenbar keinen Verdacht geschöpft hatte.

Wir verlebten eine glückliche Zeit in Aley, und manchmal war mir, als wollte mir vor Glück das Herz zerspringen. Mein Leben lang hatte ich mich vor dauerhaften Beziehungen gefürchtet, hatte meine Liebhaber unabsichtlich von mir weggetrieben. Nachdem ich jetzt die Zweisamkeit auf eine ganz neue Weise kennen gelernt hatte, konnte ich mir ein Leben ohne sie gar nicht mehr vorstellen. Wo auch immer wir waren – im Auto, am Strand, auf einer Bootsfahrt oder einem Tagesausflug in die Hügel um Beirut herum – waren Pierre und ich ein Herz und eine Seele.

Als die Abende kühler wurden, kauften wir uns einen kleinen Ofen. Anfangs hätten wir uns beinahe selbst ausgeräuchert, doch dann bekamen wir ihn in Gang und machten es uns jeden Abend davor gemütlich, ehe Selim uns ein köstliches Mahl vorsetzte wie Fisch in Sauce Hollandaise und Schokoladenflammeri. Dazu tranken wir natürlich hervorragende Weine. Selim war wirklich eine Perle.

Der General war entspannt und zeigte sich von seiner romantischen Seite. Er überhäufte mich mit Blumen und kleinen Geschenken wie zum Beispiel ein Armband mit eingravierten Szenerien des Nahen Ostens (das ich immer noch besitze). Zum Geburtstag überreichte er mir eine wunderschöne Handtasche, nachdem ich ihm kurz zuvor einen *trousseau de toilette* geschenkt hatte. Wir verbrachten viele schöne Abende zusammen, aßen ausgiebig, lasen Zeitschriften oder hörten Radio. Er liebte Lyrik und schrieb auch selbst Gedichte, von denen er mir jedoch nur selten eins zu lesen gab. Zwei Jahre zuvor hatte ich mich in

Carlton Gardens dem Freien Frankreich angeschlossen, und in dieser kurzen Zeit hatte ich meinen Lebenstraum verwirklicht: Ich lebte in einem fremden Land und liebte einen bedeutenden Mann. Ich wünschte mir, dass es immer so bleiben würde.

Unser Idyll in Aley sollte jedoch nicht von Dauer sein. Nach drei Monaten forderte der Krieg wieder seinen Tribut und nahm uns in die Pflicht. In Russland hatte sich der Krieg verschärft, und die Armee Hitlers näherte sich den Toren Moskaus. In Frankreich hatte das Vichy-Regime, das mit der Gestapo kollaborierte, Tausende von Zivilisten, die unter dem Verdacht standen, der Résistance anzugehören, verhaftet und Hunderte exekutiert. In Nordafrika kämpften die Briten zusammen mit den Truppen des Commonwealth unter General Richard O'Connor immer noch gegen die Italiener, die sie entlang der libyschen Küste vor sich hertrieben, während die Verbände des Freien Frankreichs ungeduldig an den Flanken auf ihren Einsatz warteten.

Während dieser Zeit wurde der General regelrecht radiosüchtig. Sobald er das Haus betrat, stürzte er sich auf das Gerät und fummelte den ganzen Abend daran herum in der Hoffnung, die neuesten Nachrichten zu hören. Eines Abends hatte ich Selim gebeten, eine ganz besondere Mahlzeit zuzubereiten, um unser dreimonatiges Zusammensein zu feiern, und hatte zum ersten Mal meine Dschellaba aus grünem Brokat angezogen. Doch Pierre war so mit seinem Radio beschäftigt, dass er es nicht einmal bemerkte, und ich hatte nichts Besseres zu tun als die Beleidigte zu spielen.

Mir bereiteten die Nachrichten Unbehagen. Am liebsten hätte ich mir die Ohren zugehalten und den Krieg ausgeblendet, der unsere perfekte Welt zu zerstören drohte. Eigentlich hörte ich nur hin, wenn »*Lili Marleen*« gespielt wurde. Das sentimentale Lied berührte nicht nur mich, sondern fast alle Soldaten, und zwar auf beiden Seiten. Es wurde zu einer Erkennungsmelodie und später zu einem bewegenden Symbol des Zweiten Weltkriegs.

Ebenso wie der General scharrte auch der Rest der Truppe ungeduldig mit den Füßen. Ständig gab es Aufmärsche, Paraden wurden abgehalten und Orden verliehen für die Dienste in Syrien und Eritrea, doch all das pompöse Gehabe konnte die Männer nicht darüber hinwegtrösten, dass sie zum Nichtstun verdammt waren. Sie waren in erster Linie Soldaten, und sie wollten am Geschehen beteiligt sein. De Gaulle und seine Leute wussten, dass sie ihre Truppen bald an die Front schicken mussten, wenn sie sie nicht verlieren wollten. Eines Tages berichtete der General mir aufgeregt, man habe ihm die Atrep-Division und zwei Bataillone Legionäre in Aussicht gestellt, sobald die Franzosen an die Front berufen würden. Ich war zutiefst niedergeschlagen.

Dann kam die Nachricht, vor der ich mich die ganze Zeit insgeheim gefürchtet hatte. »Ich bin zum Gouverneur von Aleppo und Syrien ernannt worden«, erklärte mir Pierre voller Stolz. »Ich werde natürlich sofort dorthin aufbrechen.« Mir war auf der Stelle klar, dass wir aus unserem hübschen, kleinen Haus in den Weinbergen ausziehen mussten.

Es dauerte mehrere Tage, bis die Aufregung des Generals sich legte.

»Es war wie ein Traum«, sagte er an einem unserer letzten Abende in Aley voller Wehmut zu mir. »Und jetzt, *chérie*, ist der Traum zu Ende.«

Ich wusste, dass er die Wahrheit sagte. Es hatte keinen Sinn, sich an unser Glück zu klammern. Befehl ist Befehl. Sich von unserem Haus zu trennen fiel ihm ebenso schwer wie mir, doch wir hatten beide keine Wahl.

Todtraurig beauftragte ich eine Speditionsfirma, die kostbaren Gläser und das schöne Porzellan in Papier zu wickeln und in Stroh zu verpacken. Jedes einzelne Teil im Haus erinnerte mich an die glücklichsten Tage meines Lebens – die Blumenvasen, die Weingläser, die Teppiche und die Chintzbezüge, die unser Heim gemütlich gemacht hatten. Ich dankte Selim, dem die Tränen in den Augen standen, für alles, was er für uns getan hatte, und entließ ihn und die anderen Hausangestellten. Den Rest unserer Möbel und der anderen Habseligkeiten packte ich selbst. Einen Teil davon würden wir mitnehmen, doch das meiste ließ ich bei der Speditionsfirma einlagern, in der aberwitzigen Hoffnung, dass Pierre und ich die Sachen eines Tages gemeinsam auspacken würden. Als das Haus leer war, wirkte es ebenso verlassen wie ich mich fühlte.

Ich nahm Arad an die Leine, verriegelte die Haustür und verließ mein mit Weinranken bedecktes Heim. Ich brachte es nicht fertig, mich noch einmal umzudrehen, denn ich wusste, dass ich nie wieder an diesen Ort zurückkehren würde. So eine wunderbare Zeit würde ich niemals wieder erleben.

10
Im Hexenkessel

Aleppo, erbaut an einer Stelle, wo sich zwei alte Karawanenwege kreuzten, war ein Schmelztiegel der Religionen, Sprachen und Bräuche, ein Mekka der Händler und Pilger. Unsere Fahrt dorthin, über eine Straße, die sich zwischen dem Meer und den von Zedern bewachsenen Hügeln hindurchwand, dauerte mehrere Tage. Diesmal fuhren wir mit dem alten Lincoln. Irgendwann gelangten wir in die fruchtbare Ebene zwischen Euphrat und Orontes, die mit Häuschen in der Form von Bienenstöcken gesprenkelt war. Unterwegs machten wir Halt in einer Stadt namens Homs, und ich wurde von General Catroux' eindrucksvoller Gattin zum Kaffee gebeten – mein erstes »gesellschaftliches Ereignis« seit langer Zeit. Ich fragte mich, was sie dazu bewogen haben mochte, mich einzuladen. Vielleicht wollte sie sich die Frau, die mit dem neuen General in einem Haus lebte, einmal näher ansehen.

»Wie ist General Koenig denn so als Chef?«, fragte Madame Catroux, als sie ihre Neugier nicht länger bremsen konnte.

»Normal«, erwiderte ich. Ich hockte auf der Stuhlkante, nippte an meinem Kaffee, knabberte an einem Keks und gab mir Mühe, mich mit dieser scharfzüngigen Frau gepflegt zu unterhalten. Selten hatte mich jemand so sehr eingeschüchtert – kein Wunder, dass ihr Mann immer so müde wirkte, dachte ich.

In Homs, einer Industriestadt am Orontes und zugleich einem bedeutenden Straßen- und Eisenbahnknotenpunkt, sah man überall die Spuren heftiger Gefechte zwischen den Italienern, den Vichy-Truppen und unseren Streitkräften; die Wände vieler Gebäude wiesen Einschusslöcher auf, und die Straßen waren mit Kratern von Granaten übersät. Es war ein trauriger Anblick.

Dem General zu Ehren hielten die Truppen des Freien Frankreichs eine Parade ab, bei der er jenen, die sich im Kampf verdient gemacht hatten, Orden verleihen sollte. Es gab den üblichen Pomp und die üblichen Feierlichkeiten, die Kapelle der Legion spielte *Le Boudin*, und die Männer stellten sich in ihren Shorts und ihren staubigen Stiefeln in Reih und Glied auf. Ich freute mich, dass auch John Hasey einen Orden verliehen bekam, und sah stolz zu, wie er vortrat, um die *Croix de Guerre* und den *Ordre de la Libération* in Empfang zu nehmen. Später gelang es mir, ihn kurz zu sprechen, und in dem heiseren Flüstern, mit dem er sprach, nachdem er seinen Kehlkopf durch eine Schussverletzung verloren hatte, erklärte er mir, er würde in den nächsten Tagen zurück nach Massachusetts fahren.

»Meine Familie möchte mich zu Hause haben, aber ich hoffe, dass ich wieder an den Schauplatz des Geschehens zurückkehren kann, sobald es mir besser geht«, sagte er mit leuchtenden Augen. »Dann werde ich mich schon wieder nützlich machen können.«

»*Bonne chance, mon brave.*« Ich drückte seine Hand und küsste ihn auf die gesunde Seite seines entstellten Gesichts.

Ich sollte ihn nie wieder sehen, obwohl er tatsächlich an die Front zurückkehrte und dem General während der letzten Kriegsjahre als persönlicher Adjutant zur Seite stand. Anschließend arbeitete er fast dreißig Jahre lang bei der CIA und kehrte 1996 im Alter von neunundsiebzig Jahren nach Frankreich zurück, um aus der Hand von Präsident Jacques Chirac die *Légion d'Honneur* in Empfang zu nehmen.

In Aleppo, der zweitgrößten Stadt Syriens, bewohnten wir ein wesentlich vornehmeres Haus als bisher. Es war von Wall und Graben umgeben, lag im Schatten der Zitadelle und war früher der Sitz des Gouverneurs gewesen. Doch obwohl mein Zimmer nicht weit von dem des Generals entfernt lag und wir Gelegenheit hatten, uns nachts heimlich zu treffen, mussten wir wesentlich vorsichtiger sein, und die vertraute Intimität unserer Zeit in Aley war für immer dahin. Die Hausbediensteten waren im Vergleich zu Selim und seinem Mitarbeiterstab miserabel, das Essen war so gut wie ungenießbar, und Pierre und ich hatten kaum Zeit für uns, da er ständig bei wichtigen Leuten zum Essen eingeladen war. Ich richtete unser Quartier so gemütlich wie möglich ein, kaufte Vorhänge und stellte einige unserer eigenen Möbel auf, aber die Atmosphäre war mit der in unserem kleinen Haus nicht zu vergleichen. An den wenigen Abenden, an denen wir allein waren, aßen wir zusammen zu Abend, dann spielte er für mich auf dem Klavier, oder wir saßen vor seinem alten Bakelit-Radio, um die neuesten Meldungen zu hören.

Die Legionäre waren meine Rettung. Alte Freunde wie Amilakvari, Boris Nazaroff und andere führten mich zum Essen aus und nahmen mich gelegentlich auf abenteuerliche Ausflüge mit. Einige Männer machten mir sogar Avancen, doch ich war meinem General treu, auch wenn das zur Folge hatte, dass ich oft allein war. Natürlich leistete Arad mir Gesellschaft, aber er war nie ein anhänglicher Hund gewesen und jaulte unablässig, wenn sein Herrchen nicht da war. Die Legionäre, die meine Einsamkeit spürten, schenkten mir eine kleine Gazelle, die mich an die erinnerte, die ich in Eritrea Duchess gekauft hatte. Sie fraß Tabak und lebte, bis wir abrückten, in einem abgezäunten Bereich unseres Gartens. Nach unserer Abreise floh sie zurück in die Wüste.

Wie üblich musste der General an Konferenzen mit den Arabern, den Vichy-Leuten und den Alliierten teilnehmen, und es war meine Aufgabe, dafür zu sorgen, dass er immer rechtzeitig zu seinen Terminen kam. Die Treffen fanden nicht nur in Aleppo statt; manchmal musste ich ihn kreuz und quer durch Syrien und den Libanon fahren. Einmal war unser Ziel die alte Stadt Baalbek. Wir fuhren durch Weinberge und Olivenhaine, über schmale Straßen und durch Burghöfe. Die Landschaft war atemberaubend, doch hatten wir kaum Zeit, sie zu genießen oder eine kleine Pause einzulegen.

Mittlerweile war meine Rolle eindeutig festgelegt. In erster Linie war ich die Fahrerin und Untergebene des Generals. Die romantischen Tage in Aley, die Strandspaziergänge mit Arad, die Dinners unter freiem Sternenhimmel und die trauten Stunden am warmen Ofen waren vorbei. Jetzt aß ich zusammen mit den anderen Fahrern im Bedienstetentrakt oder allein zu Hause. Auch in den meisten Nächten schlief ich allein, da Pierre oft erst spät nach Hause kam und nicht riskieren wollte, in meinem Bett erwischt zu werden. Ich sehnte mich nach dem schönen Leben, das wir geführt hatten, zurück, aber Pierre war General, wir befanden uns mitten im Krieg, und ich sagte mir, dass ich eigentlich dankbar sein sollte für das, was wir gemeinsam erlebt hatten.

Unsere erste Gelegenheit, unbefangen zusammen zu sein, ergab sich im Dezember, als wir nach Ägypten aufbrachen. Endlich hatten die Verbände des Freien Frankreichs Befehl erhalten, sich auf einen Fronteinsatz vorzubereiten und sich zu einem Kriegsschauplatz zu bewegen, auf dem die Kämpfe ständig an Heftigkeit zunahmen.

»Wie würde es dir gefallen, Weihnachten in Kairo zu verbringen?«, fragte mich unerwartet der General eines Morgens beim Frühstück, als ich wie gewohnt meinen Dienst antrat.

Ich musterte sein lächelndes Gesicht. »Ist das dein Ernst?«, fragte ich und wagte kaum zu glauben, was er mir anbot.

Er nickte. »Es tut mir Leid, dass wir in letzter Zeit so wenig Zeit füreinander hatten, aber jetzt können wir wenigstens Weihnachten zusammen feiern. Nur wir beide.«

Ich strahlte ihn an und konnte nur schwer widerstehen, ihm um den Hals zu fallen.

Pierre freute sich auf Ägypten und war äußerst zufrieden mit dem Fortgang der Ereignisse. General de Gaulle war offenbar von ihm beeindruckt und hatte ihm für die Zeit nach dem Krieg einen hohen Posten in Aussicht gestellt. Jetzt sollte er die Truppen des Freien Frankreichs einmal mehr in die Schlacht führen, eine Aufgabe, die er erstrebt hatte, seit ich ihm zum ersten Mal begegnet war.

Unser erstes gemeinsames Weihnachtsfest verbrachten wir im prachtvollen Ambiente des legendären Shepheard's Hotel aus dem neunzehnten Jahrhundert. Das Haus mit seiner kolonialen Atmosphäre, seinen bequemen Möbeln, den Kronleuchtern und wunderschönen Antiquitäten lag am Platz der Midan Oper mit Blick auf den Nil. Über unseren Köpfen summten Ventilatoren, die Marmorböden waren mit kostbaren persischen Teppichen bedeckt, und das Hotelpersonal trug blütenweiße Dschellabas und rote Schärpen. Jeden Morgen wurden wir vom Gesang der Muezzins geweckt, die die Gläubigen von den Minaretten aus zum Gebet riefen, doch wenn der Gesang verklungen war, drehten wir uns noch einmal um und schliefen uns aus. Abends gingen wir zum Dinner ins Groppi's Corner House mit seiner verglasten Kuppel oder in einen arabischen Club, wo Bauchtänzerinnen die Gäste unterhielten und dickleibige Paschas an den Tischen Geschäfte machten. Am ersten Weihnachtstag suchten wir eine koptische Kirche auf, damit Pierre an der heiligen Messe teilnehmen konnte.

Während er vor dem Altar kniete und betete, saß ich im hinteren Teil der Kirche, genoss den Duft des Weihrauchs und bewunderte die Ikonen, deren Blattgoldverzierungen im flackernden Kerzenlicht schimmerten. Ich bin nie eine Kirchgängerin gewesen, meine Eltern waren nicht besonders gläubig, und dennoch hatte die friedliche, feierliche Atmosphäre etwas Tröstendes. Ich neigte den Kopf, schloss die Augen und faltete die Hände.

»Lieber Gott, wenn es dich gibt, dann bitte ich dich, beschütze Pierre in den Schlachten, die ihm bevorstehen«, flüsterte ich leise.

Später fuhren wir nach Gizeh hinaus und gingen schweigsam bei den Pyramiden spazieren. Weder Touristen noch Bettler waren zu sehen, der Krieg hatte sie vertrieben. Verlassen von allen, bis auf jene, die geblieben waren und auf ihren Einsatz an der Front warteten, standen diese ehrwürdigen Zeugnisse des Todes und der Vergangenheit trotzig in der Ebene von Gizeh, vollkommen unberührt von Zeit und Krieg, von der Dummheit der Menschen. In der kleinen Stadt im Schatten der Pyramiden fanden wir ein Restaurant, wo wir ein einfaches, aber köstliches Mahl zu uns nahmen: Saubohnen, Fleischbällchen aus Lammhack, Salat, Brot und Humus und dazu kühles Bier. Es war das beste Weihnachtsessen, das ich je gegessen hatte. Ich musste an meine Eltern in England denken, die mit ihren mageren Rationen zurecht kommen mussten, an meinen Bruder Laurence, der wahrscheinlich stumm mit ihnen am Tisch saß, und dankte dem Himmel, dass ich Pierre hatte.

»Das ist ein wunderbares Weihnachtsfest«, sagte ich und hob mein Glas, um mit ihm anzustoßen. »Es tut so gut, wieder ein bisschen Zeit füreinander zu haben. Ich danke dir.«

»Ja, du hast Recht«, sagte er mit leuchtenden Augen und trank einen kräftigen Schluck aus seiner Flasche. »Und 1942 wird ein gutes Jahr, wenn wir den Feind besiegen und die Ehre Frankreichs wieder herstellen.« Er hob seine Flasche und stieß mit mir an, und da wusste ich, dass ich ihn bereits verloren hatte.

Während der ersten Tage des neuen Jahres, als der General seine Arbeit wieder aufgenommen hatte, ging ich allein in den staubigen Straßen Kairos spazieren und suchte Trost in dieser wundersamen Stadt, der »Mutter aller Städte«, wie sie in den *Märchen aus Tausendundeiner Nacht*, die ich als Kind verschlungen hatte, genannt wurde. In den Straßen drängten sich die Menschen, und die Straßenbahnen machten einen Höllenlärm. Kairo war eine Mischung aus Alt und Neu, Orient und Abendland, eine Stadt, die von den Menschen entweder geliebt oder gehasst wurde. Ich liebte sie.

Auch die zwielichtige Seite der Stadt zog mich in ihren Bann. Ich erkundete die Haschisch-Spelunken in der Kairoer Altstadt und die Stadt der Toten, wo die armen Leute zwischen den Grabsteinen hausten. Direkt gegenüber dem Eingang zum Shepheard's Hotel konnte ich die Sharia il Berka, den berühmten Rotlichtbezirk der Stadt einsehen. Ich war fasziniert von den *femmes de mauvaise vie* in ihren billigen Kleidern, die, nachdem sie die ganze Nacht lang zahllose alliierte Soldaten sowie ihre üblichen Kunden bedient hatten, frühmorgens zerzaust auf die Straßen wankten.

Während meiner unbekümmerten Jugendzeit hatte mein Vater mich davor gewarnt, zu einer *femme facile* zu werden. Ich musste an die Nächte in Cannes denken, als ich regelmäßig im Morgengrauen beschwipst nach Hause gekommen war, und schämte mich ein bisschen. Mein armer Vater, was musste er sich für Sorgen um meine Zukunft gemacht haben. Ich konnte nur hoffen, dass es ihn beruhigen würde, wenn er mich jetzt sehen könnte, älter und erfahrener, die Geliebte eines hoch geachteten Generals und respektierte Frau mit einer verantwortungsvollen Aufgabe. Andererseits war mein General verheiratet, und zwar mit einer anderen. Das würde Vater gar nicht gefallen.

Die Erinnerung an meinen Vater brachte mich dazu, wieder einmal nach Hause zu schreiben, wie ich es gelegentlich während des Krieges tat. Meine Briefe nach England waren kurz und wenig informativ, so auch dieser: »Kairo, Januar '42. Immer noch bei der Legion, harte Arbeit. Wetter heiß und staubig, aber Gesundheit gut. Habe die Pyramiden gesehen. Empfange BBC im Radio und halte mich auf dem Laufenden. Hoffe, es geht euch allen gut. Alles Liebe, Susan.«

Während jener ersten friedlichen Wochen des Jahres 1942 blieben Pierre und ich von dem Krieg, der in Europa und in weiten Teilen der Welt wütete, verschont. London litt immer noch unter dem Blitzkrieg, und die Nazis standen dicht vor Moskau. General de Gaulle hatte daraufhin den Russen die Unterstützung durch seine Streitkräfte angeboten, in der Hoffnung, diese würden seine Hilfe mehr zu schätzen wissen als die Briten. Im fernen Osten war Pearl Harbor bombardiert worden – was zur Folge hatte, dass nun auch die Amerikaner an diesem Krieg beteiligt waren – und die Japaner drangen immer tiefer in Südostasien ein.

Ich wusste, dass es auch in der Libyschen Wüste nicht zum Besten stand. Wütend über den unwürdigen Rückzug der Italiener vor den alliierten Streitkräften hatte das Oberkommando der Nazis das Afrikakorps verstärkt. Der Befehlshaber der Truppen, Generalmajor Erwin Rommel, ein berühmter Taktiker, der allgemein unter dem Namen der »Wüstenfuchs« bekannt war, ließ seine Panzer zweihundert Kilometer weiter nach Osten in Richtung Ägypten vorrücken und bedrohte erneut die libysche Küstenstadt Bengasi. Die britische Armee, die in Halfaya die Stellung hielt, war gefährlich überfordert.

Doch trotz allem schienen de Gaulles Appelle, eine Rolle zugewiesen zu bekommen in dem, was er das »entscheidende Kräftemessen« zwischen den Achsenmächten und den Alliierten nannte, ungehört zu bleiben. Pierre und seine Männer hörten die Nachrichten und saßen wie auf heißen Kohlen, während die britische Armee und die Streitkräfte des Commonwealth quasi im Alleingang versuchten, den Feind zurückzudrängen. Doch die Ereignisse sollten eine bemerkenswerte Wendung nehmen. Weder der General noch ich ahnten etwas davon, dass unsere Truppen bald schon die Chance bekommen würden, sich zu beweisen. Die Briten kamen endlich zu dem Schluss, dass sie Unterstützung brauchten, und diesmal war es ihnen egal, woher die Hilfe kam.

Die *Première Brigade Française Libre* oder Erste Brigade des Freien Frankreichs, bestehend aus 957 Legionären und einer vielsprachigen Truppe aus den französischen Kolonien von Marokko über den Tschad bis hin zu Tahiti, sowie zwei Spearettes und einigen Quäker-Ärzten, wurde schließlich mobilisiert und erhielt Befehl, aus Kairo und Syrien abzurücken, um in den Kampf um die Libysche Wüste einzugreifen. Der neubenannten Achten Britischen Armee (der ehemaligen Imperial Army of the Nile) zugeteilt, wurde sie als Panzertruppe ausgerüstet und damit zur modernsten französischen Streitkraft. Wie erfreut war ich, als ich erfuhr, dass der General dafür gesorgt hatte, dass ich als seine Fahrerin dabei sein würde.

»Sie wollten mir einen männlichen Fahrer geben, aber ich habe abgelehnt«, erklärte der General mir am Tag bevor wir ausrückten. »Wenn du mitkommen willst, steht es dir frei. Aber niemand würde es als unehrenhaft ansehen, wenn du lieber bleiben willst, La Miss«, fügte er hinzu. »Das Leben in der Wüste ist kein Zuckerschlecken, weißt du, und wir werden kaum Gelegenheit haben, zusammen zu sein.«

»Ich gehe überallhin, wo du hingehst«, erwiderte ich und sah ihm fest in die Augen. »Mehr verlange ich nicht.«

Er nickte, unterzeichnete die nötigen Papiere und reichte sie mir.

»Viel Glück«, sagte er und salutierte dabei.

Den riesigen Konvoi in Richtung Westen werde ich nie vergessen. So weit das Auge reichte, bewegten sich vor und hinter uns Männer und Fahrzeuge wie eine monströse Klapperschlange durch den Staub. Nachdem wir die Gegend um Alexandria mit ihren Gummi- und Jakarandabäumen hinter uns gelassen hatten, erstreckte sich die Straße wie ein langes, gerades Band bis an den Horizont; auf der einen Seite lag das klare, türkisfarbene Meer, auf der anderen die graugelbe Wüste, nur Staub und Steine, wohin das Auge blickte, dieselbe Farbe. Nach anderthalb Tagen stießen wir mitten im Niemandsland auf ein handgemaltes Straßenschild. »Zur Libyschen Wüste« stand über einem Pfeil; wir mussten laut lachen. Zumindest wussten wir jetzt, dass wir in der richtigen Richtung unterwegs waren.

Ich fuhr jetzt einen alten Ford-Utility-Geländewagen, dessen Seiten- und Heckfenster fast ganz mit Farbe bestrichen waren, damit keine Lichtreflexe entstanden, die von deutschen Fliegern gesehen werden konnten. Im Vergleich zu dem Humber und dem Lincoln, die ich bisher gefahren hatte, war der Wagen ziemlich gut in Schuss und wesentlich bequemer. Offenbar standen einem General bessere Fahrzeuge zu als einem Oberst, was mir nur recht sein konnte, denn der Ford wurde schon bald zu meinem neuen Zuhause. Ich schlief und wusch mich darin und zog mich auch darin um. Da die Seitenfenster mit brauner Farbe angestrichen waren, brauchte ich nur ein Handtuch über die Windschutzscheibe zu legen, um vor Blicken geschützt zu sein, was mir in dieser Männerwelt das Allerwichtigste war.

Dem General stand eine Art Wohnwagen zur Verfügung, eine aus einem alten Renault-Lieferwagen umfunktionierte *camionnette* mit einem Bett, einem Tisch, einer Sitzbank und einem kleinen Waschbecken. Die Männer aus der Werkstatt in Aleppo hatten ihr Bestes getan und sogar die Wände mit Holz verkleidet, sodass es innen aussah wie in einem Waggon des Orientexpress. Es war ein richtiger kleiner Schlafwagen, um den ihn alle beneideten. Die britischen Generäle hatten sich nach seinem Vorbild von ihren Leuten ähnliche Wohnwagen einrichten lassen, aber keiner war so geschmackvoll und gemütlich wie das Original.

Der Bursche des Generals war ein junger Mann aus Indochina namens My Fen, dem wir den Spitznamen *mie de pain*, Brotkrümel, gaben, weil er so klein war. Im Allgemeinen diente der Bursche eines Befehlshabers auch dessen Fahrer, aber das war nicht unproblematisch. Kein Legionär wäre bereit gewesen, von einer Frau Befehle entgegenzunehmen, also hatte der General My Fen mitgenommen, der nicht so widerspenstig war. My Fen sprach kaum französisch, und er hatte einen Heidenrespekt vor dem General, sodass er auch seine Rolle als mein Bursche ohne mit der Wimper zu zucken übernahm. Auch Arad war mit von der Partie, aber schon bald wurden er und der General einander überdrüssig in dem kleinen Wohnwagen, und wenn wir ein Nachtlager bezogen, lief er hinaus und schlief irgendwo zwischen den Männern.

Nachdem ich ein halbes Jahr lang sozusagen das Leben einer »Ehefrau« geführt hatte, mit einem Mann, neben dem ich jeden

Abend einschlief, mit einem Dach über dem Kopf, Essen auf dem Tisch, Wasch- und Heizmöglichkeit, wurde ich in das entbehrungsreiche Leben in der Wüste zurückkatapultiert. Hier war kein Raum für Romantik und Nähe; hier gab es keine Basare und keine kleinen Cafés, wo man bei einer Tasse starkem, süßem Kaffee plaudern konnte. Hier gab es nur widerliches Corned Beef mit Reis, Tee in Blechtassen, der nach Metall schmeckte und mit dicker Kondensmilch angereichert war, sowie trockenen, harten Zwieback.

Noch unerträglicher waren die unzähligen Fliegen, die sich an den herumliegenden Kadavern fett fraßen, einem dauernd um Augen und Mund herumkrabbelten und sich auf allem niederließen, was essbar war. Die brütende Hitze machte mir ebenfalls zu schaffen, und ich war ständig nass geschwitzt. Sich einen Sonnenbrand zuzuziehen, kam einem Kriegsverbrechen gleich. Es galt als Selbstverstümmelung und brachte einen vor das Kriegsgericht, aber am Hals, an den Händen und anderen der Sonne ausgesetzten Körperstellen waren Verbrennungen kaum zu vermeiden. Manchmal wälzten sich die verschwitzten Männer im Sand, um sich ein wenig Sonnenschutz zu verschaffen.

Am schlimmsten war der Staub, der in jede Pore und in jede Öffnung drang, in Hautfalten festbackte und die Haare so verfilzte, dass kein Kamm sie mehr entwirren konnte. Ich sehnte mich nach warmem Wasser und Shampoo, nach dem Luxus sauberer, duftender Haut und seidiger Haare. Alles war mit einem dünnen Staubfilm bedeckt – Tische, Betten, selbst das Wasser. Beim Essen knirschte es zwischen den Zähnen, wenn man etwas trinken wollte, musste man zuerst den Staub abschöpfen, Schuhe und Kleider musste man ausschütteln, bevor man sich morgens anzog.

Wenn plötzlich Regen einsetzte, sprangen die Männer ausgelassen herum, um sich den Sand vom Körper spülen zu lassen. Doch dann stürzten die Temperaturen, der Regen wurde zu Hagel, und die schweren grauen Sturmwolken ließen befürchten, dass es gleich schneien würde. Die Regenmassen verwandelten den Boden in kürzester Zeit in Morast, der in jedes Zelt schwappte. Das Wasser drang in die Stiefel und durch die Zeltwände, die klatschnasse Sommerkleidung klebte uns auf der Haut, und alle drängten sich zitternd unter Segeltuchplanen zusammen und beteten, die Sonne möge wieder hervorkommen. Unter den Augen der geierartigen Vögel, die sich auf unseren Zeltdächern niederließen, um ihr Gefieder zu putzen und nach Essensresten Ausschau zu halten, warteten wir das Ende des Gewitters ab.

Die Libysche Wüste war zermürbend. Die Bedingungen waren nicht nur körperlich anstrengend; die weite Leere, die sich bis zum Horizont erstreckte, war auch eine enorme psychische Belastung. Allein den Weg zu finden, war nervenaufreibend. Wir mussten uns mit Hilfe von Kompassen orientieren und gerieten immer wieder in die Irre. Auf den wenigen auf Leinen gedruckten Karten der Gegend, die wir mitführten, waren Geländemarkierungen so spärlich verzeichnet, dass sie eher aussahen wie Seekarten. In dem rauen Klima musste ich fast jede Stunde anhalten und Öl, Benzin und Wasser nachfüllen, die überhitzten Reifen überprüfen, um nicht Gefahr zu laufen, dass einer platzte, und die Filter säubern, die regelmäßig vom Sand verstopft waren.

Und dann gab es noch die Sandstürme, die einem das Leben schwer machten. Wenn so ein Sturm wie eine große, schwarze Wolkenwand über die Wüste heranrollte und die Sonne verdunkelte, wurde alles unterbrochen: Schlachten, Konvois, Mahlzeiten, sogar der Schlaf. Zuerst hörte man ein dumpfes Grollen wie von einem in der Ferne vorbeifahrenden Zug, und am Horizont war eine dunkle Wolkenmasse zu sehen. Sofort gingen alle in Deckung, suchten Schutz in geschlossenen Fahrzeugen, unter Decken und allem, was sich bot. Mit einer Geschwindigkeit von bis zu sechzig Stundenkilometern saugt ein Sandsturm allen Sauerstoff aus der Luft, die er vor sich hertreibt, sodass sogar die kleinsten Insekten in Panik geraten und ausschwärmen. Die Hitze wird unerträglich, es wird stockdunkel, und umherwirbelnde Sandkörner setzen sich in den Schweißtropfen fest und bildeten eine Kruste auf der Haut. Ich habe erlebt, wie Männer vor lauter Angst, unter dem Sand, der auf sie niederprasselte, lebendig begraben zu werden, in Panik gerieten; verzweifelt versuchten sie aufzustehen, nur um im gleichen Augenblick vom Sturm wieder zu Boden geworfen und vom Sand gepeitscht zu werden, bis ihre Haut blutete. Wenn der Sturm sich gelegt hatte, krochen wir alle blinzelnd und von Kopf bis Fuß mit Sand bedeckt aus unseren Unterschlüpfen hervor, um den Schaden zu begutachten.

Der General schien diese Beschwernisse kaum wahrzunehmen und sich mühelos von einem weltoffenen Diplomaten in den Befehlshaber einer Wüstenarmee zu verwandeln. In seinem blauroten Képi war er nur noch Soldat und demonstrierte seine unerbittliche, professionelle Dienstauffassung, indem er seine Befehle und Anweisungen in höchst schroffem Ton erteilte. Er wurde verschlossen und launisch und oft schrie er mich an, wenn ich durch ein Schlagloch fuhr oder eine Piste verfehlte.

»*Mon Dieu!*«, brüllte er dann. »Kannst du nicht aufpassen? Wenn das so weitergeht, fahre ich lieber selber!«

Das Problem war, wenn ich alle Unebenheiten und sämtliches Gestrüpp umfuhr, kam ich von der geraden Linie ab, die der Kompass vorgab, und lief Gefahr, mich zu verfahren. Häufig galt es, die beiden Alternativen gegeneinander abzuwägen. Meistens entschied ich, dass die Schlaglöcher das geringere Übel darstellten, selbst wenn das den Zorn des Generals erregte und die Stoßdämpfer des Wagens weiter ruinierte.

Die ersten Monate in der Mondlandschaft der Libyschen Wüste im Frühjahr 1942 waren der Beginn der dramatischsten Phase von Pierres militärischer Karriere. Seit Narvik war er in keine größeren Kampfhandlungen mehr verwickelt gewesen, und obwohl es in Eritrea und Syrien einige Gefechte gegeben hatte, waren das vergleichweise kleinere Scharmützel. Er war mit Leib und Seele Soldat und wollte seinem Land und den Alliierten dienen, indem er an Schlachten teilnahm, die in die Geschichtsbücher eingingen.

So sehr er auch die Zeit mit mir in Aley und Aleppo genossen hatte, muss er sich dort gefühlt haben wie in einem Wartezimmer. Jetzt, da er es mit so einem gefährlichen Gegner wie Rommel zu tun hatte und angesichts der bedrohlichen Situation der Achten Armee wussten er und seine Männer, dass ihre Zeit gekommen war.

Für mich dagegen waren jene Monate die einsamsten meines Lebens. Ohne die Zerstreuung, die eine Stadt wie Kairo bot, und ohne die Aufmerksamkeit des Mannes, den ich liebte, schien es mir bestimmt, eine sehr private Art Krieg zu führen. Ich musste meine Gefühle unterdrücken und durfte nicht an die Zukunft denken. Außer dem Fahren gab es keine andere Arbeit für mich in einer Armee, in der jeder Mann seine festgelegte Aufgabe hatte und sich jeder nur aufgeregt hätte, wenn ich mich irgendwo eingemischt oder meine Hilfe angeboten hätte. Wir kamen nur langsam voran, und auf unserem etwa siebenhundert Kilometer weiten Weg durch die Wüste hatte ich wochenlang wenig zu tun und niemanden, der mir Gesellschaft leistete. Ein Tag war so eintönig wie der andere.

Meine Mahlzeiten nahm ich jetzt nicht mehr mit dem General zusammen ein und auch nicht mit den Offizieren, die ich kannte, sondern in der Feldküche mit den einfachen Soldaten. Arad hatte schnell gelernt, dass er größere Chancen hatte, etwas zu fressen zu bekommen, wenn er sich bei den Zelten der Legionäre herumtrieb, und so sah ich ihn nur, wenn ich ihn an meinem Zelt anband, um ein bisschen Gesellschaft zu haben. Er hatte immer noch wunderbar weiche Ohren, und manchmal war es mir ein großer Trost, bei ihm zu sitzen, ihm die Ohren zu kraulen und leise mit ihm zu reden. Doch sobald ich ihn freiließ, rannte er los, um mit den anderen Hunden zu spielen oder beim Küchenzelt um Futter zu betteln, und dann verlor ich ihn oft tagelang aus den Augen. »*Avez-vous vu mon chien?*«, fragte ich stets, wenn ich nach ihm suchte. Und es waren wohl die häufigsten Worte, die man aus meinem Mund hörte. Wie alle »Männer« in meinem Leben war Arad ein unabhängiger Geist und tat nur, was ihm gefiel.

Nachts schlief ich allein in meinem Wagen, eingewickelt in einen Schaffellmantel, den ich mir in Aleppo auf dem Basar gekauft hatte, um in den bitterkalten Wüstennächten nicht zu frieren. Die Vordersitze, die mit Haken befestigt waren, konnten nach hinten geklappt werden, sodass sich eine bequeme Liegefläche ergab. Natürlich war es kein Vergleich zu den komfortablen Betten in den Hotelsuiten, in denen ich in Beirut genächtigt hatte.

Eines Tages fuhr ich den General und Willoughby Norrie, einen britischen Vier-Sterne-General, zu einer Lagebesprechung – die Männer saßen beide hinten –, als zu meinem großen Entsetzen mein Sitz nach hinten klappte. Eh ich michs versah, lag ich plötzlich auf dem Rücken, den Kopf auf dem Schoß des Generals. Beinahe wäre der Wagen von der Straße abgekommen.

»Herrgott, Travers, setzen Sie sich anständig hin!«, brüllte der General, als hätte ich das absichtlich getan.

Es gelang mir gerade rechtzeitig, mich aufzurichten, bevor der Wagen im tiefen Sand landete. Als wir Rast machten, bat ich die Mechaniker, die untauglichen Haken durch etwas Besseres zu ersetzen, um die Vordersitze in Position zu halten.

In manchen Feldlagern, zum Beispiel in El Tahag in der Nähe von Kairo, gestattete man mir den Luxus eines eigenen kleinen Zelts, in dem ich mein Feldbett aufbauen und ein wenig Privatsphäre genießen konnte. Meine einzigen anderen Habseligkeiten waren meine Badevorrichtung, das Werkzeug, der kleine Koffer mit ein paar zur Uniform gehörenden Accessoires, eine zweite Baskenmütze und eine Pistole. Die einzigen Zugeständnisse an meine Bedürfnisse als Frau waren eine Haarbürste, Monatsbinden und ein paar Unterhosen. (Die Männerunterhosen konnte ich nicht tragen, weil sie zu lang waren.) Ich trug keinen BH – hatte eigentlich nie einen benötigt – und wusch meine Unterwäsche selbst, während My Fen den Rest meiner Wäsche erledigte. Es war ein spartanisches Leben und Welten entfernt von meinem früheren Leben mit all dem Tand und Flitter.

Langsam bewegte sich unser Konvoi durch die brennende Wüste auf Halfaya zu. Nachts kampierten wir unter dem Winterhimmel mit seinen Sternen. Noch nie in meinem Leben hatte ich einen solchen Nachthimmel gesehen wie in der offenen Wüste. Es war, als würde die Erde auf dem Kopf stehen und als wären die Sterne die reflektierenden Lichter einer Großstadt, die das flache Land unter uns beleuchteten. Die Pracht des Nachthimmels wurde noch hervorgehoben durch eine Stille, die alles einhüllte, jeden Laut verstummen und jede unnötige Bewegung erstarren ließ.

Tagsüber sah man nichts als endlose Ebene, hier und da unterbrochen durch niedrige steinige Hügelketten und Felsbrocken. Die einzige Vegetation bestand aus spärlichem Dornengestrüpp, und der Boden war eine trockene Mischung aus Sand und Steinen. All das hatte nichts mit meinen romantischen Vorstellungen von Wüste zu tun. Vergeblich suchte ich die sanften Dünen aus den Abenteuererzählungen, es gab keine von Palmen umsäumte Oasen und keine Beduinenzelte – die Beduinen waren schlau genug, sich nur in diese Einöde zu begeben, wenn es unbedingt sein musste.

Die Mahlzeiten waren die Höhepunkte unseres Tages. Die britischen Befehlshaber fanden sich oft im Zelt des Generals ein, um taktische Fragen zu diskutieren, und es war kein Zufall, dass ihre Besprechungen meistens mit dem Abendessen zusammenfielen. Die Briten bekamen die gleichen Rationen wie wir – Corned Beef, Reis und dünnen Armeezwieback, harten, gelben Käse, Hering in Dosen, Trockenpflaumen, Bier, wenn man es vom *Naafi* bekommen konnte, hin und wieder Wein und jeden Tag Tee. Aber während die britischen Köche das Dosenfleisch einfach nur erhitzten oder sogar kalt servierten, zauberten unsere französischen oder asiatischen Köche aus dem, was sie zur Verfügung hatten, köstliche Eintöpfe, die sie mit allem würzten, was sie in die Finger bekamen – Wein, Bier, Knoblauch und manchmal auch Zwiebeln.

Schließlich erreichten wir den Halfaya-Pass, und wir begriffen sofort, warum er von der 8. Armee als »Tor nach Libyen« bezeichnet wurde. Von hier aus hatte man eine gute Aussicht bis zur ägyptischen Küste und konnte den dichten Stacheldrahtzaun sehen, den Mussolini vor Jahren hatte errichten lassen, um die Libyer daran zu hindern, seinem faschistischen Regime zu entfliehen. Die Briten waren vor uns dort eingetroffen und hatten bereits die italienische Savona-Division sowie ein Bataillon Panzergrenadiere in die Flucht geschlagen; unsere Aufgabe war es, das Gebiet zu säubern und die Stellung eine Zeit lang zu halten, um zu verhindern, dass die Deutschen sie wieder in die Hände bekamen.

»Die Briten haben diesen Ort ›Hellfire-Pass‹ genannt«, erklärte mir Gabriel de Sairigné eines eiskalten Abends, als wir uns mit einer Tasse Kaffee aufwärmten. »Höllenfeuer-Pass – das klingt doch eigentlich so, als müsste es hier warm sein, oder?«

Ich fror zu sehr, um ihm eine Antwort zu geben.

Als wir am Halfaya-Pass eintrafen, gab es zunächst noch einige kleinere Gefechte, doch schließlich schlugen Amilakvari und seine Männer die Deutschen endgültig in die Flucht, und es wurde friedlicher. Im Februar erhielten wir Befehl, nach El Mechili vorzurücken, doch als wir dort eintrafen, mussten wir feststellen, dass die Deutschen uns zuvorgekommen waren. Also traten wir im Dunkeln den Rückzug an, tausend Fahrzeuge schwärmten in vier Kolonnen aus und lieferten sich Rückzugsgefechte mit den Deutschen.

Überall, wo wir hinkamen, fanden wir Spuren von heftigen Gefechten vor, die zwischen den Alliierten und den Achsenmächten stattgefunden hatten. Ausgebrannte Panzer und Fahrzeuge säumten die Straßen. Wie die ausgebleichten Skelette prähistorischer Monster waren die stählernen Leichen von den Mechanikern beider Seiten ausgeweidet worden. In der Wüste wurde nichts vergeudet.

Unsere Hauptaufgabe war es zu verhindern, dass die Achsenmächte Kairo erreichten und den Suezkanal kontrollierten. Bisher schienen Hitlers Armeen auf ihrem Vormarsch durch Europa und quer durch Nordafrika unbesiegbar. Wir waren alle wild entschlossen, diesem Siegeszug ein Ende zu bereiten. Berichten zufolge gab es auf der Straße zwischen Alexandria und Tobruk, der wichtigsten Versorgungsroute der Alliierten, ständig Gefechte. Zu unserem großen Unmut waren unsere Truppen jedoch vorerst nur für Säuberungsaktionen weiter im Süden vorgesehen. In Duba, wohin wir in Marsch gesetzt wurden, fünfzig Kilometer entfernt von einem Ort namens Marsa Matruh (wo Antonius und Kleopatra gebadet haben sollen), gab es, entgegen unseren Hoffnungen, nur kleine Scharmützel. Wir verbrachten unsere Zeit damit zu warten, dass etwas geschehen würde. Und dann, völlig überraschend, geschah etwas.

Nach mehreren Wochen des Zögerns änderte Rommel plötzlich seine Taktik. Am 21. Januar hatte er seiner Panzerarmee befohlen, eine Kehrtwende in der Wüste zu machen, um die Oberhand bei den Kämpfen zu gewinnen. Im Gegenzug hatten die britischen Befehlshaber ihre Streitkräfte in aller Eile neu gruppiert. Unsere schwer bewaffneten Verbände des Freien Frankreichs, darunter fast tausend Mann der 13. Halbbrigade, sowie britische, afrikanische und indische Brigaden wurden in Marsch gesetzt, um die verlassene italienische Garnison Bir Hacheim in der unfruchtbaren Wüste der Cyrenaika zu übernehmen, achtzig Kilometer südlich von Tobruk. Es war das letzte nutzbare Stück Land am Rand der riesigen Einöde, die unter dem Namen »Großes Libysches Sandmeer« bekannt ist. Die 3 723 Mann starke Truppe (unter ihnen 957 Legionäre), der neben Fruchaud, Simone und einer australischen Schwester namens Miss Smith auch ich zugeteilt wurde, sollte die britische 150. Infanteriebrigade ablösen, die den abgelegenen Vorposten seit mehreren Wochen hielt.

Im Gefolge eines wild zusammengewürfelten Konvois aus beschlagnahmten Fahrzeugen, rostigen Lastwagen, uralten Autos und Bussen fuhr ich den General in dem alten Ford Utility durch die Wüste zu unserem Zielort. Es war ein schlecht kartographiertes Gebiet mit steinigen Straßen und fast ohne Wegweiser. Nur mit Hilfe von Kompassen war es möglich, den Weg von einer Stellung zur nächsten zu finden. In dieser unwirtlichen Gegend hätte es den sicheren Tod bedeutet, wenn wir uns verirrt hätten.

Als wir Bir Hacheim am Valentinstag 1942 erreichten, stellten wir fest, dass es sich nicht so sehr um eine befestigte Stellung, sondern eher um eine Straßenkreuzung handelte, eine Stelle, an der die uralten Karawanenstraßen zusammenliefen, auf denen die Beduinen vor dem Krieg ihren Handel getrieben hatten. Auf der flachen, leicht erhöhten Ebene aus Sand und Stein, einem zwölf Quadratkilometer großen Gebiet, befand sich eine aus Vorkriegszeiten stammende italienische Festung, deren steinerne Mauern schon weitgehend verfallen waren. Von den Gebäuden war kaum noch etwas übrig, und darum herum war meilenweit nichts als Wüste. Der Boden war steinig, und die *birs*, gemauerte Zisternen, in denen das wenige Regenwasser aufgefangen wurde und die das aus der Kolonialzeit stammende Fort mit Wasser versorgt hatten, waren rissig, von Treibsand bedeckt und halb leer. Die Legionäre nannten sie scherzhaft *les mamelles* (Brüste).

Ungläubig starrten wir auf diesen Ort, der unser neues Zuhause sein sollte. Ich traute meinen Augen kaum. Nur ein Krieg konnte Menschen hierher führen, dachte ich. Es gab nichts als Staub unter dem sengenden libyschen Himmel. Man hatte mir gesagt, dass das Wort *bir* auf arabisch Wasser bedeutet, und ich hatte fälschlicherweise eine Art Oase erwartet. Aber statt grüner Palmen, die sich in einem See spiegelten, sah ich nur Felsen, verfallene Betonhütten und einen kleinen Hügel an einem Ende, *Observatoire* genannt. Als wir uns näherten, tauchten mehrere staubbedeckte Köpfe aus dem Boden auf, um uns zu begrüßen, und dann sahen wir halb im Sand eingegrabene Fahrzeuge. Zu unserer Verblüffung hatte das britische Regiment sich regelrecht eingegraben; das Ganze wirkte wie ein riesiger Karnickelbau mit kleinen Erdlöchern für die einzelnen Soldaten und ein paar größeren, wo sie ihre Mahlzeiten einnahmen oder sich zu anderen Zwecken versammelten.

»Ist das alles?«, fragte ich einen Offizier, der an mir vorüberging.

»Allerdings, Kleine«, kam die Antwort in starkem Yorkshire-Akzent. »Die Männer hier nennen es die ›Hölle auf Erden‹, und ich würde ihnen nicht widersprechen.«

Vom Standpunkt der Alliierten aus betrachtet, war Bir Hacheim der unwichtigste und trostloseste Außenposten des Libyenfeldzugs. Es bildete den südlichsten Punkt der so genannten Gazala-Linie, eine weite, V-förmige Verteidigungslinie der britischen Streitkräfte, die von dem in der Nähe von Tobruk gelegenen kleinen Küstendorf El Gazala aus sechzig Kilometer weit nach Süden verlief. Man sagte mir, dass jede Verteidigungsstellung entlang der Gazala-Linie von einem weiten Minenfeld umgeben war, in dem es geheime minenfreie Wege gab, die nur den Pionieren bekannt waren, die die Minen gelegt hatten. Jede »Box«, wie die Briten diese Minenfelder nannten, war mit ausreichend Proviant ausgestattet, um einer langen Belagerung standhalten zu können. Soldaten verschiedenster Nationalitäten waren auf die einzelnen Stellungen verteilt. In Gazala befanden sich die Südafrikaner, in dem Stützpunkt namens »Knightsbridge« die Briten, in El Adem die Inder, in Tobruk Südafrikaner und Engländer gemeinsam, und in Bir Hacheim die Franzosen. Das Wüstenfort Bir Hacheim war der Dreh- und Angelpunkt der Verteidigungsanlage.

Südlich von uns gab es nichts als die erbarmungslosen Dünen der Sahara. Nördlich und östlich lag die Achte Armee, eingegraben hinter 500 000 britischen panzerbrechenden Minen. Wenn Rommel – der hundert Kilometer weiter westlich stand – beweglich bleiben und Ägypten erreichen wollte, musste er entweder die alliierten Befestigungen im Norden überwinden oder den südlichsten Punkt umgehen, was zur Folge hätte, dass Bir Hacheim plötzlich von entscheidender Bedeutung sein würde.

Die französische Brigade hatte klare Befehle – unser Wüstenfort um jeden Preis zu halten, um den alliierten Befehlshabern weiter nördlich Zeit zu geben, ihre Truppen neu zu gruppieren und einen Gegenschlag vorzubereiten. Die Vorstellung, mehrere Wochen in Bir Hacheim auszuharren und auf ein solches Ereignis zu warten, war für uns nicht gerade verlockend.

Trotz der widrigen Umstände beschloss ich, mich mit der Situation abzufinden und begann, meine neue Umgebung zu erkunden. Jeder Graben war mit einem behelfsmäßigen Dach aus Holzplanken, Segeltuchstreifen, Tarnnetzen oder auch Flugzeugschrott bedeckt. Das Ganze kam mir vor wie ein unterirdischer Slum. In dem Grabensystem, das erstaunlich gut ausgebaut war, gab es sogar einen Graben mit Latrinen – sechs kleine Zellen nebeneinander, in denen sich ein Brett mit einem Loch in der Mitte und einem Eimer darunter befand. An einer der Türen hing ein Schild mit der Aufschrift »Brigadier«. Der General, darauf bedacht, seine Prioritäten zu setzen, suchte sich sofort eine Latrine aus und hängte das »Brigadier«-Schild an die Tür. Als seine Fahrerin war ich die Einzige, die diese Latrine ebenfalls benutzen durfte. Es gab keine unterirdischen Waschgelegenheiten; den Männern wurde gesagt, sie sollten ihre eigenen Waschzelte aufstellen und sich draußen waschen. Ich musste mir selbst etwas einfallen lassen.

Wenige Stunden nach unserer Ankunft in diesem grässlichen Brutkasten war die Übergabe abgeschlossen, und die 150. Infanteriebrigade verschwand am Horizont. Die Männer sollten in einer ähnlichen Verteidigungsstellung etwa fünfzehn Kilometer weiter nördlich Stellung beziehen, durften jedoch vorher in Tobruk eine Ruhepause einlegen, wo sie Gelegenheit hätten, sich gründlich zu waschen und im Meer zu schwimmen, bevor sie in ihre neue Stellung verlegt wurden. Jetzt waren wir auf uns selbst gestellt. Das Hauptquartier wurde in der Mitte des Plateaus eingerichtet und mit dichten Rollen Stacheldraht umgeben, für den Fall, dass der Feind in das Wüstenfort eindringen sollte. Dieser Stacheldraht sollte später für mich eine wichtige Rolle spielen: Egal, wie schlecht die Sicht war, in der Dunkelheit oder im unwirklichen gelben Licht eines Sandsturms – sobald ich den Stacheldraht gefunden hatte, wusste ich, dass ich in Sicherheit war.

Die *camionnette* des Generals wurde in der Mitte des Hauptquartiers aufgestellt, die Zeltplanen an jeder Seite bildeten ein schattiges Plätzchen, wo er Meldungen entgegennehmen und Besucher empfangen oder auch gelegentlich ein paar Offiziere auf einen Drink einladen konnte. Offiziere wie Amilakvari, de Sairigné und Simon waren zusammen mit ihren Männern verteilt an weit voneinander entfernten Stellen am äußeren Rand des riesigen Lagers, und es war ihnen nur selten gestattet, ihren Posten zu verlassen. Direkt neben dem Wohnwagen des Generals befanden sich jeweils ein Unterstand für ihn, seinen Stabschef, Colonel Pierre Masson, sowie für seine britischen Verbindungsoffiziere Captain Tomkins (der gleichzeitig die Luftabwehrabteilung befehligte), Donnelly, Edwards und Major Sneyd-Cox.

Nachdem der General sein Quartier bezogen und ich seine Papiere und sein Gepäck im Hauptquartier verstaut hatte, hatte ich auf einmal sehr viel Zeit. Als ich mich nach einem Schlafplatz umsah (und schon befürchtete, dass es wieder einmal der Wagen sein würde), entdeckte ich, dass auf dem Plateau bereits reges Treiben herrschte. Die Männer, inzwischen nur noch mit Shorts und Sandalen bekleidet, gruben und buddelten im Boden wie die Maulwürfe. Sie legten sich ordentlich ins Zeug und hoben weitere Gräben aus, kreisrunde Löcher für die Ausrüstung, Geschützstände und größere Gruben für Kommandoposten. Innerhalb kürzester Zeit war das gesamte Plateau mit einem Labyrinth von Gräben durchzogen. Außerdem wurden große Zelte aufgebaut, in denen das Lazarett, das Hauptquartier, mehrere Offiziersmessen und Kantinen sowie die Funkstation untergebracht waren.

Jemand klopfte mir auf die Schulter. Als ich mich umdrehte, stand ein junger Pionier der Legion vor mir, eine Spitzhacke über der Schulter.

»Adjudant Travers, wir haben einen Unterstand für Sie ausgehoben. Würden Sie bitte mitkommen, um ihn sich anzusehen?«, sagte er.

Der General oder Amilakvari hatte zweifellos ein Wort für mich eingelegt.

Mein neues Zuhause, nur wenige Meter von der *camionnette* des Generals entfernt, war im Vergleich zu meinem Wagen ein Palast. Der Graben war hüfttief, etwa einen Meter zwanzig breit und drei Meter lang, und an den Seiten waren Sandsackwälle errichtet. Einer der Legionäre half mir hineinzuklettern und zeigte mir, wie man das Segeltuchdach über dem Unterstand ausrollte.

»Das Dach schützt Sie tagsüber gegen die Sonne und nachts gegen die Kälte«, erklärte er mir schüchtern.

Ich nickte. Die Männer standen oben um den Rand herum, sahen mir zu, während ich den Unterstand inspizierte, und warteten auf mein Urteil. Noch nie hatte ich in etwas Ähnlichem gehaust, aber es gehörte mir allein, und ich war den Männern dankbar für ihre Hilfsbereitschaft. Also schenkte ich ihnen mein gewinnendstes Lächeln.

»*Bienvenu au Château Travers!*«, rief ich und breitete die Arme aus, woraufhin sie sich in gespielter Ehrfurcht verbeugten.

Als die Männer sich wieder an ihre Arbeit gemacht hatten, verstaute ich meine wenigen Habseligkeiten so gut wie möglich in meinem Unterstand. Der Platz reichte aus für ein Feldbett, einen Klappstuhl und meinen Koffer, der als Tisch diente. Meine zusammenfaltbare Badewanne und das Werkzeug blieben im Kofferraum des Wagens. Der General hatte sein Quartier nur einige Meter von mir entfernt, doch angesichts der wenigen Augenblicke, in denen ich ihn vermutlich sehen würde, hätte er genauso gut in einem anderen Land sein können.

Nachdem ich mich häuslich eingerichtet hatte, machte ich mich auf die Suche nach einem Versteck für den Wagen und fand mehrere schräg abfallende Gräben, die speziell für Fahrzeuge vorgesehen waren. Ich wählte den Graben, der meinem Unterstand am nächsten lag, und fuhr den Ford vorsichtig hinein. Anschließend bedeckte ich die Motorhaube mit Sandsäcken und das Heck mit Tarnnetzen. Fürs Erste war meine Arbeit damit erledigt.

Am Tage waren wir der sengenden Hitze und nachts der eisigen Kälte schutzlos ausgeliefert. Im Sommer stieg die Temperatur bis auf 51 Grad. Der einzige geringe Vorteil war, dass Bir Hacheim etwa sieben Meter höher lag als die uns umgebende Wüste und damit einen guten Beobachtungspunkt darstellte. Wasser war das wichtigste Grundnahrungsmittel, und ganze Konvois von Tankwagen brachten brackig schmeckendes, destilliertes Meerwasser aus Tobruk, nachdem die Zisternen schnell leer getrunken worden waren. Jede Einheit hatte ihren eigenen Tankwagen, und wir füllten unsere Feldflaschen so regelmäßig wie möglich.

Nachdem sie die Arbeit an den Gräben beendet hatten, machten die Männer sich daran, die Befestigungsanlagen zu verbessern. Sie rollten Stacheldraht aus, legten riesige Minenfelder an, gruben ihre 75-mm-Feldgeschütze, Panzerabwehrgeschütze und die neu erworbenen britischen Bofors-Flakgeschütze ein und errichteten an den wichtigsten Stellen rund um das sechsseitige Gelände Beobachtungsposten. Insgesamt wurden 50 000 Minen aller Sorten ausgelegt.

Die Soldaten stammten aus den unterschiedlichsten Ländern, aber sie arbeiteten alle Hand in Hand: Afrikaner, Tahitianer, Bretonen, Marokkaner, Algerier, Libanesen, Mauretanier, Madagassen, Deutsche und Spanier. Unter ihnen waren karriereorientierte Berufssoldaten, hart gesottene Legionäre, Beamte und Siedler aus den Kolonien, die de Gaulles Ruf an die Waffen gefolgt waren. Französisch war die universelle Sprache, obwohl die Männer den unterschiedlichsten Nationen angehörten, darunter sogar eine kleine Abordnung von Briten, die die schweren Bofors-Flakgeschütze bedienten.

Nachdem alle Arbeit getan war und die drei schmalen Pfade durch das Minengebiet ins Niemandsland markiert waren, blieb kaum mehr zu tun als zu warten. Tag für Tag hockten die Männer herum und starrten in die flimmernde Hitze, bis ihnen die Augen brannten. Nur die leichte Brise, die den Sand hin und wieder zu winzigen Tornados aufwirbelte, unterbrach die brütende Stille.

Von Pierre abgeschnitten und von den Männern ausgeschlossen, fühlte ich mich in der Hochofenhitze bisweilen schrecklich einsam. Gleichzeitig wurde ich von Simone und Miss Smith beneidet, weil ich einen Unterstand für mich allein hatte.

»Wir müssen uns einen Unterstand teilen«, klagten sie. »Unsere Feldbetten stehen nur wenige Zentimeter voneinander entfernt, und das ist in dieser Hitze unerträglich.«

»Die Kirschen aus Nachbars Garten schmecken immer besser«, erwiderte ich trocken. »Ich wäre froh, wenn ich ein bisschen Gesellschaft hätte.« Und das meinte ich ausnahmsweise ernst. Meine einzigen Hausgenossen waren die zahllosen Fliegen und Ameisen und hin und wieder ein Skorpion.

Die Mahlzeiten, angekündigt durch ein Hornsignal, waren nach wie vor eine willkommene Abwechslung, auch wenn sie nicht besonders aufregend waren. Ich musste in der Küche essen, wo ich meine mageren Rationen manchmal mit Sardinen oder Spargel aus Dosen ergänzte, die Amilakvari oder der General mir zukommen ließen. Aber die Küche war ein einsamer Ort, da die Männer in alle Ecken des Lagers verstreut waren, und nach einer Weile erkundigte ich mich vorsichtig, ob ich vielleicht zusammen mit den Unteroffizieren essen könne. Sie nahmen ihre Mahlzeiten in einem merkwürdigen, pyramidenförmigen Zelt ein, das wahrscheinlich aus Syrien stammte, denn kein britisches Zelt sah jemals so aus.

»Glauben Sie, es würde jemanden stören, wenn ich mich zu den Mahlzeiten zu Ihnen gesellen würde?«, fragte ich Rosenzweig, den freundlichen Feldwebel, der die kranken Soldaten pflegte. Als ich sein Zögern spürte, fügte ich hinzu: »Ich würde Ihnen keine Umstände machen, und Sie könnten dafür meine Rationen Whisky und Zigaretten bekommen.«

Nachdem sie das Problem untereinander diskutiert hatten, willigten die Männer schließlich ein, und von da an aß ich zweimal am Tag mit ihnen zusammen und tauschte ihre Gesellschaft gegen meine monatlichen Rationen. Es war ein fairer Tausch. Ich trank keinen Alkohol mehr, rauchte nicht mehr und freute mich jeden Tag darauf, ein bisschen mit den Männern zu plaudern. Wenn sie nicht gewesen wären, hätte ich oft tagelang mit niemandem gesprochen. Sie waren nur zu dritt – Rosenzweig, der sehr stark rauchte, Schmidt, der elsässische Zahlmeister mit seinem Sinn für bissigen Humor und ein junger Unteroffizier von der Autowerkstatt, dessen Namen ich nie erfuhr und dem ich den Spitznamen »Lofty« gab, weil er kleiner war als ich.

Während der folgenden Monate wurden wir vier ziemlich gute Freunde und erzählten einander Geschichten aus unserem Leben. Mir war nicht danach, allzu persönliche Dinge aus meiner Vergangenheit preiszugeben, also sprach ich über meine Leidenschaft für das Tennis und meine große Tierliebe. Lofty war besonders nett. Jung und unerfahren im Umgang mit Frauen, wusste er nicht, wie er sich mir gegenüber verhalten sollte. Jedes Mal, wenn ich das Zelt betrat, sprang er auf und bot mir einen Stuhl an. Dann reichte er mir zuerst das Essen, und es war ihm sichtlich peinlich, wenn einer seiner Kameraden fluchte oder in meiner Gegenwart zotige Bemerkungen machte.

»Keine Sorge, mein Junge«, flüsterte ich einmal in sein hochrotes Ohr. »Das hab ich alles schon mal gehört.«

Drei Monate verbrachten wir ohne Zwischenfall in diesem Ödland. Es war wirklich der langweiligste Ort, den man sich vorstellen konnte, und es gab nichts zu tun, außer lesen und schlafen. Major Sneyd-Cox lieh mir ein Buch, das er sich aus der Bibliothek in Beirut mitgenommen hatte. Es hieß *Said the Fisherman*, und ich las es so oft, dass die Seiten sich zu lösen begannen. Der Wechsel der Jahreszeiten war nur daran zu bemerken, dass es immer heißer wurde, und ich konnte nicht viel mehr tun, als in meinem Unterstand zu liegen und über mein Leben nachzudenken. Dabei sehnte ich mich nach dem General und fand es schwer zu ertragen, dass er so nah war und doch so unerreichbar. Nur selten hatte ich Gelegenheit, in seiner Nähe zu sein. Wie genoss ich es dann, seinen Duft zu riechen, seine Haut zu berühren oder seine Stimme zu hören! Stattdessen rief ich mir noch einmal alles ins Gedächtnis, was ich mit ihm in Beirut und Aley erlebt hatte, und tröstete mich während der langen, kalten Nächte mit meinen Erinnerungen.

Etwa alle vier Wochen wurden wir von einem schrecklichen Sandsturm heimgesucht, einem dieser orkanartigen Winde, den Chamsin, die von der Sahara her kamen und bis zu fünf Tage lang anhielten. Manchmal waren die Stürme so heftig, dass sie einige der Minen explodieren ließen, die rund um unseren trostlosen Posten verlegt waren. Die Stürme brachten unerträgliche Hitze mit sich und Staub, der so fein war wie Talkumpuder und die Gesichter mit einem grauen Film überzog, in Augen, Nase, Hals und Lungen drang und das Essen und das Wasser ungenießbar machte.

Noch schlimmer waren die windstillen Tage, wenn kein Laut zu hören war und die Legionäre, die Képis tief ins Gesicht gezogen, auf ihren Wachtposten saßen und ängstlich über den »Kakerlak« flüsterten, wie sie den Wüstenkoller nannten, der Menschen unter solchen Bedingungen manchmal befällt. Wenn ich sie dann beobachtete, eine Hand zum Schutz gegen das gleißende Sonnenlicht über die Augen gelegt, und mir vorstellte, wie die kleine Schabe im Kopf der Männer herumkrabbelte, hatte ich für ihre Ängste volles Verständnis.

Alle vierzehn Tage wurden die Männer in Lastwagen ins achtzig Kilometer weit entfernt gelegene Tobruk gefahren, wo sie an einer Stelle, die später als »Koenigs Strand« bekannt wurde, im Meer schwimmen durften. Sich nackt in die Wellen zu werfen und den Schmutz von ihrem Körper zu waschen, war für sie das größte Vergnügen und trug erheblich zur Verbesserung ihrer Stimmung bei. Da ich ständig abrufbereit sein musste, für den Fall, dass der General plötzlich irgendwohin gefahren werden musste, wurde mir dieser Luxus leider nicht zuteil.

Für mich dehnte sich das Warten gnadenlos. Ich verließ den Bereich des Hauptquartiers fast nie, außer wenn ich mir etwas aus dem *Naafi* oder der Werkstatt besorgen musste, oder um anderen Truppenteilen einen Besuch abzustatten, wie zum Beispiel den Männern vom Bataillon du Pacifique, die sehr freundlich waren, oder den britischen Brigaden wie den Royal Engineers. Um mir die Zeit zu vertreiben, trainierte ich mir ein unglaubliches Geschick darin an, mich zurechtzufinden und denselben Weg zurückzugehen, den ich gekommen war, eine Fertigkeit, die mir später noch sehr nützlich sein sollte.

Am glücklichsten war ich, wenn der General mich auf Expeditionen mitnahm, die Jock Columns genannt wurden (nach dem britischen General Jock Campbell). Das waren geheime zwei- bis dreitägige Erkundungstouren, an denen ein paar Soldaten teilnahmen, und bei denen Geschütze, Funkwagen und gepanzerte Fahrzeuge mitgenommen wurden. Sie dienten dem Zweck, die Wüste zu kartographieren und festzustellen, wo der Feind stand. Meistens fuhren wir in Richtung El Mechili entlang der Strecke, die einfach nur »Route F« genannt wurde, und wenn wir etwas entdeckten, eröffneten wir das Feuer. Wenn das Feuer erwidert wurde, ergriffen wir die Flucht. Es war eine Art Spiel.

Diese geheimen Missionen waren äußerst gefährlich, doch sie unterbrachen die Monotonie, und alle rissen sich darum, daran teilnehmen zu dürfen. Für mich bestand der Vorteil darin, dass während des ganzen »Ausflugs« der General neben mir saß. Mehr als einmal wurden wir beinahe erwischt, dann galt es, auf der Flucht vor feindlichem Beschuss durch die Wüste zu rasen, oder wir mussten uns in einem ausgetrockneten Wadi verstecken, während die deutschen oder italienischen Panzer vorüberrollten.

Es war fast wie eine Seeschlacht – es wurden weder Geländegewinne gemacht, noch wurden Positionen gehalten, alles bewegte sich wie Treibsand. Wir waren zwei Trupps von Profis, die einander jagten, das Feuer eröffneten und dann die Flucht ergriffen. Solange man nicht getroffen wurde, war es aufregend und abenteuerlich.

Die Jock Columns waren auch noch aus einem anderen Grund ein Vergnügen; sie waren wie ein Picknick auf dem Land. Wir hatten sogar einen Koch in unserer Begleitung, und manchmal schliefen wir unter freiem Himmel. Ich erinnere mich an eine köstliche Mahlzeit aus weißen Wüstenschnecken mit Knoblauch, die der Koch für den General und mich mitten im Niemandsland zubereitete. Er hatte sogar daran gedacht, Wein mitzunehmen, den er uns dazu servierte. Als wir mit dem Essen fertig waren, war der Koch völlig aus dem Häuschen.

»Diese kleinen Schnecken findet man überall auf der Welt, und jetzt wo der General sie für genießbar befunden hat, kann ich sie auch den anderen vorsetzen«, verkündete er stolz.

Die wenigen Male, die wir allein waren, erkundigte Pierre sich jedes Mal, wie es mir gehe. »Ist alles in Ordnung?«, fragte er mich dann. »Willst du immer noch bleiben? Ich kann dich irgendwo anders hinschicken, wenn du willst. Das hier ist kein Ort für eine Frau.«

»Nein, General«, beharrte ich. »Es geht mir gut, wirklich. Wo du hingehst, gehe auch ich hin, erinnerst du dich?«

Bei einer solchen Expedition wurden wir einmal aufgrund der riesigen Staubwolken, die die Fahrzeuge aufwirbelten und die die Sicht behinderten, vom Rest der Truppe getrennt. Weil ich nichts mehr sah, fuhr ich versehentlich in eine andere Richtung, und gleich darauf brach ein Sandsturm aus.

»Wo sind die anderen?«, fragte der General entsetzt, als wir vergeblich versuchten, in der grauen Düsternis etwas zu erkennen.

»Ich weiß es nicht«, erwiderte ich aufrichtig. »Ich glaube, sie sind direkt vor uns, aber ich muss jetzt anhalten.«

Es war ein ganz besonders heftiger Sandsturm, der an den Türen und Fenstern rüttelte, den Wagen fast umkippte. Zu zweit in unserem Wagen gefangen, ängstlich und allein, drängten wir uns aneinander, und zum ersten Mal seit Wochen berührten wir uns. Es war wunderbar, noch einmal seine Hand zu halten und seine Lippen auf meinen zu spüren. Der Sandsturm tobte und wütete um uns herum, aber eine Zeit lang nahmen wir ihn gar nicht mehr wahr. Wir machten uns darauf gefasst, die Nacht im Auto verbringen zu müssen. Mir war das gerade recht, denn ich sehnte mich danach, noch einmal neben ihm zu liegen.

Doch als die Nacht hereinbrach, klopfte es am Fenster der Fahrertür. Durch den wirbelnden Sand erkannte ich das Gesicht des jungen Soldaten, der uns als Kradbegleiter diente. Auch er hatte sich verirrt, hatte uns zufällig entdeckt und suchte Schutz. Wir hielten die Tür mit beiden Händen fest, damit der Sturm sie nicht abriss, und ließen ihn und, wie es schien, die halbe Wüste gleich mit einsteigen. Sein ganzes Gesicht war grau vom Staub, und als er seine Schutzbrille abnahm, sah er aus wie eine Eule, weil die Haut um seine Augen herum vom Staub verschont geblieben war. Wir quetschten uns auf die sandbedeckten Sitze und versuchten, ein bisschen Schlaf zu bekommen.

Ich weiß nicht, wer am nächsten Morgen dümmer dreingeschaut hat, der General oder der Soldat, als sie beim Aufwachen feststellten, dass sie sich im Schlaf aneinander gekuschelt und im Chor geschnarcht hatten. Der Soldat riss entsetzt die Tür auf, sprang aus dem Wagen, klopfte sich den feinen weißen Sand von der Uniform und arbeitete zwei Stunden lang wie besessen, um uns auszugraben.

Es war das einzige Mal, dass wir die anderen während einer dieser Expeditionen verloren, und es blieb unser einziger Moment der Zweisamkeit. Wenn wir unser Nachtlager aufschlugen, durften wir weder Feuer anzünden noch Licht machen, damit wir nicht entdeckt wurden, und so war es immer bitterkalt und totenstill. In seinem Wohnwagen konnte der General Öllampen benutzen, jedoch nur bei abgedunkelten Fenstern. Sobald es dunkel wurde, legten wir anderen uns schlafen, und wir wachten erst auf, wenn das erste Morgenrot am Himmel erschien.

Jedes Mal, wenn wir den Feind zu Gesicht bekamen, löste das einen enormen Adrenalinschub aus. Im Schutz einer Sanddüne beobachteten wir die Deutschen oder die Italiener durch Fernrohre und versuchten, ihre Stärken und Schwächen einzuschätzen, stets in dem Wissen, dass es, falls sie uns entdeckten, unseren Tod bedeuten konnte. Nach solchen Begegnungen fühlte ich mich erst wieder wohl in meiner Haut, wenn ich auf dem Heimweg von El Adem aus die seltsame Spitze des weißen Vorratszelts sah, in dem ich meine täglichen Mahlzeiten einnahm. Dann wusste ich, dass ich in Sicherheit war.

Ganz selten kam es vor, dass es regnete, während wir in der Wüste unterwegs waren, doch obwohl das Wasser nie ausreichte, um die Wadis zu füllen, schossen sofort ringsumher Gräser und duftende Blumen aus dem Boden. Die Blumen blühten in allen Farben, und man konnte beinahe zusehen, wie sie wuchsen. Der Anblick von Hunderten von Wüstenblumen, die kaum eine Stunde, nachdem der Regen aufgehört hatte, aus dem Sand sprossen, versetzte mich immer wieder in Erstaunen. Ich atmete ihren Duft ein und erinnerte mich an die glückliche Zeit in Aley und an all die mit Rosen gefüllten Vasen in unserem Haus. Doch eh man sichs versah, tauchten ganze Herden von wilden Schafen aus dem Nichts auf und fraßen alles kahl. Die Schafe wurden nicht nur von einem Schäfer, sondern auch von tollwütigen Hunden gehütet, sodass sich niemand in ihre Nähe wagte, nicht einmal der Koch, der mir jedes Mal erzählte, wie ihm das Wasser im Mund zusammenlief bei dem Gedanken, was für ein köstliches *gigot d'agneau* er aus einem der Lämmer zubereiten könne.

Mitte April kam von den Briten die Nachricht, dass wir von unserem langen, monotonen Aufenthalt in Bir Hacheim erlöst werden sollten. Eine südafrikanische Einheit sollte unsere Stellung übernehmen, und die Offiziere kamen, um sich den trostlosen Ort anzusehen und sich über die benötigte Ausrüstung zu erkundigen. Wir waren alle zutiefst erleichtert.

»Vielleicht werden wir schon bald zurück nach Kairo geschickt, um uns zu erholen«, sagte ich beim Essen hoffnungsvoll zu Rosenzweig, als wir die Nachricht erhielten.

»Vielleicht schickt man uns auch irgendwohin, wo es richtig aufregend ist«, erwiderte er mit leuchtenden Augen. Dann fügte er hinzu: »Womöglich sogar nach Südostasien. Jetzt wo Mountbatten den Oberbefehl übernommen hat, werden die Japse ordentlich Prügel beziehen. An der Gaudi würde ich mich gern beteiligen.«

Ich musste an die grausigen Nachrichten aus Singapur, Java und Burma denken, wo die japanischen Truppen anscheinend unaufhaltsam auf dem Vormarsch waren, und fragte mich, ob man uns wohl auf eine so weite Reise schicken würde.

Doch die Ereignisse in der Wüste nahmen eine dramatische Wende. Im Mai, als die Italiener eine Niederlage nach der anderen einstecken mussten, erhielten wir die Nachricht, dass Rommel, anstatt, wie erwartet, weiter nach Halfaya vorzurücken, einen Teil seiner Panzer vom Norden in den Süden dirigiert hatte. Es war der Versuch, die Flanke der Briten zu umgehen in einer Gegend, die als »Teufelskessel« in die Geschichte eingehen sollte. Schon bald wurde uns klar, dass sie direkt auf Bir Hacheim zusteuerten. Viertausend Söldner und ich konnten nichts anderes tun, als uns noch tiefer einzugraben und darauf zu warten, dass die anderen Akteure auf der Bühne erschienen.

Viel später erfuhren wir, dass Rommel der italienischen Panzerdivision »Ariete« und der motorisierten Infanteriedivision »Triest« gegenüber erklärt hatte, sie würden »nur fünfzehn Minuten« brauchen, um uns zu vernichten. Als sich das nicht bewahrheitete, die Minuten zu Stunden wurden und die Stunden zu Tagen, geriet er in Rage. Er beschloss, die Sache selbst in die Hand zu nehmen, und führte eine schlagkräftige Streitmacht direkt auf uns zu. Als das bekannt wurde, standen die Funkgeräte der Alliierten nicht mehr still. Während wir auf die Ankunft des Wüstenfuchses warteten, schickten die Briten uns einen Funkspruch, in dem sie uns mitteilten, sie gingen davon aus, dass wir eine Woche lang durchhalten würden, gerade lange genug, um der Achten Armee Zeit zu geben, verlorenes Terrain zurückzuerobern. Tatsächlich hielten wir doppelt solange durch, obwohl unsere Gegner zehn zu eins in der Überzahl waren. Zwei Wochen! Vierzehn lange Tage.

11
Ein Pyrrhus-Sieg

Der Schrecken begann in einer mondhellen Nacht im Mai, als kurz vor der Dämmerung aus der Ferne Geschützlärm ertönte. Im Norden war der Himmel plötzlich hell erleuchtet, und ununterbrochen sah man die Lichtblitze von Geschützfeuer und Explosionen. Eine anglo-indische Brigade außerhalb der Stacheldrahthindernisse, die an der Peripherie des Lagers in Verteidigungsstellung lag, war von einer starken Panzereinheit mit überlegenen Kräften angegriffen worden. Eine halbe Stunde später kamen die ersten feindlichen Panzer in Sicht – achtzig Stück, die auf uns zurollten und wild drauflos feuerten. Das Rasseln ihrer Ketten mischte sich zusätzlich in die Furcht einflößende Kakophonie rund um Bir Hacheim. Den Panzern folgte dichtauf eine bedrohlich wirkende Anzahl von Lastkraftwagen mit Infanterie und Artillerie.

Ich sprang in meinen Unterstand, setzte meinen Helm auf und lauschte auf das Explodieren der Landminen unter den Ketten der riesigen stählernen Monster, die scheinbar unaufhaltsam auf uns zu pflügten. Überall um mich herum schlugen Granaten ein. Wenige Minuten, bevor der Hauptangriff einsetzte, war Amilakvari am Eingang zu meinem kleinen Karnickelbau erschienen.

»Das ist für dich«, sagte er grinsend und reichte mir sein Gewehr. »Du wirst es wahrscheinlich nicht brauchen, aber vielleicht fühlst du dich ein bisschen besser, wenn du es hast.«

Ich nahm es dankbar entgegen und sah ihn so beglückt und liebevoll an, dass er errötete. Während der nächsten Stunden, die ich in meinem Unterstand verbrachte, war mir das Gewehr, das ich auf den Knien hielt, tatsächlich ein Trost.

Um zehn Uhr blies der kleine indo-chinesische Bursche, dem wir den Spitznamen »Trompette« gegeben hatten, auf seinem blank polierten Signalhorn Entwarnung. Wir krochen blinzelnd aus unseren Löchern, um den Schaden zu begutachten, der angerichtet worden war. Bis auf zahlreiche große Krater in dem Sand und Geröll sah es nicht allzu schlimm aus.

Gabriel de Sairigné kam ins Hauptquartier, um zu berichten. »Die Italiener haben sich zurückgezogen, Sir«, erklärte er dem General, ein Lächeln auf dem sandverkrusteten Gesicht. »Sie haben fünfunddreißig Panzer verloren. Wir haben fast hundert Kriegsgefangene eingebracht, und viele der Angreifer sind gefallen. Auf unserer Seite sind nur zwei Tote zu beklagen, und eins unserer Geschütze wurde zerstört, Sir.«

Der General war hocherfreut, und wir alle waren erleichtert. Nachdem das britische Hauptquartier die Nachricht per Funk erhalten hatte, kam von oben eine Weisung, in der es hieß, dass wir uns von nun an nicht länger die »Freien Französischen Verbände«, sondern »La France Combattante«, das kämpfende Frankreich nennen sollten. Der Name setzte sich nie durch, doch wir wussten die Ehre zu schätzen.

Die Italiener konnten kaum glauben, was geschehen war. Einige Stunden später kamen sogar ein paar italienische Soldaten, die ihre eigenen (zurückgelassenen) Fahrzeuge gesehen und angenommen hatten, die Stellung sei erobert, irrtümlich auf Bir Hacheim zu. Sie wurden sofort gefangen genommen und ihre Transportfahrzeuge zerstört. Es war ein bemerkenswerter Anfang.

Während der folgenden Tage beobachteten wir, wie ein endloser Konvoi von feindlichen Lastwagen und Panzern Bir Hacheim außer Schussweite von Süden her einkreiste, um dann nach Norden vorzurücken mit dem Ziel, hinter die alliierten Linien zu gelangen. Sobald irgendein Fahrzeug leichtsinnig genug war, in Schussweite zu geraten, wurde sofort das Feuer eröffnet. Die Freien Französischen Verbände unter dem Befehl von Amilakvari und anderen führten mehrere waghalsige Blitzangriffe auf die Konvois durch, nahmen feindliche Soldaten gefangen, erbeuteten Fahrzeuge und

Munition, zerstörten feindliche Panzer und stellten die Angriffe erst ein, als eines Morgens am Horizont eine riesige Staubwolke zu sehen war.

»Bringen Sie in Erfahrung, was zum Teufel das ist«, bellte der General in sein Feldtelefon, das ihn mit dem Befehlshaber der Hand voll britischer Panzer verband, die dicht hinter der Frontlinie standen.

Der Offizier robbte auf einen steinigen Hügel. »Sieht aus wie eine Brigade deutscher Panzer«, meldete er verblüfft. Dann, als der Staub sich legte und die Sicht klarer wurde, griff er noch einmal nach dem Telefon. »Das ist mehr als eine Brigade!«, rief er. »Es ist das ganze verdammte Afrikakorps!«

Die gefürchteten Panzerkampfwagen IV und italienische Panzer vergleichbaren Typs griffen in Wellen von fünfzig an. Sechs Panzer der ersten Angriffwelle kamen unversehrt durch das Minenfeld, rollten in unsere Stellungen und näherten sich einem vorgelagerten Kommandoposten, in dem ein entsetzter Hauptmann panisch seine schriftlichen Einsatzbefehle verbrannte. Zu seinem Glück sprangen einige furchtlose Legionäre auf die Panzer und schossen mit ihren Revolvern in die Sehschlitze. Es war ein waghalsiges Manöver, doch angesichts der schieren Übermacht der anrollenden feindlichen Streitkräfte hätte es gut und gerne das Letzte sein können.

An jenem Abend kam der General zum ersten Mal zu meinem Unterstand. In seiner Begleitung war Colonel Pierre Masson. »Wir erwarten morgen einen Konvoi mit Wasser und Munition, der auf dem Rückweg die Verwundeten mitnimmt«, sagte er steif. »Ich dachte, Sie würden vielleicht gern mitfahren.« Sein Gesicht war von Übermüdung gezeichnet.

»Wenn Sie bleiben, Sir, bleibe ich auch«, erklärte ich entschlossen.

Der General deutete ein Lächeln an und schaute zu Masson, der zögernd nickte. Instinktiv spürte ich, dass meine Loyalität dem General ein Trost war. Es war mein Glück, dass ich mich weigerte, die Stellung zu verlassen. Der Konvoi wurde am folgenden Tag vom Feind angegriffen, und alle Verwundeten wurden entweder getötet oder gefangen genommen.

Trotz der ständig drohenden Gefahr durch die feindlichen Panzer gelang es einem Nachschubkonvoi der Alliierten in der darauf folgenden Nacht, im Schutz der Dunkelheit nach Bir Hacheim durchzukommen. Zu meiner großen Enttäuschung brachte er jedoch eine Anweisung des britischen Oberkommandos mit, wonach sämtliche Frauen – namentlich genannt wurden die beiden Schwestern des Lazarettzelts – vom Kriegsschauplatz zu entfernen seien. »Keine Frauen an der Front«, lautete der Befehl. Das Spears-Hospital sollte verlegt werden, und auch ich musste gehen.

Der General ließ mich in seine *camionnette* kommen. »Es hat keinen Zweck, darüber zu diskutieren, La Miss«, sagte er, um meinen Argumenten zuvorzukommen. »Diesmal kann ich mich ihrem Befehl einfach nicht widersetzen. Sie haben sich sehr deutlich ausgedrückt, und dein Name steht auf der Liste.«

Seufzend senkte ich den Kopf und bemühte mich, meinen Ärger zu schlucken. Ich wusste, der General wartete darauf, dass ich einen Streit vom Zaun brach. Stattdessen fragte ich einfach: »Besteht die Möglichkeit zurückzukehren, wenn die Gefahr vorüber ist?«

»Nun«, sagte er zögernd. »In der Werkstatt steht ein neuer Wagen für Colonel Masson bereit. Du könntest ihn abholen, wenn du in Tobruk bist, und dann abwarten, bis du gefahrlos zurückkommen kannst. Die Briten werden sicherlich nichts einzuwenden haben gegen die Auslieferung eines wichtigen Kraftfahrzeugs, das zur Aufrechterhaltung der Verbindung genutzt werden soll.«

Einigermaßen beruhigt, verabschiedete ich mich. Nachdem ich meine wenigen Habseligkeiten gepackt hatte, machte ich mich auf die Suche nach Arad. Aber der Hund hatte sich mit den Legionären aus dem Tschad angefreundet, die irgendwo an der Front im Einsatz waren, und ich konnte ihn nirgends finden. Ich fuhr allein in einem alten Ambulanzlastwagen mit Segeltuchverdeck, und Simone und Miss Smith folgten in einem Zweiten.

Wir fuhren mehrere Stunden lang durch die Wüste bis zum nächsten Stützpunkt entlang der Gazala-Linie, B Echelon genannt, wo wir bis zum Morgen abwarteten. In jener Nacht schlief ich in dem Ambulanzwagen und wünschte noch immer, ich hätte in Bir Hacheim bleiben können. Ich wollte nicht von Pierre und von den Legionären weg und beschloss, egal, wie die

Befehle lauteten, sobald wie möglich mit Massons Wagen zurückzufahren.

Noch vor dem Morgengrauen wurde ich aus dem Schlaf gerissen, als eine große Panik im Lager ausbrach. Alle waren auf den Beinen und rannten aufgeregt herum. »Die Deutschen kommen! Die Deutschen kommen! Wir müssen sofort aufbrechen!« Kundschafter hatten am Horizont eine Kolonne feindlicher Fahrzeuge entdeckt. Ich befahl zwei indo-chinesischen Burschen, sich auf die Kotflügel zu setzen und nach feindlichen Bombern Ausschau zu halten, ließ den Motor an und öffnete die Hecktüren meines Wagens, damit jeder, der mit nach Tobruk wollte, aufspringen konnte. Schon bald war der Wagen voll mit etwa dreißig britischen Soldaten, die sich alle vor den näher rückenden Deutschen in Sicherheit bringen wollten.

»Fahren Sie los!«, schrie einer von ihnen und schlug ungeduldig mit der flachen Hand auf die Seitenwand des Wagens, als ich den Motor im Leerlauf aufheulen ließ und auf Nachzügler wartete. »Wir sind die Allerletzten hier. Wie lange wollen Sie noch warten? Bis Weihnachten?«

Kurz nach Einbruch der Dämmerung brachen wir auf. Mit nichts als einem Kompass und meinem Orientierungssinn fuhr ich in nördlicher Richtung auf die Küste zu und betete inständig, dass wir unterwegs nicht auf marodierende Deutsche stoßen würden. Nur wenige unter uns waren bewaffnet, und ich wusste, dass wir keine Chance hätten, falls wir unter Beschuss geraten würden.

»Wissen Sie überhaupt, wohin Sie fahren?«, brüllte einer der britischen Offiziere nach einer Weile, als ich gerade einen Bogen fuhr, um ein ausgetrocknetes Flussbett zu umgehen.

»Ich habe keine Ahnung«, erwiderte ich heiter, während ich das riesige Steuerrad wie ein alter Lastwagenfahrer herumkurbelte. »Aber wenn dieser britische Armeekompass richtig funktioniert, müssten wir heute Abend im Mittelmeer baden können.«

Zum Glück war der Kompass in Ordnung, und wir begegneten unterwegs keinem feindlichen Panzer. Als wir die Küstenstraße nach Alexandria erreichten, bogen wir nach links ab und rumpelten weiter bis Tobruk. Der Hafen von Tobruk, der in der Geschichte des Zweiten Weltkriegs berühmt werden sollte, war, seitdem ich das letzte Mal dort gewesen war, arg zerbombt worden.

Innerhalb der Garnison wimmelte es nur so von Soldaten und Fahrzeugen. Nach der Abgeschiedenheit von Bir Hacheim spürte ich hier sehr deutlich, dass ich mich mitten in einem Krieg befand. Jetzt wo die Deutschen nur noch einen Tagesmarsch entfernt waren, herrschte überall Chaos, und keiner schien zu wissen, was der andere tat.

Ich lieferte meine Passagiere ab und fragte mich zu General de Larminats Hauptquartier durch, nur um festzustellen, dass es dort für mich nichts zu tun gab. Die Einzigen, die meine Anwesenheit überhaupt zur Kenntnis nahmen, waren die Männer, die seit Monaten keine Frau gesehen hatten.

»Tag, Ma'am«, rief ein australischer Oberst mir quer über die Straße zu und stieß einen anerkennenden Pfiff aus. »Wie wär's mit einem kühlen Bier?« Die Männer, die rauchend mit ihm am Tisch saßen, grinsten.

Plötzlich fiel mir auf, dass ich in meinen Legionärsshorts viel zu viel von meinen sonnengebräunten Beinen preisgab, und, den Blick fest auf den Boden geheftet, eilte ich davon. Mir wurde bewusst, wie schmutzig und verschwitzt ich war, und ich sehnte mich danach, ein Bad zu nehmen und mir die Haare zu waschen.

Bei jeder Gelegenheit erkundigte ich mich nach Neuigkeiten aus Bir Hacheim, doch die Antworten, die ich bekam, erfüllten mich zunehmend mit Beklommenheit.

»Bir Hacheim ist eingekesselt, und der Funkkontakt ist abgebrochen«, sagte mir einer der Offiziere beim Mittagessen mit grimmigem Gesicht. »Es besteht kaum noch Hoffnung für die Männer.«

Der Gedanke ließ mich erschauern, und ich verlor den Appetit auf meine erste anständige Mahlzeit seit Wochen.

Dann erkundigte ich mich nach Colonel Massons Wagen und erfuhr, dass er fertig war und in der Werkstatt bereitstand. Als ich dort ankam, traf ich die Mechaniker in großer Sorge an.

»Schlechte Nachrichten aus Bir Hacheim«, sagte mir ein Hauptmann düster. »Die Deutschen stehen vor den Toren. Es wird gerade im Radio darüber berichtet.«

Er drehte die Lautstärke an seinem ölverschmierten Radio auf, und wir drängten uns alle zusammen, um dem Englisch sprechenden deutschen Propagandasprecher, dem die Briten den Spitznamen »Lord Haw-Haw« gegeben hatten, zuzuhören. Er meldete sich mit seinem üblichen »Germany calling, Germany calling« und versicherte uns, es sei nur eine Frage der Zeit, bis die »erbärmlichen Wüstenratten von Bir Hacheim« ausgeräuchert würden. Angestachelt von diesen Informationen, wurde ich in meinem Entschluss noch bestärkt, so schnell wie möglich aufzubrechen und so nah wie möglich an Bir Hacheim heranzukommen.

Als ich erfuhr, dass am nächsten Morgen ein Nachschubkonvoi nach B Echelon aufbrechen sollte, beschloss ich, mich ihm anzuschließen. Es schien niemanden zu interessieren, ob ich blieb oder nicht, und so fuhr ich – am Steuer von Massons schickem neuen Ford – wieder zurück durch die Wüste, vorbei an einem schier endlosen Strom von Fahrzeugen und Soldaten, die in die entgegengesetzte Richtung flüchteten. Niemand war erfreut über meine Ankunft in B Echelon (der Stützpunkt war zum Schutz vor den Deutschen weiter in den Norden verlegt worden).

»Sie können jetzt unmöglich zurück nach Bir Hacheim fahren«, erklärte mir der Befehlshaber. »Der Stützpunkt steht kurz vor dem Aus.«

Zögernd gestattete er mir zu bleiben, unter der Bedingung, dass ich in meinem Wagen schlief.

Während der drei Tage, die ich in B Echelon verbrachte, wurde ich abkommandiert, einen alten griechischen Brigadier herumzufahren. Ich hoffte die ganze Zeit, ins Lazarettzelt zu gelangen und dort ein paar vertraute Gesichter zu sehen, doch der Brigadier wollte nur spazieren gefahren werden, und die Männer waren froh, ihn los zu sein. Er war ein schrecklicher Langweiler, und nach drei Tagen hatte ich ihn mehr als satt.

Als wir an jenem Abend nach B Echelon zurückkehrten, waren alle in Hochstimmung. »Die Franzosen haben den Feind zurückgeschlagen, und die Deutschen haben sich zurückgezogen«, berichtete mir ein Mann, den ich noch nie gesehen hatte, und fiel mir um den Hals. Ich fühlte mich, als wäre ein schweres Gewicht von meinen Schultern genommen worden.

Hastig schrieb ich eine Nachricht an den General und gab sie den Männern mit, die am späten Abend mit Munition und Lebensmitteln nach Bir Hacheim aufbrachen. »Ich bin mit Massons Wagen in B Echelon. Habe ich Erlaubnis, zurückzukehren? Adjudant Travers.«

Am folgenden Tag brachte Capitaine Thoreau, der Leiter der Transportdivision, mir eine Antwort. Die Nachricht des Generals enthielt nur ein Wort: »Koenig«. Ich durfte also nach Bir Hacheim zurückkehren!

Mit Captain Cance, dem Leiter der Logistik im »Fourth Bureau« an der Spitze des Konvois, brachen wir nach Süden auf. Ich hatte einen Passagier, einen netten jungen Journalisten aus Kairo namens Besnard, der mich gebeten hatte, ihn mit nach Bir Hacheim zu nehmen. Alle anderen brachen in die entgegengesetzte Richtung auf. Cance wirkte sehr nervös und hielt häufig an, um den Horizont mit dem Fernglas abzusuchen. Ich wollte einfach nur vorankommen. Zum Glück waren keine Deutschen zu sehen, und endlich erreichten wir Bir Hacheim, einen Ort, von dem ich mir nie hätte träumen lassen, dass ich erleichtert sein würde, ihn wieder zu erblicken. Aber nichts hätte mich davon abhalten können, dorthin zurückzukehren.

Die Männer, die die Deutschen und die Panzerdivision Ariete in die Flucht geschlagen hatten, waren stolz und zufrieden. Amilakvari, Messmer und die anderen hatten bereits die Verfolgung aufgenommen. Es war ein großer Triumph gewesen. Ich meldete mich persönlich beim General zur Stelle und gratulierte ihm zu seinem Erfolg.

»*Merci*, La Miss«, sagte er. Es war das zweite Mal, dass er mich in den letzten Monaten bei meinem Spitznamen nannte.

Doch noch am selben Abend wendete sich das Blatt. Das pazifische Bataillon, das mit einem Spähtrupp aufgebrochen war, um den Rückzug des Feindes zu beobachten, wurde von einem heftigen Angriff der Deutschen überrascht, die sich neu formiert hatten. Zum Glück gelang es den meisten der Männer, sich nach Bir Hacheim zu retten. Von ihnen erfuhren wir, dass die Deutschen mit großer Verstärkung zurückgekommen und dass wir vollständig umzingelt waren. Die Pioniere begannen sofort, neue Minen zu verlegen, und wir bereiteten uns auf einen weiteren Angriff vor.

An jenem Abend kam der General zu meinem Unterstand. »Ich kann dir nicht befehlen, unseren Stützpunkt zu verlassen, denn es gibt zurzeit keine Möglichkeit, hier herauszukommen. Aber würdest du dich bitte zu deiner eigenen Sicherheit ins Lazarettzelt begeben?«, sagte er mit sorgenvoll gerunzelter Stirn. »Diesmal werden die Deutschen sich nicht so leicht zurückschlagen lassen. Womöglich werden sie sogar Giftgas einsetzen.«

Als ich in seine müden Augen schaute, dachte ich an all die grässlichen Geschichten aus dem Ersten Weltkrieg, die ich gehört hatte, und an die Gedichte von Wilfred Owen – »*er stürzt auf mich, blutend, erstickend, ertrinkend*« – aus den Büchern, die der General mir ins Krankenhaus hatte bringen lassen. Ich erinnerte mich auch daran, dass die Briten und Franzosen zu Beginn des Krieges in einer gemeinsamen Erklärung bekannt gegeben hatten, sie hätten nicht die Absicht, Giftgas oder biologische Waffen einzusetzen.

Ich setzte meinen Helm auf und streckte die Hand aus, um mir vom General beim Herausklettern aus meinem Unterstand helfen zu lassen. Als ich jedoch seine finstere Miene sah, zog ich meine Hand schnell zurück.

»Du hast deine Gasmaske vergessen«, sagte er.

Das Lazarettzelt, mit dem Emblem des Roten Kreuzes versehen, damit die deutschen Piloten es nicht bombardierten, war das einzige Zelt, das noch stand. Als ich mit aufgesetzter Gasmaske, die äußerst unbequem war, dort eintraf, stellte ich mit Schrecken fest, dass Dr. Vialard Godou – mein Peiniger aus Syrien – der Chef der »Menschenreparaturwerkstatt« war. Außerdem waren dort ein paar amerikanische Quäker und ein lebenslustiger schottischer Arzt, der mir erklärte, sie hätten gerade eine »verflixte Pechsträhne«. Trotz meiner Ausbildung als Krankenschwester, oder vielleicht auch gerade deswegen, durfte ich nichts anderes tun, als von Bett zu Bett zu gehen und die Soldaten aufzumuntern.

Die Patienten litten an den unterschiedlichsten Krankheiten – Malaria, Sandfliegenfieber, Gelbfieber – und an allen möglichen Beschwerden, die das Wüstenklima, der Staub und die Fliegen mit sich brachten, wie Hitzepocken und nässender Hautausschlag. Einige, die an der Ruhr erkrankt waren, krümmten sich vor Schmerzen, andere lagen, geschwächt vom Salz- und Wassermangel, apathisch auf ihren Pritschen. Hitzeerschöpfung (die nicht selten sogar zum Tod führen konnte) war ein verbreitetes Leiden. Zu all dem hinzu kamen die Kriegsverletzungen – Schusswunden, Verbrennungen und Verwundungen durch herumfliegende Granatsplitter. Alle Patienten trugen Gasmasken.

Die Kämpfe brachen unvermittelt wieder aus und ließen von morgens bis abends nicht nach. Sand und Schrapnells hagelten auf das Lazarettzelt nieder, und im Hintergrund war ständig Geschützlärm zu hören. Es hörte erst auf, als ein heftiger Sandsturm – verschlimmert durch den von Hunderten von Panzern und Fahrzeugen aufgewühlten Wüstenboden – von der Wüste her über uns hinwegfegte und die Sicht auf null reduzierte. Beinahe wären meine Versuche, im Zwielicht zu meinem Unterstand zurückzufinden, gescheitert. Als ich zufällig einigen britischen Flakschützen über den Weg lief und sie nach dem Weg zum Hauptquartier fragte, konnten sie mir nicht weiterhelfen.

»Sorry, Süße, wir sind neu hier«, sagten sie im breitesten Cockney-Akzent.

Während wir in verschiedene Richtungen durch den dichten Staub davonstolperten, hörte ich einen von ihnen ausrufen: »Was zum Teufel hat eine feine Engländerin in dieser Hölle zu suchen?«

Irgendwann lief ich mitten in die Stacheldrahtrollen, die das Hauptquartier umgaben, und obwohl ich mir die Hand verletzt hatte, war ich zutiefst erleichtert. Einen Moment lang wurde ich an ein Kindheitserlebnis erinnert, wie ich mich zusammen mit meinem Bruder Laurence im Gefolge unserer unerschütterlichen Großmutter an den schmiedeeisernen Vorgartenzäunen entlang durch den dichten Londoner Nebel nach Hause getastet hatte. Ich erreichte meinen Unterstand genau in dem Augenblick, als das Granatfeuer wieder einsetzte.

Am nächsten Tag, dem 1. Juni, ging der Feind zum Großangriff über. Stukas heulten über unseren Köpfen, und Rommels Panzerkampfwagen IV rollten von Nord-Westen her auf Bir Hacheim zu. Unsere Männer gaben alles, was sie hatten, feuerten mit ihren 75-mm-Geschützen und ihren Fliegerabwehrkanonen. Selbst die mächtigen 40-mm-Bofors-Geschütze kamen zum Einsatz, obwohl die armen englischen Schützen immer noch auf eine offizielle Bedienungsanleitung warteten. Ich werde nie vergessen, wie der Geschützlärm in meinen Ohren dröhnte, während ich mit den Händen den Wagen des Generals ausbuddelte, um zu überprüfen, ob er nach all den Ruhetagen noch funktionierte. Zu meiner großen Erleichterung sprang er sofort an.

In jenen ersten Tagen der Schlacht erlitten die Deutschen und die Italiener schwere Verluste, als die Legionäre und Kolonialtruppen ihre Panzer mit Handgranaten und Molotow-Cocktails angriffen. Männer stolperten aus ihren brennenden Fahrzeugen und wälzten sich verzweifelt im Sand. Wir alle hatten großen Respekt vor den Soldaten, die wir bekämpften, und es fiel uns schwer, dem schrecklichen Leiden hilflos zusehen zu müssen. Rommel war mittlerweile zu einer Legende geworden; sein Afrikakorps hatte einen nahezu mythischen Ruf. Auch die Italiener galten als unerschrocken und kämpferisch, obwohl sie die schlechteste Ausrüstung besaßen. Niemand empfand Befriedigung dabei, die anderen sterben zu sehen, nur Trauer über den Wahnsinn, der uns alle in diese Hölle geführt hatte.

Jedes Mal, wenn eine Stellung erobert oder ein zerschossenes Fahrzeug erbeutet wurde, brachten die Legionäre triumphierend ihre Beute ins Lager – Waffen, Munition, manchmal sogar komplette Fahrzeuge. Die italienischen Lancia-Lastwagen waren wegen ihrer Vollgummireifen zwar nicht besonders gefragt; in der von Bombenkratern übersäten Mondlandschaft wurden die Reifen regelrecht zerfetzt – aber ihre Ladung war umso begehrter: Schinken, Wein, Süßigkeiten, Konserven und Käse. Ebenso wie in Syrien waren die Italiener auch hier besonders gut mit Proviant ausgestattet. Ich bekam sogar hin und wieder etwas davon ab, nicht im Kantinenzelt der Unteroffiziere, das abgebaut worden war, weil es ein zu leichtes Ziel bot, sondern im Küchenzelt, das halb eingegraben worden war.

In der Nähe des Hauptquartiers wurde für die wachsende Zahl der Kriegsgefangenen ein großer Unterstand ausgehoben. Auch diese Männer mussten mit Nahrung und Wasser versorgt werden, was bei einigen der Offiziersburschen für Unmut sorgte, weil sie nicht verstehen konnten, warum die Gefangenen nicht einfach erschossen wurden.. Im Großen und Ganzen verhielten sich Soldaten wie auch Legionäre in unserem Lager jedoch ehrenhaft, und der General suchte die Gefangenen persönlich auf, um sich bei den feindlichen Offizieren dafür zu entschuldigen, dass wir ihnen keine bequemere Unterkunft bieten konnten. »*Je suis désolé*«, sagte er, und ich wusste, dass er es ernst meinte.

Ich war weiterhin zum Nichtstun verdammt, und der ständige

Artilleriebeschuss machte mich müde und hungrig. Wenn ein Granatfeuer begann, duckte ich mich mit dem Helm auf dem Kopf in meinen Unterstand, und wenn es aufhörte, lugte ich über den Rand, um nachzusehen, wo die Granaten eingeschlagen waren. Jedes Mal, wenn ich einen Beschuss heil überstanden hatte, sagte ich mir, dass ich wohl noch nicht an der Reihe war. Auch die anderen, die ringsumher aus ihren Löchern krochen, hatten denselben Gedanken. Und unser nächster Gedanke war Essen. Als die Beschießungen zunahmen, wurde tagsüber kein Essen mehr gekocht, nur Abendessen gab es noch. Ansonsten mussten wir uns von unseren Dosenrationen ernähren. Als ich nahe daran war, beim Anblick einer Dose Corned Beef mit der Aufschrift »Smithfield Selected« durchzudrehen, ließ der General mir eine der Lebensmittelkisten zukommen, die den Spähtruppunternehmen zugeteilt waren. Die andere behielt er für sich. Als ich meine Schatztruhe öffnete, sah ich die herrlichsten Köstlichkeiten vor mir: Spargel, Sardinen und Lachs in Dosen. Sogar eine Dose Bier war darunter. Es schien mir eine Schande zu riskieren, dass das gute Zeug in die Hände der Deutschen fiel, also verschlang ich alles auf einmal.

Am 2. Juni waren wir fast vollständig eingekesselt. Plötzlich näherte sich mitten im Geschosshagel ein Fahrzeug mit einer weißen Fahne. Gabriel de Sairigné begleitete die beiden italienischen Offiziere zum Hauptquartier. Sie sprachen weder Englisch noch Französisch, aber es gab einige Männer in der Legion, die ein wenig Italienisch verstanden. Die Offiziere erklärten, General Rommel »der große Sieger von Libyen«, verlange die bedingungslose Kapitulation unserer Garnison, andernfalls würden wir alle getötet. *Sterminare* war das Wort, das sie benutzten. Dann fügten sie hinzu, es sei für uns vorteilhafter, uns den Italienern zu ergeben, die gut mit uns umgehen würden, anstatt den brutaleren deutschen Truppen.

General Koenig erwiderte, es gehöre nicht zur militärischen Tradition der Legion, sich zu ergeben. »Meine Männer haben Waffen und Munition und sind bereit zu kämpfen«, sagte er.

Die Offiziere salutierten. Er sei ein »*grande soldato*«, verkündeten sie, dann wurden sie zurückbegleitet bis zu den alliierten Linien.

Um acht Uhr früh am 3. Juni, kurz nachdem ich den Wagen des Generals wieder einmal vom Sand befreit hatte, robbten zwei in feindliche Gefangenschaft geratene britische Offiziersburschen im Kugelhagel auf meinen Unterstand zu und überbrachten ein von Rommel persönlich unterzeichnetes Ultimatum. Die vom Wüstenfuchs handschriftlich auf einem karierten, gelben Blatt Papier verfasste Aufforderung zur Kapitulation lautete:

An die Truppen von Bir Hacheim.
Weiterer Widerstand bedeutet nutzloses Blutvergießen. Ihr werdet dasselbe Schicksal erleiden wie die beiden englischen Brigaden in Got Ualeb, die vorgestern vernichtet wurden.
Wir stellen den Kampf ein, wenn ihr weiße Flaggen zeigt und ohne Waffen zu uns herüber kommt.
Rommel, Generaloberst

General Koenig, der inzwischen von seinen Männern liebevoll »*le vieux lapin*«, der alte Hase, genannt wurde, schickte eine kurze Mitteilung an seine Offiziere. »Ich stehe in Kontakt mit Rommel. Er droht, Hackfleisch aus uns zu machen, wenn wir nicht kapitulieren. Ich habe ihm gesagt, er soll sehen, dass er Land gewinnt.« Darunter schrieb er noch: »*Bon vent à tous*«, Hals- und Beinbruch. Dann beantwortete er Rommels Aufforderung, indem er auf alle feindlichen Fahrzeuge in Schussweite das Feuer eröffnen ließ.

Ebenso wie der General fühlten wir uns alle geschmeichelt, ein zweites Ultimatum erhalten zu haben, vor allem eins, das von Rommel persönlich unterzeichnet war.

Voller Ungeduld, nach Ägypten vorzudringen, und wütend über unseren Widerstand, setzte Rommel sämtliche Waffen ein, die ihm zur Verfügung standen, um Bir Hacheim mit einem gnadenlosen Feuerhagel einzudecken. Die Welt sah zu und wartete ab – aller Augen waren auf uns gerichtet. Rommel hatte es sich zum Ziel gesetzt, uns zu vernichten. »Ich kriege die Franzosen, ich kriege sie«, hatte er geschworen.

»Wann kommen die Engländer endlich, um uns zu unterstützen?«, fragten die Männer wütend. Die Royal Air Force tat ihr Bestes, um uns beizustehen, sie schickten Hurricanes und Kittyhawks, die zweiundzwanzig deutsche Flugzeuge abschossen. Auch wurden Rommels Bodentruppen bombardiert, die Deutschen jedoch schienen einfach abzuwarten, bis die britischen Kampfflugzeuge wieder verschwunden waren, bevor sie zum nächsten Angriff übergingen.

Der General schickte den Briten ein Dankestelegramm: »*Merci, la RAF.*«

Und die erfreuten RAF-Piloten telegrafierten zurück: »*Merci à vous pour le sport*«, und bedankten sich ihrerseits für die kameradschaftliche Unterstützung. Von da an setzten sie alles daran, Bir Hacheim zu schützen und zu verteidigen.

An einem besonders schlimmen Tag schienen die Deutschen mich zur Zielscheibe auserkoren zu haben. Eine Granate schlug hinter meinem Unterstand ein, dann eine direkt vor mir, schließlich eine auf jeder Seite. Die ganze Erde um mich herum schien zu stöhnen. Mir blieb nichts anderes zu tun, als zuzusehen und abzuwarten, ich saß regelrecht in der Falle und war mir sicher, dass die nächste Granate mich erwischen würde.

»Ich bin kein militärisches Ziel, verdammt!«, schrie ich außer mir, als es weiterhin Granaten hagelte. Zum Glück rückten die Geschütze irgendwann ab, und ich wurde noch einmal verschont.

Die Briten waren von General Koenig und seinen Männern begeistert. Am 4. Juni schickten sie ein Telegramm, in dem stand: »*Ausgezeichnete Leistung. Halten Sie durch. Viel Glück. Es wird ein gutes Ende nehmen.*«

In einem Antworttelegramm erklärte der General, wenn Rommel die Franzosen in die Knie zwingen wolle, müsse er »lange warten«.

Die Weltpresse bejubelte den Erfolg der Franzosen. Schlagzeilen wie »Heldenhafter Verteidigungskampf der Franzosen« und »Militärische Glanzleistung« prangten auf den Titelseiten der Tageszeitungen in London, Washington, Kairo und Sydney. General de Gaulle schickte uns von seinem Hauptquartier in London aus ein besonderes Telegramm: »*General Koenig, Sie sollen wissen und Sie müssen es Ihren Truppen sagen, dass ganz Frankreich auf Euch blickt und dass ihr sein Stolz seid.*« Es war das erste Mal in diesem Feldzug, dass die Franzosen ohne Unterstützung der Alliierten gekämpft und sich tapfer gegen einen übermächtigen Gegner zur Wehr gesetzt hatten. Die Ehre der Nation war wieder hergestellt.

Es folgte Angriff auf Angriff, während unsere Männer einen effektiven Kleinkrieg gegen den Feind führten. Sie bildeten Überfallkommandos, erbeuteten Treibstoff, Wasser, Lebensmittel, Fahrzeuge und machten Kriegsgefangene. Ein Trupp kehrte sogar mit großen Tafeln Schokolade und mehreren Flaschen Eau de Cologne zurück. Aber diese Unternehmungen waren sehr gefährlich. Selbst Amilakvari hing eines Morgens auf der falschen Seite der Minenfelder fest und musste von Pierre Messmer und dessen Männern gerettet werden. Amilakvari war so wütend darüber, dass er am nächsten Abend loszog und fünf deutsche Panzer zerstörte. Er war ein Mann, der den Krieg ganz persönlich nahm.

Noch einmal schickte Rommel eine Abordnung, die uns zur Kapitulation auffordern sollte. Diesmal waren es drei deutsche Offiziere, die sich am 4. Juni um vier Uhr früh in einem gepanzerten Wagen näherten. Sie wurden jedoch bei Erreichen unserer vordersten Linie sofort abgewiesen.

»Wir denken gar nicht daran, unseren General zu so früher Stunde zu wecken«, erklärten ihnen die wachhabenden Offiziere.

Auf ihrer Rückfahrt fuhren sie über eine Landmine. Bei der Explosion wurde das Fahrzeug zerstört, doch die Männer blieben unverletzt. Den entsetzten Offizieren blieb nichts anderes übrig, als sich zu Fuß unter lautstarker Beschimpfung durch Deutsch sprechende Legionäre hinter ihre Linien zurückzuziehen.

Gleich darauf folgte ein neuer Angriff, ein ununterbrochenes Bombardement durch Luftwaffe und Bodentruppen, das acht Tage lang anhielt. Die Royal Air Force leistete phantastische Arbeit, sie schickte eine Welle von zwanzig Kampfflugzeugen, die es trotz des dichten Abwehrfeuers schafften, die feindlichen Stellungen direkt anzugreifen. Als Vergeltungsschlag griff Rommel mit seinem besten Panzerkorps an, der 90. Leichten Division. Granaten, Minenwerfer, schwerkalibrige Maschinengewehre, Panzer und automatische Waffen – alle greifbaren Waffen – wurden gegen unseren kleinen Wüstenflecken namens Bir Hacheim zum Einsatz gebracht.

Die Kampfhandlungen wurden nur unterbrochen, wenn die

schneidend scharfen Sandstürme aus der Sahara über uns hinwegfegten oder nachts, wenn auf jeder Seite die Toten und Verwundeten eingesammelt wurden. Dann herrschte Grabesstille, die beinahe ebenso unerträglich war wie der Geschützlärm, der tagsüber herrschte. Man konnte sich kaum vorstellen, dass Tausende von Männern teilweise nur wenige Meter voneinander entfernt schliefen, nur um am nächsten Tag erneut alles daranzusetzen, einander zu töten. Wenn die Schlacht um Punkt sechs Uhr wieder entbrannte, war der Kampf gnadenlos. Stunde um Stunde folgte Angriff auf Gegenangriff, in einer Hitze von bis zu 51 Grad im Schatten. Der Himmel war niemals klar – die Luft war stets erfüllt vom Sand, den die Bomben und Granaten aufwirbelten und der einem Sicht und Atem raubte.

Während der Belagerung wurden mehr als 40 000 französische Granaten abgefeuert. Über hundert Stukas und vierzig Junkers-Bomber flogen über 1 400 Einsätze und bombardierten die französischen Stellungen. Die RAF verlor siebzig Flugzeuge.

Am widerlichsten waren die Stukas, ihr ohrenbetäubendes Heulen und die grauenhafte Stille, die darauf folgte, während ich allein in meinem Unterstand hockte, mit nichts als meinem Helm, um mich zu schützen. Jeden Morgen gab es Kaffee und Stukas zum Frühstück. Jeden Morgen heulten die Artilleriegeschosse über das mit Stacheldraht und Minen gespickte Niemandsland. Fast ununterbrochen hagelte es Maschinengewehrsalven, und die sengende Wüstensonne stand vierzehn Stunden täglich am Himmel und röstete die Menschen unerbittlich.

Der 8. Juni war einer der schlimmsten Tage. Er begann mit dichtem Nebel, und man hätte annehmen können, dass die Stukas und Junkers nur aufs Geratewohl ihre Bomben abwerfen konnten. Dennoch trafen sie auch jetzt genauso sicher. Als der Morgennebel sich lichtete, wurde Bir Hacheim von der feindlichen Artillerie unter heftigen Beschuss genommen. Dann kehrten die Stukas und die schweren Bomber zurück, und diesmal zerstörten sie unsere Funkverbindung zur Front. Kaum waren die Flugzeuge verschwunden, ging die deutsche Infanterie zum Angriff über. Und schließlich rückten die Feuer speienden Panzer vor, Rommels 15. Division, um uns den Rest zu geben. Dutzende von französischen Soldaten, die meisten von ihnen Legionäre, wurden getötet oder gefangen genommen. Der Boden war übersät mit Kratern und schwelenden Wrackteilen. Manche von Bomben zerstörte Fahrzeuge brannten die ganze Nacht lang.

An jenem Abend konnte man hören, wie die Deutschen in wenigen hundert Metern Entfernung Minen räumten. Es hieß, Rommel selbst befände sich auf einer der Bergkuppen, seine Kanonen in Position, um am nächsten Morgen das Feuer erneut zu eröffnen. Dann griffen die Stukas unser kleines Wüstenfort zum ersten Mal nach Einbruch der Dunkelheit an, ließen gebündelte Bomben fallen, die unmittelbar beim Aufschlag explodierten. Indem er den Franzosen durch unablässiges Bombardement den Schlaf raubte, wollte Rommel den Widerstandsgeist und die Kampfmoral der Männer brechen. Die Luftwaffe hatte sich zum Ziel gesetzt, Bir Hacheim vom Erdboden zu tilgen.

Am nächsten Tag wurde uns bald klar, dass unsere Lage hoffnungslos war, vor allem, als die Stukas begannen, das Lazarettzelt und das Fahrzeug, das als Operationsraum diente, gezielt unter Beschuss zu nehmen, obwohl beide deutlich mit dem Emblem des Roten Kreuzes gekennzeichnet waren. Die Bomben zerfetzten die meisten der vierundzwanzig Verwundeten sowie mehrere Sanitäter. Da auch sämtliche Vorräte an Medikamenten und medizinischen Geräten zerstört waren, war jede medizinische Hilfe zunichte gemacht worden. Auch hatte die RAF kurz zuvor dringend benötigtes Plasma abgeworfen, doch die Flaschen waren alle bei der Landung zerbrochen.

Der Wassermangel trug zusätzlich zu unserem Elend bei – die Rationen waren von zwei Litern pro Tag auf einen Viertelliter reduziert worden, kaum eine Tasse voll pro Mann, und die Brühe schmeckte widerlich. Jeder Tropfen Wasser wurde wochenlang wiederaufbereitet: Waschwasser fand als Kühlwasser für Motoren Verwendung oder wurde durch Gasmasken gefiltert und wieder und wieder benutzt. Hemden und Shorts wurden in flachen Schüsseln in Benzin gewaschen und zum Trocknen ausgelegt. Geschirr und Besteck wurden mit Sand und Benzin sauber geschrubbt. Kein einziger Tropfen wurde verschwendet.

Jetzt wo die Verpflegung immer knapper wurde, hockten die Männer mutlos zusammen und träumten von kühlem Bier und eiskalten Gebirgsbächen. Hohlwangig, unrasiert, erschöpft und übernächtigt machten sie sich auf ihr unabwendbares Schicksal gefasst.

Am 9. Juni bombardierten hundert Stukas den nördlichen Teil von Bir Hacheim, wo Pierre Messmer und seine Männer sich eingegraben hatten. Dann folgte Artilleriebeschuss, die deutsche Infanterie versuchte, das Lager zu stürmen und wurde zurückgeschlagen. Sechs Stunden später kehrten die Stukas zurück, und das Bombardement begann von neuem.

An jenem Nachmittag schickte der General einen verzweifelten Funkspruch an das Hauptquartier der Alliierten: »*Wasser und Munition nahezu verbraucht. Können nicht mehr lange durchhalten.*« Am Ende des Tages waren die Granaten für die beste Verteidigungswaffe ausgegangen, die 75-mm-Kanone, und es gab kaum noch Munition oder Patronen für die übrigen Waffen.

Wir hatten kaum noch einen Tropfen Wasser, bis auf einige eifersüchtig gehütete private Vorräte. Die RAF hatte Säcke mit Eiswürfeln abgeworfen, die den Kranken zum Lutschen gegeben werden sollten, aber die waren längst weggeschmolzen.

Als die Sonne tief am Horizont stand, konnten wir die bedrohlichen Umrisse der deutschen und italienischen Panzer sehen, die uns mittlerweile so dicht umzingelt hatten, dass sie den Feind nicht mehr unter Beschuss nehmen konnten, wollten sie nicht riskieren, sich gegenseitig zu treffen. Ich fürchtete schon, dass keiner von uns den nächsten Tag erleben würde. Nicht ohne Grund funkte Rommel an jenem Abend seinem Hauptquartier die Meldung zu: »*Ich werde morgen in Bir Hacheim sein.*«

Auch der General schickte an jenem Abend einen Funkspruch. Er ging an die Adresse der 8. Armee und lautete: »*Wir sind eingekesselt. Unsere Gedanken sind stets bei Ihnen. Wir sind zuversichtlich. Lang lebe das Freie Frankreich!*« Es war klar, dass er das Ende voraussah und bereit war, sein Leben und das Leben seiner Männer zu opfern, wenn es sein musste. Auch für mich, in meinem winzigen Unterstand hilflos dem Schicksal ausgeliefert, schien der Tod unvermeidlich.

Um sechs Uhr an jenem Abend hatte der General über Funk neue Anweisungen vom Alliierten Oberkommando erhalten. Unmittelbar darauf rief er seine Offiziere zu einer dringenden Besprechung zusammen. Als wir die erschöpften Männer auf den Unterstand des Generals zugehen sahen, wussten wir um den Ernst der Situation. Es roch nach Niederlage, und wir waren alle zutiefst bedrückt.

Amilakvari war der Erste, der den Unterstand des Generals mit wehendem Umhang wieder verließ, das schwarze Képi mit der Litze aus Goldbrokat keck in die Stirn gedrückt. Einen Augenblick lang meinte ich, eine Spur seines vertrauten Lächelns zu erhaschen. Der gute Amilak weigerte sich, einen Helm zu tragen, aus Respekt vor dem großen französischen General des Ersten Weltkriegs und »Vater der Legion« Paul Rollet, der auch nie einen Helm aufgesetzt hatte. »Der Tod weiß, wann deine Zeit gekommen ist, mit oder ohne Helm«, hatte Amilakvari einmal zu Pierre gesagt. Die anderen Offiziere folgten ihm mit ebenso forschen Schritten und gingen wortlos und mit entschlossener Miene auf ihre Kommandoposten.

Ich hockte in meinem Unterstand und wartete auf weitere Neuigkeiten, so wie ich es während der Belagerungszeit immer wieder getan hatte. An jenem Abend wusste ich, dass keine guten Nachrichten zu erwarten waren. Die Hitze tagsüber war unerträglich gewesen, und meine Kleider waren nass geschwitzt. Ich hatte seit Tagen keine Gelegenheit gehabt, mich zu waschen, meine Haare waren strähnig und fettig und mein Gesicht und meine Hände staubverkrustet. Sand und Schweiß vermischten sich zu einer klebrigen Kruste, die sich in den Hautfalten verdichtete – unter den Achselhöhlen, in den Leisten, am Hals – und kratzte und juckte.

Ich stützte den Kopf in die Hände und versuchte, die Beschwerden, die Angst und den Dreck zu vergessen. Ich ließ meine Gedanken treiben, träumte mich fort von diesem verhängnisvollen Ort. Die Augen fest geschlossen, stellte ich mir ein vornehmes französisches Restaurant vor, eine schicke Pariser Brasserie. In den Spiegeln mit vergoldeten Rahmen wurde das Kerzenlicht reflektiert, und eine kleine Armee von Kellnern in weißen Jacken und mit schwarzen Fliegen schwirrte vorbei. Die Tische waren mit handbestickten Damastdecken, silbernem Besteck und Kristallgläsern gedeckt und mit Porzellanvasen voller frischer Blumen geschmückt. Auf dem Weg an meinen Tisch konnte ich das Klirren von Geschirr und das Murmeln der eleganten Gäste hören. Beim Gehen spürte ich, wie mein fliederfarbenes Satinkleid meine Beine umspielte. Der General erwartete mich bereits, er sah blendend aus in seiner Gala-Uniform. Mit einem breiten Lächeln erhob er sich und reichte mir die Hand. Ich nahm Platz und atmete den Duft von Kräutern und Wein, von Knoblauch und gegrilltem Fleisch ein.

In einigen der elegantesten Städte Europas hatte ich in solchen Restaurants gegessen, und in meinen Tagträumen erlebte ich immer wieder zusammen mit meinem General verliebte Abende in dieser wunderbaren Atmosphäre. Ich hatte mir geschworen, falls ich je wieder dieser Hölle von Bir Hacheim entkommen sollte, ein vornehmes Restaurant aufzusuchen und mir ein köstliches Mahl zu gönnen. Ich wusste auch schon genau, was ich bestellen würde. Eine riesige Platte geräucherten Lachs, anschließend Ente mit Orangensoße und den passenden Beilagen, und zum Nachtisch Vanilleeis mit Makrönchen. Dazu würde ich mir eine Flasche kühlen weißen Burgunder gönnen.

Der Gedanke an kühlen Wein machte mich durstig. Ich öffnete die Augen und betrachtete die Proviantkiste in meinem stinkenden Unterstand. Ich wischte die Schaben und die Mäuseköttel vom Deckel, öffnete die Kiste und schaute hinein. Es war nicht mehr viel übrig – meine Feldflasche enthielt noch einen Rest trüben Wassers, und in den vier Stücken ungenießbaren Zwiebacks hatten sich Rüsselkäfer eingenistet. Ich verschmähte den Zwieback und überlegte, ob ich das restliche Wasser trinken oder zum Waschen benutzen sollte. Ich wusste, dass der General noch Wasser hatte und mir etwas davon abgeben würde, wenn ich ihn darum bat. Es schien mir nicht übertrieben, jeden Tag eine Hand voll Wasser zu verbrauchen, um mir das Gesicht zu waschen, obwohl ich wusste, dass die Männer aufs Rasieren verzichteten. Da ich mich im Moment nicht entscheiden konnte, was ich mit dem Wasser tun sollte, lehnte ich mich zurück und schloss die Augen.

Ich fragte mich, wann wir erfahren würden, wozu der General sich entschlossen hatte. Wenn wir kapitulierten, würde ich die einzige Frau sein, die als Kriegsgefangene in die Hände des Feindes geriet. Ich hoffte inständig, dass es mir noch einmal gelingen würde, als Mann durchzugehen. Vielleicht sollte ich den Burschen bitten, mir die Haare ganz kurz zu schneiden, oder sollte ich mein Gesicht unter einer Gasmaske verbergen? Ich überlegte, wo ich meine Pistole verstecken könnte, die ich unbedingt zu meinem Schutz behalten wollte. Wenn der General mir nur sagen würde, was er vorhatte, könnte ich mich besser auf das einstellen, was auf mich zukam. Aber er hatte mich noch nie ins Vertrauen gezogen, warum sollte er also diesmal eine Ausnahme machen?

Er hatte mir einmal gesagt, dass er es sich zum Prinzip gemacht hatte, mir keine Informationen zukommen zu lassen. »Falls du je das Pech haben solltest, in Gefangenschaft zu geraten, und sie herausfinden, dass du meine Fahrerin bist, kannst du jeder Zeit guten Gewissens behaupten, dass du nichts weißt.« Er nahm mein Gesicht in beide Hände, um die Bedeutung seiner Worte zu unterstreichen, und fügte hinzu: »Wenn du die Wahrheit sagst, werden sie dir glauben.« Dann zog er mich an sich und umarmte mich so fest, als fürchtete er tatsächlich, jemand könnte mir eines Tages etwas zuleide tun. Damals begriff ich zum ersten Mal, welche Einsamkeit die Rolle des Befehlshabers mit sich bringt.

Als ich vor Erschöpfung beinahe eingeschlafen war, hörte ich das Knirschen von Schritten, die sich meinem Unterstand näherten. Ich richtete mich auf, schlug mein Segeltuchdach zurück und spähte hinaus. In der Dunkelheit erkannte ich die unverkennbare Gestalt des Generals. Es war das dritte Mal in drei Monaten, dass er zu mir kam. Ich sprang auf und klopfte so gut ich konnte den Dreck aus meinen Kleidern.

Sein Gesicht war grau vom Staub, und ich sah die Müdigkeit in seinen eingesunkenen Augen. Der arme Pierre, er trug eine so schwere Last. Verantwortlich für eine der härtesten Schlachten, die in Afrika ausgefochten wurden, würde sein nächster Schritt über das Leben von dreitausend Männern entscheiden, die alle von ihm abhängig waren. Es war keine Spur mehr übrig geblieben von dem lachenden, entspannten Mann, mit dem ich jene sorglose Zeit in Aley verbracht hatte.

Ich lächelte, um ihm ein wenig Trost zu spenden, doch sein Blick war kalt und abwesend. Er war meilenweit weg, für mich nicht erreichbar.

»Mach dich bereit«, raunte er. »Wir werden morgen Abend einen Ausbruch wagen. Kein Wort an irgendjemanden. Es ist absolut geheim.«

»Wo gehen wir hin?«, fragte ich. Schweiß lief mir in die Augen.

Er zögerte. »Wir haben ein Rendezvous«, erwiderte er schließlich.

Angst schnürte mir die Kehle zusammen. Ich wusste, dass eins seiner Lieblingsgedichte den Titel »Rendez-vous« trug. Es war ein Gedicht von Alan Seeger, einem amerikanischen Legionär, der es während des Ersten Weltkriegs geschrieben hatte. Pierre hatte es in einem Buch entdeckt, das er aus der Bibliothek in Beirut ausgeliehen hatte, einem dicken, abgegriffenen Band, den er überall mit sich herumgetragen hatte. Kurz nachdem er mir mitgeteilt hatte, dass wir unser idyllisches Haus in Aley verlassen und zurück in den Krieg ziehen mussten, hatte er das Buch aufgeschlagen.

»Ich möchte, dass du das liest, La Miss«, sagte er, während ich ein paar Rosen in einer Vase ordnete. »Es ist eins meiner Lieblingsgedichte. Ein junger amerikanischer Soldat hat es 1916 geschrieben, einen Monat, bevor er für Frankreich gefallen ist. Den Männern in der Legion bedeuten seine Worte sehr viel.«

Ich kniete mich zu seinen Füßen auf ein Kissen, während er sich auf dem Chintz-Sofa zurücklehnte, das wir gemeinsam gekauft hatten. Dann nahm ich das Buch entgegen, schlug es auf der Seite auf, wo sich das Lesezeichen befand, und begann, das Gedicht zu lesen. Nach wenigen Zeilen schaute ich zu ihm auf.

»Lies es mir vor, *chérie*«, murmelte er leise. »Ich möchte deine Stimme hören.« Ich holte tief Luft, lehnte mich gegen seine Beine und las ihm das Gedicht vor, das er so sehr liebte.

»Ich habe ein Rendezvous mit dem Tod
An einer umkämpften Barrikade,
Wenn der Frühling raschelnd naht
Und Blütenduft die Luft erfüllt.

Ich habe ein Rendezvous mit dem Tod
Wenn der Frühlingshimmel blau erstrahlt
Nimmt er womöglich meine Hand

Und führt mich in sein düsteres Land
Schließt mir die Augen, löscht meinen Atem –
Wer weiß, vielleicht werde ich ihn verpassen

Ich habe ein Rendezvous mit dem Tod
Irgendwo am Abhang eines misshandelten Hügels
Wenn mit dem Frühling die blauen Tage zurückkehren
Und die ersten Wiesenblumen blühen

Viel lieber würde ich, benommen vom Duft,
In seidenen Kissen versinken,
Wo Liebe sich in seligem Schlaf ergießt,
Herz an Herz, Mund an Mund,
Und aus süßem Traum erwachen …

Aber ich habe ein Rendezvous mit dem Tod
Um Mitternacht in einer brennenden Stadt,
Sobald der Frühling wieder nach Norden zieht …«

Nie habe ich jenen Abend und die Ergriffenheit, die diese unsterblichen Worte in mir auslösten, vergessen. Als ich nun, ein Jahr später, an diese Worte erinnert wurde, glaubte ich, Pierre wollte mich auf den Tod vorbereiten.

Mit klopfendem Herzen versuchte ich krampfhaft, mich an die letzten Zeilen des Gedichts zu erinnern, um sie noch einmal für ihn zu rezitieren. Doch bevor ich dazu kam, ein Wort zu sagen, hatte er sich auf dem Absatz umgedreht und war verschwunden. Keine liebevollen Worte wurden gewechselt, wir schenkten uns kein Lächeln und wünschten uns kein Glück. Es gab nur einen Befehl, von einem General an seinen Feldwebel. Jeder Mann – und auch die einsame Engländerin – musste seine Pflicht tun, ohne zu zögern.

Während ich ihm nachsah, fielen mir die Worte wieder ein. Leise murmelte ich sie vor mich hin.

»Ich aber steh' zu meinem Wort
und wenn die Zeit kommt, bin ich dort.«

12
Der Durchbruch

»Zum Wohle aller gaben sie ihr Leben, sich selbst aber errangen sie unsterblichen Ruhm und das erhabenste Grab; nicht nur das, in dem sie nun ruhen, sondern auch jenes andere, in welchem unvergessen ewig bei allen Geschlechtern bei jedem Anlass der Rede oder der Tat ihr Gedächtnis bewahrt ist.«

THUKYDIDES, ›DIE REDE DES PERIKLES FÜR DIE GEFALLENEN‹

Achtundzwanzig Stunden blieben mir, um mich bereitzumachen, achtundzwanzig lange Stunden, um meine Sachen zu packen – wofür fünf Minuten gereicht hätten – und mich auf etwas vorzubereiten, das mir vorkam wie ein Selbstmordkommando. Ich bemühte mich, nicht zu sehr an die gewaltige Feuerkraft zu denken, mit der wir bei unserem Versuch, die feindlichen Linien zu durchbrechen, rechnen mussten, und überprüfte sorgfältig alles, wofür ich verantwortlich war: den Wagen, Benzin, Wasser, Öl und die Reifen. Zum Schutz gegen Minen und Kugeln legte ich den Wagen mit Sandsäcken aus, die Papiere des Generals und seine Maschinenpistolen verstaute ich im Heck. Die größeren meiner Habseligkeiten, mein Bett und die Faltbadewanne wurden im Wohnwagen des Generals untergebracht. Nachdem ich alles gepackt, überprüft und abermals überprüft hatte, blieben mir immer noch mehrere Stunden. Sie kamen mir vor wie eine Ewigkeit.

Ich sah mich in dem traurigen Lager um, das vier Monate lang unser Zuhause gewesen war. Der Boden ringsherum war mit Kratern übersät. Überall brannten kleine Feuer, denn die Männer waren dabei, Ausrüstungsgegenstände und geheime Unterlagen zu verbrennen, damit sie nicht in die Hände des Feindes fielen. Außerdem spendeten die Feuer in jener kalten Nacht ein bisschen Wärme. In einer Ecke des Stützpunkts stapelte jemand Leichen, während der Kaplan, Père Mallec, mit der aufgeschlagenen Bibel daneben stand und ein paar Zeilen vorlas. Seit bekannt gegeben wurde, dass wir bald aufbrechen würden, wurde fieberhaft daran gearbeitet, die Toten zu begraben und die Gräber, auf Befehl des Generals, mit einem hölzernen Kreuz zu versehen. Ein vertrauter, süßlicher Gestank lag in der Luft.

Ich fand Arad, der gierig Corned Beef aus einer Büchse fraß, die ein Soldat des Tschad-Bataillons ihm gegeben hatte. Claude le Roux, einer der Offiziere, erklärte mir, sie hätten Arad zu ihrem Maskottchen erklärt – ein weißer Hund in einem Bataillon schwarzer Soldaten. Offenbar hatte er seine Angst vor Luftangriffen überwunden und angefangen, die Stukas anzubellen. Einmal war er sogar quer durch die Wüste einer Granate nachgejagt.

»Wir kümmern uns um ihn, La Miss, und wir werden ihn aus Bir Hacheim rausbringen«, fügte der Offizier mit leuchtenden Augen hinzu.

Ich nickte zustimmend, während ich Arads Kopf tätschelte und ihm die Ohren kraulte. Dann wünschte ich ihm und Claude viel Glück und verabschiedete mich.

Auf dem Rückweg zu meinem Wagen sah ich einen Soldaten aus der Schreibstube mit einigen der letzten Wasserkanister aus dem Wohnwagen des Generals kommen. Ich half ihm dabei, die Kanister hinten auf meinem Wagen zu vertäuen.

»Wir haben Befehl, sämtliche Windschutzscheiben zu zerschlagen«, erklärte mir der Schreiber. »Wenn das Glas von einer Kugel getroffen wird, zersplittert es, und dann können die Fahrer nichts mehr sehen.«

Ich sah ihn entgeistert an und konnte mir gerade noch die Bemerkung verkneifen, dass ich mit ziemlicher Sicherheit tot sein würde, falls eine Kugel die Windschutzscheibe traf. Mit diesem beunruhigenden Gedanken im Kopf ging ich los, um den nächsten Kanister zu holen. Als ich zurückkam, war die Windschutzscheibe bereits zerschlagen und die Scherben waren säuberlich weggefegt. Dann erklärte er mir, dass die Offiziere sich mit ihren letzten Wasserreserven rasieren würden, eine letzte Art von Trotzhandlung im Angesicht des Feindes. Ebenso trotzig kehrte ich in meinen Unterstand zurück und verbrauchte meinen letzten Rest Wasser, um mich zu waschen.

Der Plan des Generals war einfach. Nachdem die Briten schließlich eingesehen hatten, dass er seine Stellung nicht länger halten konnte, und Befehl zum Rückzug gegeben hatten, hatte er die nächstliegenden Möglichkeiten abgelehnt. Er wollte weder kapitulieren noch sich in Begleitung seiner letzten kampffähigen Männer davonschleichen und die Verwundeten und die schweren Waffen und Fahrzeuge zurücklassen. »Für einen Legionär«, hatte er seinen Offizieren erklärt, »kommen diese Optionen nicht in Frage.« Stattdessen entschied er sich für einen Massenausbruch in Richtung Südwesten, direkt in die Minenfelder und in die feindlichen Linien hinein, um dadurch die deutschen und italienischen Streitkräfte zu überrumpeln.

»Ich weiß, dass Ihre Männer seit zwei Tagen nicht geschlafen und nichts gegessen haben, aber dies ist das Letzte, was ich in Bir Hacheim von ihnen verlange«, sagte der General zu den Offizieren. »Um die Stunde H werden wir General Rommel einen Schlag ins Gesicht verpassen und diese große Schlacht ehrenhaft beenden.«

Seinem Plan zufolge sollten die Pioniere einen fünfzig Meter breiten Korridor durch die Minenfelder frei machen, indem sie ihre eigenen Minen entschärften. Spezielle Lampen, deren Lichtschein nur nach unten fiel, würden ihnen den Weg weisen. Drei Bataillone Soldaten, angeführt von den Legionären, würden lautlos zu Fuß vorrücken, die verbliebenen leichten Maschinengewehre schussbereit, um feindliches Feuer auf sich zu ziehen, sobald Alarm gegeben wurde. Ein Bataillon sollte auf der rechten Seite, eins auf der linken und das Dritte durch die Mitte marschieren, um einen möglichst breiten Korridor zu schaffen, durch den der Rest der Streitkräfte ausbrechen konnte. Gabriel de Sairigné und seine Männer sollten die Fahrzeuge mit den Verwundeten und das schwere Gerät in Sicherheit bringen.

Der General würde mit seinem Fahrzeug, gefolgt von Amilakvari und seinen Männern, den hastig zusammengestellten Konvoi durch die Stellungen des schlafenden Feindes anführen. Nachdem wir uns einen Weg durch das Minenfeld gepflügt hätten, sollten die Fahrzeuge mit den etwa zweihundert am schwersten Verwundeten folgen. Ein letztes Kontingent von Legionären sollte zu Fuß die Nachhut bilden und die feindlichen Stellungen bis zuletzt unter Beschuss nehmen, um dem Feind vorzugaukeln, Bir Hacheim würde immer noch verteidigt. Über eine viel benutzte

Spähtrupproute sollte sich jeder zu dem vereinbarten Treffpunkt B837 durchschlagen, einer von den Briten gehaltenen Stellung etwa zwanzig Kilometer südlich von Bir Hacheim, die nur durch drei rote Lichter markiert war. Ein simpler Plan, wenn auch etwas hastig erdacht.

Als die Stunde H – Mitternacht am 10. Juni – näher rückte, machten sich alle bereit. Was nicht transportiert werden konnte, wurde zerstört. Der Befehl lautete, nicht einen einzigen nützlichen Gegenstand zurückzulassen. Wenn nötig, sollten wir unsere eigenen Fahrzeuge anzünden, damit sie nicht in die Hände des Feindes fielen. Es herrschte eine Atmosphäre höchster Anspannung, und die wildesten Gerüchte kursierten. Die Verwundeten fürchteten, sie würden zurückbleiben, einige der Legionäre bezweifelten, dass die Zeit reichen würde, um zu entkommen, und die Fahrer sorgten sich, dass sie die leichtesten Zielscheiben abgeben würden. Amilakvari, de Sairigné, Messmer und Simon taten ihr Bestes, um die Nerven der Männer zu beruhigen, gingen im Lager umher und erteilten strikte Befehle.

»Wir müssen in einer geraden Linie vorrücken«, erklärten sie uns. »Absolute Stille ist lebensnotwendig. Es wird nirgendwo angehalten, und wir müssen jedes Geräusch vermeiden.«

Ich bemühte mich, meine eigene Panik zu ignorieren, ließ den Wagen an, setzte vorsichtig aus dem Graben zurück, warf meine wenigen Habseligkeiten hinein und machte mich auf den Weg zum Sammelpunkt. Ängstlich beobachtete ich den Drehzahlmesser. Während der vergangenen Monate war der Wagen extremen Temperaturen und Sandstürmen ausgesetzt gewesen und seit drei Wochen nicht mehr gefahren worden. Bei den letzten beiden Spähtruppunternehmen hatte der Motor fürchterlich gestottert, war schließlich stehen geblieben und nur schwer wieder zu starten gewesen. Während eines Stuka-Angriffs hatte ein Granatsplitter ein Loch in den Kühler geschlagen, und ich musste den dicken indo-chinesischen Unteroffizier, der die *camionnette* des Generals fuhr, anheuern, um mir dabei zu helfen, das schwere Ding auszuleeren und zum Schweißen in die Werkstatt zu schleppen. Als ich die Mechaniker bat, den Kühler zu reparieren, waren sie nicht gerade begeistert, da wir uns mitten in einem Luftangriff befanden.

Seitdem hatte ich den Wagen jeden Tag überprüft und die Mechaniker mehrmals gebeten, ihn sich anzusehen, dennoch fürchtete ich, er könnte mich im Stich lassen. Ich lehnte meinen Kopf gegen das Steuerrad und lauschte auf das Tuckern des Motors.

»Bitte, lass mich heute Nacht nicht im Stich«, flehte ich. »Bitte, bitte, bleib nicht stehen.«

In diesem Augenblick erschien der General, frisch rasiert und gewaschen, die Uniform bemerkenswert sauber. Er wandte sich um und sah in die Hunderte von ungeduldigen Augen, die ihn in der Dunkelheit anblinzelten. Die Fahrzeuge standen seit Einbruch der Dunkelheit bereit, unser Wagen an der Spitze des Konvois, die Männer hatten ihre Positionen eingenommen und warteten schweigend ab. Die Nachricht, dass ein Ausbruchsversuch unternommen werden sollte, hatte sie mit Kampfgeist erfüllt. Nach allem, was wir durchgemacht hatten, wollte niemand kapitulieren, und trotz der letzten nervenaufreibenden Minuten des Wartens, erfüllte der wagemutige Plan ihrer befehlshabenden Offiziere sie mit neuem Mut.

Es war eine mondlose Nacht und bitterkalt, und wir konnten es kaum erwarten, dass es endlich losging. Der General stieg neben mir ein, schaute geradeaus und sagte ruhig: »Zu deiner und zu meiner Sicherheit wirst du genau das tun, was ich dir sage. Ich werde hinter dir auf dem Rücksitz stehen und durch das Schiebedach Ausschau halten. Wir werden der Route F folgen, die wir auf unseren geheimen Spähtruppunternehmen schon hundertmal benutzt haben.

Wenn ich deine rechte Schulter mit dem Fuß berühre, gehst du vom Gas. Wenn ich deine linke Schulter berühre, hältst du an. Wenn ich auf eine deiner Schultern starken Druck ausübe, fährst du schneller.« Dann wandte er sich mir zu und fragte eindringlich: »Hast du alles verstanden?«

Ich hatte einen Kloß im Hals und brachte kein Wort heraus, also nickte ich nur heftig, wobei mir die Baskenmütze in die Stirn rutschte.

»Herrgott noch mal, setz deinen Helm auf«, befahl er mir grinsend.

Ich rang mir ein Lächeln ab, nahm den Helm von meinem Schoß, riss mir die Mütze herunter und setzte mir den Helm so schnell ich konnte auf den Kopf.

Ich legte den ersten Gang ein und fuhr vorsichtig los, als die Wagen mit den Maschinengewehren in der Dunkelheit vor mir langsam auf die Minenfelder zuzurollen begannen. Die Anspannung war rundherum spürbar, und die Stille wurde nur durchbrochen vom dumpfen Dröhnen der Motoren, als wir aus unserer belagerten Stellung in die Nacht hinaus rollten. Die Männer des 2. Bataillons waren die Ersten, die den steilen Hügel hinunter in das Minenfeld vorrückten, um an der Spitze der Kolonne ihren Weg durch den schmalen Korridor anzutreten, den die Pioniere für uns freimachten. Alle anderen warteten, bis der Weg frei war. Der General befahl allen, zu ihrer eigenen Sicherheit aus den Fahrzeugen auszusteigen, und er und die hochrangigsten Offiziere setzten sich in einiger Entfernung auf den Boden. Ich hockte mich dicht neben eins der Räder an meinem Wagen, in der irrsinnigen Hoffnung, es würde mich schützen, falls wir angegriffen wurden.

Stille war das höchste Gebot. Der General und die Offiziere hatten uns eingeschärft, dass wir, wenn wir alle absolute Stille und die Ruhe bewahrten, eine gute Chance hätten zu entkommen, während sich die Deutschen und die Italiener vor ihrem großen Angriff am nächsten Morgen ausschliefen. Meine Augen gewöhnten sich allmählich an die Dunkelheit, doch die Stille machte mich zunehmend nervös. Ich fürchtete, ich könnte irgendeine Dummheit begehen, in Panik geraten. In so einem Zustand würde ich vielleicht nicht in der Lage sein, den Wagen wieder zu starten, falls der Motor stehen blieb.

Ich war dankbar und erleichtert, als Hauptmann Simon, der Mann mit der schwarzen Augenklappe, plötzlich neben mir auftauchte und sich auf dem Trittbrett meines Wagens niederließ.

»Hallo. Was machen Sie denn hier?« flüsterte er, als würde er sich hier – mitten in einem Minenfeld – zum Spaß die Zeit vertreiben.

»Ich komme mir ziemlich blöd vor«, erwiderte ich leise, unfähig, meine Angst zu verbergen.

Wir plauderten ein paar Minuten lang und erzählten einander von unseren Plänen für die Zeit nach dem Krieg. Simon schaffte es beinahe, mich vergessen zu lassen, wo wir uns befanden.

Doch der General rief mich auf den Boden der Tatsachen zurück. »Ruhe da drüben!«, zischte er. Nach dieser Zurechtweisung saßen wir schweigend nebeneinander und warteten auf den Befehl zum Aufbruch.

Der Befehl kam eine halbe Stunde später. Der Fluchtweg war frei. Wir sprangen in unsere Wagen, ließen die Motoren an und warteten. Die Fahrzeuge mit den Maschinengewehren rollten als Erste den Hügel hinab und in das Minenfeld. Wir folgten so lautlos wie möglich. Weil der Korridor so schmal war, mussten wir einzeln hintereinander fahren, und die nachfolgenden Fahrzeuge bildeten eine lange Schlange.

Vielleicht lag es an der unheimlichen Stille, die uns mehrere Stunden lang umgeben hatte, dass der plötzliche Knall uns so einen Schock versetzte. Ich fuhr bei der ersten Explosion so heftig zusammen, dass ich mit dem Kopf gegen das Dach des Wagens stieß. Wenige Meter vor uns war der erste der MG-Wagen leicht vom Weg abgekommen und auf eine Landmine geraten. Im grellen Licht der Explosion bemerkten wir, dass auch wir mehrere Meter weit von der sicheren Route abgewichen waren, die die Pioniere frei gemacht hatten. Natürlich hatte die Explosion ebenfalls den Feind an der vordersten Linie geweckt, die wir durchbrechen mussten, und die Deutschen rannten sofort auf ihre Positionen und eröffneten das Feuer. Als ich starr vor Schreck das Chaos erblickte, das vor meinen Augen ausbrach, war ich davon überzeugt, dass dies das Ende war.

Die Deutschen vermuteten sofort, dass sie es mit einem Ausbruchsversuch aus Bir Hacheim zu tun hatten, und schossen Dutzende von roten und grünen Leuchtraketen ab. Plötzlich war die Wüste hell erleuchtet, und wir gerieten unter schweren Beschuss. Auch Leuchtspurgeschosse flogen jetzt in hohem Bogen über uns hinweg. Bevor irgendjemand es verhindern konnte, explodierte der zweite MG-Wagen und dann der Dritte, als die Männer versuchten, sie zurück auf den sicheren Weg zu manövrieren. Die Legionäre an der Spitze der Kolonne stürzten sich auf die schweren Geschütze und opferten ihr Leben für ihre Kameraden, die versuchten, zurück auf den minenfreien Korridor zu gelangen. Doch mehrere Lastwagen wurden getroffen, als sie im Rückwärtsgang an den zerstörten MG-Wagen vorbeifuhren. Sie gingen auf der Stelle in Flammen auf und machten uns zu noch leichteren Zielscheiben. Einige Fahrer sprangen in ihrer Panik aus den brennenden Wagen, nur um von unseren eigenen Minen zerfetzt zu werden.

Ein wahrer Geschossregen ergoss sich über uns, ohrenbetäubende Explosionen zerrissen die Nacht und ließen brennende Metallteile auf unsere Wagen niedergehen. Die deutsche Artillerie eröffnete ihr Feuer, und unsere Kolonne kam zum Stillstand, da keiner mehr wusste, wohin er sich wenden oder was er als Nächstes tun sollte. Um das Gewicht der Fahrzeuge zu verringern, erhielten die Verwundeten, die noch laufen konnten, den Befehl auszusteigen und sich zu Fuß durchzuschlagen. Die halbwegs vernünftig geplante Evakuierungsaktion verwandelte sich in eine chaotische Flucht.

Der General war außer sich vor Wut und Verzweiflung. Sein Gesicht im Schein der Leuchtraketen hell erleuchtet, sah er mich durch das Schiebedach finster an. »Wieso geht es nicht weiter? Reiß das Steuer nach rechts und fahr an diesem Wagen vorbei!«, schrie er. Während er versuchte, die Kontrolle über eine chaotische Situation zu bewahren, die ihm zu entgleiten drohte, kommandierte er mich hierhin und dorthin, trat mir mit den Füßen gegen die Schultern, bellte seinen Männern Befehle zu, das Feuer nicht einzustellen.

Plötzlich gab es einen unglaublichen Knall, und ich dachte schon, wir wären auf eine Mine geraten. Doch ich irrte mich. Es war der Wagen vor uns, in dem Amilakvari saß.

Der General und ich sahen entsetzt zu, als der Wagen wie ein Spielzeug durch die Luft gewirbelt wurde. Mit Mühe beherrschte ich mich, um nicht Amilakvaris Namen zu schreien, und starrte mit angehaltenem Atem auf das brennende Fahrzeug. Doch als der Staub sich legte, trabte ein von Pulverdampf geschwärzter Amilakvari in seinem unverkennbaren Umhang auf uns zu, in der einen Hand eine Pistole, in der anderen eine Handgranate. Er schien völlig unverletzt und schrie seinen Männern weiterhin Befehle zu. Auch sein Fahrer, ein Mann namens van der Wachler, kroch unverletzt aus dem Wagen.

Von Amilakvaris Furchtlosigkeit angestachelt und bestrebt, die Geschütze, die direkt auf uns gerichtet waren, zu vernichten, befahl einer von Amilakvaris Offizieren den Infanteristen, nach links zu schwenken und quer durch das Minenfeld auf die deutschen Geschützmannschaften zuzurennen, um diese in einen Kampf Mann gegen Mann zu verwickeln. Zu seinem großen Ärger folgten die Männer seinem Befehl nicht sogleich. Vor Angst wie gelähmt, drückten sich einige von ihnen noch immer zum Schutz vor dem Kugelhagel an die Lastwagen.

Als die Beschießung andauerte, lief der Hauptmann zu Amilakvari hinüber und bat ihn um Unterstützung. Ohne einen Gedanken an seine eigene Sicherheit zu verschwenden, rannte der armenische Prinz, bemüht, der grellen blauen Spur einer Leuchtrakete auszuweichen, zu den Soldaten hinüber und befahl ihnen, die Bajonette aufzupflanzen. Dann gab er den Angriffsbefehl und schrie: »*Baïonnettes aux canons. A moi la Légion! On avance!*« Mit einem hochgereckten Arm und seinem wehenden Umhang war er eine eindrucksvolle Erscheinung. Jetzt zögerte kaum noch jemand. Die Männer wären Amilakvari in die Hölle und zurück gefolgt. Vom *esprit de corps*, dem Korpsgeist, beseelt und entschlossen, die Ehre des Freien Frankreichs wiederherzustellen, gruppierten sie sich so gut sie konnten zu geschlossenen Reihen und stürmten mitten in den Kugelhagel.

Im Gefechtslärm brüllte der General Amilakvaris Namen und winkte ihn zu sich. Immer noch auf dem Rücksitz zwischen den Sandsäcken stehend, befahl er Amilakvari, neben mir einzusteigen. Jetzt waren wir wieder das erste Fahrzeug der Kolonne, und ich fühlte mich verantwortlich für das Leben der beiden Männer. Ich schluckte und versuchte, nicht darüber nachzudenken.

»Vorwärts, mit höchster Geschwindigkeit!«, schrie der General mir zu und trat gegen meine linke Schulter. »*Vite! Vite!*«

Ich sah Amilakvari an und konnte es immer noch nicht fassen. Er hatte die Minenexplosion völlig unversehrt überstanden. Ein Grinsen breitete sich auf seinem Gesicht aus, und er tätschelte das Thompson-Maschinengewehr auf seinem Schoß.

»Vorwärts!«, rief er. Von diesem Augenblick an war ich fest entschlossen, was immer auch geschehen mochte – ich würde diese beiden Verrückten aus dieser Hölle herausbringen.

Der General trat gegen meine linke Schulter und schrie: »Los jetzt! Wenn wir fahren, werden die anderen schon folgen.« Während ich den ersten Gang einlegte und Amilakvaris brennendes

Fahrzeug umfuhr, bemühte ich mich, nicht daran zu denken, wie gefährdet meine Füße waren. Ich hatte gesehen, wie eine Landmine Füße zurichten konnte, hatte sogar Dr. Lottes blutige Stümpfe eigenhändig verbunden, und der Gedanke daran flößte mir mehr Angst ein als alles andere.

Irgendwie gelang es mir, an der langen Schlange stehender Fahrzeuge vorbeizufahren, ohne dass wir in die Luft flogen oder Soldaten überfuhren, die kreuz und quer vor mir herumrannten. An der Spitze des Konvois standen einige Sanitätsfahrzeuge, die es unbeschadet an den Minen vorbei geschafft hatten. Ich umkurvte ein brennendes Fahrzeug vor mir, dann raste unser Wagen mitten durch das Minenfeld, direkt auf das Leuchtfeuer zu. Mir blieb keine Zeit, um nachzudenken oder Angst zu empfinden. Ich war wie in einem Rausch. Es war ein seltsames Gefühl, im Dunkeln auf die Lichter zuzufahren, die aussahen wie ein wunderbares Feuerwerk, das auf mich zutanzte und wahrscheinlich unseren sicheren Tod bedeutete. War es das, wofür ich nach Afrika gekommen war – um zu erleben, wie es war, ein Mann zu sein, mitten im Schlachtengetümmel?

In Wirklichkeit war die Wahrscheinlichkeit größer, dass ich durch meinen eigenen Mangel an fahrerischem Geschick ums Leben kam als durch eine Kugel. Ich konnte den steinigen Boden, über den ich fuhr, nicht einschätzen, und es kam mir vor, als würde ich in jedes Loch geraten, das die Wüste zu bieten hatte. Selbst in den besten Zeiten war der Boden uneben, und der Granatenhagel der vergangenen Monate hatte ihn nicht gerade eingeebnet. Er war durchlöchert wie ein Schweizer Käse, und der General schrie sich die Kehle aus dem Hals.

»Vorsicht, sonst bricht der Wagen noch auseinander! Jetzt nach links! Jetzt nach rechts!« Aber ohne Scheinwerfer konnte ich in der Dunkelheit nur blind drauflosfahren. Ich raste immer weiter, ich durfte auf keinen Fall anhalten. Meine größte Sorge war, dass der Motor stehen blieb, dann würden der General und Amilakvari in Kriegsgefangenschaft geraten, und es wäre meine Schuld.

Hinter uns fand ein gnadenloses Gemetzel statt. Explosionen erleuchteten den Nachthimmel, Fahrzeuge flogen in die Luft, und der Feuersturm wütete unaufhaltsam weiter. Welle um Welle von

Leuchtspurmunition zischte über die Wüste hinweg auf uns zu, und die Leuchtkugeln, die an Fallschirmen vom Himmel herabsegelten, tauchten das Schlachtfeld in ein übernatürliches Licht. Von allen Seiten hagelten die Geschosse, die Infanteristen sprangen auf und warfen sich in dem vielfarbigen Licht wieder zu Boden, versuchten, die feindlichen Geschütze mit Handgranaten außer Gefecht zu setzen. Als ich losgefahren war, hatten auch die anderen Fahrer ihre Motoren wieder angelassen, und der Konvoi hatte sich erneut in Bewegung gesetzt. Ich fuhr auf das Leuchtspurfeuer zu, als wäre mein Wagen der Bug eines großen Schiffs, das durch ein Meer aus Kugeln pflügte.

Aber es war keine ruhige Überfahrt. Wir schlingerten von einem Loch ins nächste, gerieten bei Geschwindigkeiten von fast sechzig Stundenkilometern immer wieder ins Schleudern. »Nicht in die Krater fahren!«, brüllte der General, als hätte ich eine Wahl gehabt. Es hing eine Menge von ihm ab, und von mir ebenso, deswegen widerstand ich der Versuchung, ihm eine Antwort zuzuschreien. Er stand oder saß auf dem Rücksitz, ein Gewehr in der Hand, brüllte Befehle und versuchte auszumachen, ob die anderen auch durchkamen.

In unserem Wagen herrschte ein Höllenlärm. Der Motor heulte, von unten schlugen Steine gegen den Boden, die beiden Männer schrien, und überall um uns herum dröhnte das Getöse von Explosionen und Granatfeuer.

»Langsamer!«, schrie Amilakvari. »Das hält der Wagen nicht durch, und dann gehen wir alle drauf.«

Ich nahm das Tempo ein bisschen zurück, aber nicht zu viel, denn ich fürchtete mich vor der Gefahr, die hinter uns lauerte. In einem Moment befahl der General mir, nicht zu weit nach links zu fahren, damit wir nicht auf eine Mine gerieten, nur um gleich darauf zu brüllen, ich solle nach links ausweichen, weil ein großer Felsbrocken im Weg lag. Ich tat einfach, wie mir geheißen.

Einmal lehnte der General sich vor und schrie Amilakvari ins Ohr: »Hören Sie auf zu schießen, ich kann gar keinen klaren Gedanken mehr fassen, und wir ziehen nur die Aufmerksamkeit auf uns!«

Amilakvari, der sich in seinen Sitz geduckt hatte, hob den Kopf, das Gewehr in der Hand. »Ich schieße nicht«, schrie er zurück. »Der Lärm kommt von den Kugeln, die unseren Wagen treffen.«

Erschöpft ließ der General sich in seinen Sitz fallen, und ich trat das Gaspedal durch und versuchte, den Kopf möglichst weit einzuziehen.

Es war pures Glück, dass es uns und einer Reihe weiterer Fahrzeuge in unserem Gefolge gelang, das Minenfeld unbeschadet zu durchqueren und den ersten feindlichen Stellungsring zu durchbrechen. Doch das war erst der Anfang: in Abständen von etwa achthundert Metern lagen nicht einer, sondern drei konzentrische Ringe feindlicher Stellungen, jeder etwas weniger hart verteidigt als der vorhergehende. Zwei lagen noch vor uns. Natürlich war der Feind durch den Lärm auf uns aufmerksam geworden und begann erneut, uns unter Beschuss zu nehmen.

Augenblicklich herrschte wieder große Verwirrung. Leuchtspurgeschosse regneten auf uns herab. Maschinengewehrsalven schlugen Funken aus unserem Wagen. Beide Männer schrien durcheinander: »Links! Vorsicht! Rechts! Schneller!« Ihre widersprüchlichen Befehle waren eher hinderlich als hilfreich, und ich fuhr einfach so schnell weiter, wie ich konnte.

Hinter mir stieg der General wieder auf den Sitz und streckte den Kopf durch das Schiebedach, um zu sehen, wo wir waren und ob uns noch weitere Fahrzeuge folgten. Jedes Mal, wenn er einen tiefen Krater vor uns entdeckte, schlug er mit der Hand auf das Dach oder trat mich mit seinem Fuß. Hinter uns verbrannten Männer und Fahrzeuge, Geschützlärm hallte über die weite Ebene, und wir schienen alle die Orientierung verloren zu haben.

Weiter und weiter fuhren wir durch die öde Landschaft und brauchten Stunden, um alle drei feindlichen Linien zu durchbrechen, weil wir im Zickzack fahren mussten, um dem heftigsten Feuer auszuweichen. Kurz nach Mitternacht waren wir aufgebrochen, und vier Stunden später befanden wir uns immer noch in der Gefahrenzone. Zum Glück hatte sich dichter Frühnebel gebildet, der uns ein wenig Sichtschutz gab. Leider verhinderte er aber auch unsere Sicht. Einmal gab es eine heftige Erschütterung, und ich fürchtete schon, wir wären getroffen worden oder auf eine Landmine geraten. Ich fuhr herum, um zu sehen, was geschehen war, doch Amilakvari beruhigte mich.

»Keine Sorge«, sagte er, »das war nur Massons Wagen. Er ist mit uns zusammengestoßen. Der Wagen ist hinüber, und Masson ist durch das Dach geflogen, aber es ist ihm nichts passiert. Wir können weiterfahren.«

Ich dachte an den schicken neuen Wagen, den ich so vorsichtig von Tobruk nach Bir Hacheim überführt hatte, und fluchte im Stillen.

Schließlich – nach einer schier nicht enden wollenden Zeit – nahmen wir an, dass wir hinter den feindlichen Linien angelangt sein mussten, doch waren wir uns nicht sicher. Keiner von uns wusste, wo wir uns befanden. Wir waren ein bisschen besser dran als viele andere, weil wir einen Kompass hatten, und Amilakvari war ein hervorragender Navigator. Wir wussten, dass hinter uns Soldaten, die von ihren Einheiten getrennt worden waren, einzeln und in Gruppen ziellos umherirrten. Einige würden von englischen Patrouillen, andere aber von deutschen aufgegriffen werden. Wir befürchteten, dass wir die meisten derjenigen, die sich in der Wüste verirrten, nie wieder sehen würden.

Mitten auf einer Hochebene befahl der General mir anzuhalten, damit Amilakvari sich mit Hilfe des Kompasses, der innerhalb des Wagens mit all seinen Metallteilen nicht richtig funktionierte, orientieren konnte. Zum ersten Mal seit Stunden ließ ich das Steuerrad los und streckte und massierte meine verkrampften, blutleeren Finger. Jeder Muskel an meinem Hals und an meinen Schultern schmerzte, jeder Knochen verlangte nach einer Ruhepause, aber ich wusste, dass es noch nicht vorüber war. Aus Furcht, der Motor würde nicht wieder anspringen, ließ ich ihn laufen. Ich legte den Kopf auf das Steuerrad, versuchte, mein heftig klopfendes Herz zu beruhigen, und wartete auf die nächsten Anweisungen.

Amilakvari ergriff die Initiative. Er öffnete die Beifahrertür und stellte sich auf das Trittbrett, um zu lauschen und unseren Standort auszumachen. Nichts war zu hören, keine Fahrzeuge, die uns folgten, keine Soldaten zu Fuß, noch nicht einmal ferner Geschützlärm.

Der General sah aus dem Schiebedach. »Wir müssen weiterfahren –«, begann er.

In dem Moment streckte Amilakvari die Hand aus und hielt

dem General den Mund zu. Jetzt konnten auch wir es hören – deutsche Stimmen, die ganz in unserer Nähe im Nebel miteinander sprachen.

»*Halt! Wer ist da?*«, bellte ein deutscher Soldat. »*Stehen bleiben!*«

Ich hatte damals in Wien etwas Deutsch gelernt und hätte beinahe geantwortet. Einen Augenblick lang fragte ich mich, was sie wohl denken würden, wenn sie plötzlich mitten in der Wüste eine Frauenstimme hörten.

»Losfahren! *Vite!*«, schrie Amilakvari und sprang in den Wagen. Gleichzeitig spürte ich den Fuß des Generals an meiner linken Schulter. Ich trat das Gaspedal durch und fuhr mitten in den dichten Nebel hinein. Erneut wurde auf uns geschossen, und der Wagen vibrierte im Kugelhagel. Links und rechts von uns konnten wir im Nebel die bedrohlichen Umrisse der deutschen Panzer ausmachen. Wir waren mitten in einen riesigen Aufmarsch von Panzern geraten, die zweifellos hinter den Linien auf ihren Einsatz beim für den Morgen geplanten Angriff auf Bir Hacheim warteten. Das Herz klopfte mir bis zum Hals, als ich mit Höchstgeschwindigkeit weiter durch den Nebel raste. Mehrere feindliche Panzerwagen waren uns mit aufgeblendeten Scheinwerfern auf den Fersen. Irgendwie schaffte ich es, etwa fünfhundert Meter Vorsprung zu gewinnen. In einem Bogen lenkte ich den Wagen eine Senke hinunter, dann einen steinigen Abhang hinauf und weiter hinter einen Felsen, wo es uns gelang, unsere Verfolger abzuschütteln.

Als wir uns wieder auf offenem Gelände befanden, befahl Amilakvari mir, weiter geradeaus zu fahren und einem einzelnen, hellen Stern zu folgen, den wir durch den Nebel erkennen konnten. Bemüht, den Stern im Auge zu behalten und gleichzeitig zu sehen, wo ich hinfuhr, rumpelte ich weiter durch die Wüste. Wir wussten weder, wo wir waren, noch in welche Richtung wir fuhren, doch wir wagten nicht anzuhalten. Ich fuhr mit Höchstgeschwindigkeit weiter mehrere Kilometer tief in die Wüste hinein.

Schließlich, als rote Streifen am Horizont die Dämmerung ankündigten und der Nebel sich lichtete, stellten wir fest, dass wir uns allein auf weiter Flur befanden. So weit das Auge reichte, war keine Menschenseele zu entdecken, und es herrschte Totenstille.

Es war fast unbegreiflich, aber wie durch ein Wunder waren wir drei noch am Leben.

Der Wagen lief noch immer, und ich dankte dem Himmel dafür. Jetzt brauchten wir nur noch unser Ziel B837 zu finden und in Erfahrung zu bringen, wie es den anderen ergangen war. Wir vermuteten, dass wir zu weit nach Westen abgekommen waren und uns in Richtung Südosten halten mussten, um zum verabredeten Treffpunkt zu gelangen. Unter Anweisung von Amilakvari mit seinem Kompass fuhr ich zwei Stunden lang weiter, bis der General mir befahl anzuhalten, damit wir einen Schluck Wasser trinken konnten. Außerdem beschloss er, dass Steuer zu übernehmen.

»Dann werden wir wenigstens nicht mehr so fürchterlich durchgerüttelt«, knurrte er, während er einen Schluck aus seinem *bidon* nahm und um den Wagen herum auf die Fahrertür zu stapfte. Als wir unsere Feldflaschen nachfüllen wollten, stellten wir fest, dass fast sämtliche Kanister von Kugeln durchlöchert worden waren. Ich fand, dass der General übertrieben mürrisch war, vor allem angesichts der Tatsache, dass ich mich nicht übel geschlagen hatte. Erschöpft von der anstrengenden Fahrt, überließ ich ihm das Steuer und machte es mir auf dem Rücksitz zwischen den Sandsäcken bequem. Als wir wieder losfuhren, nahm ich mit Genugtuung zur Kenntnis, dass seine Fahrkünste auch nicht besser waren als meine, und wir holperten weiter über den von Steinen und Felsbrocken übersäten Boden.

Ich legte mich auf den Rücksitz und ruhte mich aus, während der General und Amilakvari darüber diskutierten, in welche Richtung wir uns wenden sollten. Nach Amilakvaris Meinung waren wir in einem großen Kreis um Bir Hacheim herumgefahren, befanden uns mehrere Kilometer weit entfernt von unserem Sammelpunkt und waren womöglich immer noch in Gefahr. Während ich vergeblich versuchte, ein wenig zu schlafen, fiel mir ein, dass niemand sich die Mühe gemacht hatte, mir mitzuteilen, wo sich der Sammelpunkt befand. Wenn meinen beiden Begleitern etwas zugestoßen wäre, hätte ich nicht die geringste Ahnung gehabt, wohin ich mich hätte wenden sollen.

Aber die Suche nach dem Weg war im Augenblick nicht die größte Sorge der beiden. In der Annahme, dass wir als Einzige dieser Hölle lebend entkommen waren, geriet der General außer sich vor Verzweiflung.

»Ich bin ein General ohne Armee«, sagte er. »Alle meine Männer sind tot. Es war ein absolutes Desaster. Ich hätte den Ausbruchsversuch nie wagen dürfen.«

Es waren die Worte eines gebrochenen Mannes, der bitter enttäuscht war über das Misslingen seines Auftrags.

Während die Helligkeit hereinbrach und wir müde weiterfuhren, schien das Gefühl der Schande ihn völlig zu überwältigen. »Es gibt nur eine Möglichkeit«, erklärte er unvermittelt. »Ich werde mich dem nächsten feindlichen Fahrzeug stellen, dem wir begegnen. Dann kann ich meinen Männern wenigstens in der Gefangenschaft beistehen.«

Amilakvari war ebenso schockiert wie ich. »Überlegen Sie, was Sie da sagen, *mon général*«, erwiderte er eindringlich. »Sie wären ein gefundenes Fressen für die deutsche Propaganda. Können Sie sich vorstellen, welchen Triumph es für sie bedeuten würde, wenn Sie in ihre Hände fielen? Außerdem würde ich, Prinz Dimitri Amilakvari, mich niemals freiwillig in Kriegsgefangenschaft begeben. Ich flehe Sie an, warten Sie ab, bis wir mehr wissen.«

Verblüfft hörte ich den beiden zu. Ich konnte es nicht fassen, dass der General nach allem, was wir gemeinsam durchgemacht hatten, so einfach aufgeben würde. Mit der Gelassenheit, die der General spöttisch mein »englisches Phlegma« zu nennen pflegte, richtete ich mich auf und sagte ihm, er solle aufhören, sich selbst zu bemitleiden.

»Ich habe alles gegeben, um uns hier herauszubringen, und jetzt können Sie wenigstens dafür sorgen, dass Sie nicht in die Hände der Deutschen fallen«, erklärte ich ihm ärgerlich. »Ich habe so lange treu zu Ihnen gehalten, und ich bin nicht bereit zu akzeptieren, dass unsere Wege sich so einfach trennen.« Ebenso wie Amilakvari machte ich deutlich, dass ich mich auf keinen Fall freiwillig in deutsche Kriegsgefangenschaft begeben würde.

Daraufhin übernahm ich wieder das Steuer, und wir fuhren noch stundenlang durch die Wüste, ohne einer Menschenseele zu begegnen. Allerdings stießen wir auf einen Konvoi verlassener britischer Fahrzeuge, deren Benzin- und Wasserkanister wahrscheinlich keinen Tropfen Flüssigkeit mehr enthielten. Wir wagten jedoch nicht nachzusehen, aus Furcht, die Wagen könnten, wie es häufig geschah, mit versteckten Sprengsätzen versehen sein. Ansonsten sahen wir nur zahllose Spuren von Reifen und Panzerketten, die die Wüste in alle Richtungen durchkreuzten.

Mit vor Müdigkeit brennenden Augen hielt ich schließlich an einem kleinen, neuseeländischen Soldatenfriedhof an, der einsam mitten in der Wüste lag. In der Stille und im gleißenden Sonnenlicht wirkte der Friedhof wie eine Fata Morgana. Eine leichte Brise kam auf, und wir stiegen schweigend aus. Wir konnten kaum glauben, wie gut die Gräber mitten im Niemandsland gepflegt waren, und salutierten unseren toten Kameraden, dann fuhren wir weiter.

Fast den ganzen Tag fuhren wir durch die Wüste und ahnten nicht, dass wir für die Briten bereits, wie so viele andere, als im Kampf vermisst galten. Der General und Amilakvari wurden immer missmutiger, und Pierre war fest entschlossen, sich den Deutschen zu stellen. Als wir dann doch noch unseren Sammelpunkt fanden, wo auf einem Stapel Benzinfässer die Nummer 837 markiert war, waren die Männer der 17. Motorisierten Brigade ziemlich überrascht, uns zu sehen, doch der General und Amilakvari interessierte nur eins.

»Was gibt's Neues aus Bir Hacheim?«, fragte der General.

»Nichts«, lautete die düstere Antwort.

Man schickte uns zu der nahe gelegenen französischen Stellung bei Gasr el Abid, wo wir auf die Männer des 1. Bataillons trafen, die seit fast zwei Wochen auf den Marschbefehl nach Bir Hacheim gewartet hatten, um sich dort mit uns zu vereinigen. Der General und Amilakvari konferierten unverzüglich mit Oberst Garbay, Hauptmann Thoreau und den anderen Offizieren, die ihnen versicherten, es sei noch nicht alles verloren.

Doch nichts konnte den General aufmuntern, und schweren Herzens schickte er einen Funkspruch an General Willoughby Norrie, um ihm mitzuteilen, dass der Ausbruchsversuch seiner Meinung nach ein absolutes Desaster gewesen war.

»Als Resultat unserer vernichtenden Niederlage ist festzustellen, dass die Erste Division der Freien Französischen Verbände aller Wahrscheinlichkeit nach nicht mehr einsatzbereit ist«, schloss er, bevor er voller Verzweiflung zu seinen Kameraden zurückkehrte.

Ich hatte genug von dem Gerede und ging in die Feldküche, um mir eine Tasse Tee zu holen. Meine Hände zitterten jedoch so sehr, dass ich die Tasse nicht halten konnte. Ich stellte sie ab, nahm einen Schluck aus meiner Feldflasche, spülte meinen Mund mit dem faulig schmeckenden Wasser aus und spuckte es in den Sand. Ich versuchte etwas zu essen, brachte aber fast nichts herunter und ließ meinen Teller mehr als halb voll stehen.

Während der General und Amilakvari ins Gespräch vertieft waren, fuhr ich den Wagen in die Werkstatt, um ihn überprüfen zu lassen. Die Mechaniker zählten elf Einschusslöcher in der Kühlerhaube, weitere im Kühler und jede Menge Treffer in der Karosserie, die Teile weggerissen oder die Wasser- und Bremsschläuche beschädigt hatten. Die Stoßdämpfer waren nach der holprigen Fahrt völlig ruiniert.

»Nicht zu fassen, dass die Karre überhaupt noch fährt«, rief einer der Mechaniker erstaunt aus. »Eine Salve hat die Sitze direkt zwischen Ihnen und Ihren Passagieren durchschlagen.«

Mir zitterten die Knie, und ich fühlte mich plötzlich so erschöpft, dass ich mich neben den Wagen in den Schatten legte und versuchte, ein bisschen zu schlafen. Ich fragte mich, warum ich so heftige Kopfschmerzen hatte, doch dann fiel mir auf, dass ich vergessen hatte, meinen Helm abzunehmen, der seit dem vergangenen Abend fest auf meinem Kopf saß. Auf dem Rücken im Sand ausgestreckt, den Kopf halb unter dem Wagen, um ein wenig Schatten zu haben, die Hände auf dem Bauch verschränkt, fiel ich in einen tiefen, unruhigen Schlaf. Ich träumte von Kugeln, die mich wie Insekten umschwirrten, von Leuchtspurgeschossen, die wie Feuerwerk über den Himmel stoben, während der General Befehle bellte und meine Schulter mit seinen Füßen bearbeitete.

Etwa eine Stunde später, gegen vier Uhr nachmittags, wachte ich mit schrecklichen Kopfschmerzen auf. Als ich mich verschlafen aufrichtete, dachte ich, ich hätte Halluzinationen. Was ich erblickte, war eine lange Schlange von Soldaten und Fahrzeugen, die sich vom Horizont her näherte. Ich blinzelte, um besser sehen zu können, nahm jedoch immer noch an, dass es sich um eine Fata Morgana handelte. Aber das Trugbild bewegte sich auf uns zu. Ich sprang auf, legte die Hände schützend über die Augen und versuchte angestrengt zu erkennen, was sich meinen Blicken darbot. Zu meiner großen Verblüffung und Freude wurde mir bald klar, dass es sich um die Überlebenden von Bir Hacheim handelte.

Ich öffnete den Mund, um den General und Amilakvari zu rufen und ihnen die freudige Nachricht zu übermitteln, brachte aber nichts als ein heiseres Krächzen heraus. Mit Freudentränen in den Augen stürzte ich in das Zelt, in dem die beiden sich aufhielten, und fand schließlich meine Stimme wieder.

»General! General!«, rief ich. »*Venez!* Kommen Sie schnell! Sehen Sie da!« Mit klopfendem Herzen rannte ich aus dem Zelt und fürchtete fast, das Trugbild könnte sich wieder aufgelöst haben. Aber es war immer noch da. Die Kolonne war jetzt nah genug, sodass ich die einzelnen Fahrzeuge erkennen konnte, die sich in der vergangenen Nacht, die eine Ewigkeit her zu sein schien, in Bir Hacheim hinter uns eingereiht hatten.

Der General stand neben mir, eine Hand auf der Brust, und schnappte nach Luft. Amilakvari blieb nur einen verblüfften Augenblick lang stehen, dann war er nicht mehr zu halten und rannte auf den Konvoi zu. Auch wir liefen los, konnten es kaum erwarten, unsere Freunde und Kameraden wieder zu sehen, die wir schon verloren geglaubt hatten. Amilakvari fiel den Männern, an deren Seite er gekämpft hatte, um den Hals, küsste sie auf beide Wangen, das Gesicht tränennass. Auch der General umarmte seine Männer, schüttelte ihnen die Hand und klopfte ihnen auf die Schulter.

Soldaten wie Offiziere waren überglücklich – de Sairigné, Simon, Messmer, Père Mallec, Arnault und all die anderen, die ich kannte. Alle lachten und weinten und schrien durcheinander. Als ich Gabriel de Sairigné entdeckte, diesen guten, alten Freund, der mich auf dem Schiff von Westafrika als stur bezeichnet hatte und dessen Lebensweg den meinen immer wieder zu kreuzen schien, rief ich aus: »Ich hätte nie gedacht, dass wir uns wieder sehen!« und fiel ihm in die Arme.

Er drückte mich an sich und brach in Tränen aus. »Pech gehabt«, sagte er. »So leicht werden Sie mich nicht los. Sie glauben gar nicht, wie gut es tut, Sie zu sehen, La Miss.«

Jeder Einzelne von ihnen hatte eine schreckliche Geschichte von Verwirrung, Desaster und – schließlich – Befreiung zu erzählen. Simon berichtete, wie er seinen Wagen einäugig in einen riesigen

Schützengraben voller deutscher Soldaten gefahren und dabei mehrere unter sich begraben hatte. Er und sein Feldwebel mussten sich mit Gewehren und Handgranaten aus dem Graben freikämpfen. Dann flüchteten sie zu Fuß, jedoch nicht ohne vorher noch einmal zurückzukehren, um einen verwundeten Kameraden, der einen Knieschuss abbekommen hatte, mitzunehmen. Die Fahrer der Ambulanzwagen schilderten die Qualen, die die Verwundeten durchgemacht hatten, als die Fahrzeuge über das unwegsame Gelände rumpelten.

Messmer, der in Bir Hacheim immer wieder seinen Mut bewiesen hatte, hatte den Befehl gehabt, mit einer Kompanie bis zum letzten Augenblick auszuharren, um dem Feind vorzugaukeln, die Franzosen würden weiterhin versuchen, Bir Hacheim zu halten. Zum Glück hatte der spätere Premierminister es schließlich zusammen mit Lalande, einem weiteren Offizier, geschafft, die feindlichen Linien zu durchbrechen, nur um sich mitten in einer deutschen Kompanie von etwa hundert Mann wieder zu finden, bewaffnet mit nur einer funktionierenden Pistole und ohne die geringsten Deutschkenntnisse.

Als sie sich gerade in ihr Schicksal ergeben wollten, tauchte eine Gruppe französischer Schützenpanzerwagen auf und trieb die Deutschen auseinander. Die beiden Männer rannten hinter den Fahrzeugen her, und es gelang ihnen aufzuspringen. Nach einer Weile schlingerten sie in einen deutschen Kommandoposten hinein. Die deutschen Offiziere waren so verblüfft, dass sie es den Legionären überließen, das Feuer zu eröffnen. Pierre Iehle, ein Offizier, der für mehrere Ambulanzwagen verantwortlich war, hatte es geschafft, seine Leute hinter die feindlichen Linien zu bringen. Dann ließ er in der Dunkelheit mitten in der Wüste eine Wagenburg bilden, fest entschlossen, bis zum letzten Mann zu kämpfen. Als es zu dämmern begann und der Nebel sich lichtete, entdeckten seine Männer in einiger Entfernung ein Feldlager. Iehle nahm sein Fernglas, um festzustellen, ob es sich um englische oder deutsche Truppen handelte. Plötzlich begann er, laut zu lachen.

»Sie spielen Fußball!«, rief er freudig aus. »Das müssen Engländer sein!«

Irgendwie waren er und seine Männer nur wenige hundert Meter entfernt von unserem Sammelpunkt gelandet.

Es war für alle ein beschwerlicher Weg gewesen, und die Männer waren froh, uns zu sehen. Die Freude wurde noch größer, als die Engländer begannen, Bier und Zigaretten zu verteilen. Der General war überwältigt.

»Es war ein Wunder«, sagte er später. »Das Unmögliche war geschehen, und trotz des Schmerzes über den Verlust mehrerer Freunde empfand ich große Freude.«

Selbst der Unteroffizier, der den Wohnwagen des Generals gefahren hatte, sowie My Fen hatten es geschafft. Und Arad, der von den Tschadern mitgenommen worden war, hatte mit ihnen zusammen die feindlichen Linie ebenfalls überwunden. Auch die 75-mm-Geschütze, die Lastwagen und sogar die Flakgeschütze waren gerettet worden.

Als sich herausstellte, wie erfolgreich die Operation verlaufen war, und als er erfuhr, dass so viele gerettet worden waren, indem sie unserem Wagen gefolgt waren, zeigte Pierre sich wieder besänftigt. Er klopfte mir freundschaftlich auf die Schulter, eine Geste, die er sich sonst kaum in der Öffentlichkeit erlaubte.

»Gut gemacht, La Miss«, sagte er mit Tränen in den Augen. »Wir beide haben es geschafft. Wir haben sie alle rausgebracht.« Er nahm meine Hand, drückte sie ganz fest, und auch meine Augen füllten sich mit Tränen.

Trotz der Monate der Trennung in Bir Hacheim und trotz der Probleme während des Ausbruchs hatten die Ereignisse der vergangenen Nacht unsere Beziehung gefestigt, und wir waren uns näher denn je. In Aley und in Damaskus hatte ich nicht teilgehabt an Pierres soldatischem Leben; ich war lediglich ein amouröser Zeitvertreib gewesen, mit dem er sich die Pause zwischen den Feldzügen versüßt hatte. Nachdem ich die Entbehrungen in Bir Hacheim mit ihm geteilt hatte und sowohl im Augenblick der größten Verzweiflung als auch im Augenblick des größten Triumphs an seiner Seite gewesen war, war ich auch zu seiner zuverlässigen Kameradin geworden. Auch Amilakvari gehörte zu unserem Bund, er war ein treuer Freund, mit dem uns seit diesem gefahrvollen Weg in die Freiheit etwas ganz Besonderes verband.

Von den 3 700 Mann, die in Bir Hacheim gewesen waren, hatten 2 400 es geschafft, die feindlichen Linien im Schutz der Dunkelheit zu durchbrechen. Mehr als die Hälfte der Fahrzeuge und fast alle Verwundeten waren gerettet worden. Immer noch trafen Nachzügler zu Fuß ein, und wir hofften, dass sie nicht die Letzten waren.

Dennoch hatten viele den Tod gefunden. Amilakvari war zutiefst betrübt über den Tod eines engen Freundes, eines Kompanieführers namens de la Haze, und einer großen Anzahl Soldaten der Freien Französischen Streitkräfte, darunter die Männer des Afrikanischen Bataillons, die die Nachhut gebildet hatten und fast alle getötet oder in Gefangenschaft geraten waren. Zu meiner großen Trauer erfuhr ich, dass Lofty, der Mechaniker, der immer so freundlich zu mir gewesen war, ebenfalls gefallen war.

Insgesamt wurden 763 Männer vermisst – wahrscheinlich waren sie tot oder in Gefangenschaft geraten –, 72 waren gefallen und 21 verwundet. Die beiden Bataillone der 13. Halbbrigade hatten die größten Verluste zu verzeichnen; von tausend Mann waren nur noch 650 übrig. Sie hatten außerdem den größten Teil ihrer Ausrüstung verloren. Aber sie waren die Helden des Tages, denn sie hatten bis zum Schluss durchgehalten, um die Flucht der anderen zu sichern.

Es war ein glorreicher Tag für das Freie Frankreich und vor allem für den General, der für die Achte Armee einen Zeitaufschub erreicht hatte und dafür von General Alexander den *Distinguished Service Order* verliehen bekam.

Rommel ahnte nicht, wie viele Männer ihm entwischt waren. Seine Panzerdivision war, wie der Radiosender der Achsenmächte verkündete, am Morgen des 11. Juni um acht Uhr vorgerückt und hatte Bir Hacheim »im Sturm genommen«. Nachdem sie den Außenposten mehrere Stunden lang unter Beschuss genommen hatten, waren die Deutschen und die Italiener völlig verblüfft, als sie bis auf einige Tote und Verwundete niemanden vorfanden. Die zweihundert Mann, die in Bir Hacheim zurückgeblieben waren, hatten sich dem Feind bis zum letzten Atemzug widersetzt.

Rommel, der einräumen musste, dass er die Freien Französischen Streitkräfte unterschätzt hatte, fand zu seiner Überraschung in dem steinigen Gelände nicht weniger als 1 200 Unterstände für Männer, Geschütze und Fahrzeuge vor. Seine Eroberung war nur ein schaler Triumph. »Es war der härteste Kampf, den ich in Afrika erlebt habe«, sagte er später.

Grollend drohte das Deutsche Oberkommando, die Kriegsgefangenen zu erschießen. Radio Berlin veröffentlichte ein Kommuniqué, in dem erklärt wurde, die Gefangenen gehörten »keiner regulären Armee an« und würden »hingerichtet«. General de Gaulle reagierte sofort, indem er drohte, sämtliche deutsche Soldaten, die von seinen Männern in Gefangenschaft genommen worden waren, erschießen zu lassen. Am Abend machte Radio Berlin einen Rückzieher und verkündete: »Die Soldaten General de Gaulles werden als Soldaten behandelt.«

Die Lobeshymnen für General Koenig und seine Männer ließen nicht lange auf sich warten. General Auchinleck überschlug sich vor Begeisterung. »Die Alliierten sind es sich selber schuldig, den französischen Truppen und ihrem tapferen General ihre Bewunderung und ihren Dank zum Ausdruck zu bringen«, erklärte er.

De Gaulle flog nach Kairo, um den Männern von Bir Hacheim persönlich seinen Dank auszusprechen. Der Erfolg der Freien Französischen Verbände in Bir Hacheim hatte mehr als alles andere im Verlauf dieses Krieges dazu beigetragen, dass er als Politiker ernst genommen wurde. Er verlieh Pierre und Amilakvari den *Ordre de la Libération* und erklärte den Männern: »Unter dem Kommando des unerschrockenen General Koenig haben Sie fünfzehn Tage und fünfzehn Nächte lang dem ständig sich verstärkenden Ansturm des Feindes standgehalten ... Weder das Meer aus Panzern noch der Donner der Stukas haben Ihren Mut gebrochen, und Sie haben Ihre Stellung nicht aufgegeben, bis Sie den Befehl dazu erhielten.«

Pierre dankte ihm mit den Worten: »Bir Hacheim war ein Sieg für Frankreich. Wir gedenken der Toten, unserer Waffenbrüder, die im Kampf gefallen sind, deren heiliges Andenken uns in zukünftigen Schlachten Kraft geben wird.«

Auf seine und Amilakvaris Empfehlung hin wurden mir später die *Croix de Guerre* und der *Ordre du Corps d'Arme* verliehen. General Catroux überreichte mir die beiden Auszeichnungen an einem heißen Tag wenige Wochen später in unserem Feldlager außerhalb Kairos. Die Hornbläser der Brigade spielten nicht nur die Marseillaise und den *Marche Lorraine*, sondern auch das Regimentslied *Sous le soleil brûlant d'Afrique*, »Unter der Sonne Afrikas«, was mir ausgesprochen passend erschien. Als ich unter den Augen des Generals, Amilakvaris und der gesamten Brigade zusammen mit den anderen meine Auszeichnung entgegennahm, war ich von Stolz erfüllt.

Meine Belobigung lautete wie folgt:

Nachdem sie bereits in zwei anderen Feldzügen, vor allem in Eritrea, Mut und Haltung bewiesen und diese Vorzüge während des Libyenfeldzugs erneut unter Beweis gestellt hatte, fuhr Susan Travers in der Nacht des 10. Juni beim Ausfall aus Bir Hacheim den Wagen des Generals unter feindlichem Beschuss durch ein Minenfeld. Miss Travers' Mut im Angesicht von Sperrfeuer durch schwere Artillerie ermöglichte die sichere Rückkehr von General Koenig und Oberst Amilakvari.

Die Soldaten, die mich in jener Nacht gesehen hatten, sagten, ich hätte – so schien es – einfach den Kopf eingezogen und Gas gegeben, um das Leben des Generals und Amilakvaris zu retten. Die um mich herum wütende Schlacht hätte ich wohl gar nicht mehr wahrgenommen. Die Zuneigung und der Respekt, die ich während jenes einen Tages und jener einen Nacht des Wahnsinns von der Legion erntete, gaben mir für den Rest des Krieges und darüber hinaus Mut und Selbstvertrauen.

13
Unser Herzblut

Der Krieg ging weiter. Unsere Anstrengungen hatten seinen gnadenlosen Fortgang nicht aufhalten können, und sobald wir uns ausgeruht hatten, sollten wir wieder an die Front. Am Abend des 11. Juni legten wir uns zum Schlafen hin, wo wir gerade standen. Vor Erschöpfung fand ich kaum Schlaf, und die Nacht war viel zu schnell vorüber. Am nächsten Morgen wurde die gesamte Brigade in Richtung Nordosten nach Alexandria geschickt, wo wir uns neu gruppieren und uns von unseren Verlusten erholen sollten.

Unser Wagen sollte den Konvoi der Freien Französischen Streitkräfte anführen. Der General stieg ein, und ich ließ den Motor an.

»Ich möchte, dass du ganz langsam an den Männern vorbeifährst, damit ich ihnen beim Vorbeifahren den militärischen Gruß erweisen kann«, wies er mich an. Mit leuchtenden Augen richtete er sich durch das offene Schiebedach auf, hob triumphierend den Arm und salutierte theatralisch. Ich gab mir die größte Mühe, jedes Schlagloch zu vermeiden, damit er nicht aus dem Gleichgewicht geriet. Doch dann führte die Straße bergab, und ich trat leicht auf die Bremse. Zu meinem Entsetzen reagierten die Bremsen nicht, und wir wurden immer schneller.

»Nicht so schnell!«, schrie der General. Er hielt sich mit einer Hand am Dach fest, die andere Hand immer noch am Schirm seines Képi, und während die Männer ihm salutierten, trat er mit seinem rechten Fuß gegen meine Schulter. »Langsamer, habe ich gesagt!«

Unfähig, ihm zu antworten, umklammerte ich das Steuerrad und starrte verzweifelt auf die Fahrzeuge des Konvois, die langsam vor uns her fuhren.

Schließlich konnte er sich nicht mehr halten und fiel auf den Sitz. »Hast du mich nicht gehört? Du fährst zu schnell!«, schrie er.

»Ich kann es nicht ändern, *mon général*«, erwiderte ich, wagte jedoch nicht, den Blick von der Straße zu wenden. »Die Bremsen funktionieren nicht.«

Er sah, wie ich hilflos auf das Bremspedal trat, während der Tacho auf fünfzig Stundenkilometer stieg. Die träge Schlange aus Fahrzeugen vor uns im Blick, muss er sich gefragt haben, was passieren würde.

Als wir immer schneller wurden und auf einen riesigen Lastwagen zurasten, der voll beladen mit Proviant war, schrie ich: »Festhalten!«

Wir hielten beide den Atem an, als unser Wagen gegen das Heck des Lastwagens prallte und Funken und Metallteile durch die Luft flogen. Die Stoßstangen ineinander verkeilt, rumpelten wir gemeinsam weiter, während ich verzweifelt auf die Hupe drückte, um die Aufmerksamkeit des Fahrers zu erregen. Schließlich entdeckte er unseren Wagen im Rückspiegel, merkte, was passiert war, und bremste. Indem ich in einen niedrigeren Gang schaltete, gelang es mir, den Wagen zum Stehen zu bringen. Unsere Kühlerhaube hatte sich tief in den LKW gebohrt.

Nach einigen Schrecksekunden fand der General seine Sprache wieder. »Du hast mir zum zweiten Mal das Leben gerettet«, sagte er und legte eine Hand auf meine Schulter. »Was würde ich nur ohne dich tun?«

Ich sah ihn an und lächelte, Schweiß lief mir in die Augen. Wir stiegen aus, um den Schaden zu begutachten, und dankten dem Lastwagenfahrer, der neben uns stand und sich verwirrt am Kopf kratzte. Dampf zischte aus dem Motor des armen alten Utility, und die Front war stark eingedrückt, aber ansonsten war der Wagen noch intakt. Der General war schwer beeindruckt, bis er plötzlich merkte, dass die Kolonne Soldaten, die wir eben erst überholt hatten, an uns vorübermarschierte. Da ihm nichts anderes übrig blieb als zu warten, bis sie vorbei waren, schlug er die Hacken zusammen, nahm Haltung an, salutierte und blieb zehn

Minuten lang reglos in dieser Pose stehen, bis der letzte Mann an ihm vorüber war. Ich duckte mich hinter die offene Kühlerhaube, damit er mein Grinsen nicht sah.

Als ich den Wagen zur Reparatur brachte, stellte sich heraus, dass in Bir Hacheim eine feindliche Kugel den Motorraum dicht neben meinem Fuß durchschlagen und die Bremsleitung aufgerissen hatte. Während der vergangenen beiden Tage war die Bremsflüssigkeit allmählich ausgelaufen. Wieder einmal waren wir knapp davongekommen. Da gerade keine Bremsflüssigkeit verfügbar war, füllten die Mechaniker die Leitung ohne mein Wissen mit Öl, ein Fehler, für den der General mich verantwortlich machte, als die Bremsen kurz darauf erneut versagten und die Leitungen vollständig gereinigt werden mussten. An jenem Abend wechselten wir kaum ein Wort miteinander und waren froh, als wir uns auf einer Lichtung am Rand der Straße schlafen legen konnten, ich in den Wagen, und der General in seine *camionnette*.

Am nächsten Morgen fuhr ich ihn ins Spears-Lazarett, wo er die Verwundeten besuchen wollte. Das Lazarett war überfüllt mit schwer verwundeten Männern, ein grässlicher Anblick. Ehemals stolze Soldaten und Legionäre lagen gebrochen in ihren Betten, erblindet, verstümmelt, mit blutdurchtränkten Kopfverbänden. Die Schwestern kümmerten sich rührend um alle, auch um die verwundeten Deutschen und Italiener, die neben ihren ehemaligen Feinden lagen. Der Krieg machte schließlich alle gleich. Während ich zusah, wie der General von Bett zu Bett ging, Hände schüttelte, Zigaretten verteilte und den Männern gut zuredete, verliebte ich mich von neuem in ihn. Er war wirklich ein großer Feldherr, die Augen der Männer, mit denen er sprach, waren voller Respekt und Bewunderung. Seit Bir Hacheim war er eine lebende Legende, und auch ich konnte nicht anders, als ihn zu bewundern.

Zu meiner großen Freude stellte ich fest, dass Kelsey im Lazarett einen verantwortungsvollen Posten innehatte. Ich hatte sie seit Wochen nicht gesehen. Als sie mich sah, kam sie sofort zu mir. Ich dachte, sie würde mir um den Hals fallen und mir gratulieren, aber stattdessen war sie außer sich vor Wut.

»Travers! Wie konnten Sie es wagen, entgegen dem Befehl nach Bir Hacheim zurückzukehren!«, fauchte sie. »Wir sind bei den

Engländern unten durch, wenn sie erfahren, dass Sie sich Befehlen widersetzt haben! Was haben Sie sich bloß dabei gedacht?«

Ich hatte Mühe, nicht in Tränen auszubrechen. Als sie meine feuchten Augen sah, wurde sie weicher. Sie drückte meine Hand und nahm mich zur Seite. »War es schlimm?«, fragte sie.

Unfähig zu sprechen, nickte ich nur. Als ich all die Verstümmelten und Sterbenden um mich herum sah, wurde mir zum ersten Mal bewusst, wie schlimm es wirklich gewesen war.

Die Fahrt nach Alexandria war unerwartet beschwerlich. Wir waren alle erschöpft und wollten nur noch schlafen. Auf der steilen Straße zum Halfaya-Paß hinauf rutschte einer unserer Lastwagen aus der Spur und stürzte in eine tiefe Schlucht. Ein Unteroffizier und ein Legionär kamen ums Leben, und mehrere andere Soldaten wurden schwer verletzt. Der Unfall gab einigen Männern, die alles mit angesehen hatten, den Rest. Auf Anregung des Kaplans wurde am nächsten Tag zu Ehren der Toten ein Gottesdienst abgehalten.

Die Küstenstraße war nicht wieder zu erkennen. Vor wenigen Monaten war hier nichts gewesen, nur Wüste, ein paar Feigenplantagen und ein paar tief ausgefahrene Radspuren im Sand. Jetzt war sie übersät mit dem Treibgut des Krieges – Tankstellen, bergeweise Ersatzteile, Ölfässer, sogar ein paar hastig errichtete Imbissbuden. Die holprige Straße, die immer schon eine Zumutung gewesen war, befand sich aufgrund der Überbeanspruchung mittlerweile in einem noch schlimmeren Zustand. Es herrschte unglaublich dichter Verkehr, aber die britische Militärpolizei sorgte dafür, dass er nicht ins Stocken geriet. Auf unserem Weg nach Osten kamen uns lange Kolonnen von australischen Soldaten in breitkrempigen Hüten entgegen, auf ihrem Marsch zurück an die Front. Sie waren guter Dinge, sangen und konnten es kaum erwarten, in der Wüste gegen die Deutschen zu kämpfen.

Nach einer kurzen Umgruppierung in der zerbombten Etappenstadt und Festung Sidi Barrani (wo wir zum ersten Mal seit Monaten über eine asphaltierte Straße fuhren) trafen wir in Alexandria ein, wo die französische Bevölkerung uns einen überschwänglichen Empfang bereitete. Selbst die britischen Soldaten behandelten uns respektvoll. Nur die Vichy-Matrosen an Bord der neutralisierten französischen Kriegsschiffe gebärdeten sich feindselig.

Eine ganze Woche lang hatten wir Zeit, uns auszuruhen, unsere Waffen und Fahrzeuge zu reparieren, unsere Verwundeten zu pflegen und die Toten zu betrauern. Wir schwammen im Meer, bekamen anständiges Essen, schliefen, tranken und weinten. Zusammen mit den Männern lauschte ich gebannt, als de Gaulle am zweiten Jahrestag seines Aufrufs zum bewaffneten Kampf von London aus seine berühmte Radioansprache hielt. »Als ein Strahl neuerwachten Ruhms die blutige Stirn der Soldaten in Bir Hacheim traf, wurde Frankreich von der Welt anerkannt«, sagte er. Anschließend wurde »*Lili Marleen*« gespielt, was viele zu Tränen rührte. Ich konnte es kaum glauben, dass ich erst vor zwei Jahren, als ich mich in Finnland zusammen mit den anderen Schwestern um ein Radio gedrängt hatte, zum ersten Mal von de Gaulle gehört hatte. Es kam mir vor, als wäre es eine Ewigkeit her.

Bei mehreren Festessen, die während unserer Ruhepause abgehalten wurden, überreichten die Männer dem General zum Zeichen ihrer Hochachtung Geschenke. Von den Offizieren bekam er einen Plüschhasen, in Anspielung auf seinen Spitznamen »*vieux lapin*«. Ein anderes Geschenk war ein Spielzeuglöwe, weil der General auch unter dem Namen »der Löwe von Bir Hacheim« bekannt geworden war. Er übergab sie mir zur Aufbewahrung und versprach, beide stets in Ehren zu halten. Insgeheim wusste ich, dass der Löwe ihn mehr erfreut hatte.

Kurz darauf wurde der General zu de Gaulle beordert, der ihm persönlich seinen Dank aussprechen und mit ihm über seine viel versprechende Zukunft diskutieren wollte. Seine Abwesenheit bescherte mir ein paar freie Tage in Kairo. Es war mein erster Urlaub seit vier Monaten, und ich beschloss, das Versprechen einzulösen, das ich mir selbst während der schlimmsten Bombardements gegeben hatte. Ich zog meine beste Uniform an, setzte meine Baskenmütze auf, ging in das beste Restaurant der Stadt, Le Petit Coin de France, und bestellte das Gericht, von dem ich während meiner einsamen Stunden in der Wüste geträumt hatte. Das Restaurant war voller Offiziere, und ich war die einzige Frau dort. Wahrscheinlich war ich auch der einzige Unteroffizier. Alle starrten mich an.

Leider war die Wirklichkeit, wie es oft der Fall ist, weit entfernt von meinen Träumen. Als Frau ohne Begleitung, noch dazu als Unteroffizier, wies man mir den schlechtesten Tisch zu, direkt neben der Küche. Der geräucherte Lachs, den ich bestellen wollte, war ausgegangen, und ich musste mich mit einem Kräuteromelette als Vorspeise zufrieden geben. Als das Hauptgericht kam – *canard à l'orange* –, war es lauwarm, und ich musste es zurückgehen lassen, damit man es wieder aufwärmte. Ich war so enttäuscht von meinem ersten richtigen Essen seit Monaten, dass ich sogar auf das Vanilleeis verzichtete, das ich mir zum Nachtisch bestellt hatte. Ich trank den Wein aus und verließ das Restaurant, ohne ein Trinkgeld zu hinterlassen, die größte Beleidigung für die großspurigen ägyptischen Kellner.

Auch die Legionäre tobten sich in Kairo aus – amüsierten sich, als gäbe es kein Morgen. Eines Nachts in einer verrauchten Bar sahen sie zu, wie ein ägyptischer Komiker im Stechschritt die Bühne betrat und Rommel parodierte. Plötzlich herrschte Schweigen in der Bar, doch der Komiker ließ sich nicht beirren. Schließlich wurde es Commandant Bablon zu viel, er richtete sich zu seinen vollen einszweiundneunzig auf, ging auf die Bühne, nahm den Komiker zur Seite und befahl ihm aufzuhören. Wie konnte er es wagen, sich über den großen deutschen General lustig zu machen!

»Wer Rommel verspottet, verspottet auch uns«, sagte er, ans Publikum gewandt. »Rommel und das Afrikakorps verdienen unseren größten Respekt. Das sind tapfere Soldaten. Wir wissen das, denn wir haben gegen sie gekämpft.« Er erhielt einen Riesenapplaus.

Es gab auch heitere Momente. Als der General aus Alexandria zurückkehrte, wurde er von den Engländern gebeten, einen Boxkampf zwischen ein paar namhaften Kairoer Boxern und seinen besten Legionären zu organisieren. Große Geldbeträge wurden auf den Ausgang der Kämpfe gewettet. Der General sagte bereitwillig zu, und als erster Legionär ging ein junger Mann namens Dormoy in den Ring. Während der ersten drei Runden sah es so aus, als würde Dormoy den Kampf nicht überleben. Er setzte sich gegen seinen hünenhaften Gegner kaum zur Wehr und musste eine Serie von Schlägen einstecken. Die Engländer, die ihr Geld auf den Ägypter gesetzt hatten, waren begeistert. Doch dann, wie aus heiterem Himmel, landete der junge Dormoy einen so gut platzierten Kinnhaken, dass sein Gegner zu Boden ging und nicht wieder aufstand. Der Schiedsrichter riss Dormoys Arm hoch und erklärte ihn zum Sieger durch k.o. Der General und seine Männer strichen ihren Gewinn ein und hatten es ziemlich eilig, den Saal zusammen mit ihrem jungen Faustkämpfer zu verlassen. Sie hatten den Engländern nichts davon gesagt, dass Dormoy in Wirklichkeit Francis Jacques hieß und Europameister im Boxen war.

Doch damit war die Zeit der Spiele auch schon wieder vorbei. Der General war von seiner Lagebesprechung mit dem Befehl zurückgekehrt, dass die Brigade sich wieder zum Einsatz an der Front bereitmachen solle. Obwohl die Deutschen bei Bir Hacheim mit großem Erfolg in Gefechte verwickelt worden waren, war es ihnen gelungen, einen Stützpunkt entlang der Gazala-Linie, der von der britischen 150. Infanterie-Brigade verteidigt wurde, unter großen Verlusten zu zerstören. Ich musste an die Männer aus Yorkshire denken, die Bir Hacheim die »Hölle auf Erden«, genannt hatten, und fragte mich, wer von uns wohl durch die schlimmste Hölle gegangen war.

Bei Rommels zügigem Vormarsch waren etwa 250 der 300 britischen Panzer zerstört worden. Er hatte die Gazala-Linie durchbrochen und nahm die britischen Verteidigungsstellungen gnadenlos unter Beschuss. Tobruk war überrannt worden, und jetzt befand Rommel sich im Anmarsch auf Kairo. Unter der Stadtbevölkerung brach Panik aus. Zivilisten stürmten Bahnhöfe, an einem Tag wurden so viele offizielle Dokumente verbrannt, dass er als »Aschermittwoch« in die Geschichte einging, und die Ägypter feierten die bevorstehende Ankunft ihrer nazideutschen »Befreier«, indem sie britische Flaggen herunterrissen und Kuchen mit deutscher Aufschrift aus Zuckerguss feilboten.

In seinem verzweifelten Bemühen, Rommels anscheinend unaufhaltsamen Vormarsch zu stoppen, berief Winston Churchill General Claude Auchinleck ab und ersetzte ihn durch einen ziemlich unbekannten General namens Bernard Montgomery, dem er den Oberbefehl über die Achte Armee übergab.

Montgomery war ein kleiner, energischer Mann, der an einen Terrier erinnerte – ein erfahrener Soldat, der seinen Männern gleichermaßen Selbstvertrauen, Angst und Respekt einflößte. Die meisten schätzten seine direkte Art, mit der er erklärt hatte, ein weiterer Rückzug käme nicht in Frage. Er befahl seinen Männern, beim nächsten Angriff Rommels bis zum letzten Mann zu kämpfen, »tot oder lebendig«. Montgomery hatte eine geschwungene Linie auf der Landkarte eingezeichnet. Die Linie verlief sechzig Kilometer weit entlang eines von Wanderdünen geprägten Tals, der Kattara-Senke, und südlich vorbei an einer kaum bekannten Eisenbahnstation namens El Alamein.

Montgomery, der großen Wert darauf legte, dass seine Soldaten körperlich leistungsfähig, hoch motiviert und konzentriert waren, sorgte dafür, dass nichts seine Männer von der vor ihnen liegenden Aufgabe ablenkte. Als ich den Wagen des Generals an der Spitze des Konvois der Freien Französischen Verbände auf die Alamein-Linie zusteuerte, erfuhren wir während einer Rast, dass die Militärpolizei an den britischen Kontrollpunkten sämtliche weiblichen Truppenangehörigen zurückschickte. Der Befehl kam von höchster Stelle: »Monty« duldete keine Frauen an der Front.

Ich hatte Bir Hacheim und die Minenfelder nicht überlebt, nur um mich jetzt von einem britischen General abweisen zu lassen, sagte ich mir im Stillen. Alle Krankenschwestern taten, wie ihnen geheißen, doch ich fuhr unbeirrt weiter. In meiner androgynen Uniform, mit meinen kantigen Zügen und dem kurz geschnittenen Haar hoffte ich, als Mann durchzugehen, und vertraute darauf, dass weder der General noch einer der Männer mich verraten würden.

Als wir den von Stacheldraht umgebenen Stützpunkt Alamein erreichten, mussten wir mehrere militärische Kontrollpunkte passieren. Einer nach dem anderen spähten die MPs durch das Fenster des Generals, ließen sich seine Papiere zeigen und sprachen nur mit ihm. Nur einmal wurde ich von einem MP misstrauisch beäugt, der den General nach meinen Papieren fragte. Indessen richtete ich den Blick geradeaus auf die Straße vor mir und bemühte mich, nicht in Panik zu geraten.

Zu meiner großen Erleichterung hörte ich den General donnern: »Ich bin französischer General mit einer dringenden militärischen Mission im Auftrag von General Montgomery«, erklärte er dem jungen Soldaten. »Halten Sie mich nicht mit Lappalien auf!« Erschrocken winkte der MP uns durch. Auf diese Weise schaffte ich es, durch jeden Kontrollpunkt zu gelangen.

Auf Befehl Montgomerys bereiteten sich zwei Bataillone des Freien Frankreichs darauf vor, einen mit starken Verteidigungsstellungen bewehrten Berg namens Karet El Himeimat in der Kattara-Niederung südwestlich des Hauptkampfgebiets anzugreifen. Die eine Seite des Berges fiel steil ab, die andere bestand aus einem sanften Abhang. El Himeimat war besetzt von deutschen Panzern und italienischen Fallschirmjägern, die jeden Felsvorsprung mit ihren schweren Maschinengewehren bestückt hatten. Überall waren Minenfelder, die durch den dichten Treibsand eine noch größere Bedrohung darstellten.

Man sagte den Franzosen nicht, dass ihr Angriff nur ein Ablenkungsmanöver war, um die feindlichen Streitkräfte in Gefechte zu verwickeln, während die britischen, neuseeländischen und südafrikanischen Truppen sich auf einen wesentlich größeren Angriff von der nordöstlichen Seite her vorbereiteten. Die Pläne für den Hauptangriff wurden so geheim gehalten, dass selbst die Generäle erst fünf Tage im Voraus davon erfuhren. Die Offiziere wurden einen Tag und die Soldaten eine Stunde vorher informiert. Montgomery besuchte jede einzelne Division, munterte die Offiziere auf, warnte sie vor den schwierigen Bedingungen, die sie erwarteten, und feuerte sie gleichzeitig an, durchzuhalten und ihren Beitrag dazu zu leisten, dass die Schlacht von El Alamein in einem großen Sieg endete. »Wir werden Rommel schlagen«, erklärte er, und alle glaubten ihm.

Als Amilakvari von dem Plan hörte, den Angriff auf den Berg über die Steilwand zu wagen, bezeichnete er ihn als hellen Wahnsinn. General Koenig war ganz seiner Meinung und sprach persönlich mit General Alexander, um eine Änderung des Plans zu erwirken. Doch als er zurückkehrte, erklärte er seinen Männern, der Angriff würde wie geplant durchgeführt. »Alexander sagt, wenn wir nicht Manns genug dafür seien, lässt er Soldaten kommen, die es sind«, berichtete er, immer noch schockiert. Als ich dem General und Amilakvari später an jenem Tag begegnete, hatte ich das Gefühl, sie beide noch nie so besorgt erlebt zu haben.

Der französische Angriff, der am 23. Oktober um 7 Uhr 30 begann, war von Anfang an ein heilloses Durcheinander. Männer und Fahrzeuge mussten sechzig Kilometer durch unvorstellbar unwegsames Gelände zurücklegen. Schwere Fahrzeuge kamen überhaupt nicht durch, nur Jeeps, und auch die blieben bald im Sand stecken. Viele mussten in der extremen Hitze zurückgelassen werden, obwohl die Männer alles (selbst die Radios) aus den Wagen entfernt hatten, um ihr Gewicht zu verringern.

Die Minenfelder auf dem Naqbrala-Plateau waren die schlimmsten, die die Männer je erlebt hatten. Auf dem Bauch liegend versuchten die Pioniere verzweifelt, einen Weg zwischen den Minen hindurch zu finden, aber die deutschen und italienischen Soldaten hatten unsere Warnschilder mitten in die Minenfelder verrückt, sodass die Minen kaum zu entdecken waren, bevor es zu spät war.

Zusätzlich hatten die Achsenmächte noch Hunderte von ihren eigenen, moderneren Minen ausgelegt. Die meisten waren gut getarnt und gezielt entlang der schmalen, von den Engländern angelegten Wege durch die Minenfelder platziert worden. Anschließend hatten sie Reifen über das Gelände gerollt, sodass es aussah, als sei ein Fahrzeug unbeschadet dort entlanggefahren. Das Resultat war katastrophal und kostete vielen Männern bereits während der ersten Stunden das Leben.

Als die Männer sich dem vierhundert Meter hohen Berg näherten, eröffneten die feindlichen Geschütze das Feuer, was die Durchquerung der Minenfelder zusätzlich erschwerte. Der Steilhang war wesentlich besser befestigt als erwartet, und als die Soldaten am Fuß des Bergs ankamen, ragte die Felswand im Mondlicht wie eine riesige, unüberwindliche Fassade auf. Im Schatten des Felsens brach jeder Funkkontakt ab, sodass sie weder untereinander noch mit ihren befehlshabenden Offizieren kommunizieren konnten. In der Falle und für kurze Zeit von vollkommener Stille umgeben, fragten sie sich, worauf sie sich da eingelassen hatten.

Die Stille wurde um 21 Uhr 40 durch das Sperrfeuer des Großangriffs auf Alamein durchbrochen, als Montgomerys tausend Geschütze die feindlichen Stellungen unter Beschuss nahmen. Die sorgfältig abgestimmten Salven der Geschütze, die an der Operation Lightfoot beteiligt waren, machten die Nacht zum Tag. Der Wüstenhimmel wurde von Leuchtspurgeschossen und Geschützfeuer hell erleuchtet. Nach einem fünfzehnminütigen Dauerfeuer schwiegen die Waffen fünf Minuten lang, die Luft noch dick vom Pulverrauch. Dann, um 22 Uhr, setzten sie erneut zu einem noch ohrenbetäubenderen Crescendo an. Es war ein riesiges, fein abgestimmtes Requiem des Krieges.

Der ferne Geschützlärm entfachte den Kampfgeist der El-Himeimat-Verteidiger, und sie eröffneten das Feuer auf die Freien Französischen Streitkräfte. Englische Flugzeuge flogen über das Kampfgebiet und legten einen Rauchschleier über das Schlachtfeld, um dem Feind das Herannahen von Panzerfahrzeugen vorzugaukeln. Aber die 11. Panzerdivision und die italienische Division Ariete, unterstützt durch zwei weitere italienische Einheiten, ließen sich nicht beeindrucken und feuerten ohne Unterlass auf die in der Falle sitzenden Männer und deren Fahrzeuge. Siebzehn der vierundzwanzig Panzerabwehrfahrzeuge unter dem Kommando von Jean Simon wurden getroffen und gingen in Flammen auf. Die Geschütze wurden abgekuppelt und, soweit möglich, per Hand weitergezogen.

Commandant de Bollardière, der stets tadellos gekleidete französische Gentleman mit den weißen Handschuhen, den ich auf der *Neuralia* kennen gelernt hatte, erhielt den Befehl, einen Sturmangriff auf die feindlichen Positionen zu versuchen. Mit drei Kompanien und einem Bren-Maschinengewehr machte er einen verwegenen Vorstoß, der jedoch bald in einem Massaker endete. Er zog sich in einen Krater zurück, immer noch in der Falle. Als er mit einem Jeep einen Aufklärungsvorstoß unternahm, fuhr der Wagen auf eine Mine. De Bollardière wurde am Arm schwer verletzt, sein Fahrer verlor ein Bein. Es blieb ihnen nichts anderes übrig als zu bleiben, wo sie waren, und auf Hilfe zu warten.

Die Nacht war bitterkalt, und die Männer, nur mit ihren leichten Sommeruniformen bekleidet, fanden kaum Schutz gegen die Kälte. Um 4 Uhr 30 erklärte Amilakvari Commandant Bablon, jetzt sei es an ihm, einen Angriff zu wagen. »Sie müssen einen Erfolg erringen, um die Ehre der Legion zu retten«, sagte er zu ihm und klopfte ihm aufmunternd auf die Schulter. Der hünenhafte Commandant und seine beiden Kompanien stürmten Ellbogen an Ellbogen auf die Felswand zu, ihre weißen Képis waren das Einzige, das im fahlen Morgenlicht zu sehen war. Auch Pierre Messmer war dabei. Irgendwie gelang es ihnen, den Steilhang zu erklimmen, die italienischen Verteidigungsstellungen zu überwältigen, einige schwere Artilleriegeschütze zu zerstören und eine Geschützstellung und einen Beobachtungspunkt zu besetzen. Aber da keine Verstärkung nachrückte und sie über keine schweren Waffen verfügten, wurden sie bald von einer vorrückenden deutschen Übermacht angegriffen. Die Deutschen waren so sehr in der Überzahl, dass die Männer sie später als »eine einzige schwarze Masse auf uns zu rollender Panzer« beschrieben. Nachdem Messmer und ein anderer Offizier verwundet wurden, blieb ihnen nichts anderes übrig, als den Rückzug anzutreten.

Unter ständigem Sperrfeuer versuchten unsere Männer, in Deckung zu gehen. Aber eingeschlossen am Fuß der Steilwand und ohne Fluchtmöglichkeit, hatten sie kaum eine Chance, dem Kugelhagel zu entgehen. Es war ein schrecklicher Tag für die Freien Franzosen. Die Funkverbindungen waren vollkommen abgebrochen, doch dann kam ein Kurier von Montgomery mit dem Befehl, die Angriffe noch zu verstärken, selbst wenn das bedeutete, dass sie »hohe Verluste« in Kauf nehmen mussten. Nach weiteren vergeblichen Versuchen, als seine Männer vollkommen erschöpft und viele gefallen oder verwundet waren, befahl General Koenig schließlich den Rückzug über eine offene Ebene, die unter ständigem Beschuss lag.

Das Warten auf Nachrichten von der Front war nervenzermürbend, und die Zeit schien überhaupt nicht vergehen zu wollen. Während ich in meinem Wagen saß, angestrengt auf jedes Geräusch lauschte und mir das Chaos ausmalte, das auf dem Schlachtfeld herrschte, ertönte das Donnern bei der Eröffnung des Sperrfeuers. Den ganzen nächsten Tag über hörten wir den fernen Geschützlärm, und in der Nacht sahen wir von weitem die brennenden Panzer. Die anderen Fahrer rauchten eine Zigarette nach der anderen, während wir unablässig redeten, über den Ausgang der Schlacht spekulierten und die wenigen Informationen austauschten, die wir bekommen konnten. Nachdem ich den Schrecken von Bir Hacheim überlebt hatte, kam es mir unrecht vor, nicht bei den Männern zu sein. Ich bangte um Pierre und die anderen Freunde: Amilakvari, Messmer, Simon und de Sairigné.

Voller Unruhe saß ich da und wartete zusammen mit den anderen Fahrern. Weil unsere Fahrzeuge für den feinen libyschen Sand zu schwer und zu sperrig waren, hatte man für unsere Kommandeure amerikanische Jeeps beschafft. Zum Nichtstun verdammt, stellten wir uns, etwa zehn an der Zahl, am Rand unseres Lagers auf, schauten auf die mondbeschienene Ebene hinaus, hörten Militärsender – BBC, Radio Mondiale und Tunis Radio – und warteten auf die Rückkehr unserer jeweiligen Kommandeure.

Die erste größere Gefechtsrunde war so plötzlich vorüber, wie sie begonnen hatte. Die Stille, die folgte, war noch unheimlicher als der Geschützdonner, der ihr vorausgegangen war. Kurz vor Tagesanbruch am 25. Oktober 1942 tauchte eine Kette von Männern und Fahrzeugen am Horizont auf, die sich langsam auf uns zu bewegte. Als sie näher kamen, sahen wir, dass der Konvoi von einem Ambulanzwagen angeführt wurde, einem großen amerikanischen Dodge, ein Wagentyp, den wir immer häufiger zu sehen bekamen, seit die USA in den Krieg eingetreten waren. Der Wagen rumpelte so schnell, wie der Sand es zuließ, direkt auf das Lazarettzelt zu. Das war nichts Ungewöhnliches: es musste sich um Schwerverwundete handeln. Aber irgendetwas im Gesicht des Fahrers und die Tatsache, dass der Wagen von zwei Jeeps begleitet wurde, machte mich unruhig.

Ich wagte nicht hinzulaufen. Wie versteinert blieb ich stehen, blinzelte gegen die aufgehende Sonne und versuchte zu erkennen, wer auf der Trage lag, die vorsichtig aus dem Ambulanzwagen gehoben und eilig ins Lazarettzelt gebracht wurde.

»Bitte, lass es nicht Pierre sein«, flüsterte ich. »Bitte, lieber Gott, nicht Pierre.« Ich schloss die Augen und dachte daran, wie ich das letzte Mal für ihn gebetet hatte, vor fast einem Jahr am Weihnachtstag in einer von Weihrauch erfüllten Kirche in Kairo. Die sorglosen Tage in Aley kamen mir in den Sinn, und ich sehnte mich nach ihnen zurück.

Van der Wachler, Amilakvaris Fahrer, konnte es nicht länger ertragen. Er ließ seine halb aufgerauchte Zigarette fallen, trat sie im Sand aus und ging zum Lazarettzelt hinüber.

Als er wenige Minuten später wieder herauskam, wusste ich

sofort, dass er schlechte Nachrichten hatte. Er ließ die Schultern hängen, und als er näher kam, sah ich, dass seine Wangen tränennass waren. Ich stand immer noch wie angewurzelt da, wagte kaum zu atmen. Ich hatte das Gefühl, als würde ich vor lauter Angst und Anspannung gleich in Ohnmacht fallen.

»Es ist Oberstleutnant Amilakvari«, sagte van der Wachler mit seinem starken flämischen Akzent. »Er ist tot.«

Wir konnten es nicht fassen. Amilakvari? Tot? Unser Prinz. Der tapfere Offizier, von den Legionären geliebt und bewundert von allen Frauen, die er mit seinem sinnlichen georgischen Akzent betört hatte. Der Mann, der sein schwarzes Képi stets kess schräg auf dem Kopf getragen, dem Tod getrotzt und sich standhaft geweigert hatte, einen Helm aufzusetzen. Es schien einfach unmöglich, dass er tot war. Er hatte nahezu unsterblich gewirkt.

»Wie?«, hörte ich eine seltsame Stimme krächzen. Es dauerte mehrere Sekunden, bis mir klar wurde, dass es meine eigene war.

Van der Wachler schlug die Hände vors Gesicht und begann zu schluchzen. »Das ist es ja gerade«, jammerte er. »Es war ein Granatsplitter. Er hat ihn am Kopf getroffen und sein Képi glatt durchschlagen. Wenn er seinen Helm getragen hätte –«

»Dann wäre er noch am Leben«, sagte ich und wandte mich ab. Ich ließ die anderen Fahrer stehen und ging mit klopfendem Herzen durch den Sand auf den Horizont zu. Erst als ich nichts anderes mehr sah als den düsteren El Himeimat, der im Morgengrauen bedrohlich vor mir aufragte, blieb ich stehen.

Ich wusste, dass Amilakvari so gestorben war, wie er gelebt hatte, von großem Mut beseelt. Nachdem er in jener schrecklichen Nacht so viele seiner Männer in den Tod geschickt hatte, hatte er darauf bestanden, den Rückzug selbst zu koordinieren. In seinem grünen Umhang, dessen Kapuze von Einschüssen durchlöchert war, hatte er mitten auf dem Schlachtfeld gestanden, Befehle gebrüllt und seinen Männern aufmunternde Worte zugerufen, hatte sie zur Eile angetrieben, entschlossen, das Kampfgebiet als Letzter zu verlassen. Mit den Worten: »Mein Platz ist bei meinen Männern«, hatte er es abgelehnt, in einen gepanzerten Wagen zu steigen, den General Koenig ihm geschickt hatte.

Kurz nachdem der Wagen abgefahren war, hatten alle das Pfeifen einer von oben kommenden Granate gehört und sich auf den

Boden geworfen. Als die Granate dicht neben Amilakvari einschlug, fuhr er herum. Ein fünf Zentimeter langer Metallsplitter schoss ihm ins Auge, durchbohrte seinen Kopf und trat auf der anderen Seite wieder aus. Während seine Männer entsetzt zusahen, fasste Amilakvari sich ans Auge und ging röchelnd in die Knie. Einer seiner Offiziere, Bernard Saint-Hillier, berichtete uns, wie er losgestürzt war, Amilakvari hinter einen Felsen gezerrt und seine Kameraden zu Hilfe gerufen hatte. Sie brachten den Prinzen in Sicherheit und hoben ihn auf einen Panzer, als die Italiener erneut das Feuer eröffneten.

Vor dem Lazarettzelt, wo seine erschütterten Männer auf Neuigkeiten warteten, wurde Amilakvari später am Nachmittag offiziell für tot erklärt. Der General beschloss, seinen Leichnam die Nacht über in einem Zelt aufbahren zu lassen, damit seine Männer ihm die letzte Ehre erweisen konnten. Es gab keinen Mangel an Freiwilligen, um ihn zu tragen; die erschöpften Männer sprangen auf die Füße, als im roten Licht der untergehenden Sonne ein Trupp Legionäre aus dem Zelt trat, den Leichnam Amilakvaris auf ihren Schultern. Legionäre mit brennenden Fackeln gingen den Leichenträgern voraus, andere folgten ihnen. Dieser traurige Fackelzug bei Sonnenuntergang durch die libysche Wüste war ein Bild, das allen bis ans Ende ihres Lebens in Erinnerung bleiben sollte.

Weder bei der Nachricht von Amilakvaris Tod konnte ich weinen noch während der zutiefst bewegenden Beisetzung, die wenige Tage später am höchsten Punkt von Quor El Laban, mit Blick auf El Himeimat stattfand. Die Männer stellten ein einfaches hölzernes Kreuz auf das Grab und nagelten ein Foto von Amilakvari daran. Der General war untröstlich über den Verlust seines besten Freundes und brachte es kaum fertig, die Gebete zu sprechen.

Während ich die tief bewegten Gesichter um mich herum sah, versuchte ich mir einzureden, dass Amilak als Held hatte sterben wollen. Er war gestorben, wie er gelebt hatte – furchtlos. De Gaulle hatte ihm die *Croix de Guerre avec Palme* dafür verliehen, dass er »in den gefährlichsten Situationen immer an der Spitze und durch seine Unerschütterlichkeit und Todesmissachtung den Männern ein Vorbild war«.

Als der Zapfenstreich gespielt wurde und ich mich von dem Grabhügel abwandte, stand plötzlich Claude vor mir, der tschadische Offizier, den ich zuletzt beim Abzug aus Bir Hacheim gesehen hatte.

Auch er hatte Tränen in den Augen. »Ihr Hund«, sagte er traurig. »Er ist verschwunden. An dem Morgen, als Amilakvari gestorben ist, ist er in die Wüste hinausgelaufen, und seitdem hat ihn niemand gesehen. Wir nehmen an, dass er getötet wurde, wahrscheinlich durch eine Mine.«

Ich schloss die Augen und wartete vergeblich auf die Tränenflut. Vor meinem geistigen Auge sah ich Arad, unseren unbekümmerten weißen Hund, mit dem ich meine glücklichsten Tage in Aley geteilt hatte, sah ihn mit wehenden Ohren über die Dünen in den Sonnenaufgang hineinlaufen. Als wäre Amilakvaris Tod nicht schon genug gewesen!

Es warteten noch mehr schlechte Nachrichten auf mich. An jenem Abend kam Bernard Saint-Hillier zu meinem Zelt. »Ich hab was im Radio gehört«, sagte er und blieb schüchtern am Eingang stehen. »Es ist eigentlich nur blödsinnige italienische Propaganda, wahrscheinlich von Kairo aus lanciert, aber ich glaube, es könnte Sie in Schwierigkeiten bringen.«

»Und?«, fragte ich, einen Kloß im Hals.

»Es war ziemlich abfällig«, sagte er verlegen, um mich auf das Schlimmste vorzubereiten. »Es wurde behauptet, General Koenig, der Held von Bir Hacheim, hätte seine Geliebte mit in die Schlacht genommen.«

Ich hockte auf meinem schmalen Feldbett und starrte ihn schockiert und gedemütigt an. Es kränkte mich, dass man mich die Geliebte des Generals nannte, wo ich doch glaubte, ihm wesentlich mehr zu bedeuten, und ich war wütend darüber, dass unsere Liebe auf so geschmacklose Weise an die Öffentlichkeit gedrungen war.

»Es hieß, er hätte sich während des gesamten Nordafrikafeldzugs bei Ihnen ausheulen können«, fügte Saint-Hillier leise hinzu.

Als er sah, dass ich kein Wort herausbrachte, entschuldigte er sich dafür, der Überbringer schlechter Nachrichten gewesen zu sein, und ging. Es dauerte eine Weile, bis ich wieder Luft holen konnte. Ich war am Boden zerstört, sowohl meinetwegen als auch wegen des Generals. Diese Propagandasendungen – meistens ein Konglomerat aus Lügengeschichten – wurden bis ins kleinste Detail ausgewertet, und wenn General Catroux oder der puritanische General Montgomery von dieser Geschichte Wind bekam, konnte das für uns beide das Ende bedeuten. In Kairo wimmelte es von Spionen, und es musste irgendwie durchgesickert sein, dass ich während des Ausbruchs aus Bir Hacheim mit dem General zusammen gewesen war, obwohl die Anwesenheit von Frauen an der Front verboten war.

In jener Nacht tat ich stundenlang kein Auge zu. Als ich schließlich einnickte, schlief ich unruhig und träumte von Pierre, Amilakvari und Arad. Zwei von ihnen hatte ich bereits verloren, und jetzt schien es, als würde ich denjenigen, der mir am meisten bedeutete, ebenfalls verlieren.

Ich sollte Recht behalten. General Montgomery war wütend auf General Koenig, jedoch in erster Linie, weil er dem General bei der Erstürmung von El Himeimat militärisches Versagen vorwarf. Neunundsechzig Verwundete, elf Tote und zehn Vermisste reichten offenbar nicht aus, um den Rückzug zu rechtfertigen. Die Franzosen waren nicht die Einzigen, die bei ihrer Aufgabe versagt hatten; auch den Südafrikanern und den Neuseeländern (die später als die Helden von El Alamein bejubelt wurden) war es nicht gelungen, ähnlich undurchdringliche Minenfelder zu überwinden. Doch im Gegensatz zu den Franzosen hatten sie sich anschließend mit den Briten und den Commonwealth-Truppen im Kampf vereinigt und einen großen Sieg errungen. Während General Rommel sich in einem deutschen Sanatorium von den Strapazen des Krieges erholte, hatte Montgomery die Situation ausgenutzt, dass die psychisch und physisch erschöpften Streitkräfte der Achsenmächte vorübergehend ohne richtige Führung waren, und die Schlacht gewonnen.

El Alamein wurde als der große Wendepunkt des Nordafrikakrieges bejubelt, obwohl etwa 13 500 britische sowie Commonwealth-Soldaten gefallen waren. »Vor Alamein konnten wir nie einen Sieg erzielen, nach Alamein haben wir nie wieder eine Niederlage hinnehmen müssen«, lauteten Churchills berühmte Worte.

Aber jetzt durfte der Angriffsschwung nicht nachlassen. Vier Tage nach dem Ende der Schlacht um Alamein setzte die größte Invasionsflotte, die die Welt je gesehen hatte, unter dem Kommando von General Dwight D. Eisenhower, an verschiedenen Stellen entlang der Küste des von Frankreich beherrschten Nordafrika zwischen Casablanca und Algier Sturmtruppen an Land. Die Jagd auf die deutsche Armee begann. Die Helden der Stunde erhielten Befehl, die im Rückzug begriffenen Deutschen zu verfolgen, während unsere Truppen von der Front abgezogen und auf unehrenhafte Weise an die Mittelmeerküste verlegt wurden.

Viele Franzosen waren verbittert darüber, wie sie von den Briten behandelt wurden. Hatten sie nicht ihren Auftrag erfüllt und die Streitkräfte auf El Himeimat in Atem gehalten? Hatten nicht genug ihrer Kameraden ihr Leben geopfert – unter ihnen Amilakvari? Was wollte Montgomery denn noch? Nach unserem großen Erfolg in Bir Hacheim war unser angebliches Versagen eine bittere Pille, vor allem, als Montgomery sich weigerte, unsere Truppen zurück an die Front zu rufen. Erst Monate später, während der letzten Phase der Schlacht um Tunis, setzte er sie wieder an der vordersten Linie ein – eine Entscheidung, welche die bereits stark angeschlagene Moral der Franzosen noch weiter sinken ließ. Dieser Abschnitt in der Geschichte der Truppe wurde auch viel später noch als »*le temps d'oubli*«, die Zeit des Vergessens, bezeichnet.

Die französischen Truppen wurden mit unzureichendem Proviant nach Gambut in Tripolitanien geschickt, ohne zu wissen, wann sie wieder an die Front gerufen würden. Es gab sogar Gerüchte, dass die 13. Halbbrigade aufgelöst und einer größeren Einheit angegliedert werden sollte. »Als Engländerin können Sie uns vielleicht sagen, in welcher Soße die Briten uns servieren werden, wenn sie uns fressen. Oder werden sie uns einfach bei lebendigem Leib am Spieß rösten?«, fragte mich einer der Offiziere trocken. Ich wusste nicht, was ich entgegnen sollte.

Meine eigenen Sorgen waren noch lange nicht ausgestanden. Der General und ich waren in der Nähe von Alexandria stationiert, als ich hörte, dass Madame Catroux, die gefürchtete Gattin unseres Oberbefehlshabers, der Frau des Generals einen Brief geschrieben und ihr von der italienischen Radiopropaganda berichtet hatte. Madame Catroux, immer noch bekannt unter dem Namen »Mad Cat«, aber inzwischen auch »Queen Margot« genannt, hatte mich nie besonders gemocht. Stets darauf bedacht, die Karriere ihres Mannes zu unterstützen, gab Madame Koenig bekannt, sie würde in Kürze von Marokko über Portugal nach Nordafrika reisen, um ihrem Mann im Lager der Freien Französischen Verbände einen Besuch abzustatten.

Der Gedanke daran, was ihr Besuch bedeuten könnte, deprimierte mich. Ich erinnerte mich daran, wie Pierre sie einmal mir gegenüber charakterisiert hatte: »wohlhabend, gute Beziehungen, aristokratisch, für meinen Geschmack zu dominant und zu ehrgeizig«. Mir lief es kalt über den Rücken. Außerdem weigerte sich der General, mit mir über ihr Kommen zu diskutieren. Er war plötzlich extrem verschlossen, und wir wechselten kaum ein Wort miteinander. Als er mich schließlich ansprach, geschah das nur zu dem Zweck, mich in meinen ersten offiziellen Urlaub seit zwei Jahren zu schicken. Ich sollte nach Port Said am Suez-Kanal fahren, um mich »auszuruhen«.

In der malerischen, alten Hafenstadt gab es nichts, was meine Niedergeschlagenheit lindern konnte. Als ich zehn Tage später nach Alexandria zurückkehrte, kam mir zu Ohren, dass Madame Koenig immer noch dort war und offenbar die Absicht hatte, fortan an der Seite ihres Mannes zu bleiben. Die beiden verkehrten in den Offiziersclubs, dinierten in dem berühmten Hotel Cecil und dem Restaurant Colossi Cossus und wirkten wie ein glückliches Ehepaar.

Der General tat sein Bestes, um zu verhindern, dass wir uns begegneten, gab mir tageweise frei, trug mir eine unsinnige Aufgabe nach der anderen auf – tat alles, um nur ja nicht in die Verlegenheit zu kommen, sich von mir fahren lassen zu müssen. Ich war schon seit drei Tagen zurück in der Wüste und hatte seine Frau noch immer nicht zu Gesicht bekommen. Schließlich fragte ich einen Adjutanten des Generals, was sie für eine Frau sei.

»Ein *gendarme*«, kam die frostige Antwort, und ich musste beinahe lachen.

Als ich ihr dann doch endlich gegenüberstand, war ich völlig verblüfft. Pierres Frau mochte vielleicht ein paar Jahre älter sein als er, sie war stark geschminkt und hatte hellblond gefärbtes

Haar, aber sie war unerwartet charmant und war offensichtlich einmal eine Schönheit gewesen. Als elegante Pariserin trug sie kniekurze Röcke und teure Pelze. Die selbstbewusste Frau, die mehr als zehn Jahre älter war als ich, schaute mir direkt in die Augen, reichte mir ihre schmale Hand und lächelte höflich.

»Wie nett, Sie kennen zu lernen, Adjudant Travers. Ich habe so viel von Ihnen gehört«, sagte sie mit undurchdringlicher Miene. »Wie man sagt, verdanke ich Ihnen das Leben meines Mannes. Gut gemacht.«

Ausnahmsweise war ich vollkommen sprachlos.

Während sie mich weiterhin ansah, sagte sie zu ihrem Mann: »Komm, Pierre. Wir müssen gehen.«

Der Tradition betrogener französischer Ehefrauen entsprechend, wollte sie offenbar keine Konfrontation. Sie hatte mir zu verstehen gegeben, dass sie hergekommen war, um die Ordnung wieder herzustellen. In meiner Gegenwart forderte sie ihren Mann auf, sie nach Kairo zu begleiten und ihr ein Zimmer im Shepheard's zu buchen, dem Hotel, in dem er und ich einige unserer glücklichsten Nächte verbracht hatten.

Als ich zusah, wie sie graziös in den Wagen stieg, versuchte ich zu ergründen, was ich für diese Frau empfand, deren Erscheinen ich so gefürchtet hatte. Lächelnd kam ich zu dem Schluss, dass ich sie trotz allem bewunderte. Nun, sie war keineswegs wie ein Gendarm. Im Gegenteil, sie war eine äußerst attraktive und selbstbewusste Frau. Mit ihrem ersten Mann verheiratet, war sie mit dem General durchgebrannt, als dieser erst Hauptmann war. Sie hatte für die Liebe eine Menge aufgegeben. Jetzt lebte sie in Marrakesch – weit weg von ihren Freunden in Paris – zusammen mit ihren Kindern aus erster Ehe. Sie wirkte nicht wie eine Frau, die ihren Mann so leicht aufgeben würde.

Madame Koenig und ich hatten einander vollkommen verstanden, sagte ich mir später. Schließlich liebten wir denselben Mann. Nur dass sie die stille Zuversicht von jemandem besaß, der weiß, dass er gewonnen hat.

Die folgenden Wochen waren für den General und die Freien Franzosen ziemlich nervenaufreibend. Auf Montgomerys Drängen hin waren sie in Kairo und Alexandria zur Untätigkeit verdammt, während die Engländer die Deutschen in Richtung Westen trieben. Seit der Ankunft seiner Frau konnten Pierre und ich uns nur sehen, wenn sie ausgegangen war oder wenn sie schlief. In den seltenen Momenten, in denen wir uns trafen, war er nervös und schreckhaft.

»Dir ist doch hoffentlich klar, in welcher unmöglichen Situation ich mich befinde«, sagte er. »Solange sie hier ist, sind mir die Hände gebunden. Ich bin es ihr schuldig, an ihrer Seite zu bleiben.«

»Und was ist mit mir?«, fragte ich dann und ärgerte mich gleichzeitig über meine Quängelei. »Was bist du mir schuldig?«

Dann verdüsterte sich seine Miene, und ich fürchtete schon, ich sei zu weit gegangen. Andererseits waren wir beide daran beteiligt, beide waren wir erwachsen und hatten immer gewusst, wie das wohl enden würde. Aber ich war so von Sehnsucht und von widerstreitenden Gefühlen erfüllt, dass ich nicht mehr aus noch ein wusste. Er hielt mich in den Armen, streichelte mir mit seiner langen, schmalen Hand über die Stirn und flüsterte mir zu, um mich zu beschwichtigen.

Aber die Anwesenheit von Madame Koenig hatte alles verändert, und je länger sie blieb, umso mehr fühlte ich mich betrogen. In meiner Sehnsucht nach Pierre malte ich mir ständig aus, was er gerade tat, wenn er bei ihr war. Die Vorstellung der beiden zusammen im Bett war mir unerträglich. Ich versuchte, mich mit Büchern und Zeitungen abzulenken, und ging jeden Tag im Meer schwimmen, aber mit den Gedanken war ich immer woanders, und es gelang mir selten, eine Seite oder einen Artikel zu Ende zu lesen.

Das Einzige, was mich aufrecht hielt, war meine Arbeit, denn trotz all des Geredes war es mir gelungen, meinen Job zu behalten. Als Montgomery die französischen Verbände schließlich zu einem gottverlassenen Vorposten in der Wüste abkommandierte und Madame Koenig beschloss, in Kairo zu bleiben, hoffte ich, endlich noch einmal mit meinem General allein sein zu können.

Ich hätte es kommen sehen müssen, doch zu dem Zeitpunkt ahnte ich nichts. Der General erklärte mir, wir würden dem eine Autostunde entfernt gelegenen Feldlazarett einen Besuch abstatten, und er würde das Fahren übernehmen. Es machte mir nichts aus. Ich wusste, dass er gern am Steuer saß, und ging um den Wagen herum, um auf dem Beifahrersitz Platz zu nehmen.

»Nein! Steig hinten ein«, sagte er barsch. »Capitaine Thoreau kommt mit uns.« Erschrocken über seinen Ton, sah ich ihn fragend an, doch er wandte sich hastig ab und ließ den Motor an.

Während ich auf dem Rücksitz saß und die vertraute Form seiner muskulösen Schultern betrachtete, sein kurz geschnittenes, blondes Haar, musste ich daran denken, wie er mich zum ersten Mal in Damaskus im Krankenhaus besucht hatte. Wie charmant er gewesen war, wie aufmerksam und liebenswürdig er dort am Fenster im Sonnenlicht gesessen hatte, eine Schachtel Pralinen auf dem Schoß. Ich glaube, schon damals wusste ich, dass ich ihn liebte.

Hauptmann Thoreau, der leitende Offizier unserer Transportabteilung, stieg ein, und wir fuhren über die holprige Wüstenstraße in Richtung Norden. Die Männer unterhielten sich über die Situation im Westen und darüber, wie der Feind von den britischen Truppen nach Tunesien zurückgedrängt wurde. Beide brannten darauf, wieder an die Front zu kommen, und waren verbittert darüber, wie Montgomery die Freien Französischen Streitkräfte behandelte. Nach einer Weile verfielen sie in Schweigen, und ich saß still auf dem Rücksitz und wartete darauf, dass das Feldlazarett endlich vor uns auftauchte. Es schien eine Ewigkeit zu dauern.

Plötzlich brach der General das Schweigen. »Adjudant Travers«, sagte er förmlich. »Ich habe Ihnen etwas mitzuteilen. Ich bin nach Tunesien abberufen worden, um General de Gaulle als Verbindungsoffizier zur Seite zu stehen.«

Ich richtete mich auf, plötzlich aufmerksam geworden, und beugte mich vor, um ihn bei dem Motorenlärm besser zu verstehen. Außerdem wollte ich erfahren, wann wir aufbrechen würden.

»Sie werden mich nicht begleiten«, sagte er so beiläufig wie möglich. »Laut Anweisung der Briten darf ich unter diesen Umständen keinen weiblichen Fahrer haben.«

Unsere Blicke begegneten sich im Rückspiegel. Ich sah ihn entgeistert an. Seit Juni 1941 waren wir unzertrennlich gewesen – es kam mir noch viel länger vor – und jetzt wollte er mich verlassen. Während Thoreau verlegen auf seinem Sitz herumrutschte, richtete der General den Rückspiegel anders aus, sodass er das Entsetzen in meinen Augen nicht mehr sehen konnte. Jetzt war mir klar, warum er Thoreau gebeten hatte, uns zu begleiten – um zu verhindern, dass ich ihm eine Szene machte.

Ich sank auf den Rücksitz zurück. Ich brachte kein Wort heraus und rang nach Luft. Ich konnte nicht einmal mehr klar denken. Noch nie in meinem Leben hatte ich mich so im Stich gelassen gefühlt.

Als ich mich wieder gefasst hatte, fragte ich bitter: »Und wo werde ich hingeschickt? Nach Kairo? Zu Madame Catroux?« Ich konnte mir nichts Schlimmeres vorstellen, als unter dem strengen Blick der alten Mad Cat zu arbeiten.

»Nein«, erwiderte der General. »Sie werden dem Feldlazarett als Fahrerin zugeteilt.«

Das Schweigen wurde fast unerträglich, während ich gegen meine Tränen ankämpfte und stocksteif dasaß. Thoreau wagte nicht, mich anzusehen, und der General hielt das Steuerrad so fest umklammert, dass seine Knöchel sich weiß abzeichneten. Die nächsten zwanzig Minuten über sagte niemand ein Wort. Ich hätte schreien können, Pierre anschreien, dass er mich unfair behandelte, ihn fragen, wie er mir das antun könne, nach allem, was wir zusammen durchgemacht hatten. Aber ich konnte es nicht. Noch nie hatte ich mich ihm widersetzt, und auch jetzt hatte ich kein Recht dazu. Er wusste das und nutzte es aus. Zum ersten Mal, seit ich gesehen hatte, wie er nach dem Luftangriff in der Nähe von Damaskus unter einem Lastwagen hervorgekrochen war, war ich wütend auf ihn. Es war unerträglich, wie er mit mir umging, und nach Bir Hacheim hatte ich etwas Besseres verdient.

Als wir nach dieser endlosen Fahrt schließlich unser Ziel erreichten, sprang ich so schnell ich konnte aus dem Wagen. Während Thoreau sich hastig verabschiedete, hielt ich mein Gesicht abgewandt und öffnete den Kofferraum.

Pierre sah zu, wie ich versuchte, meine Habseligkeiten zusammenzupacken – mein Feldbett, meine Faltbadewanne und meinen Koffer. »Hier«, sagte er und reichte mir die Wagenschlüssel. »Du kannst die Sachen später holen. Ich bleibe über Nacht hier.«

Ich nahm die Schlüssel und schlug den Kofferraum zu. »Bitte, versuch, das zu verstehen. Der Befehl kommt von ganz oben«, sagte er mit trauriger Stimme. »Ich weiß, es ist hart, nach … nach allem. Aber du musst das verstehen, ich habe wirklich keine andere Wahl … La Miss?« Er packte mich am Handgelenk, als ich mich zum Gehen wandte, hielt mich so fest, dass es schmerzte, und zwang mich, ihm in die Augen zu sehen. »Bitte, lass uns nicht so auseinander gehen.«

Ich befreite mich mit meiner anderen Hand aus seinem Griff, drehte mich wortlos um und ging so ruhig wie ich konnte auf das Lazarettzelt zu. Er sollte nicht die Tränen sehen, die mir über die Wangen liefen.

Wie ich den restlichen Tag verbracht habe, daran kann ich mich nicht erinnern. Ich muss mich bei meiner Dienststelle gemeldet haben, und wahrscheinlich habe ich sogar ein bisschen im Lazarett ausgeholfen, aber nichts davon ist mir im Gedächtnis haften geblieben.

Mehrere Stunden später saß ich allein an einem Tisch in der Kantine und starrte in meine Kaffeetasse, als ein Fremder mich ansprach.

Er räusperte sich, um mich auf sich aufmerksam zu machen, und stellte sich vor. »Mein Name ist Brandt. Ich bin der neue Fahrer von General Koenig«, sagte er.

Ich sah ihn abwesend an. »Wie bitte?«

Er trat verlegen von einem Fuß auf den anderen und streckte die Hand aus. »Ich bin der neue Fahrer des Generals. Ich habe Sie schon überall gesucht. Ich brauche die Wagenschlüssel. Ich habe Befehl, den General morgen in aller Frühe nach Kairo zu bringen.«

Ich stand auf, trank meinen kalten Kaffee aus, nahm meine Sachen und drehte ihm den Rücken zu.

Verwirrt legte er eine Hand auf meine Schulter. »Adjudant Travers? Haben Sie verstanden, was ich gesagt habe? Ich brauche die Wagenschlüssel.«

Ich fuhr wütend herum. Mein Blick muss ihn erschreckt haben, denn er ließ seine Hand sinken und wich zwei Schritte zurück. »Ich habe Sie verstanden!«, schrie ich ihn an. »Und jetzt lassen Sie mich gefälligst in Frieden!«

Vor dem Eingang der Kantine raunzte ich einen ahnungslosen Offiziersburschen an, er solle mir sagen, wo ich Hauptmann Thoreau finden könne. Als ich in seinem Zelt ankam, saß er hinter einem Schreibtisch, vor sich einen Stapel Papiere, neben ihm noch einen größeren Stapel.

Ich verlor die Beherrschung und schlug so heftig mit der Faust auf den Tisch, dass ein Teil der Papiere durch die Gegend flog. »Was zum Teufel soll der Quatsch?«, schrie ich. »Irgendein Fahrer verlangt die Autoschlüssel von mir!«

Wahrscheinlich hatte ich mich bis zu diesem Zeitpunkt in einer Art Wahnzustand befunden und mir eingeredet, der General würde schon eine Möglichkeit finden, den neuen Befehl zu umgehen, damit wir zusammenbleiben konnten. Wenn ich meine Schlüssel einem anderen Fahrer übergab, würde das bedeuten, dass es endgültig war.

»Sagen Sie mir, dass das nicht wahr ist«, lamentierte ich. »Sagen Sie mir, dass der General das nicht ernst gemeint hat.«

Thoreau hörte sich mein Geschrei schweigend an. »*Sic transit gloria mundi*«, sagte er dann ruhig und sah mir fest in die Augen.

Ich fuhr mir mit der Hand durch das Haar und schüttelte verwirrt den Kopf. »Was zum Teufel soll das denn heißen?«

Thoreau lächelte kaum merklich. »So vergeht der Ruhm der Welt«, erwiderte er.

Da wusste ich, dass ich meinen General endgültig verloren hatte.

In diesem Augenblick kam es mir buchstäblich so vor, als sei mein Leben zu Ende. Amilakvari war gegangen sowie Arad, und jetzt hatte auch Pierre mich verlassen. Die Zeit, die wir miteinander verbracht hatten, das Haus in Aley, die Meilen, die wir gemeinsam zurückgelegt hatten – alles gehörte der Vergangenheit an. Der Krieg, der nicht enden zu wollen schien, und die Grausamkeiten, die unverändert weitergingen, waren nur zu ertragen gewesen, weil ich Pierre an meiner Seite wusste. Jetzt lag nichts als gähnende Leere vor mir.

Etwas später saß ich allein auf dem Fahrersitz des Ford Utility. Der Wagen hatte mein Schicksal bestimmt, hatte uns sicher aus Bir Hacheim herausgebracht. Ich streichelte die zerschlissenen Sitze, auf denen der General und ich Seite an Seite Hunderte von Kilometern zurückgelegt hatten, das riesige Steuerrad und den klobigen Schaltknüppel. Ich drehte mich um und betrachtete die Rückbank, auf der ich, eingewickelt in meinen Schaffellmantel, so viele Nächte verbracht hatte und wo der General in jener Nacht, als der fürchterliche Sandsturm tobte, an einen Soldaten gekuschelt geschlafen hatte. Unzusammenhängende Erinnerungsfetzen gingen mir durch den Kopf.

Mir schien, als wäre dieser Wagen mein ganzer Lebensinhalt gewesen: mein Zuhause, meine Arbeit, das Fahrzeug, das mich in die Freiheit und zur Liebe gebracht hatte. Der Wagen hatte mir das Leben gerettet, hatte mich vor Hitze, Kälte, Sonne, Sand und Sturm geschützt. Ich hatte ihn liebevoll gepflegt und ihn vor Schäden bewahrt. Zum Dank war auf ihn geschossen worden, hatte er Bombardierungen und Zusammenstöße über sich ergehen lassen müssen, war er zusammengeflickt und repariert worden. Der Gedanke, den Wagen jetzt einem Fremden zu überlassen, war unerträglich. Mir vorzustellen, dass ein anderer Fahrer auf meinem Platz sitzen würde, ein Mann, der sich mit den Eigenheiten dieses Fahrzeugs nicht auskannte. Dass ein anderer den General chauffieren würde, meinen geliebten Pierre.

Als ich den Kopf in den Nacken legte, um meine Tränen wegzublinzeln, entdeckte ich im Dach direkt über meinem Kopf ein Einschussloch, das ich bis dahin noch gar nicht bemerkt hatte. Ich war in diesem Wagen dem Tod so nahe gekommen, dass seine vier Wände mir jetzt vorkamen wie meine einzige Zuflucht. »Wie kannst du mir das antun, Pierre?«, rief ich laut. »Wie kannst du mich einfach so wegschicken?«

Ich umklammerte das Steuerrad, lehnte mich mit dem Kopf dagegen und weinte bitterlich. Nach einer Weile wischte ich mir die Nase mit dem Handrücken und versuchte, meine Fassung wiederzuerlangen. »Du musst dich zusammenreißen, Susan«, sagte ich mir. »Sei zufrieden mit dem, was du bekommen hast, gib die Schlüssel ab und sieh zu, dass dein Leben weitergeht.«

Ich holte tief Luft und öffnete das Handschuhfach, um nachzusehen, welche Erinnerungsstücke sich darin befanden, die ich als Andenken an unsere gemeinsame Zeit mitnehmen konnte. Als die kleine Klappe aufsprang, zuckte ich zusammen. Zwischen den verblassten leinenen Landkarten, mit deren Hilfe wir uns den Weg kreuz und quer durch Nordafrika gesucht hatten, lag meine Beretta.

Augenblicklich schien die Lösung deutlich vor mir zu liegen.

Hier war der Weg aus dem Dilemma, eine Chance, dem Schmerz zu entgehen, der Demütigung und der sinnlosen Zukunft.

Ich beugte mich vor und streckte die Hand aus nach der Pistole, die ich vor zwei Jahren von einem Piloten im Kongo bekommen hatte, die Waffe, mit der ich mich gegen feindliche Soldaten hatte verteidigen wollen, wenn es uns nicht gelungen wäre, aus dem belagerten Bir Hacheim zu entkommen. Sie schimmerte verlockend im Mondlicht.

Ich nahm sie in die Hand, spürte ihr Gewicht und das kühle Metall an meiner Haut. Es war ganz einfach. Ich brauchte nur die Mündung an meine Schläfe zu halten und abzudrücken. Es wäre das private Ende eines sehr privaten Krieges.

»Es gibt keine Zukunft«, flüsterte ich, und mein warmer Atem bildete eine kleine Dunstwolke in der kalten Nachtluft. Ich sah zu, wie die Wolke sich auflöste, und stellte mir vor, es genauso zu machen wie sie, mich einfach in Luft aufzulösen.

Meine Hand war ganz ruhig, als ich die Waffe hob. Niemand würde den Schuss hören. Der Wagen stand am äußersten Rand des Lagers, und alle waren im Kantinenzelt und aßen zu Abend. Man würde mich erst am nächsten Morgen finden. Ich hoffte, dass der neue Fahrer mich finden würde, ein Mann, gegen den ich bereits eine völlig irrationale Abneigung entwickelt hatte. Als der Lauf meine Schläfe berührte, drückte ich ihn tief in das weiche Fleisch und genoss, wie kühl er sich anfühlte. Der Fahrer würde aufschreien und losrennen, um Hilfe zu holen, wohl wissend, dass mir nicht mehr zu helfen war. Man würde den Arzt rufen – vielleicht Dr. Godou. Er würde mit einem Blick sehen, was er wissen musste.

Man würde nach dem General schicken. Einer seiner Adjutanten würde ihn unauffällig beiseite nehmen. Vielleicht Thoreau. *Sic transit gloria mundi*. Ich malte mir Pierres Gesicht aus, wenn er erfuhr, was geschehen war, und fragte mich, wie er sich fühlen würde. Würde er weinen wie an Amilakvaris Grab, als er sich hastig die Tränen weggewischt hatte, um sich die Peinlichkeit zu ersparen? Wahrscheinlich nicht. Er würde an meiner Beerdigung teilnehmen, ein paar bewegende Worte sprechen und dann seiner Wege gehen. In diesem Wagen. Dem Wagen, in dem seine Geliebte sich das Leben genommen hatte.

Mein Finger krümmte sich um den Abzugshahn. Wenn ich ganz vorsichtig Druck ausübte, konnte ich den Widerstand fühlen. »Ein kurzer Schmerz und dann das Nichts«, murmelte ich, schloss die Augen und bohrte den Lauf noch tiefer in mein Fleisch. Mein Finger zuckte.

Die Stille überwältigte mich. Kein Geräusch. Nicht mal ein Atmen. Mein Herz schien zu schlagen aufgehört zu haben.

Ich konzentrierte mich, fürchtete, den Mut zu verlieren, drückte mir den Lauf noch fester gegen die Schläfe. Der General. Ich. Der Wagen. Es wäre das perfekte Ende.

Doch irgendetwas hielt mich zurück. Vielleicht war es der Wahlspruch der Familie Travers – »Weder ängstlich noch schüchtern« –, der sich in meinen Kopf zurückschlich. Normalerweise gab ich nicht so leicht auf.

Langsam ließ ich die Pistole sinken, öffnete die Augen und sah mich um. Plötzlich wurde mir klar, wie sinnlos mein Tod sein würde. Welchem Zweck würde er dienen, und wen wollte ich bestrafen? Der General hatte keine andere Wahl: Die Pflicht stand für ihn stets an erster Stelle, und er befolgte lediglich einen Befehl. Den neuen Fahrer? Einen Mann, den ich überhaupt nicht kannte, und der etwas Besseres verdient hatte, als seinen neuen Job mit einem solchen Schock anzutreten. Außerdem wurde mir bewusst, was für eine Schweinerei ich mit meinem Selbstmord in meinem geliebten Wagen anrichten würde. Der General würde wütend auf mich sein – so wütend, dass er wahrscheinlich nicht einmal zu meiner Beerdigung erscheinen würde. Er müsste sich einen Wagen leihen, um am nächsten Morgen zu de Gaulle nach Kairo zu gelangen, weil dieser Wagen erst gründlich gereinigt werden müsste. Er hätte mich verloren und womöglich sogar seinen »Glückswagen«, der ihn aus der Hölle von Bir Hacheim gebracht hatte. Er würde fuchsteufelswild sein. Einen Tobsuchtsanfall bekommen!

Der Gedanke ließ mich beinahe lächeln. Kopfschüttelnd stopfte ich die Beretta in meine Jackentasche, schlug das Handschuhfach zu und ergriff die Flucht. Ich ging durch die Dunkelheit, stapfte über kühlen, losen Sand und entfernte mich so weit wie möglich von dem Wagen.

Als der Mond aufging und das Sandmeer vor mir in silbriges

Licht tauchte, gewann ich meine Fassung wieder. Ich würde niemals wieder in meinem Leben an Selbstmord denken.

Arbeit war meine einzige Rettung. Während der folgenden Monate stürzte ich mich in meinen neuen Job, fuhr Ärzte und Schwestern an die Front und zurück, meldete mich freiwillig für Sonderaufträge und unbeliebte Aufgaben. Mein einziger Begleiter bei Tag und bei Nacht war mein neuer Hund, ein Schäferhundwelpe namens Josephine, den ich einem Legionär abgekauft hatte.

Es gab noch sechs weitere weibliche Fahrer, Spearettes, die Sanitäter und Verwundete hinter den Linien hin und her transportierten, aber ich war die Einzige, die an der Front eingesetzt wurde. Anfangs chauffierte ich einen älteren französischen Arzt, doch dann, ein paar glückliche Tage lang, war der liebenswürdige Commandant Lotte mein Passagier. Nach einem langen Genesungsurlaub nahm er wieder am Kriegsgeschehen teil. Er ging jetzt am Stock. Ich war hocherfreut, ihm wieder zu begegnen.

»Susan, meine Liebe!«, rief er. »Wie schön, Sie wieder zu sehen.«

Ich lief auf ihn zu und umarmte ihn. Er wirkte ein bisschen älter und dicker, aber ansonsten war er ganz der Alte. Ich sah mich nach Assab um und erkundigte mich, wo sein treuer »Boy« sei.

»Nach meinem Unfall ist er verschwunden«, sagte Lotte traurig. »Wahrscheinlich hat er geglaubt, ich würde nie wieder zurückkommen, und hat sich jemand anderem angeschlossen. Sie haben ihn nicht zufällig irgendwo gesehen?«

Ich musste an den großen Schwarzen mit all seinen Töpfen und Pfannen denken und schüttelte den Kopf. »An ihn würde ich mich bestimmt erinnern«, sagte ich.

Dann wurde Dr. Lotte versetzt, und ich war wieder dazu verdammt, den unleidlichen Dr. Godou zu fahren. Ich schluckte meinen Widerwillen und zog mich mehr und mehr in mich zurück. »Zumindest bist du immer noch am Leben«, sagte ich mir und dachte an Amilakvari und die anderen. Doch in Wirklichkeit fühlte ich mich die meiste Zeit über halb tot, mager wie ein Gerippe und hundemüde.

In jenem Winter bat ich um einen Urlaub, fuhr nach Kairo und besuchte Eka, Amilakvaris Schwägerin, die sehr fürsorglich war und mir reichlich frisches Obst und Milch vorsetzte.

»Ich glaube, Sie sind mehr als erschöpft«, sagte sie zu mir, nachdem ich schon mehrere Tage in ihrer wunderschönen Wohnung verbracht hatte. »Sie sind wohl seelisch krank.« Ich erzählte ihr nichts. Noch immer war ich zu unglücklich, um über Pierre zu sprechen, und sie respektierte mein Schweigen.

Als sie das Gefühl hatte, dass ich es verkraften konnte, fragte sie mich nach Amilakvari. Sie kam nicht über seinen Tod hinweg und war entschlossen, solange der Krieg dauerte, in der Nähe der Legion zu bleiben. »Mit jemandem zu sprechen, der ihn gekannt hat, mit jemandem zusammen zu sein, der ihm nahe gestanden hat, gibt mir das Gefühl, dass er noch am Leben ist«, sagte sie.

Unter Ekas liebevoller Pflege gewann ich meine Kraft und mein inneres Gleichgewicht zurück. Ich kam zu dem Schluss, dass ich den General vergessen und zusehen musste, dass ich mein Leben wieder in den Griff bekam.

Der General dagegen konnte mich offenbar nicht vergessen. Ich weiß nicht, ob Eka mit ihm Kontakt aufgenommen hatte oder nicht, aber als er hörte, dass es mir nicht gut ging, kam er mich besuchen. In seiner Hand hielt er einen Strauß weißer Rosen.

»Ich fahre nach Bir Hacheim«, sagte er mit leuchtenden Augen und nahm meine Hand. »Es ist, als würde mich eine unsichtbare Kraft dorthin zurückziehen, und ich würde mich sehr freuen, wenn du mich begleiten würdest, La Miss.«

Ich dachte an diesen gottverlassenen Ort und an die Geister der Vergangenheit, die mich dort erwarteten. »Ich-ich weiß nicht …«, stammelte ich. Ich wollte nicht an die Zeit mit ihm erinnert werden. Ich wünschte, er wäre nicht gekommen.

Aber Pierre ließ nicht locker. Mit seinem Besuch in Bir Hacheim, sagte er, wolle er die Toten ehren, die dort zurückgeblieben waren, und sich über alles klar werden, was vorher gewesen war. »Ich muss dorthin fahren und mir den Ort noch einmal ansehen. Bitte, komm mit mir«, drängte er.

Gegen besseres Wissen und auch, um herauszufinden, wie ich mich in seiner Gesellschaft fühlen würde, willigte ich ein, nur um dann festzustellen, dass wir nicht allein fuhren, sondern in Begleitung von Dr. Godou und dem Furcht einflößenden Kaplan Père Mallec, die sich beide selbst eingeladen hatten mitzufahren.

Der General fuhr den alten Utiliy selbst, Dr. Godou saß neben ihm. Da ich hinten neben dem Kaplan saß, konnte ich nicht anders, als immerzu Pierres Gesicht im Rückspiegel anzustarren. Zu meinem eigenen Unwillen empfand ich nichts als pure Freude darüber, in seiner Nähe zu sein.

Als wir den kargen Außenposten erreichten, wo wir vor fast einem Jahr so viele Wochen verbracht hatten, erkannten wir ihn kaum wieder. Die neue Brigade der Freien französischen Streitkräfte, die dort stationiert war, hatte hervorragende Arbeit geleistet, die Bombenkrater gefüllt und den Ort weitgehend in Ordnung gebracht. Die Männer waren dabei, einen neuen Friedhof anzulegen, wo ein steinernes Denkmal mit dem Lothringer Kreuz errichtet werden sollte. Innerhalb der niedrigen Friedhofsmauern befanden sich bereits Dutzende von neuen Gräbern, alle mit einem Kreuz versehen. Der Anblick der vielen Gräber machte mir noch einmal bewusst, wie viele Soldaten ihr Leben verloren hatten, und schnürte mir die Kehle zu.

Dr. Godou stieg aus, um sich die Beine zu vertreten und mit den Männern zu reden, aber der General wollte noch einmal genau rekonstruieren, welchen Weg wir in der Nacht des Ausbruchs genommen hatten. Er bat einen jungen französischen Leutnant, einzusteigen und uns den Weg zu zeigen.

»Können Sie mich zur Route F führen?«, fragte er. »Ich bin mir nicht sicher, wo es langgeht.« Verwirrt durch die vielen Veränderungen fuhr der General los, ohne auf die Anweisungen des Soldaten zu warten, und wir rumpelten über besonders unwegsames Gelände dahin.

Plötzlich wurde der junge Leutnant blass. »Verzeihen Sie, Sir«, stieß er hervor, »aber ich glaube, Sie sind gerade mitten in ein Minenfeld gefahren.«

Zum ersten Mal bemerkten wir, dass überall um uns herum Pioniere mit Metalldetektoren herumliefen, Kopfhörer auf dem Kopf und lange Stangen in der Hand. Die weißen Bänder, die zur Kennzeichnung des Minenfelds dienten, waren im letzten Sandsturm zerfetzt worden und lagen nutzlos auf dem Boden. Wir befanden uns mitten in dem Minenfeld, in dem wir ein Jahr zuvor beinahe ums Leben gekommen wären.

»Ach Gott, wirklich?«, murmelte der General, als sei ihm nichts weiter als ein kleiner Fehler unterlaufen.

Er legte den Rückwärtsgang ein und versuchte, auf demselben Weg zurückzufahren, auf dem wir gekommen waren. Plötzlich gab es einen ohrenbetäubenden Knall, der Wagen flog in die Luft und krachte in einer riesigen Staubwolke wieder zu Boden. Nach dem Aufprall spürte ich einen heftigen Schmerz in der linken Hüfte, als hätte ich einen Schlag mit einem Kricketschläger abbekommen. Nach all seinen hundertmal wiederholten Warnungen an die Fahrer, sorgfältig darauf zu achten, nicht über eine Landmine zu fahren, hatte der General genau das getan und hätte uns beinahe alle umgebracht.

Die Einzige, die eine Verletzung davongetragen hatte, wahrscheinlich ein gebrochenes Hüftbein, war ich. Im Augenblick der Explosion, von Schmerz und Schock überwältigt, hatte ich geglaubt, meine Zeit sei gekommen. Einen stummen Schrei auf den Lippen, hatte ich Pierre angesehen und dem Himmel gedankt, dass ich in dieser letzten Sekunde in seiner Nähe war. Aber als der Wagen wieder auf dem Boden landete, sagten mir meine schrecklichen Schmerzen, dass ich unmöglich tot sein konnte.

Das Hinterrad direkt unter mir war vollständig abgerissen worden. Pierre und der Leutnant befreiten mich aus dem Wagen und legten mich in den Sand. Stöhnend blickte ich in Pierres besorgtes Gesicht.

»Noch bin ich nicht tot«, sagte ich zu ihm.

Meine Qualen wurden noch schlimmer, als ich auf einer Trage über das holprige Gelände ins Feldlazarett transportiert wurde. Dr. Godou untersuchte mich, wie ich fand, allzu hastig. Nachdem er meine Hüfte flüchtig befühlt hatte, verkündete er: »Alles in Ordnung. Nichts gebrochen. Sehen Sie zu, dass Sie ein ordentliches Mittagessen bekommen.«

Aber ich hatte solche Schmerzen, dass ich nicht laufen konnte, von essen ganz zu schweigen.

Der General kam ins Lazarett, um nach mir zu sehen. »Du siehst aus wie ein Stück Käse«, sagte er, als er mein blasses Gesicht sah. »Am besten bleibst du erst mal liegen.« Er lächelte, froh, dass mir nichts Schlimmeres zugestoßen war. Ich wusste, dass er an solch einem öffentlichen Ort nicht mehr Gefühle zeigen konnte.

Auch war er so wütend über sich selbst, dass er allen verbot, auch nur ein Wort über seinen peinlichen Fehler verlauten zu lassen. Doch als ich einige Tage später im Lager umherhumpelte, Hüfte und Bein geschwollen und grün und blau angelaufen, sprach der Vorfall sich schnell herum. Die Legionäre machten sich gnadenlos über mich lustig, zeigten mit dem Finger auf mich, rieben sich grinsend die Hüfte und taten so, als hätten sie große Schmerzen. Ich wollte nichts anderes, als mich wieder schmerzfrei bewegen zu können und sehnte mich nach Pierre.

Nach der monatelangen und aufreibenden Arbeit mit Dr. Godou und dem Ärztestab des Lazaretts hatte die Legion ein Erbarmen mit mir und bot mir einen Job als Ambulanzfahrerin an. Es war April 1943, und die Brigade war endlich nach Enfidaville in Tunesien verlegt worden. Dankbar nahm ich das Angebot an und fuhr einen großen, schwerfälligen Ambulanzwagen über Tobruk, Derna, Bengasi und Tripolis zweitausend Kilometer weit durch eine unwirtliche Gegend nach Tunesien. Das Gelände in den hohen Bergen war äußerst gefährlich. Bombenkrater und halsbrecherische Haarnadelkurven machten uns das Leben schwer. Hinzu kam ein andauernder, kalter Nieselregen, der die unbefestigten Straßen völlig aufweichte.

Ich war zugegen beim letzten Kampf gegen das 43. Bataillon des Afrikakorps auf der später so genannten Höhe 245 bei Djebel Garci, wo die 13. Halbbrigade hohe Verluste erlitt. Sie waren die letzten französischen Soldaten, die während des Zweiten Weltkriegs auf afrikanischem Boden im Einsatz waren. Während des Gefechts warfen britische Flugzeuge in deutscher Sprache abgefasste Flugblätter ab, die die letzten feindlichen Truppen zur Kapitulation aufforderten.

Später erlebte ich den Sieg meiner Division bei Kap Bon mit und sah ein Heer von demoralisierten und niedergeschlagenen deutschen Kriegsgefangenen erschöpft auf die alliierten Linien zu trotten. Einen Monat später, am 12. Mai 1943 um acht Minuten vor acht, als der Feind endgültig geschlagen war, wurde offiziell verkündet, dass die deutschen Truppen in Afrika jeden Widerstand aufgegeben hatten.

Von dem Tag an, als ich 1940 mit dem Schiff nach Dakar gefahren war, bis zum bitteren Ende des Nordafrikafeldzugs, als 125 000 deutsche und 100 000 italienische Soldaten kapitulierten, war ich bei der Legion gewesen. Im Mai, nachdem auch der letzte feindliche Soldat Afrika verlassen hatte, nahm ich als Fahrerin eines Arztes im Offiziersrang an der Siegesparade der Alliierten in Tunis teil. Die letzten verbliebenen Vichy-Streitkräfte verbündeten sich widerwillig mit ihren ehemaligen Feinden, den Freien Franzosen. Sie wurden der 1. Brigade zugeteilt, die sich bereit machte, die Deutschen in Europa zu bekämpfen.

Um uns auf diese wichtige nächste Kriegsphase vorzubereiten, wurden wir nach Zuara an der tunesischen Küste verlegt. Reihe um Reihe weißer Zelte erhob sich auf einem Hang, der sich bis zum Meer erstreckte, und ich freute mich darauf, mich nach den Strapazen der vergangenen Monate zu erholen und im Meer schwimmen zu gehen. Kurz nach unserer Ankunft erblickte ich etwas, das mich wie angewurzelt stehen bleiben ließ. Der alte Ford Utility und die *camionnette* des Generals standen direkt am Strand, mit Blick auf das Meer.

»Seit wann ist General Koenig hier?«, fragte ich einen Offiziersburschen, der mit ein paar Proviantkisten an mir vorübereilte. Ich hatte angenommen, er sei immer noch bei de Gaulle.

Der Soldat zuckte die Achseln. »Seit ein paar Tagen, glaub ich.«

Ich ließ mein Zelt ganz in der Nähe des Wohnwagens aufstellen, sodass ich vom Eingang aus sehen konnte, was sich dort unten tat. Zwar nahm ich nicht an, dass ich Gelegenheit finden würde, mich allein mit dem General zu treffen, doch hoffte ich, hin und wieder einen Blick auf den Mann zu erhaschen, der mir so viel bedeutete. Nach wenigen Stunden, als ich, den Arm um Josephines kräftigen Hals gelegt, vor meinem Zelt hockte, sah ich ihn zum ersten Mal seit Monaten wieder, und ich ärgerte mich über die Gefühle, die mich dabei überkamen. Ihn in dem alten Fort Utility neben seinem neuen Fahrer ankommen zu sehen, trieb mir die Tränen in die Augen.

Zwei Tage lang beobachtete ich ihn von meinem Zelt aus. Nachts lag ich unruhig auf meinem Feldbett und dachte daran, dass der Mann, den ich mehr als jeden anderen in meinem Leben geliebt hatte, nur einen kleinen Spaziergang von mir entfernt war. Ich sehnte mich danach, noch einmal in seinen Armen zu liegen, seinen Duft einzuatmen und auf seinen Atem zu lauschen. Mehr denn je vermisste ich ihn. Ich wünschte, es gäbe irgendeine Möglichkeit für mich, noch einmal in seiner Nähe zu sein.

Am dritten Morgen, als ich gerade meinen Kaffee getrunken hatte und mich im Lazarettzelt zum Dienst melden wollte, hörte ich jemanden vor meinem Zelt hüsteln.

Ich schlug die Plane zurück und sah My Fen, den kleinen Burschen des Generals verlegen mit den Füßen scharrend vor mir stehen. Als ich aus dem Zelt trat, sah er mich erleichtert an. »Ich habe etwas für Sie«, sagte er und hielt mir eine Ausgabe der *Illustration* entgegen, die Zeitung für die Männer an der Front, die der General und ich in Aley jeden Morgen verschlungen hatten.

Ich sah My Fen in die Augen. Man hatte ihn gebeten, mir eine Nachricht zu überbringen, aber offenbar verstand er nicht recht, was sie beinhaltete.

»Lässt der General mir die Zeitung schicken?«, fragte ich, als ich sie mit zitternden Händen entgegennahm.

»Ja«, erwiderte My Fen schüchtern. »Er meinte, Sie würden Sie vielleicht gern lesen.« Ich hatte das Gefühl, dass er es nicht erwarten konnte, wieder gehen zu dürfen.

Ich erkannte die Handschrift des Generals sofort. Er hatte nur ein Wort geschrieben: »Koenig«. Ich senkte den Kopf, damit My Fen mein Lächeln nicht sah, und riss mich zusammen.

»Vielen Dank«, sagte ich ernst. »Und richte dem General meinen Dank aus.«

Erleichtert lief er zurück zum Quartier des Generals. Als ich ihm nachschaute, die Augen gegen das gleißende Sonnenlicht zusammengekniffen, meinte ich zu sehen, dass sich die Gardine am Fenster des Wohnwagens kaum merklich bewegte.

Der Rest des Tages schien sich endlos hinzuziehen, es wollte überhaupt nicht dunkel werden. Ich ging mit Josephine spazieren, brachte ein paar Medikamente nach Bizerta und fand ein stilles Plätzchen, wo ich ein Bad nehmen konnte. In meiner saubersten Uniform, die Haare frisch gewaschen, schlüpfte ich um zehn Uhr aus dem Zelt und ging leise im Dunkeln an den anderen Zelten vorbei in Richtung Meer. Als ich mich dem Wohnwagen des Generals näherte, schimmerte das Licht der Öllampe schwach durch die zugezogenen Vorhänge. Ich holte tief Luft, klopfte vorsichtig an die Tür und ging hinein.

Pierre saß an einem niedrigen, mit Papieren und Landkarten übersäten Tisch, in der Hand ein Glas Rotwein. »Komm rein, La Miss«, sagte er lächelnd. »Ich habe dich schon erwartet.«

Ich schloss die Tür, setzte mich neben ihn und sah zu, wie er mir ein Glas Rotwein einschenkte.

»*Santé*«, sagte er, hob sein Glas und rückte ein bisschen näher. Ich nippte an meinem Wein und schaute ihm in die Augen. Noch bevor ich dazu kam, mein Glas wieder abzustellen, lagen wir uns in den Armen.

Einige glückliche Wochen waren Pierre und ich jede Nacht zusammen. In seinem Wohnwagen am Meer wurde ich noch einmal seine Geliebte. Ich wusste, welches Risiko er einging – die Briten wussten Bescheid, die ganze Welt schien von unserer Affäre zu wissen. Pierres Karriere, sein Ruf und seine Ehe standen auf dem Spiel, doch ich schien ihm das Risiko wert zu sein. Wie immer fiel es mir schwer, seine Gefühle einzuschätzen, aber das war mir egal. Wichtig war für mich nur, dass er mit mir zusammen sein wollte, und eine Zeit lang war ich fast so glücklich, wie ich es in Aley gewesen war.

Aber mein Glück sollte von kurzer Dauer sein. Unsere heimliche und eher vom Zufall abhängige Prozedur der Verständigung – an den Abenden, an denen der General mich in seiner *camionnette* erwartete, brachte My Fen mir die *Illustration* – wurde unterbrochen. Eines Abends vergaß My Fen, die Zeitung bei mir abzuliefern. Ich wartete und hielt nach ihm Ausschau, aber als My Fen nicht auftauchte, nahm ich schließlich an, dass der General beschäftigt war oder an einer wichtigen Besprechung teilnehmen musste, und legte mich schlafen.

Verärgert und verletzt und in seiner Ehre gekränkt, weil ich ihn vergeblich warten ließ, kam der General zu dem Schluss, ich wolle die Beziehung beenden.

Am nächsten Morgen kam er zu meinem Zelt. »Ich nehme an, du hast mich mit Absicht versetzt?«, fauchte er und sah mich mit vor Wut funkelnden Augen an. »Hast mich wie einen Idioten die ganze Nacht warten und hoffen lassen, obwohl ich wusste, dass du nicht kommen würdest.«

»Nein, Pierre«, widersprach ich. »My Fen ist nicht erschienen und deshalb habe ich die ganze Zeit hier in meinem Zelt gesessen und gegrübelt, warum du es dir anders überlegt hast.«

Trotz all meiner Beteuerungen jedoch blieb der General misstrauisch. Zwei Tage später schlich ich mich im Mondlicht noch einmal zum Meer hinüber, und wir verbrachten eine letzte bittersüße Nacht zusammen in seinem Wohnwagen, aber danach schickte er nicht mehr nach mir.

Wenige Tage später verbreitete sich die Nachricht wie ein Lauffeuer im ganzen Lager: Pierre war zum Divisionskommandeur befördert und in de Gaulles Hauptquartier in Algier berufen worden, um bei der Bildung des Comité Français de la Libération Nationale, der Exilregierung der Französischen Republik, mitzuwirken. Ich hatte noch nicht einmal Gelegenheit, mich von ihm zu verabschieden. Während ich seinen Wagen in der Ferne verschwinden sah, fluchte ich innerlich darüber, dass die wichtigste Beziehung meines Lebens so ein erbärmliches Ende hatte finden müssen.

14
Der Sieg

Im Sommer 1943 waren die Freien Französischen Streitkräfte in der Nähe des kleinen Fischerdorfs Hammamet stationiert. Eine Hand voll weiß getünchte Villen säumte wunderbare Strände, wo ich jeden Tag mit Josephine schwimmen ging. Es war eine erholsame Zeit, und ich hatte Gelegenheit, wieder zur Besinnung zu kommen. Im Verlauf meines turbulenten Liebeslebens war mir mehr als einmal das Herz gebrochen worden, aber nichts war vergleichbar mit dem Schmerz, den mir die Trennung von Pierre bereitete. Ich bezweifelte, dass ich jemals wieder würde lieben können.

In der ganzen Welt überschlugen sich die Ereignisse. Die Amerikaner waren mit ganzer Macht in den Krieg eingetreten, Tunesien war gefallen, Sizilien eingenommen, und die Alliierten waren überall auf dem Vormarsch. Die Franzosen und die Briten, deren Verhältnis nach wie vor von Animositäten bestimmt war, kamen zu dem Schluss, dass es für alle Beteiligten besser war, die Freien Französischen Verbände der 5. US Armee anzugliedern, die unter dem Oberbefehl von General Alexander stand und gemeinsam von US Lieutenant-General Mark Clark und dem französischen General Alphonse Juin befehligt wurde. Sie hatte die Aufgabe, Italien von den Deutschen zu befreien. Nachdem ich die ganze Zeit eine seltsame Art von Legionär gewesen war, würde ich jetzt wohl eine ungewöhnliche Art von GI werden.

Als ich erfuhr, dass ich Nordafrika endgültig verlassen sollte, vergoss ich keine Träne darüber. Stolz, an der Seite meiner Kameraden bei der Vertreibung der im Rückzug befindlichen Deutschen aus Italien mitzuwirken, bereitete ich mich innerlich auf die nächste Phase meiner Kriegsteilnahme vor. Das Traurigste war, dass ich Josephine nicht mit auf das Schiff nach Italien nehmen konnte. Ich weinte, als ich sie bei Freunden in Tunesien abgab, legte meine Arme um ihren zotteligen Hals und flüsterte ihr ins Ohr: »*Au revoir, ma chère amie. A bientôt.*«

Aus Italien kamen gute Nachrichten. Neapel war eingenommen worden, und man sagte uns, dass unser Schiff, ein britischer Frachter, der von dem erst kürzlich zurückeroberten tunesischen Marinestützpunkt Bizerta aus in See stechen sollte, den Hafen von Neapel anlaufen würde und wir dort an Land gehen würden. Dann sprach sich herum, dass ein Befehl ergangen war, nach dem Frauen weder an Bord des Schiffes noch in Italien an Land gehen durften. Außerdem hieß es, die amerikanischen MPs würden wesentlich genauere Kontrollen durchführen als ihre britischen Kollegen. Doch da ich in den vergangenen drei Jahren wie ein Mann akzeptiert worden war, hatte ich vor, die amerikanischen Befehle einfach zu ignorieren.

Im April 1944 legte ich die schicke amerikanische Uniform an, die mir zusammen mit einem Berg neuer Ausrüstungsgegenstände ausgehändigt worden war, stopfte mir die Haare unter den Helm und ging zusammen mit den anderen Freien Franzosen in Bizerta die Gangway hinauf. Wir wurden von zwei Reihen bewaffneter britischer Wachen erwartet. Mit gesenktem Kopf ging ich an ihnen vorbei, während mir das Herz bis zum Hals schlug. Erst als wir an Bord waren, wies Commandant Arnault mich auf einen Fehler hin.

»Ihre Gamaschen sitzen falsch herum«, flüsterte er mir zu.

Als ich an mir hinunterblickte, stellte ich zu meinem Entsetzen fest, dass ich die ungewohnten Fußgelenkbedeckungen falsch herum angezogen hatte, sodass die zahllosen Haken und Ösen nach außen zeigten. Während der Commandant und seine Männer sich um mich herumdrängten und mir Sichtschutz boten, drehte ich sie hastig um und dankte dem Himmel, dass niemandem etwas aufgefallen war.

Die den unterschiedlichsten Nationalitäten angehörenden Offiziere an Bord waren sehr charmant und kümmerten sich rührend um mich. Einige von ihnen – Arnault und de Sairigné, Simon, Bablon und Saint-Hillier – kannte ich bereits, andere nicht. Einer, ein junger Kadett namens Hugo Geoffrey, war besonders liebenswürdig und schien mich als eine Art lebende Legende zu betrachten. (Er wurde später ein hoch angesehener General bei der Legion.)

»Und wie war es beim Versuch, aus Bir Hacheim auszubrechen?«, fragte er mich immer wieder mit leuchtenden Augen. Von Kriegsgeschichten schien er nie genug bekommen zu können.

»Ach, das Übliche, würde ich sagen«, erwiderte ich jedes Mal, und dann zog er enttäuscht ab.

Die Offiziere sorgten dafür, dass ich eine Kabine für mich allein bekam und jeden Abend mit ihnen zusammen essen durfte. Sie waren freundlich und fürsorglich, ohne dabei aufdringlich zu sein, und an dem Verhältnis zwischen ihnen und mir sollte sich auch in Zukunft nichts ändern.

In Neapel wimmelte es von Amerikanern, gut gelaunten Soldaten, die noch nicht von den Strapazen des Krieges gezeichnet waren. Sie rauchten Luckys und schienen rund um die Uhr Glen Miller und Jazz im Radio zu hören. Ihre Uniformen, Fahrzeuge und ihr Gerät waren so neu und sauber, dass unsere alten Kisten aus Bir Hacheim dagegen regelrecht erbärmlich aussahen. Aber sie waren effizient und gut organisiert, und die lang ersehnte Landung in Italien lief ab wie am Schnürchen.

Kaum hatten wir italienischen Boden betreten, erhielten wir den Befehl, uns für den Einsatz an der Front bereitzumachen. Ich war als Ambulanzfahrerin vorgesehen, diesmal am Steuer eines alten amerikanischen Dodge. Mit Marokkanern, Tschadern und Legionären in unseren Reihen, wurden wir nun umbenannt in das »Französische Expeditionskorps«. Wir bildeten die westliche Flanke eines großen Vorstoßes durch Italien, Teil einer ununterbrochen von Küste zu Küste reichenden Linie von alliierten Streitkräften, deren Operationsziel es war, die Deutschen, die noch Widerstand leisteten, aus ihren Stellungen zu verjagen, und die, die sich auf dem Rückzug befanden, weiter nach Norden zu treiben.

Das erste große Hindernis, auf das die Alliierten stießen, war Monte Cassino, ein stark befestigtes Kloster, das oben auf einem Berg lag. Dieses Kloster, bei dessen Erstürmung polnische, englische und indische Truppen bis an die Grenze ihrer Kräfte kämpften, sollte noch legendäre Bedeutung erlangen. Unsere Truppen sollten im Südwesten über den Garigliano und durch die Aurunci-Berge vorstoßen in Richtung Rom, der Stadt, die alle – Briten, Franzosen und Amerikaner – unbedingt als Erste erreichen wollten.

Der Beginn des Angriffs wurde auf den 11. Mai 1944, 23 Uhr festgelegt. Die Offensive begann mit einem Artilleriesperrfeuer ähnlich dem in El Alamein. Es war bergiges Gelände, teilweise vulkanisch, und die schmalen, gewundenen Straßen waren stark vermint. Für die amerikanischen Panzer gab es kein Durchkommen, und die Schlüsselpositionen der Kämpfe waren nur zu Fuß oder mit Maultieren passierbar. Die Deutschen setzten Flammenwerfer ein, welche bei den Soldaten, die unglücklicherweise in deren Wirkungsbereich gerieten, schreckliche Verbrennungen verursachten. Es gab blutige Verluste, und viele, die dieser furchtbaren Waffe entgingen, wurden von deutschen Scharfschützen getötet. Die Kampfmoral erreichte einen absoluten Tiefpunkt. Auf diese Art der Kriegführung waren die Männer nicht vorbereitet, und sie verloren auf Schritt und Tritt weitere Kameraden. Auch der furchtlose Bablon, *commandant* der Legion, der damals in dem ägyptischen Nachtclub Rommels Ruf verteidigt hatte, wurde durch den Splitter einer Handgranate verletzt.

Meine Aufgabe war es, französische und amerikanische Verwundete in die Feldlazarette zu transportieren oder Ärzte und Sanitäter von einem Lazarett zum anderen zu bringen. Bablon war einer meiner ersten Passagiere. »Sie haben Glück gehabt«, sagte ich, reichte ihm meine mit Cognac gefüllte Feldflasche und untersuchte seine Kopfwunde. »Der Splitter war kaum größer als der, der Amilakvari getötet hat.«

Während meiner ersten Monate in Italien war ich auch immer wieder im Einsatz als persönliche Chauffeurin eines Arztes und seiner Geliebten, die ich zu ihren heimlichen Treffen brachte. Das war zusätzlich zu der Kränkung, die ich wegen meiner untergeordneten Stellung empfand, eine traurige Erinnerung an meine Affäre mit Pierre. Auch den Legionären gefiel die Situation nicht, und als sie mitbekamen, welche Demütigungen ich erdulden musste, beantragten sie, dass ich wieder als Ambulanzfahrerin zu ihrer Brigade versetzt wurde. Ich fühlte mich geehrt und war von Herzen dankbar und glücklich, wieder bei meiner Familie zu sein.

Mit meiner Versetzung zur Legion war es jedoch für mich vorbei mit dem »gemütlichen« Fahren. Es bedeutete wieder verminte Straßen, Luftangriffe und spartanische Lebensbedingungen. Täglich brachte ich Verwundete von der Front in die Feldlazarette – oder die schwerer Verwundeten in die Krankenhäuser. Ich tat meine Arbeit wie ein Roboter, unterdrückte meine Gefühle und hielt mich mit den Erinnerungen an Pierre aufrecht und mit der Hoffnung, ihn eines Tages wieder zu sehen.

Die Arbeit war körperlich zermürbend und emotional aufreibend. Besonders erinnere ich mich an einen schwer verwundeten Soldaten, einen Amerikaner, dem eine Landmine beide Beine abgerissen hatte. Ich kam gerade dazu, als der Arzt, der sein Bestes getan hatte, um die Blutungen an seinen Stümpfen zu stillen, sich abwandte und den Kopf schüttelte. Ich beugte mich über das sommersprossige Gesicht des jungen Mannes, drückte seine Hand, zündete eine Zigarette an und steckte sie ihm in den Mund.

»Hier, Joe«, sprach ich ihn mit dem Namen an, den sich anscheinend alle Amerikaner zugelegt hatten. Die Zigarette zwischen den trockenen Lippen, tat er einen tiefen Zug, schloss die Augen und ließ den Rauch durch die Nase entweichen. Dann begann er zu husten.

Ich hob seinen Kopf an, nahm ihm die Zigarette weg und hielt ihm meine Feldflasche an die Lippen. »Trink«, sagte ich. »Das wird dir gut tun.«

So gut er konnte, trank er einen Schluck Cognac, doch das meiste rann ihm über das stoppelige Kinn. Dann schaute der Soldat, der fast noch ein Junge war, mich an und lächelte schwach.

»Danke, Ma'am«, murmelte er. »Zigarette?«

Ich steckte sie ihm wieder zwischen die Lippen.

Kurz darauf war er tot. Plötzlich sah ich, dass er etwas mit seiner Hand umklammert hielt. Als ich seine Finger auseinander bog, entdeckte ich ein zerknittertes Schwarzweißfoto von einem Mann und einer Frau, wahrscheinlich seine Eltern. Ich nahm ihm die halb aufgerauchte Zigarette aus dem Mund, trat sie aus und schloss ihm die Augen.

Italien wurde zu einem düsteren Abschnitt in meinem Leben, einer Zeit, in der die Ereignisse der vergangenen Jahre ihren Tribut zu fordern begannen. Ich fühlte mich isoliert und einsam, und vermisste Pierre mehr, als ich je gedacht hätte.

Um uns herum tobte der Kampf weiter. Kameraden, die frisch vom Landekopf Anzio eingetroffen waren, stürmten den Monte Cassino, während die Freien Französischen Verbände als Teil einer quer durch Italien verlaufenden Frontlinie weiter nach Norden vorstießen. Am Steuer meines Dodge-Ambulanzwagens fuhr ich über Straßen, die nach schweren Regenfällen beinahe unpassierbar geworden waren. Überall waren Minen ausgelegt, Minen gegen Fahrzeuge und Tretminen. Entlang den Straßen und in zerbombten Gebäuden waren sie versteckt und manchmal sogar verborgen unter Leichen, wo sie auf den nichts ahnenden, bedauernswerten Sanitäter warteten. Nachdem ich selbst schon einmal von einer Mine erwischt worden war und mit eigenen Augen gesehen hatte, was eine Mine anrichten konnte, war ich extrem vorsichtig beim Fahren und passte höllisch auf, wo ich hinfuhr oder hintrat. Die Angst vor Minen begleitete mich ständig und überall.

Zusammengerollt auf der Ladefläche meines Ambulanzwagens, lag ich nachts wach und konnte vor lauter Traurigkeit nicht schlafen. Manchmal drohte der Kummer mich völlig zu überwältigen. Aber dann stand ich im kühlen Morgengrauen auf, erschöpft und einsam, zog meine Uniform an und stand auch den nächsten anstrengenden Tag durch, stets bemüht, die Verwundeten möglichst schnell im Lazarett abzuliefern, damit ich die Nächsten holen konnte. Die Pflicht ließ mich durchhalten, doch manchmal fragte ich mich, ob ich es je wieder erleben würde, dass ich ein normales Bett und fließendes Wasser zur Verfügung hatte und abends einschlafen konnte mit der Gewissheit, dass ich den nächsten Tag überleben würde.

Jeden Komforts und mitunter auch meiner Würde beraubt, vermisste ich kaum etwas aus meinem früheren Leben. Nur manchmal träumte ich von einem Hauch Luxus, sehnte mich nach dem Duft von frischen Blumen. In Syrien und Eritrea war es mein größtes Bestreben gewesen, regelmäßig ein Bad nehmen zu können, in Bir Hacheim hatte ich von einer opulenten Mahlzeit in einem vornehmen Restaurant geträumt. In Italien, wo ich seit

Jahren zum ersten Mal hin und wieder ein gekochtes Ei zu essen bekam, sehnte ich mich nach einem viel banaleren Gegenstand – einem Eierbecher.

So lächerlich es im Nachhinein erscheinen mag, die Suche nach einem so unbedeutenden Gegenstand wie einem Eierbecher wurde regelrecht zu einer Obsession, und in Begleitung eines jungen Legionärs namens Philippe, der mich nicht allein in gefährliche Gebiete gehen lassen wollte, durchsuchte ich die Ruinen in jeder zerstörten italienischen Stadt, in die ich kam.

Die einst atemberaubend schöne Landschaft war vollkommen verwüstet. Alle Brücken waren zerstört, wieder aufgebaut und erneut zerstört worden. Mittelalterliche Städte, die einmal zahlreiche Kunstschätze beherbergt hatten, bestanden nur noch aus Ruinen und waren übersät mit Minen. Manche erbittert umkämpften Orte waren völlig zerstört worden. In Pico, einem Ort, der bis vor kurzem von der 26. Panzerdivision gehalten und von französischen und italienischen Truppen in einer blutigen Schlacht erobert worden war, und in Pontecorvo waren die Häuserfronten so zerschossen worden, dass man entlang der Hauptstraßen und Plätze in die Wohnräume hineinsehen konnte wie in die Zimmer von Puppenstuben.

Während ich, ohne mich um die Gefahr von Minen oder herabfallenden Holzteilen zu scheren, in jeder Stadt die Ruinen durchstöberte, in der Hoffnung, auf die Überreste einer Küche oder eines Lebensmittelladens zu stoßen, wurde meine Suche nach einem Eierbecher zur fixen Idee.

»Vorsicht, La Miss!«, rief Philippe jedes Mal mit vor Angst geweiteten Augen, wenn ich mal wieder in ein verlassenes Haus kletterte. »Man kann nie wissen, ob da drinnen Minen liegen!«

Ich ließ mich nicht aufhalten. Aber anstatt zu finden, wonach ich suchte, stieß ich auf Spuren des einfachen Lebens, das die Bewohner der Häuser vor dem Krieg geführt hatten: Töpfe und Pfannen, Nudelbretter und Küchensiebe, die Überreste von Familienküchen, die einst warm und mit Leben erfüllt waren, in denen es nach Essen geduftet hatte. Wenn ich im Schutt vor einem zerbrochenen Spülbecken stand und in einen ehemals friedlichen Olivenhain hinausblickte, wo jetzt die verwesenden Leichen deutscher Soldaten lagen, schloss ich die Augen und stellte mir vor, wie eine füllige italienische Mamma Zwiebeln schälte und mit tränenden Augen über die Erlebnisse des Tages plauderte.

Hin und wieder stieß ich unerwartet auf kleine Schätze – eine ganze Salami, ein Stück Parmesankäse oder eine Kiste Weißwein. Es gab so viel Wein, dass die Männer ihn tatsächlich zum Waschen benutzten. Ich zog es vor, mich mit Wasser zu waschen und den Wein zu trinken. Er war leicht und erfrischend und eine willkommene Abwechslung zu dem bitteren amerikanischen Kaffee, den wir Tag und Nacht vorgesetzt bekamen.

Ab und zu traf ich auf einheimische Bauern, die, vom Hunger und von der Armut getrieben, die Ruinen nach Essbarem durchsuchten. Dann schämte ich mich jedes Mal, murmelte ein verlegenes »*Mi dispiace*«, überließ ihnen alles, was ich gefunden hatte, und zog mich zurück. Durch die Schrecken des Krieges und die politischen Unruhen, die ihr Land in den vergangenen Jahren heimgesucht hatten, abgestumpft, hatten diese Menschen das Leuchten in den Augen verloren. Die Kinder mit ihren dreckverschmierten Mündern starrten mich ausdruckslos an. Selbst die wenigen mageren Hunde, die mir über den Weg liefen, schienen ihre Fähigkeit verloren zu haben, mit dem Schwanz zu wedeln.

Anfang Juni erreichten wir die Außenbezirke von Rom, wo wir unser Lager aufschlugen. Die italienische Hauptstadt war am 4. Juni erobert worden, was besonders die Legionäre mit Genugtuung erfüllte, denn sie konnten nicht vergessen, was die Italiener – obwohl diese mittlerweile auf unsere Seite gewechselt waren – ihnen während der vergangenen Jahre angetan hatten. Während die 13. Halbbrigade ihren Vormarsch fortsetzte, um das Städtchen Tivoli zu erobern, fuhr ich zusammen mit einigen Offizieren der Freien Französischen Streitkräfte nach Rom, um den Sieg auszukosten.

General Clark fuhr in seinem Jeep voraus, um als Erster in der Ewigen Stadt einzutreffen. Rom war die erste Hauptstadt der Achsenmächte, die erobert worden war, und General Clark war sich bewusst, dass dies von großem psychologischen Wert war, wenn auch strategisch kaum von Nutzen. Amerikanische Panzer rollten über die Via Appia, und es gab nur wenige kleinere Scharmützel. Während wir nach Rom hineinfuhren, kreisten amerikanische Jagdbomber über der Stadt, um sofort im Sturzflug anzugreifen, wann immer sich deutscher Widerstand regte. Dank der Nazi-Offiziere, die die Befehle ihres Führers, Rom zu zerstören, missachtet hatten, war die Stadt bemerkenswert intakt geblieben.

Die Einwohner von Rom hätten kaum einen größeren Kontrast darstellen können zu den Italienern, denen wir bisher begegnet waren. Sie standen in Scharen jubelnd am Straßenrand, umringten die Fahrzeuge, warfen uns Küsse, Blumen und Geschenke zu. Die Menschen betrachteten uns als ihre Befreier. »*Viva la Francia!*«, riefen sie, sobald sie die Trikolore an unseren Wagen flattern sahen. Nach monatelangen blutigen Kämpfen gegen deutsche Elitetruppen war dieser Tag für alle eine große Erleichterung.

Im Gebiet um Tivoli im Einsatz, schlief ich weiterhin in meinem Ambulanzwagen. Meine Mahlzeiten nahm ich gemeinsam mit einem charmanten französischen Zahnarzt namens Celerier ein. Seine Gesellschaft war mir angenehm, und er fand immer einen Grund zum Lächeln (seine Zähne waren eine gute Reklame für seine Arbeit). Das Französische Expeditionskorps erhielt Befehl, weiter nach Norden vorzustoßen, durch Montefiascone, Bolsena, Acquapendente und Trevignano und weiter hinauf bis zu der stark befestigten Stadt Radicofani, die auf einem hohen Bergmassiv lag. Mitte Juni wurde Radicofani nach blutigen Kämpfen eingenommen, und damit war für die Alliierten der Weg in die Toskana frei. Der Legion wurde später für ihren tapferen Einsatz die *Croix de Guerre avec palme* verliehen.

Mittlerweile befanden sich die Deutschen auf der Flucht. Proviant und Munition waren ihnen fast ausgegangen, und sie hatten angefangen, Pferdekutschen und -wagen zu requirieren, um ihre Soldaten und ihr Gerät zu transportieren. Unser Sieg war in greifbarer Nähe, wir stießen immer weiter nach Norden vor und genossen die langen Sommernächte.

Doch wir waren noch nicht weit gekommen, als neue Befehle kamen und wir Ende Juni zurück ins Lager Albanova in der Nähe von Neapel beordert wurden. Es sollte uns nicht weiter bestimmt sein, den Nazis auf den Fersen zu bleiben. Offenbar hatte man andere Pläne mit uns.

Die Nachricht von der Landung in der Normandie am 6. Juni, drei Wochen zuvor, war von den Freien Fanzosen mit großer Verbitterung aufgenommen worden. Vor allem die Legionäre waren der Meinung, sie hätten sich das Recht verdient, unter den Ersten zu sein, die französischen Boden betraten. Stattdessen hatten amerikanische, englische und alliierte Streitkräfte ohne Mitwirkung der Franzosen unter General Eisenhower den größten kombinierten Land-, See- und Luftangriff der Geschichte durchgeführt. Der Angriff auf Frankreich erfolgte jetzt von mehreren Seiten gleichzeitig, und es war de Gaulles sehnlichster Wunsch, dass seine in alle vier Winde verstreuten Streitkräfte in Frankreich zusammengezogen wurden – keiner von uns hatte seit 1940 je wieder französischen Boden betreten –, um an dem finalen Sturm auf Paris teilzunehmen. Unsere neuen Ziele waren nun der Süden Frankreichs und das von den Deutschen besetzte Toulon.

Als wir uns erschöpft auf den Weg zurück nach Neapel machten, ließen wir 106 gefallene Legionäre und Offiziere sowie 360 Verwundete zurück – fast ein Viertel unserer Streitmacht. Unser Weg führte uns mitten durch das Herz Italiens, und wir mussten immer noch auf der Hut sein vor Minen und Scharfschützen. Jetzt wirkte das Land noch trostloser als wenige Wochen zuvor.

In Neapel wimmelte es von Amerikanern; in der Bucht lagen zahllose riesige Schiffe vor Anker, am Himmel kreisten Flugzeuge. Es gab fast kein freies Zimmer mehr in der Stadt, und sämtliche Restaurants waren hoffnungslos überfüllt. General de Gaulle, der gerade von einem Besuch in Rom zurückgekehrt war, verteilte Orden an alle, die in Radicofani und an anderen Orten so tapfer für ihn gekämpft hatten.

Neapel bot eine willkommene Unterbrechung nach den Strapazen des Italienfeldzugs, und die Legionäre waren in Hochstimmung, weil sie wussten, dass sie bald wieder in Frankreich sein würden. In ihrer Gesellschaft lernte auch ich allmählich wieder zu lächeln. Eines Abends verkleidete ich mich sogar als Mann, um Zutritt zu dem beliebten French Club mit seinen legendären »Hostessen« zu erlangen, in dem nur Männern Eintritt gewährt wurde. Die Männer freuten sich, als es mir gelang, und prosteten mir ausgelassen zu.

»Du bist wahrhaftig ein Schaf im Wolfspelz, La Miss«, sagte de Sairigné, und ich wusste, er hatte das als Kompliment gemeint.

Unser Lager befand sich auf einem schattigen Gelände in der Nähe einer kleinen Schlucht. Es war ein mörderisch heißer Sommer, und die kühle Brise, die vom Meer her wehte, war eine Wohltat. Ich genoss den Luxus eines eigenen Zelts, wenn es auch so winzig war, dass man sich kaum darin umziehen und waschen konnte.

Als die Vorbereitungen für den Aufbruch getroffen wurden, erfuhr ich, dass der Ambulanzwagen, den ich für die 13. Halbbrigade gefahren hatte, nicht zusammen mit der Legion nach Frankreich mitgenommen werden sollte – alle derartigen Fahrzeuge und die dazugehörigen Fahrer sollten später nachkommen. Diese Nachricht deprimierte mich zutiefst, denn ich wusste nur zu gut, dass es fast unmöglich war, sich wieder seiner Einheit anzuschließen, wenn man einmal von ihr getrennt wurde.

Als ich mich umhörte, um in Erfahrung zu bringen, ob es vielleicht eine Möglichkeit gab, bei meiner »Familie« zu bleiben, begegnete ich Lieutenant Blanc, einem freundlichen Franzosen, der *commandant d'armes* bei der 1. Brigade der Legion war.

»Bitte, Sir, haben Sie nicht irgendeine Aufgabe für mich, sodass ich mit der Legion nach Frankreich fahren kann?«, flehte ich ihn an.

Der Lieutenant nahm mich am Arm. »Selbstverständlich, Adjudant Travers«, sagte er. »Wir können jeden zusätzlichen Mann gebrauchen.«

Er erklärte sich einverstanden, mich als Lastwagenfahrerin anzuheuern, damit ich nicht zurückbleiben musste. Ich war ihm sehr dankbar, bis er mir mein neues Fahrzeug zeigte, einen riesigen amerikanischen GMC-Lastwagen. Zum Glück ließ der Wagen sich leichter manövrieren als ich befürchtet hatte, und die anderen Lastwagenfahrer waren mir gegenüber alle sehr kameradschaftlich.

Jeder musste seinen Tornister selbst tragen, und wir erhielten Befehl, uns per Landungsboot auf eins der »Liberty Schiffe« zu begeben, die uns nach Frankreich bringen würden. Ein freundlicher polnischer Offizier zeigte mir, wie man einen Tornister packt, doch als alles verstaut war, wog das Ding noch immer eine Tonne, so schien mir. Nach all den Strapazen war ich zu mager und zu schwach, um eine solche Last zu tragen. Mit dem Tornister auf dem Rücken gelang es mir kaum, mich aufzurichten. Die amerikanischen MPs wurden schon ungeduldig. Während ich in der Warteschlange stand, hörte ich, wie einer von ihnen einen Legionär ansprach, dessen kleiner Hund aus seiner Jacke hervorlugte. »Sorry, Kumpel, keine Hunde«, sagte der MP knapp und schob den Soldaten zurück.

Sehr zum Ärger der MPs tat ich so, als hätte ich etwas vergessen, legte meinen Tornister ab und lief nach hinten, um die Legionäre zu warnen, denn ich wusste, dass viele von ihnen während des ganzen Krieges kleine Hunde mit sich herumschleppten. Einige dieser unerschrockenen Hunde begleiteten uns schon seit der Zeit vor Bir Hacheim, und sie waren mir so vertraut wie die Männer, denen sie gehörten. Wundersamerweise verschwanden alle kleinen *chiens* ganz plötzlich, nur um später auf ebenso wundersame Weise auf dem Schiff wieder aufzutauchen.

Als wir endlich an Bord waren, stellten wir fest, dass das Schiff eine britische Besatzung hatte und einen Kapitän, der früher der Royal Naval Reserve angehört hatte, und Franzosen nicht ausstehen konnte. Auf dem Schiff waren außerdem zwei amerikanische Offiziere, die uns nicht minder verachteten, sowie eine Anzahl schwarzer Amerikaner, denen das Be- und Entladen des Schiffes oblag. Seit Südafrika hatte ich nicht mehr eine derart offensichtliche Rassentrennung erlebt.

Während der einwöchigen Überfahrt fiel kaum ein freundliches Wort, und da die Franzosen so verabscheut wurden, brachte man uns in einem Laderaum in einem tiefer gelegenen Schiffsdeck unter. Entlang der Wände waren Kojen eingerichtet, und ich stellte fest, dass ich im selben Raum mit den Männern schlafen sollte. Um mir wenigstens den Anschein einer Privatsphäre zu verschaffen, hängte ich ein Laken vor meine Koje.

Die Toiletten standen alle nebeneinander auf dem Deck, ohne Trennwände dazwischen. Entgeistert fragte ich den Schiffsingenieur, ob er mir gestatten würde, seine Toilette zu benutzen. Der Chef-Steward, der die peinliche Situation mitbekam, gestattete mir schließlich, in einer Kabine zu schlafen, in der die Stewards tagsüber ihre Mahlzeiten einnahmen.

»Ich danke Ihnen von Herzen«, sagte ich zu ihm. »Es ist ein Segen, dass Sie an Bord sind.«

Der arme Mann lachte. »Das würden Sie nicht sagen, wenn Sie wüssten, was ich schon alles durchgemacht habe. Schon dreimal in diesem Krieg sind Schiffe, auf denen ich fuhr, versenkt worden. Die verdammten Deutschen scheinen es regelrecht auf mich abgesehen zu haben. Ich habe zwanzig Männer aus meiner Einheit durch Schiffsbrände und Torpedos verloren. Das nächste Mal komme ich vielleicht nicht mehr mit dem Leben davon.«

Als ich seine schrecklichen Geschichten hörte, wurde mir klar, wie grausam der Krieg für die Marine war.

Anfangs war es uns nicht gestattet, in der Offizierskantine zu essen – die Amerikaner verweigerten uns zunächst den Zutritt, dann erlaubten sie uns schließlich widerwillig, dort zu essen, nachdem sie ihre Mahlzeit beendet hatten. Sie waren uns zutiefst unsympathisch. Davon jedoch abgesehen, verlief die Überfahrt ruhig, und nach zehn Tagen, am Abend des 16. August, kamen wir in der Nähe von St. Tropez in Cavalière-sur-Mer an. Zum ersten Mal seit Jahren kehrte ich wieder in die Gegend zurück, in der ich aufgewachsen war. Alles war friedlich, als wir in den Hafen einliefen, und unter großem Hallo wurde ein Fass Rum geöffnet, (ein aus dem Ersten Weltkrieg stammender Brauch, als jeder Mann einen Schluck Rum bekam, bevor es auf in den Kampf ging).

Das Zeug war hochprozentig und schmeckte scheußlich. Selbst die hart gesottensten Legionäre brachten das Gesöff nicht herunter, aber auf den Schiffen herrschte während des Krieges Alkoholverbot, und die Männer, die den Rum austeilten, füllten die Gläser großzügig. Die Schwarzen, die für das Verladen zuständig waren, hätten auch gern etwas von dem Rum abbekommen, doch es war ihnen verboten, Alkohol zu trinken. Man hatte sie mit handlichen kleinen Gewehren ausgestattet, obwohl sie nie an Land gingen. Einige der Männer ergriffen die Gelegenheit beim Schopf und tauschten ihre Rumrationen gegen deren Gewehre.

»Können Sie bitte die Männer davon abhalten, den Schwarzen Rum zu geben?«, bat mich einer der amerikanischen Offiziere, doch ich erklärte ihm, es sei zu spät. Am Ende waren alle betrunken, nur wir nicht, dafür besaßen wir wunderbare neue Gewehre.

Der Kapitän, der mehrere Flaschen Rum abbekommen hatte,

war volltrunken. Er konnte noch nicht einmal die für uns vorgesehene Anlegestelle finden. Und als ein kleines Flugzeug über uns hinwegflog, schossen die alkoholisierten Flakschützen auf dem Rücken liegend in seine Richtung. Es war wie eine vollkommen verrückte Regatta.

Die Amerikaner beschlossen, von Bord zu gehen. Sie hatten zwei Amphibienfahrzeuge, genannt »Ducks«, Enten, die sie mit ihren Tornistern beluden. Aber als das erste Fahrzeug ins Wasser hinabgelassen wurde, ging es zur großen Belustigung der Legionäre unter wie ein Stein.

Als alle wieder nüchtern waren, wurden unsere Lastwagen auf Frachtkähne geladen, und wir erhielten den Befehl, an den Netzen hinunterzuklettern, die an den Seiten des Schiffes befestigt waren. Ein freundlicher Sergeant trug meinen schweren Tornister für mich. Wenn ich ihn selbst auf dem Rücken gehabt hätte, wäre ich ebenfalls im Meer versunken. Zum Glück hatten die Deutschen sich bereits zurückgezogen, sodass die Frachtkähne die Küste ohne Zwischenfall erreichten. Endlich wieder auf französischem Boden, sah ich mich um. Neben mir fielen die Legionäre auf die Knie und küssten die Erde. Ich bückte mich, hob eine Hand voll Erde auf und ließ sie durch die Finger rieseln. »Willkommen zu Hause«, hörte ich hinter mir jemanden murmeln.

An jenem Abend schliefen wir am Strand und warteten ab, bis die Pioniere am nächsten Morgen die Minenfelder geräumt hatten, die vor uns lagen.

Wir zogen weiter nach Hyères in der Nähe von Toulon. Es war die erste französische Stadt, die wir seit 1940 betraten. Die Bewohner bereiteten uns ein warmherziges Willkommen, gaben uns Brot und Wein und wünschten uns Glück. Immer noch Teil von General Clarks 5. Armee, sollten wir bei einem Unternehmen mitwirken, das die Amerikaner »Operation Anvil« nannten. Es war das erste Mal, dass die Freien Franzosen an der Invasion Frankreichs beteiligt wurden. Ebenso wie die Legionäre erfüllte es mich mit Stolz, dabei zu sein und meinen Teil zur Befreiung meiner Wahlheimat vom Mittelmeer bis zu den Vogesen beizutragen. Wie zuvor in Italien folgte ich am Steuer eines riesigen Lastwagens dem französischen Expeditionskorps, das an den Schlachten um Oiseaux, Toulon, Avignon und Lyon teilnahm, bei denen der deutsche Widerstand systematisch niedergeschlagen wurde.

In Lyon sah Hauptmann Miville, ein lustiger Schweizer, der vor dem Krieg in Irland Pferde trainiert hatte, wie ich mich mit dem schweren Lastwagen abmühte, und nahm mich beiseite.

»So geht das nicht weiter«, sagte er, als er die Erschöpfung sah, die mir ins Gesicht geschrieben stand. »Ich werde Sie in meine Kompanie aufnehmen, wenn Sie wollen.«

Er ließ mich einen wesentlich kleineren Lastwagen fahren, der als Zugmaschine für Panzerabwehrkanonen diente. Das Fahrzeug war zwar leichter zu handhaben, aber die Arbeit war jetzt viel gefährlicher. Meine Aufgabe bestand darin, das Geschütz in die richtige Position zu manövrieren, es abzukuppeln und dann zurückzufahren, um das Nächste zu holen. Nicht selten wurde ich von einem Granathagel empfangen, da die Deutschen versuchten, mich aufzuhalten, bevor es mir gelang, die Kanone in Stellung zu bringen.

Während meines Dienstes bei der Panzerabwehrkompanie traf ich Lieutenant Germain wieder. Er hatte dem General in Beirut Arad gegeben, und nun tauschten wir liebevolle Erinnerungen an den Hund aus.

»Erinnern Sie sich daran, was er für weiche Ohren hatte?«, fragte ich.

»Ja«, sagte er. »Ich habe immer gesagt, daraus könnte man für de Bollardière ein paar schöne Handschuhe machen!« Nach dem Gespräch trauerte ich erneut um Arad und sehnte mich nach Pierre und nach Aley. Auch vermisste ich Josephine mehr denn je. Was immer auch geschehen mochte, wenn der Krieg zu Ende war, würde ich sie wieder zu mir holen, das nahm ich mir ganz fest vor.

Nach der Schlacht um die mittelalterliche Stadt Autun in der Nähe von Dijon erbeutete die 13. Halbbrigade ein britisches Ambulanzfahrzeug zurück, und ich wurde gebeten, den Wagen zu fahren. Außerdem gab es einen Citroën, mit dem ich gelegentlich den befehlshabenden Offizier von einem Ort zum anderen fuhr. Der Ambulanzwagen war sehr schwerfällig, und es geschah immer wieder, dass ich eigenhändig die Reifen wechseln musste, was gar nicht so einfach war. Einmal mehr war ich auf mich selbst gestellt. An manchen Tagen sprach ich mit kaum jemandem ein Wort, und nachts lag ich wieder allein auf der Ladefläche des Ambulanzwagens und hatte als Gesellschaft nichts als meine Erinnerungen.

Im September erreichten wir die Vogesen. In den beiden folgenden Monaten, während das Wetter umschlug und das Laub sich herbstlich färbte, kämpften wir uns in Richtung deutsche Grenze vor. Im November, als wir Belfort und Mühlhausen erreichten, nahmen die Kämpfe an Stärke zu. Belfort war Jahrhunderte hindurch Schauplatz feindlicher Überfälle gewesen, und ein riesiger, in die Sandsteinfelsen gemeißelter Löwe auf dem Weg zur roten Festung erinnerte an eine legendäre Belagerung in der Vergangenheit.

Während der Schlacht um die Vogesen verlor die 13. Halbbrigade 145 Mann, 643 Legionäre wurden verwundet und mehr als zweihundert erlitten Erfrierungen. Zwei Monate lang mussten wir uns gegen Regen, Schnee und Schlamm behaupten, unser Proviant ging zur Neige, und es fehlte ständig an Benzin, doch trotz blutiger Verluste griffen unsere Einheiten immer wieder an. Das Einzige, was uns aufrecht hielt, war das Wissen, dass Paris von den Alliierten eingenommen worden war, angeführt von der französischen 2. Panzerdivision unter Befehl von General Leclerc. Das Hakenkreuz war vom Eiffelturm entfernt worden, und die Pariser hatten sich in den Straßen versammelt, um ihren Befreiern einen jubelnden Empfang zu bereiten.

Am nächsten Morgen rief General de Gaulle die Vierte Republik aus.

Diejenigen von uns jedoch, die sich immer noch mitten im Krieg befanden, hatten wenig Grund zum Jubeln. Die Deutschen verteidigten jeden Zentimeter Boden, zerstörten auf ihrem Rückzug ganze Städte und legten Minen sowie getarnte Bomben für ihre Verfolger aus. Wenn ich nicht gerade den Ambulanzwagen fuhr, manövrierte ich als Mitglied der *101. Compagnie du Train* Artilleriegeschütze in Position oder half bei der Versorgung der Verwundeten.

Im Oktober 1944 wurde ich für meine Dienste in der Legion zum *adjudant-chef* (Oberfeldwebel) befördert. Auf meiner Uniform prangte jetzt ein goldener Streifen mit einer feinen roten Linie in der Mitte. Außerdem hörte ich von einem der Männer, dass die

Amerikaner mich »that woman Legionnaire«, »die Legionärin«, nannten. Dieser Titel erfüllte mich mit noch mehr Stolz als der erste. Das Beste an meiner Beförderung war, dass ich von jetzt an mehr Sold bekam. Nicht dass ich Gelegenheit gehabt hätte, das Geld auszugeben. Ich träumte davon, mir, wenn dieser Wahnsinn irgendwann einmal vorbei war, ein heißes Bad, eine opulente Mahlzeit und einen Eierbecher aus Porzellan leisten zu können.

Gegen Ende des Monats erreichten uns traurige Nachrichten. General-Feldmarschall Erwin Rommel, der legendäre Befehlshaber und unser Gegner in Bir Hacheim, war tot. Erst viel später erfuhren wir, wie er ums Leben gekommen war. Er hatte von Attentatsplänen auf Hitler gewusst, und daraufhin hatte der Führer ihn vor die Wahl gestellt: Wenn er Selbstmord beginge, würde er ein Ehrenbegräbnis bekommen und seiner geliebten Frau Lucy und seinem Sohn würde weitere Schande erspart. Wenn er sich weigerte, würde man ihn vor das Kriegsgericht stellen und zum Tode verurteilen. Nachdem er sich von seiner Familie verabschiedet hatte, nahm der »Wüstenfuchs« Gift. Das deutsche Oberkommando behauptete, er sei Verletzungen erlegen, die er bei einem Luftangriff durch die RAF erlitten hatte, doch niemand glaubte es. Wir nahmen die Nachricht mit Betroffenheit auf. Im Gegensatz zu den anderen feindlichen Befehlshabern hatte Rommel sich in unseren Reihen fast ebenso großen Respekt erworben wie bei seinen eigenen Männern.

Im Januar 1945, nach einem Weihnachtsfest, das mir nicht mehr bedeutete als jeder andere Tag, wurden wir ins Elsass abkommandiert und machten uns auf den Weg über Elsenheim und Grussenheim nach Strasbourg. Die Deutschen leisteten in den Wäldern rund um die beiden Dörfer heftigen Widerstand, und beide Seiten erlitten große Verluste. Ich war ununterbrochen im Einsatz, um die Verwundeten über die gewundenen Straßen zu den Verbandsplätzen zu transportieren, meine Feldflasche stets griffbereit.

»Es kann nie schaden, ein bisschen betrunken zu sein, wenn man auf dem Operationstisch landet«, sagte ich den Verwundeten, bevor ich ihnen einen Schluck Cognac oder Rum oder was ich gerade bekommen konnte, verabreichte. Einer der Verwundeten war ein junger Mann namens Hugo Geoffrey, der in Elsenheim einen Schuss in den Arm bekommen hatte. Ein Priester half mir, ihn in meinen Ambulanzwagen zu heben. Bis heute behauptet er, er sei dank meiner Versorgung in »denkbar fröhlicher Stimmung« gewesen, als er am Verbandsplatz eintraf.

Von Ende Januar bis Anfang Februar waren wir an der Operation Nordwind beteiligt, um die hübsche Stadt Colmar an der Adolf-Hitler-Linie zu befreien. Weil es so bitterkalt war, durfte ich ein paar Mal im Wohnzimmer eines kleinen Hauses in dem nahe gelegenen Städtchen Illhaeusern übernachten, anstatt in meinem Wagen zu schlafen. In der ersten Nacht hatte ich das Zimmer ganz für mich allein. Sämtliche anderen Zimmer waren bereits mit Amerikanern belegt. In der zweiten Nacht bekam ich ungebetene Gesellschaft. Ich wollte gerade meine Öllampe löschen und schlafen, als jemand von draußen das kleine Fenster zu meinem Zimmer öffnete.

»Hey!«, rief ich und griff nach meiner Waffe und meinem Mantel, als plötzlich eine eiskalte Windbö hereinwehte. »Wer ist da?«

»Wir sind's nur«, kam die Antwort, und zwei Krankenträger, die ich gut kannte, streckten die Köpfe herein. »Tut uns Leid, *adjudant-chef* Travers, aber wir haben Befehl, dieses Zimmer zu benutzen.«

»Dieses Zimmer zu benutzen?«, fragte ich entgeistert und zog meinen Mantel fest um mich. »Wozu denn benutzen?«

Die beiden Köpfe verschwanden kurz, dann schoben sie einen vollständig bekleideten toten Legionär durch das Fenster. Vier weitere folgten.

»Wir sollen es für diese Kerle als Leichenhalle benutzen, bis wir sie morgen früh begraben können«, erwiderten sie, kletterten herein und legten die Leichen ordentlich neben mein Bett.

»Aber das geht nicht!«, protestierte ich, entsetzt über den Anblick der toten Männer neben meinem Bett, deren leblose Augen an die Decke starrten. »Ich schlafe hier drin!«

Die beiden Krankenträger kletterten durch das Fenster zurück nach draußen, streckten die Köpfe wieder herein und grinsten.

»Keine Sorge«, sagten sie. »Diese Männer werden Sie heute Nacht nicht belästigen.«

Mit diesen Worten schlugen sie das Fenster zu.

Jene letzten Kriegsmonate waren die schlimmsten. Bei Temperaturen bis zu minus 20 Grad mussten wir uns gegen Panzer, Minen, Geschützfeuer und Scharfschützen verteidigen und mit Fahrzeugen zurechtkommen, die eigentlich für den Wüstenkrieg ausgestattet waren. Die Kälte war lähmend, und dennoch kämpften die Männer in Schlachten, die zu den brutalsten des Krieges in Europa zählten. Viele erlitten Erfrierungen, und viele starben daran. Keine Schrecknisse des Lebens wurden uns erspart.

Die Freien Französischen Verbände mussten so starke Verluste hinnehmen, dass zwei hochrangige Offiziere nach Paris fuhren, um sich bei de Gaulle zu beschweren, die Vichy-Generäle versuchten, die 13. Halbbrigade auszulöschen. Sie schickten uns ununterbrochen in den Einsatz, hielten Rekruten und Nachschub zurück und benutzten uns als »*troupe de sacrifice*«, als Kanonenfutter.

Ich scherte mich nicht um diese Auseinandersetzungen, nahm jeden Tag, wie er kam, und konzentrierte mich darauf, mich warm zu halten, genug zu essen zu bekommen und am Leben zu bleiben. Mit vor Kälte steifen Händen zog ich meine Mütze tief in die Stirn und über die Ohren, fuhr Ambulanzwagen oder riesige, mit Haubitzen beladene Geschütztransporter durch Schneewehen und über gefrorene Wege an die Front. Die amerikanischen Soldaten salutierten, wenn sie mich vorüberfahren sahen. Stets bestrebt, selbst in den schlimmsten Zeiten das Leben ein bisschen angenehmer zu gestalten, gelang es mir, ein paar Männer dazu zu überreden, die mageren Kühe auf den höher gelegenen Weiden, die von flüchtenden Bauern zurückgelassen worden waren, zusammenzutreiben und zu melken. Auf diese Weise bekamen die Soldaten wenigstens hin und wieder einen Becher warme Milch.

Zwischendurch wurde mir der *Ordre de l'Armée* verliehen, wenn ich auch nicht recht wusste, für welche Verdienste. Die Belobigung lautete:

Adjudant-chef Travers hat sich durch außergewöhnliche Selbstlosigkeit und mutigen Einsatz ausgezeichnet. Nachdem sie sich 1940 den Freien Französischen Verbänden angeschlossen hatte, nahm sie seit diesem Tag an allen Feldzügen teil. Sie ist stets zu den riskantesten Einsätzen bereit, ohne Gedanken an die Ge-

fahr, in die sie sich begibt. Ihre große Besonnenheit selbst unter Feindbeschuss hat ihr die Bewunderung ihrer Kameraden eingebracht. Unter allen Bedingungen ist ihr Verhalten ein leuchtendes Beispiel für die besten Tugenden der Legion. So ist sie stets die Erste, die sich freiwillig meldet, wenn Verwundete von der Front abtransportiert werden müssen. Ganz besonders tat sie sich hervor während der acht Tage andauernden schweren Kämpfe um Elsenheim, vom 22. bis zum 30. Januar 1945, als sie Tag und Nacht in Schnee und Schlamm und unter Artillerie- und Minenwerferbeschuss ihre Pflicht erfüllte.

Während der letzten Kriegsmonate, als auch in den Bergen der Frühling sich ankündigte und die Nachrichten von anderen Fronten fast täglich besser wurden, kämpften wir noch immer. Die Amerikaner waren tief in das Ruhrgebiet, das industrielle Herz Deutschlands, vorgestoßen und waren auf dem Vormarsch nach Berlin. Roosevelt, Churchill und Stalin hatten sich getroffen, um über die Zukunft der freien Welt zu beraten. Dann, am 28. April, wurde Mussolini von italienischen Partisanen erschossen, und mit ihm seine Geliebte Clara Petacci. Zwei Tage später wurde Hitler gemeinsam mit seiner langjährigen Geliebten Eva Braun, die er wenige Stunden zuvor geheiratet hatte, in seinem Berliner Bunker tot aufgefunden.

Mittlerweile hatten wir die eisigen Berge verlassen und befanden uns auf dem Weg in das wesentlich mildere Klima der Côte d'Azur, wo wir die letzten deutschen Widerstandsnester ausheben sollten. Unser Ziel war das Authion-Massiv, dreißig Kilometer nördlich von Nizza, wo Reste deutscher Truppen immer noch zähen Widerstand leisteten.

Während wir am Abend des 7. Mai 1945 auf unseren Einsatz warteten und beteten, dass wir keine großen Verluste würden hinnehmen müssen, sah ich einen Unteroffizier des Sanitätskorps in einem Jeep von einem Dorf herkommen, wo die Kampfhandlungen gerade zu Ende gegangen waren.

»Es ist vorbei! Es ist vorbei!«, schrie er und machte eine Vollbremsung. Wir starrten einander verblüfft an und versuchten zu begreifen, was er uns sagte.

»Was ist vorbei?«, fragte ich.

»Der verdammte Krieg!«, rief er, sprang aus seinem Jeep und rannte auf uns zu. »Die Nachricht wurde gerade bekannt gegeben. Man hat ein Waffenstillstandsabkommen unterzeichnet.«

Ein junger Legionär, der mit einem zerschossenen Knie in meinem Ambulanzwagen lag, brach in Tränen aus.

Ich war zunächst nur schockiert. Die Nachricht hatte mich so erschüttert, dass ich mich setzen musste. Wenn das, was der Mann gesagt hatte, wirklich stimmte, hatten wir das Ziel, für das wir gekämpft hatten – die Befreiung Frankreichs und Europas von den Nazis – endlich erreicht. Es hatte sechs Jahre gedauert. Und zahllose Menschenleben gekostet. Aber wir hatten es dennoch geschafft. Wir hatten gewonnen.

Später an jenem Abend, nachdem ich meine Verwundeten abgeliefert hatte, lud ich meinen Wagen voll mit befreundeten Offizieren, und wir fuhren zusammen nach Nizza. Ich führte sie an einen Ort, den ich vor langer Zeit gut gekannt hatte – in den Nachtclub Maxime's. Verdreckt, verschwitzt und stinkend stürmten wir den Nachtclub, der gefüllt war mit eleganten Damen und Herren aus Nizza, mit flotten Kellnern und Barmixern, lauter Leuten, die einen komfortablen Krieg hinter sich hatten.

»Wir verlangen freien Wein für unseren tapferen Einsatz für die Bürger Frankreichs«, verkündete einer der Offiziere, als der Oberkellner uns gelassen von oben bis unten musterte.

Er rümpfte die Nase und erwiderte: »Hier gibt es für niemanden freie Getränke. Und jetzt verlassen Sie bitte diesen Club.«

Verärgert stapften wir hinaus und fluchten über Leute wie ihn, die sich während der Besatzungszeit bereichert hatten.

Ein Stück weiter die Promenade des Anglais hinunter waren uns einige Kneipenbesitzer freundlicher gesinnt. Sie stießen mit uns auf den Sieg an und spendierten uns so viel Champagner, wie wir trinken konnten. Kaum jemand hätte mich – eine magere Frau in einer amerikanischen Uniform – als ehemaligen Stammgast wiedererkannt. Mit dunklen Rändern unter den Augen, hohlwangig, schmutzig und in Armeekleidung, hatte ich wenig Ähnlichkeit mit der Susan Travers meiner Jugendzeit, der sorglosen jungen Frau in Paillettenkleidern und Topfhüten, die am Arm ihres neuesten Liebhabers Cocktails trank und Zigaretten mit einer elfenbeinernen Zigarettenspitze rauchte.

Es war schwer zu glauben, dass der Krieg nach all den Jahren tatsächlich vorüber war. Alle waren stolz und glücklich. Während der ersten Tage wurde ausgiebig gefeiert, immer wieder fielen wir einander in die Arme und tanzten vor Freude, dass wir die Schrecken des Krieges überlebt hatten. Es gab Paraden und Aufmärsche, Grillpartys und Siegesfeiern in Hülle und Fülle. Aber natürlich hatte alles auch eine traurige Seite, denn diejenigen, die ihr Leben geopfert hatten, waren nicht vergessen: Amilakvari und all die tapferen Männer, die in Eritrea, Syrien, Bir Hacheim und El Alamein sowie die, die in Italien und Frankreich gefallen waren.

Obwohl ich froh war, noch am Leben zu sein, fürchtete ich gleichzeitig, dass mein großes Abenteuer mit der Kapitulation der Deutschen zu Ende war. Nachdem ich so viele Jahre lang herumgereist war und gekämpft hatte und an einer so großen, wichtigen Sache teilgehabt hatte, fiel es mir schwer, mich zu orientieren. Unwiderruflich hatte ich mich verändert. Ich war nicht mehr das oberflächliche junge Ding, das, einen Cocktail in der Hand, damals in Poitiers am Radio gesessen und zugehört hatte, als der Krieg erklärt wurde. Ich war die Frau geworden, die ich von Kindheit an hatte sein wollen, die, von der ich glaubte, dass sie den Stolz ihres Vaters verdient hatte.

Genau wie damals im Zug von Rom zurück nach Frankreich wusste ich, dass ich nicht in mein früheres Leben zurückkehren konnte. Ich war fünfunddreißig Jahre alt, unverheiratet und hatte mich bis zur Unkenntlichkeit verändert. Am liebsten hätte ich einen Neuanfang gemacht, mit einem neuen Namen und einer neuen Identität, und so getan, als sei die alte Susan Travers am Ende des Krieges gestorben.

Um in Ruhe über alles nachdenken zu können, nahm ich ein paar Tage Urlaub und fuhr nach Cannes, um mir die Casa Longa noch einmal anzusehen, das Haus, in dem ich mit meinen Eltern gewohnt hatte. Ich fand es sofort, war jedoch überrascht darüber, wie viel kleiner es mir erschien; es wirkte verblichen, als stammte es aus einer vergangenen Zeit. Eine andere Familie lebte jetzt in dem Haus und bemühte sich wahrscheinlich, ihr Leben nach dem Ende der deutschen Besatzung wieder in den Griff zu bekommen. Kinder tollten im Garten herum, wo ich mit Chipmunk und

Münch gespielt hatte; in dem Zimmer, das früher das Zimmer meiner Mutter gewesen war, stand eine Frau am Fenster und bürstete ihr Haar. Ich fragte mich, ob im Wohnzimmer ein Mann saß und Pfeife rauchend die Zeitung las, so wie mein Vater es oft getan hatte. Irgendwo im hinteren Teil des Hauses konnte ich ein Hausmädchen singen hören, wahrscheinlich war sie gerade dabei, Wäsche aufzuhängen oder frisch gebackene Croissants aus dem Ofen zu nehmen. Plötzlich spürte ich, dass die Frau am Fenster mich anschaute. Verlegen wandte ich mich ab und ging.

Ich fuhr zu dem kleinen Haus von Jeanne Martin, unserer ehemaligen Haushälterin, die mir damals geholfen hatte, meine Koffer für Florenz und England zu packen. Zu meiner großen Freude traf ich sie tatsächlich an.

»Hallo Jeanne«, sagte ich und streckte ihr die Hand entgegen.

Verblüfft wich sie einen Schritt vor der Fremden an ihrer Tür zurück.

»Ich bin's, Susan«, sagte ich lächelnd. Sie schien mich immer noch nicht zu erkennen. »Susan Travers«, half ich ihr auf die Sprünge.

Plötzlich leuchteten ihre Augen auf, und sie strahlte über das ganze Gesicht. »Susan! Susan!«, rief sie und nahm mein Gesicht in die Hände. Tränen liefen ihr über die Wangen, als sie mich an sich drückte, als wollte sie mich nie wieder loslassen. Ich sah ihrem Gesicht an, wie schlimm sie während des Krieges gelitten hatte. Um ihre Augen hatten sich tiefe Falten gebildet, und ihre Haut war bleich. Ihr Haar, früher einmal dunkel und kräftig, war grau und strähnig. Während der Besatzungszeit hatte sie kaum Arbeit gefunden, und ihr einziger Sohn war von den Deutschen als Partisan verhaftet und verschleppt worden. »Wissen Sie irgendetwas? Können Sie mir helfen?«, fragte sie mit Tränen in den Augen. Ich versprach ihr, mein Bestes zu tun, um etwas herauszufinden.

Sie war entsetzt über meine Erscheinung und erkundigte sich nach meiner Gesundheit. »Sie sind ja so mager!«, rief sie und befühlte meine Rippen. »Sind Sie krank?«

»Es geht mir gut, Jeanne«, erwiderte ich. »Wirklich. Es ist für uns alle ein langer Krieg gewesen.«

Ich wunderte mich, wie sehr die Begegnung mit ihr mich aufwühlte. Plötzlich hielt ich es nicht mehr aus, stand abrupt auf und verabschiedete mich. Als ich wieder in meinem Ambulanzwagen saß, immer noch ein wenig zittrig, fasste ich einen Entschluss. Ich würde nach Paris fahren und versuchen, Pierre zu finden. Schließlich war er während der meisten Zeit des Krieges meine *raison d'être*, der Sinn meines Lebens gewesen, und ich musste wissen, ob es wirklich endgültig aus war zwischen uns. Wenn das der Fall war, dann musste ich mein Leben in die Hand nehmen und von vorne anfangen.

In der allgemeinen Verwirrung, die nach Kriegsende ausbrach, gelang es mir, mich nach Paris durchzuschlagen, wo die Freien Franzosen mich einluden, an der letzten Siegesparade vor General de Gaulle im Mai 1945 teilzunehmen. Ich bedankte mich bei ihnen, lehnte es jedoch ab, an ihrer Ehrung teilzuhaben.

»Es sollten nur die Tapferen aufmarschieren«, erklärte ich, »und ich glaube nicht, dass ich besonders tapfer gewesen bin.«

Zum Glück hatte ich abgelehnt, denn als de Gaulle sah, wie die Spears-Schwestern sich für die Parade aufstellten, schickte er sie wieder fort.

»Für Sie gibt es immer noch genug Arbeit«, raunzte er. »Sie haben hier nichts zu suchen. Kümmern Sie sich um die Verwundeten, gehen Sie zurück auf Ihre Posten!« Nach allem, was sie geleistet hatten, waren die Spearettes zutiefst gekränkt, und viele konnten de Gaulle diese Abfuhr nie verzeihen.

Die Parade wurde abgehalten, und sie war ein denkwürdiges Erlebnis. Tausende Pariser säumten die Straßen, schwenkten französische Fähnchen und jubelten den Männern zu. Ich stand unter ihnen, ein anonymes Gesicht in der vor Glück berauschten Menge, und sah, wie meine Freunde und Kameraden stolz vorübermarschierten.

In den folgenden Wochen fand ich eine Unterkunft in einem requirierten Haus in Meaux, östlich von Paris – der einzige Ort, wo noch ein Zimmer zu haben war. Und, nachdem ich diskret Erkundigungen eingezogen hatte, fand ich Pierre.

Kurz vor Kriegsende war er zum Oberbefehlshaber der französischen Streitkräfte in Deutschland und England ernannt worden, und jetzt hatte de Gaulle ihn in seinen persönlichen Stab als

Kommandeur der FFI, der Forces Françaises de l'Intérieur, berufen. Außerdem war er kürzlich zum Maréchale, zum Militärgouverneur von Paris ernannt worden.

Er lebte zusammen mit seiner Frau – die nach den Strapazen des Krieges erkrankt war – in Paris und war unter anderem für die Einquartierung der Soldaten zuständig. Paris war überfüllt. Sämtliche Zimmer waren belegt, aber ich hatte die Bedingungen des Militärlagers satt. Unter dem Vorwand, ein Ersatzteil für den Ambulanzwagen zu benötigen, den ich immer noch fuhr, gelang es mir, einen Besuchstermin bei ihm zu bekommen. Seit Tunesien hatten wir uns nicht mehr gesehen.

»Guten Tag, *mon général*«, sagte ich und schlug die Hacken zusammen, als ich sein ziemlich protziges Büro im Hôtel des Invalides betrat. »Oder soll ich sagen *mon maréchal*?« Ich presste die Hände noch fester an meine Hosennaht, um das Zittern zu verbergen.

Er blickte auf. Obwohl er hinter seinem riesigen Schreibtisch sitzen blieb, schien er erfreut, mich zu sehen. »Rühren, *adjudant-chef*«, sagte er. Dann reichte er mir lächelnd die Hand. »Nimm Platz, La Miss.«

Während ich ihm gegenübersaß und nervös meine Mütze auf dem Schoß zerknüllte, berichtete ich ihm von dem Ambulanzwagen, den ich fuhr, von dem Ersatzteil, das ich brauchte, und von allen möglichen Nebensächlichkeiten. Zwischendurch kam mehrmals eine Sekretärin herein, um ihm Dokumente vorzulegen, die er unterschreiben sollte. Er nahm die Papiere entgegen, ohne den Blick von mir abzuwenden.

»Hast du schon eine Unterkunft gefunden?«, unterbrach er mich schließlich.

Ich sagte ihm, ich wohne zusammen mit anderen in einem kleinen Haus in Meaux. Er schüttelte den Kopf. »Das ist nichts für dich.« Er kramte in den Papieren auf seinem Schreibtisch herum, fand, was er suchte, unterschrieb es und reichte es mir. »Bring dein Gepäck in ein Zimmer unter dieser Adresse. Es ist ein kleines, aber komfortables Hotel. Und dann weiß ich, wo ich dich finden kann.«

Ich nahm das Papier entgegen und wollte mich gerade bei ihm bedanken, als seine Sekretärin wieder erschien und mir, indem sie auf ihre Armbanduhr klopfte, zu verstehen gab, dass ich meine Audienzzeit von zwei Minuten überschritten hatte. Ich stand auf, salutierte mit weichen Knien und blieb ein paar Sekunden lang so stehen, um es noch einen Augenblick lang zu genießen, mit ihm in einem Raum zu sein. Bis seine Sekretärin mich unsanft am Ellbogen packte und mich hinausführte.

Pierre war mehr als großzügig gewesen. Mein »Zimmer« war in Wirklichkeit eine geräumige Suite im Hotel St. Regis, nicht weit entfernt von den Champs-Elysées. Während meine früheren Waffengefährten an den Latrinen Schlange stehen mussten und nur einmal in der Woche duschen konnten, besaß ich den Luxus eines eigenen Badezimmers, eines Wohnzimmers und eines großen, französischen Betts. Während meiner ersten Tage in Paris tat ich nichts anderes als schlafen, essen, baden und lesen. Von morgens bis abends lief ich in einem weichen Frotteebademantel herum und ließ derweil meine schweißdurchtränkte und blutverschmierte Uniform in einer Wäscherei gründlich reinigen.

Paris nach der Befreiung ähnelte immer noch einer Stadt im Kriegszustand. Die Läden waren entweder geschlossen oder die Schaufenster leer, der Strom fiel regelmäßig aus, und das Telefon funktionierte nicht. Noch immer waren die Fenster zum Schutz gegen Explosionsdruckwellen mit einem Netzwerk von Klebeband versehen, es gab Benzinmarken, Nahrungsmittel waren knapp, und der Schwarzmarkt beherrschte die Wirtschaft. Die ehemals fröhliche Stadt wirkte trist, wie eine riesige Garnisonstadt mit Militärfahrzeugen in den Straßen und Kontrollpunkten in jedem Arrondissement. Männer und Frauen in Uniform drängten sich in den überfüllten Straßen zwischen Zivilisten, die während der Besatzung schlimme Zeiten durchgemacht hatten. Als die hohlwangigen ehemaligen KZ-Insassen in ihre Heimatstadt zurückkehrten und von Folter und Massenmord berichteten, mussten sie erleben, dass sie bei denen, die froh waren, den Krieg hinter sich gelassen zu haben, kaum ein offenes Ohr fanden.

Pierre besuchte mich im Hotel, so oft er konnte. Ich glaube, es tat ihm wirklich Leid, wie die Dinge sich zwischen uns entwickelt hatten. Aber er hatte alle Hände voll zu tun, und ständig wollte irgendjemand etwas von ihm, nicht zuletzt seine Frau, die angeblich sehr krank war und von verschiedenen Ärzten betreut wurde. Dennoch sahen wir uns, wann immer sich die Möglichkeit bot. Hin und wieder suchte ich ihn sogar in seinem Büro auf, oder wir trafen uns kurz, wenn er in der Stadt zu tun hatte.

Er hatte einen neuen Fahrer, einen diskreten jungen Franzosen aus dem diplomatischen Dienst, der einen flotten, schwarzen Citroën chauffierte. Auf dem Weg zu einer Besprechung holte Pierre mich manchmal im Hotel ab, nur um ein paar Minuten allein mit mir verbringen zu können. Anschließend wartete ich, bis die Besprechung zu Ende war, und dann gingen wir an einen Ort, wo uns niemand kannte, in ein Café oder ein Restaurant. Bei alldem fühlte ich mich sonderbar unwohl. Zum ersten Mal seit Jahren hatte ich keine bestimmte Funktion. Anstatt in Uniform am Steuer eines Wagens zu sitzen, meine Arbeit zu verrichten und eine klar umrissene Aufgabe zu erfüllen, trug ich Zivilkleidung und saß entweder sehnsüchtig in meinem Hotelzimmer oder hockte nervös auf dem Rücksitz von Pierres Wagen und beobachtete den Fahrer im Rückspiegel. Es war, als wäre ich zu dem unglücklichen Leben zurückgekehrt, das ich vor dem Krieg geführt hatte. Der Gedanke beunruhigte mich zusehends, und ich begann zu befürchten, dass das ein Vorgeschmack auf meine Zukunft war. Und vor allem kam ich mir schäbig vor.

Ich quälte mich mit der Frage herum, in welche Richtung mein Leben sich entwickeln würde. Seit der Krieg zu Ende war, hatte ich den Boden unter den Füßen verloren. Jetzt wo ich endlich wieder mit dem Mann zusammen war, der mir Halt geben konnte, war ich mir nicht mehr sicher, ob es das war, was ich wollte.

Pierre sprach nie mit mir über seine Gefühle oder über seine Zukunftspläne. Ich nahm an, dass er am liebsten alles so lassen würde, wie es war. Dann eines Tages, völlig aus heiterem Himmel, erfuhr ich, dass ich mich getäuscht hatte. Ich saß neben ihm auf dem Rücksitz seines Wagens, und wir waren nach einem hervorragenden Abendessen, bei dem wir Erinnerungen an den Krieg ausgetauscht hatten, auf dem Weg zurück zu meinem Hotel. Plötzlich wandte er sich mir zu und sah mich ernst an.

»Falls meine Frau sterben sollte, La Miss, möchte ich dich heiraten«, sagte er leise und nahm meine Hand. »Wir haben so vieles gemeinsam durchgestanden, und ich glaube, wir würden gut zusammenpassen.«

Ungläubig starrte ich den Mann an, der mir jetzt schon mehr als ein Ehemann war. Ich hatte immer gehofft, dass er mich auf seine Weise liebte. Ich wusste, dass er meine Unbeirrbarkeit bewundert und an Orten wie Beirut meine Gesellschaft genossen hatte, aber in Paris war das etwas ganz anderes. Hier war er ein hoch angesehener General – Gouverneur von Paris. Eine Affäre mit seiner englischen Fahrerin zu haben, war eine Sache, aber diese Geliebte zu seiner Ehefrau zu machen, würde für ihn politischen und gesellschaftlichen Selbstmord bedeuten.

Doch als ich ihm in die Augen sah, wusste ich, dass es ihm ernst war. Er meinte, was er sagte, auch wenn uns beiden klar war, dass die Ehe für uns keine realistische Möglichkeit war. Ich drückte seine Hand, brachte jedoch kein Wort heraus und schaute stattdessen aus dem Fenster auf den grauen Boulevard hinaus. Zum ersten Mal in all den Jahren, seit ich ihn kennen gelernt hatte, wurde mir bewusst, dass er mich tief in seinem Innersten wohl ebenso liebte wie ich ihn. Aber er hatte es mir nie zeigen können.

Als hätte sie geahnt, was ihr Mann im Schilde führte, erholte die eiserne Madame Koenig sich während der folgenden Wochen zusehends, sodass sie schon bald wieder völlig gesund war. Von da an hatte Pierre immer weniger Zeit, und ich sah ihn immer seltener. Mir war klar, dass »mein General« unter den Fittichen von de Gaulle und mit Unterstützung seiner ehrgeizigen Gattin eine steile Karriere vor sich hatte, die ihn noch weiter aus meinem Blickfeld entfernen würde. Da wusste ich, dass ich ihn nie zurückbekommen würde.

Ich kam zu dem Schluss, dass es allerhöchste Zeit war, eine Entscheidung zu treffen. Meine Zukunftsaussichten schienen düster; es gab keine Möglichkeit für mich, bei der Legion zu bleiben. Die 13. DBLE – die einzige Brigade der Legion, der es wegen ihrer tapferen Verdienste in Bir Hacheim gestattet war, ihren Namen zu behalten – sollte in Kürze nach Tunesien abkommandiert werden. Ich nahm an, dass Pierre es gern sehen würde, wenn ich in Paris bliebe, aber trotz meiner Liebe zu ihm war ich nicht länger bereit, ihm stets zu Diensten zu stehen. Mein Instinkt sagte mir, dass ich fort musste.

Die einzige Arbeit, die ich in Paris finden konnte, war eine Stelle beim Amt für verschleppte Personen und Vertriebene, das sich um einige der hunderttausend Menschen aus fast fünfzig Ländern kümmerte, die nach Paris geströmt waren. Aber eine Verwaltungstätigkeit war keine Aufgabe, die mich sonderlich reizte. Auch in England gab es nichts für mich zu tun. Meine Eltern waren alt und wohnten in Kent, zu meinem Bruder hatte ich jeden Kontakt verloren, und meine Freunde waren entweder tot oder durch den Krieg in alle vier Winde verstreut worden. Ich hatte keine Ahnung, wie viele von ihnen überhaupt noch lebten. Im Übrigen bezweifelte ich, dass wir nach allem, was geschehen war, noch etwas miteinander würden anfangen können.

Ich wusste nur, dass ich aus Paris fort wollte. Am liebsten wäre es mir gewesen, wenn sich eine Möglichkeit für mich gefunden hätte, mit meinen Freunden zusammen zu bleiben. Als ich eines Abends mit Gabriel de Sairigné in der Bar des Legionärslagers bei einem Glas Wein saß, fragte ich ihn um Rat.

»Schade, dass du kein Mann bist«, sagte er und rieb sich das Kinn. »Denn dann könntest du offiziell in die Fremdenlegion eintreten.«

Während ich sein nachdenkliches Gesicht betrachtete, hatte ich plötzlich eine ganz verrückte Idee. »Und wenn ich es einfach versuche?«, sagte ich und strahlte ihn erwartungsvoll an.

»Was? Eine Frau in der Legion?«, fragte er entgeistert. »Das meinst du doch nicht ernst. Das ist unmöglich.«

»Ich bin schließlich nicht irgendeine Frau«, erwiderte ich, »ich bin *adjudant-chef* Travers, die in Bir Hacheim mit von der Partie war.« Ich trank noch einen Schluck Wein und begann, mir einen Plan zurechtzulegen.

Ich beschloss, Commandant Arnault, dem ich so lange als Fahrerin gedient hatte, um Rat zu bitten, und suchte ihn im Anwerbungsbüro im Zentrum von Paris auf. Es war ein schäbiges, graues Gebäude, das nichts von den Abenteuern ahnen ließ, mit denen es in Zusammenhang stand. In seinem düsteren Büro nahm ich Arnault gegenüber Platz und erklärte ihm, ich hätte einen Entschluss gefasst.

»Und welchen?«, fragte er freundlich. Arnault hatte mich stets wie seinesgleichen behandelt, wofür ich ihm sehr dankbar war.

»Ich möchte bei der Legion bleiben«, sagte ich einfach. Obwohl ich wusste, wie lächerlich das klingen musste, hoffte ich, dass sich irgendeine untergeordnete Tätigkeit für mich finden lassen würde. Noch nie war eine Frau in die Legion aufgenommen worden, und soviel ich wusste, hatte sich auch noch nie eine darum beworben. Als Kriegsfreiwillige im Dienst des Freien Frankreichs hätte ich normalerweise nach dem Ende des Krieges aus der Armee und aus der Fremdenlegion ausscheiden müssen. Aber das wollte ich nicht. Die Legion war mein Leben, und ich wollte unbedingt bleiben.

»Dann tun Sie das doch«, sagte Arnault, als ihm klar wurde, dass ich es ernst meinte. Über den Schreibtisch hinweg schob er mir etwas zu. Zu meiner Verblüffung handelte es sich um ein offizielles Antragsformular für die Aufnahme in Frankreichs heldenhafte Streitmacht, die *Légion Etrangère*. »Jetzt wo der Krieg beendet ist und so viele den Dienst quittieren, weil die Reibereien mit den Vichyisten sie desillusioniert haben, braucht die Legion dringend neue Freiwillige«, erklärte er mir. »Während der kommenden Monate wird die für die Prüfung von Bewerbungen zuständige Kommission etwa dreißigtausend Aufnahmeanträge von ehemaligen Kriegsgefangenen und Vertriebenen zu bearbeiten haben. Glauben Sie vielleicht, die werden jeden Antrag einzeln unter die Lupe nehmen? Und außerdem: An welcher Stelle wird auf dem Formular überhaupt nach Ihrem Geschlecht gefragt? Man geht grundsätzlich davon aus, dass sich nur Männer bewerben, also brauchen Sie noch nicht einmal zu lügen. Sie können sich ganz legitim als *adjudant-chef* für Logistik bewerben.«

Ich starrte ihn mit offenem Mund an. So hatte ich es gar nicht gemeint. Ich hatte auf eine zivile Tätigkeit spekuliert. Doch sein Vorschlag klang so simpel, klipp und klar. Das Ganze war noch nicht einmal anrüchig, allenfalls ein bisschen doppeldeutig. Es gefiel mir.

Das war eine einmalige Chance, und ich griff ohne zu zögern zu. Mit Arnaults Hilfe füllte ich das Formular sorgfältig aus und machte detaillierte Angaben über meinen dienstlichen Werdegang: meine verschiedenen Einsätze, vor allem Bir Hacheim, und die Verdienstorden, die mir verliehen worden waren. Die Frage, wessen Sohn ich sei, ließ ich unausgefüllt, und auch unter dem

Punkt *Actes Liant L'Homme Au Service* (»Kenntnisse und Fertigkeiten, die den Mann für den Dienst in der Legion befähigen«) gab ich nichts an. Commandant Arnault setzte ein hervorragendes Empfehlungsschreiben auf, in dem er die Belobigung für den Orden zitierte, den ich für meine Teilnahme am Italienfeldzug bekommen hatte.

Ich hätte einen falschen Namen angeben oder meinen Namen ändern können, wenn ich das gewollt hätte, doch ich unterschrieb den Antrag mit »Travers, Susan Mary Gillian, *nationalité anglaise*«. Es war nicht mein Problem, dass die Kommission zahllose Anträge von Ausländern mit seltsam klingenden Namen bearbeiten musste oder dass der Name Susan (anstatt Suzanne) einem Franzosen wenig sagte. Damals war für Bewerber keine ärztliche Untersuchung vorgeschrieben – offenbar ging man davon aus, dass einer, der den Krieg überlebt hatte, über eine gute Gesundheit verfügen musste. Ich brauchte also auch nicht zu befürchten, dass ein Arzt mir einen Strich durch die Rechnung machte.

Grinsend reichte ich Arnault das fertig ausgefüllte Antragsformular. Am liebsten wäre ich ihm um den Hals gefallen, doch ich hielt mich zurück. Damit hätte ich dann doch gegen die Dienstvorschriften verstoßen.

Jetzt brauchte ich nur noch abzuwarten.

15
Ein neues Kapitel

»Ward gleich mein runzlig Angesicht umhüllt
Vom flock'gen Schnee des saftverzehrnden Winters;
Erstarrten gleich die Adern meines Bluts,
Doch hat die Nacht des Lebens noch Gedächtnis …«
William Shakespeare, ›Die Komödie der Irrungen‹

Das Unmögliche wurde wahr. Zum ersten Mal in der Geschichte der Französischen Fremdenlegion wurde eine Frau als *adjudant-chef* der Logistiktruppe aufgenommen und erhielt die Registriernummer 22166, eine Nummer, die nur Legionären zusteht. Das offizielle Datum meiner Aufnahme war der 28. Juni 1945. Ich war von Anfang an mit Leib und Seele Legionär gewesen, wie ich es meinen Kameraden oft genug bewiesen hatte, doch nun war ich es mit Brief und Siegel. Natürlich, ich hatte dem System ein Schnippchen geschlagen, aber ich war wegen meiner Verdienste als Soldat aufgenommen worden, weil ich meine Pflicht gegenüber dem Land, das ich liebte, erfüllt hatte.

Bis zum heutigen Tag weiß ich nicht, ob meine Aufnahme in die Legion ein Versehen war oder ob in meinem besonderen Fall eine Ausnahme gemacht wurde. Ich bin mir ganz sicher, wenn General de Gaulle davon erfahren hätte, hätte er es sofort verhindert. Ich vermute, dass Pierre seine Hand im Spiel hatte, denn er war damals Mitglied der Kommission, die die Anträge bearbeitete. Falls er es war, der die Umgehung des bereits 144 Jahre bestehenden Aufnahmeverbots für Frauen insgeheim abgesegnet hatte, dann war es das wunderbarste Abschiedsgeschenk, das er mir machen konnte. Vielleicht war es auch seine Art, mir dafür zu danken, dass ich ihm das Leben gerettet hatte.

Als ich den Befehl erhielt, im August 1945 nach Tunesien aufzubrechen, beschloss ich, vorher nach England zu fahren und meine

Eltern zu besuchen. Ich hatte sie seit fast sechs Jahren nicht gesehen. Auf meiner Reise nach London und dann weiter nach Kent war ich erschüttert über die Trostlosigkeit, die sich mir überall bot. London war bei den Bombenangriffen stark zerstört worden, und ganze Stadtgebiete waren für mich nicht wieder zu erkennen. Aber die Briten hatten sich nicht unterkriegen lassen – die Züge fuhren noch, die Glocken von Big Ben schlugen jede Viertelstunde, und die Leute gingen zur Arbeit und bewältigten ihren Alltag wie eh und je.

Meine Eltern freuten sich, mich zu sehen, und der Krieg schien sie nicht zermürbt, sondern aufgerichtet zu haben. Mein Vater trug noch immer seine Home-Guard-Uniform, und meine Mutter berichtete mir stolz, wie sie während der strengen Rationierung den Haushalt gemeistert hatte. Laurence, erzählten sie mir, habe vor, aus dem diplomatischen Dienst auszuscheiden und wieder als Rechtsanwalt tätig zu sein, und Tante Hilda war wohlauf und hatte während der deutschen Luftangriffe in London ausgeharrt.

»Wie war der Krieg für dich, Susan?«, fragte mein Vater mich beim Mittagessen, das aus einer dünnen Suppe, gekochtem Schinken und Kohl bestand.

»Ach, weißt du«, erwiderte ich, während ich meine Suppe aß. »Ziemlich ruhig.«

Mein Vater nickte. »Und was hast du jetzt vor?«, fragte er und wischte sich den Mund mit einer Serviette ab.

Ich ließ mir Zeit mit meiner Antwort. »Ich bin in die Fremdenlegion eingetreten«, sagte ich und schob meinen Suppenteller weg.

Meine Mutter ließ ihren silbernen Löffel auf ihren Teller fallen, sodass es laut schepperte. Ich unterdrückte ein Grinsen.

Mein Vater hörte auf zu essen und sah mich durchdringend an. Meine Mutter saß stumm da und wartete darauf, dass mein Vater etwas sagte, dass er irgendetwas unternahm. Gestärkt durch mein neues Selbstbewusstsein – das in Eritrea, in Syrien, in Bir Hacheim und auf den Schlachtfeldern in Italien und Frankreich gewachsen war –, hielt ich seinem Blick stand.

Als er schließlich begriff, dass ich absolut in der Lage war, mein Leben selbst in die Hand zu nehmen, rang er sich ein Lächeln ab. »Tja, schön für dich«, sagte er und brach sich ein Stück Brot ab. »Hey, Mutter? Ich habe gesagt, schön für Susan.«

Meine Mutter blieb stocksteif sitzen und starrte mich an, als hätte sie mich noch nie in ihrem Leben gesehen. Wahrscheinlich fragte sie sich, was in aller Welt ich an ihrem Tisch zu suchen hatte.

Ende Juli fuhr ich wieder zurück nach Paris, um Vorbereitungen für meine Reise nach Tunesien zu treffen, wo ich meinen Dienst als Legionär antreten sollte. Da ich keine Lust hatte, schon wieder die Strapazen einer langen Fahrt über Land auf mich zu nehmen, wandte ich mich an die Ehefrau von General Mast, dem neuen Gouverneur von Tunesien, und fragte sie, wie ich am besten nach Sousse gelangen könne. Dank der Freundlichkeit von Madame Mast flog ich zusammen mit dem General und seinem Stab in dessen Flugzeug nach Sousse. Ich war wahrscheinlich der erste frisch gebackene Legionär, der je in einem Privatflugzeug in Tunesien eingetroffen ist.

Während meiner Zeit in Tunesien zeigte sich niemand erstaunt darüber, dass eine Frau in der Legion diente, oder fragte mich, was ich dort zu suchen hätte. Die Männer selbst stammten aus den verschiedensten Ländern und waren der Legion aus den unterschiedlichsten Gründen beigetreten, aber keiner fragte den anderen danach. Das war ein ungeschriebenes Gesetz. Also kam auch niemand auf die Idee, sich bei mir nach meinen Beweggründen zu erkundigen. Ich war eine von ihnen, und das wurde einfach akzeptiert. Als Offizier hatte ich mein eigenes Zimmer, wurde mit 12,10 Pfund pro Woche gut bezahlt und bekam drei ordentliche Mahlzeiten pro Tag, einschließlich Kaffee und Wein.

Für Frauen gab es keine offizielle Uniform; anstelle der Männerhosen und -shorts, die ich während des Krieges getragen hatte, ergänzte ich meine Uniform durch einen schmalen, knielangen khakifarbenen Rock. Als Chefin des *foyer des légionnaires*, der Bar und Kantine für die einfachen Legionäre, war ich verantwortlich für die Einteilung des Mitarbeiterstabs, das Aussuchen und Kaufen des Weins sowie für die Buchführung. Die Arbeit war weder besonders anspruchsvoll, noch gestattete sie mir, an militärischen Einsätzen teilzunehmen oder ein Képi zu tragen. Aber die militärischen Einsätze, an denen ich während des Krieges teilgenommen hatte, sollten mir für den Rest meines Lebens reichen.

Ich war einfach froh, zur Legion zu gehören und wieder in Nordafrika zu sein, einem Land, an dem für mich so viele Erinnerungen hingen.

Sousse war eine große, geschäftige Hafenstadt mit eindrucksvollen Festungsanlagen, umgeben von wundervollen Sandstränden und grünen Hügeln. Der alte Hafen, der unterhalb der modernen City lag, war im Krieg stark zerstört worden. Alliierte Flugzeuge hatten ihn während der Besatzungszeit gnadenlos bombardiert und in Trümmer gelegt. Selbst die Palmen entlang der Hafenstraße waren stumme Zeugen der Strapazen des Krieges. Als Teil der beachtlichen französischen Streitkräfte, die zurückgekehrt waren, um beim Wiederaufbau der ehemals blühenden Hafenstadt zu helfen, wurden wir mit offenen Armen empfangen. Unser Lager befand sich am Rand der Stadt in einer durchaus akzeptablen Umgebung. Ich war gut untergebracht und hatte alle Hände voll zu tun, und als die Wochen verstrichen, fand ich allmählich wieder zu mir selbst und war bereit, mich mit meinem Schicksal zu versöhnen.

Meine Aufgabe nahm ich sehr ernst, wählte den Rotwein mit großer Sorgfalt aus und feuerte meinen Unteroffizier auf der Stelle, als ich erfuhr, dass er auf dem Schwarzmarkt illegal Handel trieb. Jeden Morgen nach dem Frühstück ging ich zur Weinprobe, kaufte ein oder zwei Fässer und ließ sie von einem alten Legionär auf einen Eselskarren laden, auf dem wir sie ins Lager transportierten.

»Können Sie nicht dafür sorgen, dass das Maultier geradeaus geht?«, ermahnte ich den Kutscher immer wieder. Meistens hatte er selbst so viel von dem Wein probiert, dass er Mühe hatte, die Zügel zu halten.

Meine Kameraden, von denen ich viele schon während der Kriegsjahre kennen gelernt hatte, behandelten mich äußerst respektvoll. Ich wurde geliebt und geachtet, allerdings nur aus der Ferne. In Anbetracht unserer gemeinsamen Geschichte war das Verhältnis zwischen mir und meinen Kameraden ziemlich seltsam. Ich bekleidete jetzt den Rang eines Offiziers und konnte mich nicht mehr unter die Männer mischen, mit denen ich zuvor befreundet gewesen war. Und so war ich einsamer, als ich erwartet hatte. Niemand wagte es, sich mir anzunähern. Viele hatten gerüchteweise von meiner Liebschaft mit General Koenig gehört – der mittlerweile zu einer französischen Legende geworden war –, und ich vermute, dass sie sich deswegen ein bisschen vor mir fürchteten.

Zum Glück hatte ich meine treue Hündin, die mir Gesellschaft leistete. Rebecca war die Tochter meiner geliebten Josephine, die ich nach meiner Ankunft in Tunesien als Erstes besucht hatte, und glich ihr wie ein Ebenbild. Josephine ging es so gut bei ihrer Adoptivfamilie, dass ich es nicht übers Herz gebracht hatte, sie ihrer neuen Umgebung zu entreißen.

In Sousse freundete ich mich mit einem jungen Unteroffizier an, der vier Jahre jünger war als ich. Sein Name war Nicholas Schlegelmilch, und er hatte die dunklen Züge und das ausgeprägte Kinn eines Mitteleuropäers. Im Elsass als Sohn eines katholischen Steinmetzen geboren, war Nicholas bereits vor dem Krieg in die Fremdenlegion eingetreten. Zunächst hatte er beim 6. Regiment gedient, das hauptsächlich gegen australische Truppen im Einsatz war, nach der Niederlage der Vichy-Streitkräfte in Syrien hatte er jedoch die Seite gewechselt. Er war selbstbewusst und charmant und war keineswegs der Ansicht, dass man mich nur aus der Ferne bewundern konnte. Ich hatte ihn einige Monate zuvor in der Kantine in unserem Lager außerhalb von Paris kennen gelernt, wo er mich, begleitet von einem nervösen jungen Kameraden, mit forschendem Blick angesprochen hatte.

»Mein Name ist Nicholas Schlegelmilch«, sagte er und streckte seine Hand aus. »Sie sind die berühmte La Miss, wie ich gehört habe.«

Ich schüttelte ihm die Hand, leicht verblüfft über seine Direktheit und die stahlblauen Augen unter den buschigen, dunklen Augenbrauen. Ein Blick auf die Rangabzeichen an seiner Schulter sagte mir, dass ich einen höheren Rang bekleidete.

Seinem Kameraden war die Situation äußerst peinlich, und er entschuldigte sich bei mir. Dann fasste er Nicholas' Arm und zog ihn fort. »So darfst du nicht mit ihr reden«, hörte ich ihn flüstern. »Nur die Offiziere dürfen sie La Miss nennen. Die ist nicht deine Kragenweite.«

Nicholas drehte sich zu mir um und lächelte. Er hatte einen

sinnlichen Mund, umgeben von zahlreichen Fältchen, und es schien, als würde er gern lachen. »Freut mich, Sie kennen gelernt zu haben ... La Miss«, sagte er, bevor er ging.

Zu meiner eigenen Überraschung erwiderte ich sein Lächeln.

Ich hatte ihn ganz vergessen, bis er mich in Sousse erneut ansprach, diesmal allein. Als Erstes erinnerte ich mich an seine Augen. Im Licht der Mittelmeersonne wirkten sie beinahe schwarz.

»So sieht man sich wieder«, sagte er und reichte mir die Hand. »Nicholas Schlegelmilch. Wissen Sie noch? Paris?«

»Ja, natürlich«, erwiderte ich und schüttelte ihm die Hand. »Sie waren ein bisschen sehr vertraulich, wenn ich mich recht erinnere.«

Als er lächelte, vertieften sich die Fältchen in seinem Gesicht. »Tja, so bin ich nun mal«, sagte er freimütig. »Darf ich meinen bereits beschädigten Ruf vollends ruinieren, indem ich das einzige weibliche Mitglied der Legion zu einem Drink einlade?«

Ich war überrascht über die Aufmerksamkeit, die dieser junge Mann mir schenkte, und fühlte mich geschmeichelt. Es war schon sehr lange her, dass mir jemand ein Kompliment gemacht hatte. Ich nahm seine Einladung an, und auch die nächste. Er war liebenswürdig, intelligent und rücksichtsvoll. Niemals bedrängte er mich, um etwas über mein Privatleben oder meine Vergangenheit in Erfahrung zu bringen, und ich glaube, er spürte die Trauer, von der ich tief in meinem Innern erfüllt war.

Nicholas hatte weder im Aussehen noch im Auftreten Ähnlichkeit mit Pierre; er war sinnlich, sensibel und nachdenklich. Obwohl ich mit der Einschätzung, dass er gern lachte, Recht behielt, konnte er sehr ernst sein, wenn er wollte. Er hatte einen ganz anderen Sinn für Humor als ich, aber er brachte mich wieder zum Lachen, und ich fühlte mich wohl in seiner Gesellschaft.

Allmählich wuchs meine Zuneigung zu ihm. Ich freute mich auf unsere Verabredungen und dachte oft an ihn, wenn er nicht da war. Zu meiner eigenen Verwunderung stellte ich nach einer Weile fest, dass ich mich ein bisschen in ihn verliebt hatte.

Pierre und alles, was er mir bedeutet hatte, gehörte der Vergangenheit an. Ich musste in die Zukunft blicken, und mit Nicholas' Hilfe sollte es mir gelingen. Nachdem er den ganzen Winter über um mich geworben hatte, wurden wir ein Paar. Ich genoss es, wieder in den Armen eines Mannes zu liegen, vor allem in den Armen eines Mannes, der so leidenschaftlich und sinnlich war.

Im Februar 1946 wurde die 13. Halbbrigade für einen zweijährigen Einsatz nach Indochina geschickt. Es war der Beginn dessen, was sich später zu dem schrecklichen Vietnamkrieg ausweiten sollte. Die Japaner hatten 1940 die ehemalige französische Kolonie besetzt und waren fünf Jahre später vertrieben worden. Als die aufständischen Viet-Minh-Nationalisten, angeführt von Ho Chi Minh, ihr Land zur freien Republik erklärten und mit Waffengewalt verhindern wollten, dass die Franzosen wieder die Herrschaft übernahmen, wurde die Legion nach Vietnam geschickt, um die alte Ordnung wieder herzustellen. Es sollte ein erbitterter und letztlich aussichtsloser Krieg werden, ein gnadenloser Kampf.

Commandant Arnault war mit von der Partie und ebenso Colonel Geoffrey (er hatte seit unserer ersten Begegnung auf dem Schiff nach Neapel eine steile Karriere gemacht) sowie meine alten Freunde Gabriel de Sairigné und Pierre Messmer, der spätere französische Premierminister. Auch meine neue Hündin Rebecca begleitete uns. Wir waren ein Bataillon stark, insgesamt vier Kompanien, und den Offizieren war es gestattet, ihre Ehefrauen mitzunehmen. (Nur sehr wenige der Legionäre waren verheiratet. Den einfachen Soldaten war es untersagt, die Ehe einzugehen, nur die Unteroffiziere erhielten später die Erlaubnis dazu. Eine ganze Reihe von Männern lebte daher mit eingeborenen Frauen, einige von ihnen heirateten diese sogar nach dem einheimischen Ritus.) Die Gattinnen einiger Offiziere kannte ich, wie zum Beispiel Madame Geoffrey und Madame de Sairigné.

In Saigon, der geschäftigen Hauptstadt der französischen Kolonie mit ihren breiten Boulevards und Straßencafés, die an Paris erinnerten, sahen wir uns in ein tropisches Klima versetzt und mussten uns mit Moskitos, Hitze und Krankheiten herumplagen. Nicholas stürzte sich in seine Aufgabe als Soldat und kämpfte in einem nicht enden wollenden Kleinkrieg gegen die Viet Minh, während ich in unserem Lager in dem Dorf Hoc-Mon für die Verpflegung verantwortlich war. Außerdem verbrachte ich viel Zeit im Lazarett bei den Kranken und Verwundeten, weil ich Deutsch sprach und mittlerweile viele Deutsche unter den Legionären waren.

Hin und wieder gab es kleinere Ablenkungsmanöver, ähnlich den Spähtruppunternehmen, die etwas Abwechslung in das alltägliche Einerlei des Lagerlebens brachten. Die Männer zogen in bewaffneten Trupps los, trieben einige Viet Minh im Dschungel zusammen und brachten sie zum Verhör ins Lager. Aufgrund der Erfahrung, die ich in Europa und Afrika gesammelt hatte, wurde ich mit einem Ambulanzwagen mitgeschickt, für den Fall, dass erste Hilfe gebraucht wurde, was nicht selten war. Sich in Viet-Minh-Gebiet zu begeben, war gefährlich, denn die Rebellen hatten es vor allem auf unsere Schusswaffen abgesehen. Während dieser Scharmützel sammelte ich viele Verwundete und Tote beider Seiten ein und brachte sie in die Krankenhäuser. In gewisser Weise war es wie eine Rückkehr in die schlimmsten Gefechte des Zweiten Weltkriegs.

Das Klima war unerträglich. Wir waren ständig müde und sahen furchtbar aus. Alle hatten eine gelbe Hautfarbe. Es war extrem heiß und feucht. Die tägliche Medizin gegen Malaria schmeckte widerlich, und das Wasser war nicht zum Trinken geeignet, deshalb tranken wir kalten Tee, der mit abgekochtem Wasser zubereitet war. Die Soldaten jedoch aßen und tranken, was ihnen unterkam, was zur Folge hatte, dass viele von ihnen an Ruhr und Malaria erkrankten. Ich bemühte mich, wann immer es ging in der Offiziersmesse zu essen, und traf mich dann hinterher mit Nicholas, der nur zur Unteroffizierskantine Zutritt hatte.

Die einzige Möglichkeit, der Hitze und den Fliegen zu entkommen, war ein Ausflug nach Da Lat, wo es wesentlich kühler war, da es im Norden in den Bergen oberhalb des Regenwalds lag. Da Lat glich einem indischen Bergstützpunkt und diente als Erholungsstation für erschöpfte Offiziere und deren Ehefrauen. Aber die Straße, die dort hinaufführte, war gefährlich, und jeder Konvoi musste zum Schutz gegen Angriffe aus dem Hinterhalt von gepanzerten Fahrzeugen begleitet werden. Ich flüchtete mit Rebecca nach Da Lat, so oft ich konnte, aber einige der Frauen trauten sich nicht dorthin.

Vom Fernen Osten aus war es ziemlich schwierig, in Erfahrung zu bringen, wie es Pierre in Frankreich erging, doch bei jeder sich bietenden Gelegenheit erkundigte ich mich auf diskrete Weise nach ihm. Wie zu erwarten war, hatte er seine steile Karriere fortgesetzt. Er war von de Gaulle zum Oberbefehlshaber der französischen Besatzungsarmee ernannt worden und nahm in Baden-Baden mit General Eisenhower und den Alliierten an den Waffenstillstandsverhandlungen teil. Es war »mein General«, der Maréchal Pétain, den Regierungschef des Vichy-Regimes, verhaftet und in der Festung von Montrouge hinter Schloss und Riegel gebracht hatte.

Er war von de Gaulle beauftragt worden, Pétain an der französischen Grenze in Empfang zu nehmen, als die Schweizer diesen auslieferten. Die Schlagzeilen hatten berichtet, dass Pétain dreimal versucht hatte, Koenigs Hand zu schütteln, doch Koenig hatte jedes Mal stocksteif dagestanden, die Hände an der Hosennaht. Weil das Vichy-Regime so viele Juden und Widerstandskämpfer getötet oder an die Deutschen ausgeliefert hatte, hatte Koenig sich geweigert, diesem Mann die Hand zu reichen. Es war seine Aufgabe, Pétain anschließend nach Paris zu begleiten, wo ihm der Prozess gemacht wurde. (Das von dem Gericht verhängte Todesurteil wurde später in eine lebenslängliche Haftstrafe umgewandelt.) Mein Pierre war also zu einem Mann von nationaler Bedeutung geworden. Und er war noch immer verheiratet und würde, solange seine Frau lebte, nie Kontakt zu mir aufnehmen, das war mir längst klar geworden.

Die Beziehung mit Nicholas war mir ein großer Trost. Ich liebte ihn auf meine Weise, und außer Pierre gab es keinen besseren Mann für mich. Wenn er es gewollt hätte, wäre ich sogar bereit gewesen, den Rest meines Lebens mit ihm zu verbringen. Außerdem waren wir sehr gute Freunde. Er nahm mir meinen Kummer und half mir, meine Traurigkeit zu vergessen.

Auch seine Vergangenheit war von traurigen Ereignissen überschattet. In Beirut hatte er nach einer Patrouille aus Versehen einen Kameraden erschossen. Man hatte ihn vor die Wahl gestellt, entweder ins Gefängnis oder an die Front zu gehen. Er hatte sich für die Front entschieden. Aber er hatte sich nie verzeihen und nie vergessen können, was geschehen war. Und er war nicht in der Lage, darüber zu sprechen. Es war ein tragisches Ereignis, das ihn ein Leben lang verfolgen sollte. Nur einmal, ganz zu Anfang unserer Beziehung, machte er eine Andeutung über den Vorfall, doch dann erwähnte er ihn nie wieder.

»Ich habe etwas getan«, sagte er. »Etwas, von dem ich dir nie erzählen kann.« Ich spürte deutlich, welche Qualen er durchlitt.

Aber wenn ich bereit war, die Geister der Vergangenheit zu begraben, dann würde er das auch versuchen – das war es, was er mir auf seine stille Art sagen wollte. Es war eine unausgesprochene Abmachung, die mir sehr entgegenkam. Nicholas war der liebevollste Mann, dem ich je begegnet war – und das war auch gut so, denn kaum ein Jahr später brauchte ich sein Verständnis und seine Unterstützung mehr denn je.

Als wir eines Tages durch Saigon schlenderten, blieb ich stehen und nahm seine Hand. »Ich bin schwanger«, platzte ich heraus, als wir gerade eine belebte Straße überqueren wollten. »Ich war gerade beim Arzt, und er hat es mir bestätigt.«

Ich schaute Nicholas ängstlich an und fragte mich, was er sagen, wie er reagieren würde. Ich hoffte, dass er sich nicht vor Schreck von mir abwenden würde. Er blieb stehen und sah mich eine Weile ernst und nachdenklich an. Mir wurde leicht übel, und ich fürchtete, gleich in Ohnmacht zu fallen.

Dann legte er wortlos seine Hände um mein Gesicht und küsste mich zärtlich auf beide Wangen. »Na dann, mein Liebling«, sagte er, »sollten wir wohl besser heiraten.«

Ich brachte kein Wort heraus, vergrub mein Gesicht an seiner Brust und hielt ihn fest umschlungen. Als ich mich schließlich wieder gefasst hatte, schaute ich zu ihm auf und lächelte. »Also gut«, sagte ich. »Abgemacht.«

Es war ein sehr ritterliches Angebot und mein erster richtiger Heiratsantrag in siebenunddreißig Jahren.

Die Heiratserlaubnis zu erhalten war ein fürchterliches Theater. Es war nicht vorgesehen, dass französische Legionäre Ausländerinnen heirateten, und wir hatten große Schwierigkeiten, alle notwendigen Papiere zusammenzubekommen. Ich brauchte etwas, das sich *casier judiciaire* nannte, ein polizeiliches Führungszeugnis. Es handelt sich um eine Art Akte, die über jeden Franzosen geführt wird und je nach Lebenslauf ein leeres oder ein voll beschriebenes Blatt enthält. In England gibt es so etwas nicht, aber wenn ich kein solches Dokument vorweisen konnte, durfte ich keinen französischen Soldaten heiraten: so schrieb es das Gesetz vor. Ich musste mit dem britischen Konsul und dem Oberbefehlshaber der Legion verhandeln. Die beiden setzten sich in Verbindung und sorgten dafür, dass für mich ein *casier judiciaire* erstellt wurde, damit ich Nicholas heiraten konnte.

Im April 1947 wurden wir in Hoc-Mon getraut. Es war eine einfache Zeremonie. Unsere »Brautjungfern« waren meine Hündin Rebecca und Peggy, Rebeccas Schwester, die Commandant Arnault gehörte. Die zivile Trauung nahm der Bürgermeister vor, und anschließend fuhren wir in einem mit Blumen geschmückten Jeep, mit den beiden Hunden auf dem Rücksitz, zu der kleinen katholischen Kirche, um unseren Segen zu erhalten. Unsere Hochzeitsgäste waren Pierre Messmer, inzwischen Hochkommissar in Indochina, Madame Messmer, Gabriel de Sairigné, inzwischen Colonel und Befehlshaber der Legion, sowie mehrere Freunde und Kameraden aus dem Zweiten Weltkrieg. Auch viele von Nicholas' befreundeten Unteroffizieren kamen und fühlten sich alle ein bisschen verlegen in Gegenwart hochrangiger Offiziere.

Gekleidet in eine weiße Version meiner Uniform, die ich mir extra hatte nähen lassen, und mit einem riesigen Strauß aus roten und grünen Blumen im Arm (den Farben der Legion), wurde ich von Commandant Arnault zum Altar geführt. Madame de Sairigné begleitete Nicholas, der ebenfalls ganz in Weiß gekleidet war und unglaublich gut aussah. Der Kaplan war Père Hirlemann, der zusammen mit uns in Italien gedient hatte. Als wir die kleine Kirche verließen, standen die Legionäre mit aufgepflanztem Bajonett Spalier, hinter ihnen drängten sich Einheimische, die das Geschehen mit neugierigen Blicken verfolgten.

Nach dem üppigen Festmahl, das anschließend aufgetischt wurde, bekamen wir ein wunderschönes, in Leder gebundenes Buch geschenkt. Es enthielt die traditionellen Lieder der Legion, und auf dem Umschlagdeckel prangte das berühmte Emblem der Fremdenlegion mit der aufrecht stehenden Granate. Ich war sehr gerührt über dieses Geschenk und halte es bis heute in Ehren. Ohne Einschränkung kann ich behaupten, dass ich an jenem Tag wirklich glücklich war. Endlich hatte ich meinen Frieden gefunden, als Ehefrau eines Legionärs, eines Mannes, der mich beschützen und für mich sorgen würde.

Anfangs wohnten wir in Hoc-Mon in Nicholas' kleiner Wohnung über einem alten Theater. Es gab keine Hochzeitsreise, da ich im vierten Monat schwanger war und es uns zu gefährlich erschien, innerhalb des Kriegsgebiets zu reisen. Nach einer Nacht in unserer von nun an gemeinsamen Wohnung ging es zurück an die Arbeit.

Die folgenden Monate über bereiteten wir uns auf die Geburt unseres Kindes vor. Ich stellte eine einheimische *femme de chambre* ein und eine chinesische Köchin namens Assam, die jedoch dem unübertroffenen Selim nicht das Wasser reichen konnte. Als Offizier hatte ich einen Burschen, der nun auch Nicholas zu Diensten war. Es ging mir gut während der Schwangerschaft, doch wegen der Hitze und des tropischen Klimas musste ich mich regelmäßig auf erhöhten Blutdruck und andere mögliche gesundheitliche Probleme untersuchen lassen. Eine Erstgebärende von siebenunddreißig Jahren war damals etwas ganz Ungewöhnliches.

Als die Wehen einsetzten, brachte einer der Fahrer mich in die von Nonnen geführte St.-Paul-Klinik in Saigon. Es war eine lange und schwere Geburt, und der Arzt musste das Baby schließlich mit der Zange holen. Nach den Strapazen war ich so erschöpft, dass ich wenig empfand, als das schreiende Bündel mir am Nachmittag des 4. September 1947 in die Arme gelegt wurde.

Nicholas war außer sich vor Freude. Nachdem er die gute Nachricht erhalten hatte, kam er sofort in die Klinik, um mich und das Baby zu sehen.

»Ist es ein Junge?«, fragte er erwartungsvoll, und eine der Nonnen nickte. Er strahlte über das ganze Gesicht und schaute mich so glücklich und liebevoll an, dass ich nicht anders konnte, als auch glücklich zu sein. Einen Sohn zu haben, war für einen Legionär Grund zu jubeln.

Am nächsten Abend gab er in Hoc-Mon eine Riesenparty für seine Freunde. Nach einer Weile waren sie so betrunken, dass sie mit den Minenwerfern feuerten und dadurch den Commandant aufweckten.

Commandant Arnault rief sie an und fragte am Telefon: »Werden Sie angegriffen?«

»Nein«, sagte ein betrunkener Nicholas, »aber ich habe einen Sohn.«

Der kleine François wurde aufs Beste versorgt, und es fehlte ihm an nichts. Er lag in einer hübschen, mit weißer Spitze verzierten Wiege, und die *femme de chambre* kümmerte sich rührend um ihn. Ich gab mir alle Mühe, einen ordentlichen Haushalt zu führen, doch es gelang mir nicht so gut wie damals in Aley. Da Assam kein Französisch und ich kein Chinesisch sprach, konnte ich ihr unmöglich beibringen, französisches Essen zu kochen oder überhaupt irgendetwas, das nicht chinesisch war. Irgendwann hatte sie genug und kündigte, und von da an war ich auf mich selbst gestellt, bis wir nach Saigon umzogen.

Nicholas war versetzt worden und arbeitete jetzt im Büro des Colonel. Für ihn war es eine große Umstellung, aber ich war froh, mit einem Baby in dem tropischen Klima in der Nähe der Klinik und der Ärzte zu wohnen. Ich hätte mir keine Sorgen zu machen brauchen. François war ein kerngesunder Junge. Wir lebten am Stadtrand in einem kleinen Haus mit Veranda und Garten. Das Lager der Legion befand sich ganz in der Nähe, bei einem kleinen Ort namens Jardine, außerhalb der Stadt.

Saigon war eine Weltstadt, und da ich alle meine Einkäufe selbst erledigte und sich mein gesamtes gesellschaftliches Leben dort abspielte, lernte ich sie sehr gut kennen. Meine Freundinnen Madame de Sairigné (François' Patentante) und Madame Geoffrey hatten um die gleiche Zeit wie ich ein Baby bekommen. Zusammen mit unseren Kindern fuhren wir über die Wochenenden oder für kurze Ferien nach Da Lat, während unsere Männer in der Stadt blieben. Die Monate, in denen ich zum ersten Mal die Freuden der Mutterschaft erlebte, waren eine glückliche und friedliche Zeit.

In Saigon beschloss ich, den Dienst in der Legion zu quittieren und fortan nur noch Ehefrau und Mutter zu sein. Mit der Armee hatte ich Gelegenheit gehabt, Abenteuer zu erleben, eine Chance, die ich mit beiden Händen ergriffen hatte, doch jetzt war das alles vorbei. Ich bereute nichts. Ich war nicht nur die erste Frau in der Fremdenlegion gewesen, ich war auch der erste Legionär gewesen, der einen Legionär geheiratet hatte, schwanger geworden war und ein Baby bekommen hatte. Während meiner Schwangerschaft war ich beurlaubt worden, gehörte der Legion immer noch an und wurde nach wie vor bezahlt, bis ich aus dem Dienst ausschied.

»Und, hat es sich gelohnt?«, fragte Commandant Arnault, als ich ihn über meine Absichten in Kenntnis setzte. »Ich meine, sind Sie immer noch froh, dass Sie der Legion beigetreten sind?«

»Absolut, Sir«, erwiderte ich begeistert. »Wenn ich noch einmal vor der Wahl stünde, würde ich es wieder tun.«

Wir verbrachten zwei Jahre in Indochina, und im Großen und Ganzen war es eine glückliche Zeit. Nicholas und ich liebten uns, wir hatten einen prächtigen Sohn, und wir waren umgeben von lieben Freunden. Der einzige traurige Zwischenfall ereignete sich im März 1948. Gabriel de Sairigné, der Held von Bir Hacheim, war unterwegs nach Da Lat, um seine hoch schwangere junge Frau und seine Tochter zu besuchen. Die beiden waren mit dem Flugzeug dorthin geflogen, um Gefahren zu vermeiden, und er fuhr in einem von einer Kompanie Legionäre geleiteten Konvoi von achtzig Fahrzeugen in seinem Jeep nach. In einem anderen Jeep saß Lieutenant Hugo Geoffrey mit seiner Frau und seinem Sohn, die einen kurzen Urlaub in den Bergen verbringen wollten.

Die Viet Minh hatten die Straße mit einem Baumstamm blockiert, und als sie angriffen, konzentrierten sie sich als Erstes auf die zivilen Fahrzeuge. Männer, Frauen und Kinder wurden mit Maschinengewehrfeuer belegt, und ihre Fahrzeuge gingen in Flammen auf. Scharfschützen, die sich im dichten Wald versteckt hatten, schossen auf alle, die zu fliehen versuchten, und Handgranaten und Minen besorgten den Rest. Die Viet Minh griffen mit etwa zweitausend Mann und zwanzig Maschinengewehren an. Über hundert Franzosen wurden getötet oder verwundet, darunter auch Frauen und Kinder. Mehr als hundert wurden gefangen genommen, auch Lieutenant Geoffrey mitsamt Frau und Sohn (die später alle drei entkamen).

Gabriel de Sairigné wurde durch einen Kopfschuss tödlich verletzt. Ein Sergeant zerrte ihn aus dem Wagen und ins Gebüsch, wo er wenig später starb. Gabriel war ein großartiger Soldat gewesen, ein alter Freund von Dimitri Amilakvari und von General Koenig, und unter den Legionären sehr beliebt. Er war einer der Letzten, die mich mit Bir Hacheim verbanden. Todtraurig nahm ich an seiner Beerdigung teil.

Nach den obligatorischen zwei Jahren in Indochina – danach wurde den Männern eine zweijährige Erholungspause von dem mörderischen Klima zugestanden – wurde Nicholas in das Basislager Meknès in Marokko versetzt, und François und ich gingen mit ihm. Marokko war während des Krieges von den Alliierten während ihres Feldzugs gegen die Deutschen in Nordafrika besetzt gewesen. Nach dem Krieg führte Sultan Sidi Mohammed ben Yussef eine Unabhängigkeitsbewegung an, die einen blutigen Guerillakrieg anzuzetteln drohte, ähnlich dem, der im benachbarten Algerien wütete. In beiden Ländern war es die Aufgabe der Legion, das französische Protektorat zu verteidigen und die Ordnung aufrechtzuerhalten.

Doch bevor wir unser neues Leben in Nordafrika begannen, fuhr ich mit Mann und Kind nach England, um meinen Eltern einen kurzen Besuch abzustatten. Wir waren brieflich in Kontakt geblieben, sie wussten, dass ich verheiratet war und einen Sohn hatte, aber sie hatten meine neue Familie noch nicht kennen gelernt. Als wir in Kent eintrafen, wo sie jetzt in einem kleinen Haus in der Nähe von Seal wohnten, legte ich François in die Arme meines Vaters.

»Hallo Großvater«, sagte ich. »Hier ist dein erstes Enkelkind.«

Wortlos betrachtete er zuerst das zappelnde Baby und dann mich. Aber ich sah seinen wässrigen alten Augen an, dass er endlich stolz auf mich war.

Meine Mutter freute sich über ihren Enkelsohn und konnte es gar nicht erwarten, ihn in den Arm zu nehmen. Wahrscheinlich erinnerte er sie an den kleinen Laurence. Zu Nicholas war sie weniger freundlich, sie betrachtete ihn als nicht standesgemäß.

»Dass du einen einfachen Soldaten heiraten musstest. Ich hätte wirklich mehr von dir erwartet«, sagte sie später zu mir, als Nicholas und mein Vater durch den Garten schlenderten. Ich sah sie mit stummer Verachtung an und erwiderte nichts. Wenige Tage später reisten wir ab. Ich hatte meiner Mutter gegenüber nichts davon erwähnt, dass ich zum zweiten Mal schwanger war.

Als wir in Meknès eintrafen, wurden wir in die Garnison El Hajeb oberhalb der Stadt beordert. Ich hoffte, dass ich die zwei Jahre dort mit meiner neuen und wachsenden Familie in Frieden würde verbringen können. Marokko war immer noch nicht zur Ruhe gekommen, aber die Aktivisten der Freiheitsbewegung waren damals eher gemäßigt, und deswegen rechnete ich nicht damit, dass mein Mann viel unterwegs sein würde, was mir vor allem deswegen recht war, weil die Leute im Lager längst nicht so freundlich und entgegenkommend waren, wie wir gehofft hatten.

Am 6. April 1949 kam unser zweiter Sohn auf die Welt. Tom war ein umgängliches, glückliches Kind, das von allen geliebt wurde, und ich hoffte, dass wir mit Nicholas' Hilfe bald ein besseres Zuhause in diesem fremden Land finden würden.

Aber es sollte nicht sein. Die Situation in Indochina verschlechterte sich zusehends, die Viet Minh setzten die französischen Streitkräfte immer mehr unter Druck. Es wurde dringend Verstärkung gebraucht, und im Mai 1949 – sechs Wochen nach Toms Geburt – wurde Nicholas als Angehöriger des 4. Regiments zurück an die Front beordert. Er ließ mich allein mit François und Tom zurück, inmitten von Fremden. Als ich auf den Stufen vor unserem kleinen Haus saß und dem Konvoi nachschaute, legte ich die Arme um Rebeccas weichen Hals.

»Jetzt sind wir ganz allein, *chérie*«, sagte ich zu ihr.

Ich hatte keine Freunde in Marokko. Selbst im Rang eines Offiziers, aber mit einem Unteroffizier verheiratet, wurde ich von keiner Seite akzeptiert. Die Ehefrauen der Offiziere betrachteten mich als unstandesgemäß, und die Unteroffiziere hielten mich für hochmütig. So saß ich zwischen allen Stühlen und wurde von jedem unfreundlich behandelt. Ich wohnte in einem winzigen Haus mit einem kleinen Garten, an einer Straße im Außenbezirk der Garnison. Die Einzigen, die mir Gesellschaft leisteten, waren Rebecca und eine arabische Dienerin namens Zena. Briefe von Nicholas kamen selten und in großen Abständen, und manchmal hörte ich monatelang nichts von ihm. Die Zeit in Marokko gehört zu den unglücklichsten meines Lebens.

In der heißen und feindseligen Umgebung von Nordafrika mit zwei kleinen Kindern auf mich selbst gestellt, war ich so in Anspruch genommen, dass die Rückenprobleme wieder auftraten, unter denen ich als Jugendliche schon gelitten hatte. Schließlich musste ich operiert werden und für zwei Wochen ins Krankenhaus. Da ich weder Freunde noch Familienangehörige in der Nähe hatte, musste ich die Kinder in der Obhut von einheimischen Frauen lassen. Die Offiziersehefrauen im Lager rümpften darüber die Nase, aber keine von ihnen bot an, sich um die Kinder zu kümmern. »So etwas tut man einfach nicht«, hörte ich eine Frau sagen, als sie von meiner Entscheidung hörte. Aber irgendwo musste ich die Kinder schließlich lassen. In meiner Verzweiflung hatte ich sogar an meine Mutter geschrieben und sie gebeten, nach Marokko zu kommen, um mir zu helfen. Immerhin besorgte sie sich die nötigen Papiere, aber dann kam sie schließlich doch nicht.

Als ich wieder gehen konnte, kehrte ich nach Hause zurück, aber wochenlang musste ich die meiste Zeit sitzen und hatte große Schmerzen. Ich konnte nichts anderes tun, als den ganzen Tag lang stark gesüßten Pfefferminztee trinken und zusehen, wie Zena sich um meine Kinder kümmerte. François hatte sehr heftig auf die Abwesenheit seines Vaters reagiert, und als ich aus dem Krankenhaus zurückkam, wollte er von mir nichts mehr wissen. Er schien seinen jüngeren Bruder zutiefst abzulehnen. Sein kindlicher Verstand hatte Toms Ankunft mit Nicholas' Abreise und meiner Krankheit in Verbindung gebracht, für ihn sah es so aus, als wäre es Toms Schuld, dass sein Vater nicht mehr da war. Er schubste ihn immer und weigerte sich, mit ihm zu spielen. Auch weinte er häufig und wollte kaum noch essen. Ich konnte nur hoffen, dass Nicholas bald wieder zu uns zurückkehren und der Junge dann wieder glücklich sein würde.

Aber nach sechs Monaten in Lang Son, tief im Dschungel im Norden von Indochina, wurde Nicholas schwer krank. Anfangs hieß es, er sei an der Amöbenruhr erkrankt, aber schon bald stellte sich heraus, dass es etwas viel Schlimmeres war. Man hatte ihn zu schnell zurück in die Tropen geschickt; sein Körper hatte keine Zeit gehabt, Abwehrkräfte aufzubauen. Die Briefe, die ich aus dem Krankenhaus erhielt, sagten nichts darüber aus, wie krank er tatsächlich war.

»Hiermit möchten wir Sie darüber informieren, dass Ihr Mann im Krankenhaus liegt und wegen Amöbenruhr behandelt wird«, schrieb man mir. *»Er ist in guten Händen und lässt Sie grüßen.«*

Ich erhielt keinerlei Information darüber, wann er zurückkehren würde. Später erfuhr ich, dass Nicholas beinahe gestorben wäre und ein ganzes Jahr im Krankenhaus verbracht hatte. Endlich, achtzehn Monate nachdem er uns verlassen hatte, wurde er nach Hause geschickt.

Ich war schrecklich aufgeregt. Mit Zenas Hilfe brachte ich das ganze Haus auf Hochglanz, bereitete ein ganz besonderes Essen vor und machte mich so hübsch wie möglich. Dann fuhr ich ins Lager, um ihn in Empfang zu nehmen, wenn er aus dem Lastwagen stieg. Ich konnte es kaum erwarten, ihn wieder zu sehen. Der Lastwagen hielt an, und ich sah ihn im Geiste bereits, wie er fröhlich herunterspringen würde. Andere sprangen vom Wagen, Männer, deren Gesichter ich erkannte, die mit ihm zusammen aufgebrochen waren, aber von meinem Mann war nichts zu sehen. Verwirrt trat ich näher. Eine Krankenschwester half einem kleinen, alten Mann aus dem Wagen. Plötzlich erkannte ich, dass der »kleine, alte Mann« mein Nicholas war.

Ich erkannte ihn kaum wieder. Als ich ihn das letzte Mal gesehen hatte, war er gesund und kräftig und gut aussehend gewesen. Jetzt war er blass und hohlwangig und schrecklich mager. Er konnte kaum gehen. Es gab kein romantisches Wiedersehen, keine stürmische Umarmung. Er sah aus und roch wie ein kranker, alter Mann. Es gelang mir nicht, mein Entsetzen zu verbergen.

»Hallo Liebling«, sagte ich und nahm seine Hand, doch er sah mich nur ausdruckslos an.

Der Nicholas, den ich mit nach Hause nahm, war nicht mehr derselbe wie der Mann, dem ich zum Abschied gewinkt hatte. Die folgenden Tage über lag er entweder im Bett oder saß mit einer Decke um die Knie im Sessel und war kaum in der Lage, allein zu essen. Er benötigte viel Schlaf und brauchte viel Ruhe, und beides konnte er in einem Haus mit zwei Kleinkindern kaum bekommen. François kannte seinen Vater nicht mehr, und Tom hatte ihn nie gekannt, aber sie fanden es beide ganz aufregend, dass ein Mann im Haus war und wollten den ganzen Tag seine Aufmerksamkeit. Als Nicholas es schließlich nicht länger bei uns aushielt, ließ er sich ins Krankenhaus in Meknès einweisen, um sich zu erholen. Dort blieb er mehrere Wochen lang, und ich besuchte ihn, sooft ich konnte, in der Hoffnung, dass es ihm bald besser gehen würde.

»Wie fühlst du dich heute?«, fragte ich ihn jedes Mal gut gelaunt, brachte ihm frisches Obst und freute mich, dass er allmählich ein wenig zunahm.

Doch er wandte sich ab und schaute aus dem Fenster, murmelte irgendetwas vor sich hin, ohne mich anzusehen.

Als ich eines Tages im Krankenhaus eintraf, war sein Bett leer und abgezogen.

»Wo ist mein Mann?«, fragte ich die Oberschwester. Mir klopfte das Herz bis zum Hals.

»Er ist wieder bei seinem Regiment«, sagte sie. »Wussten Sie das nicht?«

Nachdem er aus dem Krankenhaus entlassen worden war, hatte Nicholas sich entschlossen, in die Kaserne zurückzukehren anstatt nach Hause.

Auf der Stelle suchte ich ihn dort auf und traf ihn in der Kantine an, wo er in einer Tasse Kaffee rührte.

»Was ist los?«, fragte ich ängstlich.

»Ich glaube nicht, dass wir wieder zusammenfinden werden«, sagte Nicholas ziemlich kühl. »Vielleicht ist es das Beste, wenn wir die Sache beenden, bevor einer von uns zu sehr leidet.« Er hob den Kopf und schaute mich zum ersten Mal seit Wochen an.

Mit Mühe hielt ich meine Gefühle zurück, ballte die Fäuste und wartete auf das, was er mir zu sagen hatte.

»Warum?«, fragte ich nach einer Weile.

»Weil sich alles geändert hat«, war alles, was er sagte. Dann rührte er wieder in seinem Kaffee.

Wortlos nahm ich meine Tasche und meinen Mantel und ging.

Auf dem ganzen Heimweg machte ich mir Vorwürfe. »Wie konntest du je erwarten, dass es für dich so etwas wie Glück gibt?«, fragte ich mich laut. Die Ehe, nach der ich mich so lange gesehnt hatte, schien dem Untergang geweiht.

Aber mein Glück war nicht mein einziges Problem. Wenn ich nicht mehr mit Nicholas verheiratet wäre, dann wären meine beiden Kinder und ich obdachlos. Ich hätte kein Recht mehr, in der Garnison zu wohnen, hätte weder Geld noch die Möglichkeit, meine Kinder und mich zu versorgen. Ich würde nach England zurückkehren müssen und wäre auf meine Eltern angewiesen, ein Gedanke, der mir den Magen umdrehte.

Nachdem ich mir tagelang den Kopf über meine Zukunft zerbrochen hatte, ging ich noch einmal zu Nicholas.

»Das ist einfach lächerlich«, sagte ich wütend. »Du hockst hier allein und unglücklich, und ich hocke zu Hause, allein und unglücklich, und wenn wir daran nichts ändern, ist alles umsonst gewesen. Können wir nicht wenigstens den Kindern zuliebe noch einmal einen Versuch machen?«

Es gab keine andere Frau, und Nicholas gab zu, dass er seine Söhne vermisste, dass ihn der Gedanke an sie in Indochina aufrechterhalten hatte. Schließlich willigte er ein, wieder in unser Haus einzuziehen, vor allem wegen der Kinder. Ich weiß nicht, was sich im Fernen Osten zugetragen oder welche Veränderungen die Krankheit in ihm hervorgerufen hatte. Das Paar, das wir einmal gewesen waren, wurden wir nicht mehr. Aus Vernunftgründen, als Eltern und erwachsene Menschen entschlossen wir uns, zusammenzubleiben. Aber die Nähe von einst stellte sich nicht mehr ein.

Auch seine Liebe zur Legion war Nicholas abhanden gekommen. Nicht lange nach seiner Rückkehr zu uns wurden wir nach Algerien verlegt, wo er zur Niederschlagung des erbitterten Freiheitskampfs eingesetzt werden sollte, aber es war ihm unmöglich, sich wieder an das Soldatenleben zu gewöhnen oder mit seinen Kameraden umzugehen. Nur wenige Monate später, nach siebzehn Jahren Dienst vollkommen desillusioniert, beschloss er, aus der Legion auszuscheiden.

Er nahm Kontakt zu einem alten Freund auf, einem Offizier der Legion, der ihm zu einer Stelle als Archivar bei einer Mineralölgesellschaft in Montpellier verhalf. 1950 zog er zum ersten Mal einen Anzug an und ging als Zivilist zur Arbeit. Die Arbeitsstelle sollte er achtzehn Jahre lang beibehalten.

Nach zehn Jahren in Afrika und den Tropen war die Rückkehr nach Frankreich ein ziemlicher Kulturschock. Es blieb mir nichts anderes übrig, als Hausfrau und Mutter zu sein. Ich hatte eine *femme de ménage*, aber meine neue Rolle sah vor, dass ich zu Hause blieb und mich um die Kinder kümmerte, während Nicholas jeden Tag zur Arbeit ging. Anfangs fiel es mir schwer, mich daran zu gewöhnen, aber meine zwei anstrengenden Kinder und die treue Rebecca, die mir Gesellschaft leistete, sorgten dafür, dass ich nicht vor Langeweile die Wände hochging.

Als die Mineralölgesellschaft Elf ihren Firmensitz nach Villennes und später nach Paris verlegte, zogen auch wir um, und Nicholas fuhr jeden Tag mit dem Zug in die Innenstadt zur Arbeit. Später bekam er eine Stelle als Archivar bei einer Bank. Jeden Abend kam er mit demselben Zug nach Hause, aß mit uns zu Abend, schaute sich die Nachrichten im Fernsehen an und half mir beim Abwasch. Er war nichts weiter als ein Gesicht in der Menge, einer von vielen Büroangestellten, die in Anzug und Krawatte zur Arbeit und wieder nach Hause gingen. Kaum jemand, der ihm begegnete, hätte mehr in ihm gesehen als einen einfachen Büroangestellten.

Nicholas und ich sprachen nur selten über unser früheres Leben oder über den Krieg, und ich erzählte ihm nicht von dem Leben, das ich geführt hatte, bevor ich ihn kannte. Es hätte ihn nur verletzt, und falls er je Gerüchte über meine Affäre mit Pierre gehört hatte, so verlor er nie ein Wort darüber. Als die Jungen größer wurden, lernten sie, nie Fragen über den Krieg zu stellen oder über das, was wir getan hatten. Sie wussten, dass wir in der Legion gedient hatten und in Nordafrika gewesen waren, aber das war alles; es war ein Thema, über das wir nie sprachen, solange sie noch Kinder waren.

1952 starb mein Vater im Alter von neunzig Jahren. Als ich ihn das letzte Mal gesehen hatte, war er bettlägerig und noch mürrischer denn je. Nichts von Bedeutung wurde zwischen uns gesprochen. Ich wusste, dass er im Sterben lag, und auch er wusste es, aber keiner von uns schien das Bedürfnis zu haben, eine Kommunikation aufzunehmen, die nie existiert hatte.

»Auf Wiedersehen, Vater«, sagte ich, so unbeholfen wie früher, als ich noch ein Kind gewesen war.

»Adieu«, sagte er, als ich ihn zum Abschied auf die Wange küsste.

Ich hatte mich so lange nach seiner Anerkennung gesehnt ohne sie je bekommen zu haben, dass sein Tod mich mit einem Gefühl noch größerer Leere erfüllte. Jetzt hatte ich keine Möglichkeit mehr, ihn zu beeindrucken, und ich fühlte mich betrogen.

Ich fragte meine Mutter, ob sie wünschte, dass ich zur Beerdigung käme, doch sie meinte, das sei nicht nötig. Ich dachte darüber nach, warum ich nicht weinen konnte und fragte mich, was für eine verhärtete Frau aus mir geworden war. Ich glaube, ich habe schon sehr früh gelernt, mein Herz zu verschließen, um mich gegen die Kälte meines Vaters zu schützen.

Als ich meine Mutter wenige Monate später in England besuchte, versuchte ich, mit ihr über das Thema zu sprechen.

»Vermisst du Vater?«, fragte ich.

»Nein, nicht besonders«, erwiderte sie.

»Ich auch nicht«, erklärte ich aufrichtig. »Ich glaube, er war kein guter Vater, weißt du.« Ich beobachtete ihren Gesichtsausdruck.

»Du warst auch keine gute Tochter«, erwiderte meine Mutter ungerührt.

Die Wunden, die wir uns gegenseitig zugefügt hatten, sind nie wirklich verheilt. Meine Mutter starb wenige Jahre später an einem Herzinfarkt, nicht lange nach ihrer geliebten Schwester. Ich fuhr zu ihrer Beerdigung nach Folkestone, und auch diesmal weinte ich nicht. Mein Bruder Laurence war auch dort, er war alt und grau geworden. Es war das letzte Mal, dass ich ihn sah.

Als ich Mitte vierzig war, vom Leben reichlich enttäuscht und ziemlich erschöpft, fuhr ich zu meiner jährlichen Kur nach La Preste in den Pyrenäen, um mich drei Wochen lang zu erholen. Meine Eltern waren tot, meine Kinder in der Schule, nur Nicholas begleitete mich.

In meinem Gepäck hatte ich die geheimen Kriegstagebücher, die ich in Tunesien geschrieben hatte, kurz nachdem ich in die Legion eingetreten war, eine Erinnerungshilfe an meine Abenteuer – von West-Afrika bis Bir Hacheim. Ich hatte sie beim Packen ganz unten in einem Schrank gefunden und beschlossen, sie mitzunehmen. Während meines Kuraufenthalts in jenem Frühling verbrachte ich die meiste Zeit damit, die Tagebücher neu zu schreiben. Die Aufzeichnungen über mein Leben, bevor ich Nicholas kennen lernte, bereinigte ich von allzu intimen Details, sodass schließlich ein historischer, aber ziemlich unpersönlicher Bericht über meine Erlebnisse während jener außergewöhnlichen Zeit übrig blieb. Dann zerriss ich die Originale und verbrannte sie im Kamin meines Hotelzimmers.

Obwohl weder Nicholas noch ich mit unseren Kameraden aus der Legion in Kontakt geblieben waren, erhielten wir regelmäßig den *Képi Blanc*, das Mitteilungsblatt der Legion. Besonders Nicholas freute sich immer, wenn es eintraf, und er verschlang als Erstes die neuesten Informationen darüber, wer gerade wo im Einsatz war. Er erzählte mir, dass Pierre in die Nationalversammlung gewählt worden und Verteidigungsminister war. Ich hörte ihm kaum zu. Längst hatte ich die meisten Erinnerungen aus meinen Gedanken verbannt. Sie waren noch zu schmerzlich, und ich wollte mich nicht an die Vergangenheit klammern. Früher hatte ich ein interessantes Leben geführt, und jetzt war es langweilig. So einfach war das.

Aber es hätte alles auch viel schlimmer sein können. Nicholas war ein guter Mann, er arbeitete hart und sorgte für mich und die Kinder. Ein fürsorglicher Vater. Er war so anständig gewesen, mich zu heiraten, als ich schwanger wurde. Ich liebte ihn und war dankbar für seine Zuverlässigkeit. Unsere Beziehung war nicht mehr so leidenschaftlich, wie sie einmal gewesen war, aber wir kamen miteinander aus.

Hin und wieder wurden wir unerwartet an die Vergangenheit erinnert. Einmal machte mich jemand auf einen Artikel über Père Mallec aufmerksam, den jugoslawischen Kaplan, der mit uns in Bir Hacheim gewesen war. Nach dem Krieg hatte er seinen Beruf als Priester aufgegeben, geheiratet und Kinder bekommen. Er lebte jetzt in Australien und hatte für seine Verdienste während des Krieges die *Légion d'Honneur* verliehen bekommen. Diesen Orden hatte er verdient. Niemand hatte mehr Leid gesehen als dieser Mann.

Dann, als ich eines Tages mit Taschen voller Einkäufe durch die Straßen von Villennes ging, wurde ich beinahe von einem Mann umgerannt, der aus einer Seitentür auf die Straße lief. Nachdem er sich entschuldigt und mir geholfen hatte, meine Sachen wieder einzusammeln, sahen wir einander an. Es war Monsieur Celerier, der Zahnarzt, den ich in Italien und Frankreich gefahren hatte.

»Goodness gracious!«, rief ich auf Englisch aus. »How extraordinary!«

Es dauerte ein paar Sekunden, bis er mich erkannte, doch dann breitete sich das vertraute Grinsen auf seinem Gesicht aus, und er drückte mich herzlich an sich.

»Ist es möglich? *Adjudant-chef* Travers?«, sagte er und strahlte mich an. »Sagen Sie mal, haben Sie je Ihren Eierbecher gefunden?«

Wir gingen in ein Café, um miteinander zu plaudern und Neuigkeiten auszutauschen. Durch Zufall war auch er in Villennes gelandet und betrieb jetzt ganz in der Nähe unserer Wohnung eine Zahnarztpraxis. Ich freute mich, ihn getroffen zu haben, und hoffte, dass wir unsere Freundschaft wieder aufnehmen konnten. Aber er war im Offiziersrang und lebte mit Frau und Kindern in einer Villa. Nicholas und er hatten sich früher nicht gekannt, und sie wurden nicht warm miteinander. So blieb Monsieur Celerier mein Zahnarzt – bis er sich zur Ruhe setzte und an die französische Riviera zog –, aber es gelang uns nicht mehr, wieder an die alte Freundschaft anzuknüpfen.

Einige der wenigen, mit denen ich in Kontakt stand, war Eka Dadiani, die armenische Prinzessin und ehemalige Schwägerin von Dimitri Amilakvari. Sie lebte in einer kleinen Wohnung in der Nähe des Hôtel des Invalides in Paris. Die arme Eka, sie hatte nicht nur Dimitri verloren; wenige Jahre nach dem Ende des Krieges waren ihre beiden Schwestern (eine davon war Dimitris Frau gewesen) bei einem Autounfall ums Leben gekommen. Der Unfall ereignete sich, als sie auf dem Weg in die Provence waren. Eka konnte die Vergangenheit nicht vergessen und freute sich jedes Mal, wenn ich sie besuchte und mit ihr Erinnerungen an die Zeit austauschte, die sie »*les années dorées*« nannte.

Anfang des Jahres 1956 wurde ich von der Legion nach Paris eingeladen. Ich las den Brief sehr sorgfältig und wartete ein, zwei Tage ab, bevor ich Nicholas davon erzählte.

»Ich soll die *Médaille Militaire* verliehen bekommen«, sagte ich ihm. »Zusätzlich zu meiner *Croix de Guerre* und den Orden aus dem Kolonialkrieg. Man hat mich nach Paris eingeladen, um sie in Empfang zu nehmen.«

Nicholas war hocherfreut. »Das ist eine große Ehre«, sagte er ernst. »Du musst die Einladung annehmen.«

In jenem bitterkalten Winter 1956 reisten wir mit unseren sieben und neun Jahre alten Söhnen in die Hauptstadt und fuhren mit der Metro zum Hôtel des Invalides, wo ich seit zehn Jahren nicht mehr gewesen war. Hunderte von Menschen versammelten sich dort, Legionäre aus der ganzen Welt waren nach Paris geladen worden, um Orden für ihre Verdienste im Zweiten Weltkrieg in Empfang zu nehmen.

Ich trug eine dunkelrote Baskenmütze schräg auf dem Kopf und einen dicken, schwarzen, ausgestellten Mantel. An die Brust hatte ich meine anderen Orden geheftet. Ich wurde angewiesen, mich auf den großen Platz zu begeben, den eindrucksvollen, mit Kopfsteinen gepflasterten Cour d'Honneur. Seit den Zeiten Napoleons dient dieser von einer mit Zinnen versehenen Mauer eingefasste Platz für Paraden französischer Truppen.

Hinter mir standen in Reih und Glied eine Kompanie Legionäre, die Gewehre geschultert, und eine Militärkapelle. An den Seiten und auf den Balustraden drängten sich die Freunde und Verwandten der ehemaligen Legionäre, die an diesem Tag ihre Orden erhalten sollten. Es machte mich ein bisschen nervös, inmitten all dieser Menschen zu stehen, dort auf dem großen, mit alten Kanonen bestückten Platz, unter den Augen eines Standbilds von Napoleon, dem »kleinen Corporal« in seinem alten, grauen Mantel und mit dem unverwechselbaren Hut. Die Militärkapelle begann, »*Le Boudin*«, den Marsch der Legion, zu spielen, und wir wurden angewiesen, unsere Position einzunehmen und in Gruppen in die Mitte des Platzes zu marschieren, wo uns die Orden verliehen werden sollten.

Von einem Seiteneingang her marschierten die Offiziere und Befehlshaber, die während des Krieges die unterschiedlichen Feldzüge angeführt hatten, langsam auf uns zu, hinter ihnen Soldaten, welche die Orden auf samtenen Kissen trugen. Ich schaute mich nach Nicholas um. Er stand voller Stolz unter einem Torbogen, seine großen Hände auf den Schultern unserer Söhne. Die Franzosen lieben die Fremdenlegion; sie bedeutet ihnen sehr viel, und jetzt dabei zu sein, wie ich darauf wartete, einen Orden verliehen zu bekommen, war für Nicholas ein großer Augenblick.

Bei den Klängen der gravitätischen Musik stand ich stramm in der eisigen Kälte, die Hände an den Seiten, die Augen geradeaus, und hoffte, dass das alles bald vorüber sein würde, damit ich mich nicht zu Tode erkältete. Dann kamen die Männer in mein Blickfeld, die in dem besonders langsamen Rhythmus der Legion auf uns zu marschierten – achtundachtzig Schritte pro Minute anstatt der üblichen einhundertzwanzig. Plötzlich blieb mir fast das Herz stehen. Ein General in voller Uniform kam auf mich zu. Es war Pierre. Älter, grauer und ein bisschen rundlicher geworden, aber unverkennbar. General Marie-Pierre Koenig, der Held von Bir Hacheim und Verteidigungsminister von Frankreich, würde mir und zwei weiteren Legionären unsere Orden verleihen.

Ich rang nach Luft. Die Kapelle hörte auf zu spielen, und die Belobigungen wurden vorgelesen, doch ich war viel zu sehr auf Pierre fixiert, um auch nur ein Wort mitzubekommen. Er nahm den Orden behutsam mit seinen schlanken Fingern von dem blauen Samtkissen und kam auf mich zu, den Kopf gesenkt, den Blick fest auf das Band geheftet. Ich fragte mich, ob Madame Koenig irgendwo auf dem Platz anwesend war, vielleicht auf einer Balustrade, von wo aus sie zusammen mit den anderen Ehefrauen der Generäle der Zeremonie beiwohnte.

»Für besondere Tapferkeit im Angesicht des Feindes in Bir Hacheim«, sagte der General, und seine Worte hallten von den alten Steinmauern wider, »wird die *Médaille Militaire* an Madame Susan Schlegelmilch, geborene Travers, verliehen.«

Die Hände zu Fäusten geballt, den Blick ins Leere gerichtet, stand ich stramm, als Pierre auf mich zu trat. Ich spürte, wie seine Hände den Orden an meinem Mantel befestigten. Unfähig, mich länger zu beherrschen, sah ich ihn an, und unsere Blicke trafen sich.

Als ich Pierre jetzt ansah, fiel es mir schwer, mir das kurze gemeinsame Leben vorzustellen, das wir vor langer Zeit gehabt hatten, die Orte, an denen wir gewesen waren, die Dinge, die wir gesehen hatten. Damaskus, Beirut, Aley, Bir Hacheim. »*Wir haben vieles gemeinsam durchgestanden, und ich glaube, wir würden gut zusammen passen*«, hatte er damals in seinem Wagen in Paris zu mir gesagt. Ich hatte bisher nie darüber nachgedacht, wie es gewesen wäre, wenn ich *Madame la Maréchale* geworden wäre, die Frau des Gouverneurs von Paris, die zweite Madame Koenig, aber jetzt – einen kurzen Moment lang, als unsere Blicke sich trafen – tat ich es.

Von weitem war uns nichts Außergewöhnliches anzusehen. Ein angesehener General schien seiner ehemaligen pflichttreuen Untergebenen zu gratulieren. Aber als Pierre den Orden an meinem Mantel befestigt hatte und sich vorbeugte, als wollte er etwas sagen, verrieten unsere Augen unsere Gefühle. In diesem kurzen Augenblick konnte ich den Duft seiner Haut riechen, und eine Flut von Erinnerungen drohte mich zu überwältigen. Ich blieb stocksteif stehen und wartete ab.

»Ich hoffe, dieser Orden ist mit vielen guten Erinnerungen verbunden«, sagte er schließlich. Seine Stimme klang müde, aber seine Augen waren so lebendig wie eh und je. »Gut gemacht, La Miss.«

Er trat zurück und salutierte. Ich salutierte ebenfalls und sah ihm mit Tränen in den Augen nach, als er davonging. Es war das letzte Mal, dass ich ihn sah.

Als die Zeremonie vorüber war, eilte ich zu meinem Mann und meinen Kindern hinüber und zeigte ihnen meinen Orden. Er hatte jetzt eine ganz besondere Bedeutung bekommen, und ich war so stolz darauf, wie Nicholas es offenbar war. Keiner von uns erwähnte den General. Als wir gingen, schaute ich mich noch einmal nach ihm um. Aber er war bereits verschwunden.

16
Das Ende naht

Im September 1970 starb der General in einem Pariser Krankenhaus aufgrund von Komplikationen, die nach einer Routineoperation an der Hüfte aufgetreten waren. Ich erfuhr von seinem Tod durch Eka, die den besten Freund ihres Schwagers stets sehr verehrt hatte.

»Pierre ist gestern gestorben«, sagte sie mir eines Morgens am Telefon. »Ich dachte, du würdest es gerne erfahren.«

Ich ließ mich in einen Sessel sinken, drückte den Hörer an mein Herz und schloss die Augen.

Ich fuhr nicht hin, um ihm die letzte Ehre zu erweisen, und ich ging auch nicht zu seiner Beerdigung. Das stand mir nicht zu. Madame Koenig lebte noch, und ich wusste, sie hätte mich dort nicht gern gesehen.

Eka nahm daran teil. Als sie am Abend vor seiner Beerdigung in der dunklen Kapelle an seinem offenen Sarg stand, beugte sie sich hinab und küsste ihn auf die Stirn – auch für Amilakvari und für mich. Sie fuhr zusammen, als sie hinter sich eine Frauenstimme leise sagen hörte: »Danke, Eka.« Als sie sich umdrehte, sah sie, dass Madame Koenig allein in einer Ecke der Kapelle saß.

Es sollte noch viele Jahre dauern, bis die bemerkenswerte Frau ihrem Mann in die Familiengruft folgen durfte. Ich erfuhr aus der Zeitung von ihrem Tod und empfand Trauer.

Ein Jahr nach seinem Tod wurden General Koenigs Memoiren unter dem Titel »*Ce Jour-là*« veröffentlicht. In seinem Buch schrieb er, ich sei »von der ganzen Division respektiert« worden und »bei allen beliebt« gewesen; die Legionäre hätten mich »wie einen Mann« akzeptiert und als »außergewöhnlich mutig« bezeichnet. An einer anderen Stelle beschrieb er mich als »disziplinierter als manche der Männer«. Es war das höchste Lob, das ich mir wünschen konnte.

Drei Jahre später, 1974, wurde ich eingeladen, an einem Festakt zu Ehren des Generals teilzunehmen, in dessen Verlauf ein Platz direkt hinter den Regierungsgebäuden in Paris nach ihm benannt werden sollte. Man hatte ihn posthum zum Feldmarschall befördert. Während ich der Zeremonie beiwohnte und die vielen Lobreden hörte, fragte ich mich, was all das den vielen Leuten bedeutete, die auf ihrem Weg zur Arbeit vorübereilten, Männer und Frauen, den Kopf gegen den kalten Wind eingezogen, zu beschäftigt, um stehen zu bleiben. Kaum einer würde sich an den ruhmreichen Tag erinnern, der General Koenig dreißig Jahre zuvor zu einem berühmten Mann gemacht hatte. Wenn sie überhaupt einen Gedanken an die Zeremonie verschwendeten, dann nahmen sie wahrscheinlich an, dass hier irgendein Gaullist geehrt wurde, der sich für sein Land so verdient gemacht hatte, dass jetzt ein Platz nach ihm benannt wurde. Wenn man die Pariser fragte, warum der alte Pont Grenelle in »Pont Bir Hacheim« umbenannt wurde und die Metro-Station im Schatten des Eiffelturms »Bir Hacheim« heißt, würden sie wahrscheinlich sagen, es sei der Versuch, auf politisch korrekte Weise der französischen Kolonien zu gedenken. Sie haben keine Ahnung.

Danach lebten Nicholas und ich noch zwanzig Jahre lang in freundschaftlicher Verbundenheit zusammen, siebzehn davon in ein und demselben Haus. Wir gingen nicht viel aus, er war nicht gern unter Leuten, und er erholte sich nie ganz von der Krankheit, die ihn in Indochina fast das Leben gekostet hätte. Auf sein Drängen hin waren die Jungen im Alter von neun und zehn Jahren auf ein Internat geschickt worden. Er wollte, dass sie katholisch erzogen wurden und das Leben im Internat kennen lernten. Wegen ihres englischen Erbes schickten wir sie zuerst nach St. Bede's in Staffordshire und später nach Ampleforth in Yorkshire. Allerdings bedeutete das auch, dass ich von da an meine Kinder leider nur noch während der Schulferien sah.

Nachdem sie die Schule beendet hatten und erwachsen geworden waren, zogen sie fort – Tom ging als Journalist nach Tasmanien, wo er heiratete und zwei Kinder bekam. François wollte anfänglich Priester werden, brach seine Ausbildung jedoch ab und wurde Physiklehrer in einem Vorort von Paris. Seine Lebensgefährtin ist Psychologin, und die beiden haben drei Kinder. Alle meine Enkelkinder sind hübsch, intelligent und wunderbar. Sie sind alles, was eine Großmutter sich nur wünschen kann.

Mein Bruder Laurence verarmte im Alter. Eines Tages – wir lebten in Villennes – kam ein Brief von ihm mit der Bitte, zu uns ziehen zu können. Seit der Beerdigung meiner Mutter hatte ich keinen Kontakt mehr mit ihm gehabt und lehnte seine Bitte ab. Schließlich zog er in ein von griechisch-orthodoxen Mönchen geführtes Kloster. Als er starb, schrieben die Mönche mir einen Brief. Ich schickte Blumen.

Nicholas und ich gingen nie auf Reisen. Wir verbrachten die meiste Zeit zu Hause, genossen die Gesellschaft unserer Hunde und lasen viel. Ich war eine gute und treue Ehefrau und sorgte für ihn, bis er 1995 an Leberkrebs starb. Als er todkrank in der Klinik lag und ich ihn zusammen mit François besuchte, waren wir uns plötzlich wieder sehr nah. Er hatte keine Ahnung, dass er sterben würde, niemand ahnte etwas davon; ich war davon überzeugt, dass er bald wieder nach Hause kommen würde.

Wir begruben ihn auf dem kleinen Friedhof in Villennes und stellten ein Kreuz auf seinem Grab auf. Ich weinte nicht bei seiner Beerdigung. Konnte es nicht. Zuletzt hatte ich in Gegenwart von anderen geweint, als unsere arme Rebecca in unserem Haus in Villennes starb. Sie hatte so viel mit mir zusammen durchgemacht – in Tunesien, Indochina und Frankreich und war die letzte Verbindung zu meinem früheren Leben. Nachdem ich mir die Augen getrocknet hatte, schwor ich mir, nie wieder zu weinen, und ich tat es auch nicht. Nicht einmal um den armen Nicholas. Auf seltsame Weise schien sein Tod keine große Bedeutung zu haben. Wir waren beide alt, und wir wussten, dass wir früher oder später sterben würden. Seine Zeit war gekommen. Meine wird noch kommen.

Nicholas stand eine Militärpension von der Legion zu, mir dagegen nicht, weil meine Diensttätigkeit nicht klar definiert war. Nicholas hatte mehrfach in meinem Namen bei den französischen Behörden Beschwerden eingereicht, doch ohne Erfolg. Da ich nur sehr wenig Geld hatte und meine Gesundheit immer mehr nachließ, zog ich in eine kleine Wohnung in einem Altenwohnheim in der Nähe von François' Wohnung im Süden von Paris und verkaufte fast meine gesamte Habe. Tom schenkte ich die liebevoll geölte Beretta und die Schrotflinte, die ich aus Eritrea mitgebracht hatte.

Unter den mir lieb gewordenen Dingen, die ich mit in meine kleine Wohnung nahm, war auch die mit Perlmuttintarsien geschmückte Kommode, die in dem kleinen Haus, das ich in Aley mit Pierre geteilt hatte, einen Ehrenplatz bekommen hatte. Außerdem behielt ich eine reich verzierte orientalische Truhe, die in Aley in unserem Schlafzimmer gestanden und das Buch *Said the Fisherman*, das ich in Bir Hacheim so oft gelesen hatte, sowie die bronzenen Legionärsstatuen, die meinem Großvater gehört hatten.

1996 erhielt ich einen Brief von General Hugo Geoffrey, in dem er mir mitteilte, dass er mich für einen Orden vorgeschlagen hatte. Es war die *Légion d'Honneur* – der höchste Orden, der von der Fremdenlegion vergeben wird. Ich versuchte, mich an den jungen Mann mit dem rosigen Teint zu erinnern, den ich auf dem Schiff nach Italien kennen gelernt hatte, und fragte mich, womit ich ihn so beeindruckt haben mochte. Einige Wochen später wurde mir der Orden in Anwesenheit meiner Familie im Altenwohnheim verliehen.

Die offizielle Verlautbarung im Mitteilungsblatt der Legion lautete:

Mit Freude berichten wir von der Verleihung des Légion-d'Honneur-Ordens an adjudant-chef Susan Travers, verheiratete Schlegelmilch. Adjudant-chef Susan Travers (Registriernummer 22166) ist die einzige Frau, die je in die Fremdenlegion aufgenommen wurde. Sie diente im Zweiten Weltkrieg General Koenig als Fahrerin sowie als Krankenschwester im Fernen Osten und in Nordafrika.

Ein kleiner Empfang wurde für mich arrangiert, und Leute, die ich seit Jahren nicht gesehen hatte, kamen, um mir zu gratulieren: Jean Simon, inzwischen *Président de l'Ordre de la Libération*; Bernard Saint-Hillier, der mir damals von der italienischen Propaganda nach der Schlacht von El Alamein berichtet hatte und inzwischen General war, sowie Lieutenant Rosenzweig, mit dem ich abends die Mahlzeiten in dem spitzen Rundzelt in Bir Hacheim eingenommen hatte, und der jetzt als Ausbilder eine hohe Stellung in der Legion bekleidete. Auch andere waren gekommen, Männer, die ich kaum wieder erkannte, deren Namen jedoch alte Erinnerungen wachriefen. Zu meiner großen Freude waren auch die Töchter von Gabriel de Sairigné anwesend. Ein Hornist untermalte die Zeremonie musikalisch, indem er »*Le Boudin*« spielte, eine Melodie, die in einem Altenwohnheim ziemlich ungewohnt klang.

Letztes Jahr nahm ein Freund mich mit ins Hôtel des Invalides, um die Militärausstellungen anzuschauen.

Als er mich im Rollstuhl durch die hallenden Korridore schob, beschloss ich, mich nicht von Erinnerungen überwältigen zu lassen. Anfangs kostete es mich noch nicht einmal Mühe. Wir sahen uns Landkarten an, Schaubilder, vergilbte Fotografien und die üblichen Erinnerungsstücke. Aber als wir vor der Vitrine standen, die Bir Hacheim gewidmet war, sah ich mich einem Porträt von Pierre gegenüber, das neben seiner vertrauten Khaki-Uniform in einem Glasrahmen hing. Daneben befanden sich Porträts von Amilakvari, de Sairigné und anderen. Auf dem Boden der Vitrine stand Pierres Plüschlöwe neben einem kleinen Behälter mit grauem Sand aus der libyschen Hölle. Gespenstische Erinnerungen stürmten auf mich ein. Das Kreischen der Stukas, das Rat-tat-tat der Maschinengewehre, der Gestank nach Tod und brennenden Reifen. Beim Anblick von Pierres Uniform fühlte ich mich nach Aley zurückversetzt und sah sie vor mir, wie sie an ihrem vertrauten Platz an der Schranktür hing. Ich musste daran denken, wie ich die Streifen an seine Uniform genäht hatte. Der kleine Plüschlöwe, ganz zerzaust und von der Sonne ausgebleicht, ließ die Erinnerung an den Tag wiederaufleben, als seine Männer ihn zusammen mit dem kleinen Plüschhasen überreichten. Das Foto von Amilakvari, stolz und groß, die Ärmel aufgerollt, wie er seinen Männern Befehle erteilte. Die Erinnerungen waren intensiver denn je. Sie stürmten auf mich ein und drohten mich in einer Welle von Gefühlen und Wehmut versinken zu lassen. Ich wischte mir eine Träne fort und bat darum, weitergeschoben zu werden.

Ich hatte nicht erwartet, in einer der vielen Glasvitrinen eine Erwähnung meiner Person zu finden, und ich fand auch keine. Aber ganz hinten in einer Vitrine, halb verdeckt von einem militärischen Wimpel mit dem Lothringer Kreuz, entdeckte ich ein vergilbtes Foto des Generals, auf dem er auf dem Vordersitz des alten Utility stand und aus dem Schiebedach schaute. Neben ihm, hinter der Windschutzscheibe, saß kaum erkennbar eine Gestalt, den Arm auf das heruntergekurbelte Fenster gelegt. Das war ich, am Steuer des Wagens.

Danksagung

Hätten Richard Filon und Ted Demers mich nicht aufgesucht und mich nach all den Jahren des Schweigens dazu überredet, über meine Vergangenheit zu sprechen, wäre dieses Buch nie zustande gekommen. Ihnen danke ich für ihre Beharrlichkeit und dafür, dass sie meine Geschichte an die Öffentlichkeit gebracht haben. Wendy Holden, meine Mitautorin, hat in den Jahren 1998 und 1999 stundenlang mit mir zusammengesessen, mir aufmerksam zugehört, sich Notizen gemacht und scharfsinnige Fragen gestellt. Stets hat sie große Rücksicht auf mein hohes Alter genommen und Verständnis für meine Müdigkeit und meine bedauerlichen Erinnerungslücken gezeigt. Ohne ihr geduldiges Insistieren, ihre gründlichen Recherchen und ihre Fähigkeit, alles in einen Zusammenhang zu bringen, hätte ich mein ehrgeiziges Ziel nicht erreicht – die Erfahrungen meines Lebens niederzuschreiben. Ich sagte ihr, es sei mein größter Wunsch, meine Enkel wissen zu lassen, was für eine verwegene Großmutter sie hatten. Ich glaube, diesen Wunsch wird sie mir erfüllen.

Wendy habe ich über Val Hudson kennengelernt, dank der Vermittlung durch Alan Nevins von AMG/Renaissance in Beverley Hills. Alan hat den Entstehungsprozess zusammen mit seinem Partner Joel Gotler und mit Mark Lucas, Wendys Agent in London, hervorragend organisiert. Darüber hinaus bedanke ich mich bei den Anwälten in Frankreich und Los Angeles, Jean Pierre Dagorne und Steven Breimer. Besonderen Dank schulden wir Anne Gray, die Wendy unterstützt und so viele Dokumente mit großer Sorgfalt und Begeisterung transkribiert und übersetzt hat. Auch Jan Rose hat eine Menge zum Gelingen des Buches beigetragen. Mein besonderer Dank gilt außerdem Sergeant-Chef Emilio Condado Madera, dem Leiter des Fremdenlegionmuseums in Aubagne, Frankreich, für all die Zeit, die er uns gewidmet hat. John Forsey hat mir wichtige Bücher geliehen und seine umfassenden militärischen Kenntnisse beigesteuert. Brian Silk hat uns mit seinen Lektüreempfehlungen einen unschätzbaren Dienst erwiesen. In meiner Bibliographie habe ich mich bemüht, möglichst viele der zahllosen Autoren und Bücher zu nennen, die wir zu Rate gezogen haben, um meine lückenhaften Erinnerungen aufzufrischen und einige Details zu klären. Besonders danke ich meinen lieben Söhnen François und Tom sowie deren Familien, und vor allem der französischen Fremdenlegion und den Franzosen, die mich als eine der ihren aufgenommen und mir gestattet haben, ihnen zu dienen. Herzlichen Dank. Sollte ich versehentlich jemanden zu erwähnen vergessen haben, bitte ich hiermit in aller Demut um Verzeihung.

Susan Travers

Bibliographie

Barker, A. J., *Eritrea 1941*. Faber, London 1966.

Bauer, Lt Colonel E., *The History of World War Two*. Galley Press, 1984.

Beevor, Anthony, and Cooper, Artemis, *Paris after the Liberation 1944–1949*. Penguin, London 1995.

Bramall, Field Marshal Lord (ed.), *The Imperial War Museum Book of the Desert War, 1940–1942*. Sidgwick & Jackson, London 1992.

Debay, Yves, *Die französische Fremdenlegion*. Düsseldorf o. J.

Doherty, Richard, *A Noble Crusade, The History of the Eighth Army 1941–45*. Spellmount, Staplehurst 1999.

Fraser, David, *Rommel. Die Biographie*. Berlin 1995.

Gaulle, Charles de, *Memoiren. Der Ruf 1940–42*. Deutsch von Preconi/Best. S. Fischer Verlag, Frankfurt 1955.

Geoffrey, Hugo, *Sur le Chemin des Etoiles: Las Légion Etrangère*. Gérard Klopp, Paris 1997.

Geraghty, Tony, *March or Die, France and the Foreign Legion*. Grafton Books, London 1986.

Hamilton, Nigel, *Monty, The Making of a General*. Hamish Hamilton, London 1981.

Hasey, Lieutenant John F., *Yankee Fighter*. Little Brown, Boston 1942.

Holmes, Richard, *Bir Hacheim: Desert Citadel*. Pan/Ballantine, New York 1972.

Koenig, General, *Ce Jour-là: Bir Hakeim*, Robert Laffont, Paris 1971.

McGuirk, Dal, *Rommel's Army in Africa*. Airlife Publishing, Shrewsbury 1987.
Macksey, Kenneth, and Woodhouse, William, *The Penguin Encyclopaedia of Modern Warfare*. Viking, London 1991.
Majdalanay, Fred, *Cassino, Portrait of a Battle*. Longman, London 1957.
Mercer, Derrik (ed.), *Chronicle of the Twentieth Century*. Longman Chronicle, London 1988.
Moorehead, Alan, *Afrikanische Trilogie. Erlebnisbericht über den 3jährigen Kampf gegen die Achse im mittleren Osten und Nordafrika. Mit einem Vorwort von Viscount Wavell*. Braunschweig 1947.
Parker, John, *Inside the Foreign Legion*. Piatkus, London 1998.
Parrish, Thomas (ed.), *Encyclopaedia of World War Two*. Secker & Warburg, London 1978.
Porch, Douglas, *The French Foreign Legion*. HarperPerennial, New York 1991.
Rondeau, Daniel, and Stephane, Roger, *Des Hommes Libres: La France Libre par ceux qui l'ont faite*. Grasset & Fasquelle, Paris 1997.
Seeger, Alan, *Poems*. Charles Scribner & Sons, New York 1916.
Selwyn, Victor (ed.), *The Voice of War, Poems of the Second World War*. Penguin, London 1995.
Staff, Chester, *From Salerno to the Alps*. Battery Press, Nashville 1986.
Taylor, Eric, *Women Who Went to War, 1938–46*. Robert Hale, London 1988.
Tibawi, A. L., *A Modern History of Syria*. Macmillan, London 1969.
To War with Whitaker, The Wartime Diaries of the Countess of Ranfurly 1939–45. Mandarin, London 1995.
Upton, Anthony F., *Finland 1939–40*. Davis-Poynter, London 1974.
Windrow, Martin, Braby, Wayne, and Lyles, Kevin, *French Foreign Legion Paratroops*. Osprey Publishing, London 1985.
Windrow, Martin, *Französische Fremdenlegion. Infanterie und Kavallerie seit 1945*. Solingen 1996.
Young, John R., *Die Legion im Bild*. München 1985.

Register

SPANIEN
ITALIEN
ATLANTISCHER OZEAN
Algier
TUNESIEN
Tunis
Casablanca
MAROKKO
Tripolis
RIO DE ORO
ALGERIEN
LI
SAHARA
MAURETANIEN
Nouakchott
FRANZÖSISCH
SUDAN
Dakar
FRANZÖSISCH WESTAFRIKA
NIGER
Bamako
GAMBIA
GUINEA
N'Dj
NIGERIA
GHANA
Freetown
BRITISCH
KAMERUN
ELFENBEIN-
KÜSTE
LIBERIA
Lagos
KAMERUN
Abidjan
SIERRA
LEONE
Golf von Guinea
Douala
Bar
Libreville
GABUN
MITTEL-KON
ATLANTISCHER OZEAN
Pointe-Noire
Brazz
0 500 1000 1500 2000 Meilen
0 500 1000 1500 2000 2500 3000 Kilometer
Territorium des Vichy Frankreich
Territorium des Freien Frankreich

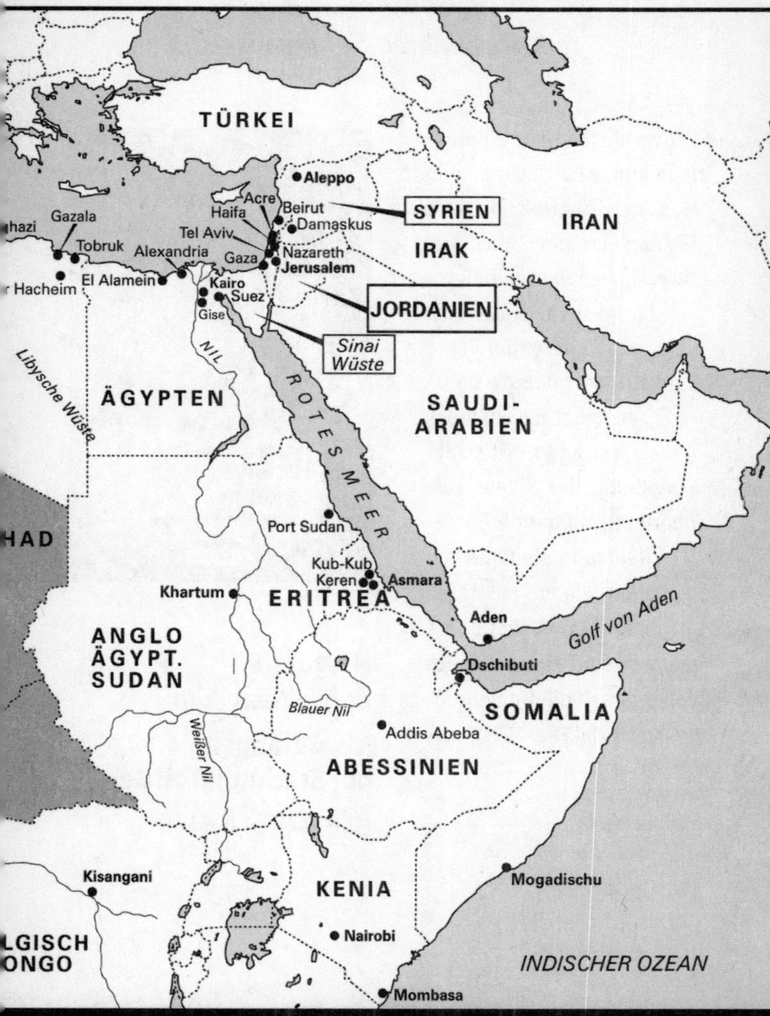

NORDAFRIKA UND DER MITTLERE OSTEN

Ein erschütternder Bericht
aus acht Jahren Gefangenschaft

1937 wurde Margarete Buber-Neumann, KPD-Delegierte in Moskau, verhaftet und nach Sibirien verbannt. Nach drei schrecklichen Jahren lieferte Stalin sie an Hitler aus: Weitere fünf Jahre Gefangenschaft musste sie im Frauenlager Ravensbrück ertragen. Mit schier unglaublicher Willenskraft überlebte Margarete Buber-Neumann die täglichen Schikanen, die Prügelstrafen und Dunkelhaft. Ihre Memoiren sind ein packendes Plädoyer gegen die Unmenschlichkeit totalitärer Systeme.

Margarete
Buber-Neumann

Als Gefangene
bei Stalin und Hitler

Eine Welt im Dunkel